本书受到云南省哲学社会科学学术著作出版专项经费资助
本书受到云南大学研究生教材建设基金资助

现代思想政治教育学理论基础探微

李维昌 等 编著

中国社会科学出版社

图书在版编目（CIP）数据

现代思想政治教育学理论基础探微/李维昌等编著. —北京：中国社会科学出版社，2015.8
ISBN 978-7-5161-6787-8

Ⅰ.①现… Ⅱ.①李… Ⅲ.①思想政治教育—研究—中国 Ⅳ.①D64

中国版本图书馆 CIP 数据核字（2015）第 192185 号

出 版 人	赵剑英	
责任编辑	张　林	
特约编辑	吴连生	
责任校对	高建春	
责任印制	戴　宽	

出　　版	中国社会科学出版社	
社　　址	北京鼓楼西大街甲 158 号	
邮　　编	100720	
网　　址	http://www.csspw.cn	
发 行 部	010-84083685	
门 市 部	010-84029450	
经　　销	新华书店及其他书店	
印　　刷	北京市大兴区新魏印刷厂	
装　　订	廊坊市广阳区广增装订厂	
版　　次	2015 年 8 月第 1 版	
印　　次	2015 年 8 月第 1 次印刷	
开　　本	710×1000　1/16	
印　　张	23	
插　　页	2	
字　　数	389 千字	
定　　价	86.00 元	

凡购买中国社会科学出版社图书，如有质量问题请与本社营销中心联系调换
电话：010-84083683
版权所有　侵权必究

目　录

导论　现代思想政治教育学理论基础研究概述 ……………………（1）
　　一　现代思想政治教育学界说 ………………………………（1）
　　二　现代思想政治教育学理论基础释义 ……………………（6）
　　三　现代思想政治教育学理论基础研究历程与展望 ………（9）
　　四　现代思想政治教育学理论基础建构任务的提出 ………（17）
　　五　本书研究思路和基本内容 ………………………………（20）

第一章　现代思想政治教育学的马克思主义理论基础 …………（1）
　第一节　马克思主义理论学科与思想政治教育学的关系 ……（1）
　　一　思想政治教育学在马克思主义理论学科范畴内
　　　　获得发展 ……………………………………………（2）
　　二　思想政治教育学是马克思主义理论学科的组成
　　　　学科之一 ……………………………………………（3）
　　三　马克思主义理论是思想政治教育学的理论基础 ……（5）
　　四　马克思主义理论指导思想政治教育学科发展 ………（7）
　　五　思想政治教育是马克思主义理论价值实现的重要途径 ……（8）
　第二节　现代思想政治教育学对马克思主义理论知识的借鉴 ……（9）
　　一　借鉴马克思主义实践理论 ………………………………（9）
　　二　借鉴马克思主义关于社会存在与社会意识的辩证
　　　　关系原理 ……………………………………………（12）
　　三　借鉴马克思主义关于人的本质和人的全面发展理论 ……（13）
　　四　借鉴马克思主义认识论 …………………………………（16）
　　五　借鉴马克思主义关于政治与经济辩证关系的原理 …………（17）

  六　借鉴马克思主义关于群众观点和群众路线的理论…………（18）
  七　借鉴马克思主义关于社会历史发展总趋势和无产阶级
    历史使命的理论……………………………………………（19）
  八　借鉴马克思主义灌输理论…………………………………（20）
  九　借鉴马克思主义关于物质利益的理论……………………（22）
  十　借鉴马克思主义关于社会主义精神文明建设的理论………（24）
  十一　借鉴马克思主义关于执政党建设的理论………………（26）
 第三节　现代思想政治教育学的马克思主义理论基础建构………（27）
  一　建构思想政治教育学的马克思主义理论基础的含义和
    意义………………………………………………………（28）
  二　思想政治教育学的马克思主义理论基础建构途径…………（34）

第二章　现代思想政治教育学的哲学基础……………………（46）
 第一节　思想政治教育学与哲学的关系………………………………（46）
  一　思想政治教育学与哲学在学科发展上的源流关系…………（47）
  二　思想政治教育学与哲学在研究对象上的交集关系…………（50）
  三　思想政治教育学与哲学在方法论上的融通关系……………（53）
 第二节　现代思想政治教育学的哲学反思……………………………（56）
  一　现代思想政治教育学的主体性哲学反思……………………（56）
  二　现代思想政治教育学的实践哲学反思………………………（60）
  三　现代思想政治教育学的辩证法反思…………………………（62）
 第三节　现代思想政治教育学的哲学基础建构………………………（65）
  一　夯实现代思想政治教育本质论及其哲学基础………………（65）
  二　夯实现代思想政治教育价值论及其哲学基础………………（69）
  三　夯实现代思想政治教育过程论及其哲学基础………………（73）
  四　丰富现代思想政治教育方法论及其哲学基础………………（80）

第三章　现代思想政治教育学的政治学基础……………………（87）
 第一节　思想政治教育学与政治学的关系……………………………（87）
  一　思想政治教育学与政治学的学科关系………………………（87）
  二　思想政治教育学与政治学的理论关系………………………（90）
  三　思想政治教育学与政治学的实践联系………………………（93）

第二节　现代思想政治教育学对政治学知识的借鉴 …………… (97)
　　一　借鉴政治学关于政治主客体关系的理论知识 …………… (97)
　　二　借鉴政治学关于政治主体间关系的理论知识 …………… (100)
　　三　借鉴政治学关于政治社会和政治实践价值关系的
　　　　理论知识 …………………………………………………… (103)
第三节　现代思想政治教育学的政治学理论基础建构 ………… (107)
　　一　完善现代思想政治教育对现实政治的改造与发展
　　　　功能 ………………………………………………………… (107)
　　二　发挥现代思想政治教育对政治活动的理性反思与价值
　　　　导向功能 …………………………………………………… (110)
　　三　拓展现代思想政治教育学的政治学理论概括与理论
　　　　建构功能 …………………………………………………… (113)

第四章　现代思想政治教育学的伦理学基础 …………………… (117)

第一节　现代思想政治教育学与伦理学的关系 ………………… (117)
　　一　思想政治教育学与伦理学的历史联系 ………………… (118)
　　二　现代思想政治教育学与伦理学在研究对象上的联系与
　　　　区别 ………………………………………………………… (122)
　　三　现代思想政治教育学与伦理学在解答现实问题上的
　　　　联系 ………………………………………………………… (125)
第二节　现代思想政治教育学对伦理学知识的借鉴 …………… (128)
　　一　借鉴伦理学相关分支学科理论知识 …………………… (128)
　　二　借鉴伦理学理论成果 …………………………………… (130)
第三节　现代思想政治教育学的伦理学理论基础建构 ………… (134)
　　一　建构现代思想政治教育学伦理学理论基础的要求 …… (135)
　　二　确立现代思想政治教育学的伦理目标和内容 ………… (137)
　　三　确立现代思想政治教育学的伦理教育原则和方法 …… (141)

第五章　现代思想政治教育学的社会学基础 …………………… (145)

第一节　思想政治教育学与社会学的关系 ……………………… (145)
　　一　思想政治教育学与社会学在理论知识上互补性显著 …… (145)

二　思想政治教育学与社会学在研究主题和研究对象上
　　　　相交织 ………………………………………………（148）
　　三　思想政治教育学与社会学在现实问题研究上有交集 ……（150）
第二节　现代思想政治教育学对社会学知识的借鉴 …………（153）
　　一　借鉴社会学理论知识 ……………………………（154）
　　二　借鉴社会学研究内容和研究成果 ………………（157）
　　三　借鉴社会学研究方法 ……………………………（161）
第三节　现代思想政治教育学的社会学理论基础建构 ………（163）
　　一　建构现代思想政治教育学关于教育主客体间的
　　　　互动理论 …………………………………………（163）
　　二　建构现代思想政治教育学关于教育对象的分层理论 …（165）
　　三　建构现代思想政治教育学关于教育原则和方法的社会
　　　　示范理论 …………………………………………（167）
　　四　建构现代思想政治教育学关于其实践运行的结构
　　　　功能理论 …………………………………………（168）

第六章　现代思想政治教育学的教育学基础 ………………（170）
第一节　思想政治教育学与教育学的关系 ……………………（170）
　　一　思想政治教育学与教育学的学科关系 …………（170）
　　二　思想政治教育学与教育学研究对象的关联性 …（175）
　　三　思想政治教育学与教育学价值追求的关联性 …（176）
　　四　思想政治教育学与教育学的历史联系 …………（177）
　　五　思想政治教育学与教育学在解答现实问题上相交织 ……（179）
第二节　现代思想政治教育学对教育学知识的借鉴 …………（180）
　　一　借鉴教育学原理 …………………………………（181）
　　二　借鉴教育学原则 …………………………………（183）
　　三　借鉴教育学范畴内的基本教学方法理论 ………（184）
　　四　借鉴教育学范畴内的教育艺术思想 ……………（185）
第三节　现代思想政治教育学的教育学理论基础建构 ………（186）
　　一　现代思想政治教育学之教育学理论基础建构的含义和
　　　　意义 ………………………………………………（186）

二　建构现代思想政治教育学之教育学理论基础的原则和
　　　　方法 ……………………………………………………………（187）
　　三　建构现代思想政治教育学之教育学理论基础的基本
　　　　思路 ……………………………………………………………（190）
　　四　建构现代思想政治教育学之教育学理论基础的
　　　　路径探析 ………………………………………………………（191）

第七章　现代思想政治教育学的心理学基础 ………………………（195）
　第一节　思想政治教育学与心理学的关系 ………………………（195）
　　一　从学科发展史的角度把握思想政治教育学与
　　　　心理学的关系 …………………………………………………（195）
　　二　从研究对象的角度把握思想政治教育学与心理学的
　　　　关系 ……………………………………………………………（197）
　　三　从现实问题研究的角度把握思想政治教育学与
　　　　心理学的关系 …………………………………………………（200）
　第二节　现代思想政治教育学对心理学知识的借鉴 ……………（203）
　　一　借鉴心理学理论知识 …………………………………………（203）
　　二　借鉴心理学的研究内容和研究成果 …………………………（205）
　　三　借鉴心理学研究方法 …………………………………………（207）
　第三节　现代思想政治教育学的心理学理论基础建构 …………（208）
　　一　心理学对现代思想政治教育学理论基础的奠定 ……………（209）
　　二　建构现代思想政治教育学的心理学基础理论 ………………（210）
　　三　拓展现代思想政治教育学的心理学基础方法 ………………（211）
　　四　夯实现代思想政治教育学解答现实问题的心理学
　　　　支撑 ……………………………………………………………（212）

第八章　现代思想政治教育学的人学基础 …………………………（215）
　第一节　思想政治教育学与人学的关系 …………………………（215）
　　一　思想政治教育学与人学在研究"人"上的相关性 …………（215）
　　二　人学为现代思想政治教育学提供了必要的理论资源 ………（217）
　第二节　现代思想政治教育学对人学知识的借鉴 ………………（220）
　　一　借鉴人学基本理论 ……………………………………………（220）

二　借鉴人学研究方法及其运用策略 …………………… (225)
　　三　借鉴人学研究成果 …………………………………… (227)
　第三节　现代思想政治教育学的人学基础建构 ……………… (229)
　　一　厘清现代思想政治教育学的人学基础建构的出发点 …… (229)
　　二　把握现代思想政治教育学的人学基础建构的核心
　　　　内容 …………………………………………………… (231)
　　三　体现现代思想政治教育学的人学基础建构的终极
　　　　追求 …………………………………………………… (233)

第九章　现代思想政治教育学的文化学基础 ……………… (236)
　第一节　思想政治教育学与文化学的关系 …………………… (236)
　　一　思想政治教育学从文化学中汲取丰富的营养 ………… (237)
　　二　思想政治教育学和文化学相辅相成 …………………… (239)
　　三　文化建设利于优化思想政治教育环境 ………………… (240)
　第二节　现代思想政治教育学对文化学知识的借鉴 ………… (242)
　　一　借鉴文化学理论知识 ………………………………… (242)
　　二　借鉴文化学内容 ……………………………………… (244)
　　三　借鉴文化学研究方法 ………………………………… (247)
　第三节　现代思想政治教育学的文化学理论基础建构 ……… (248)
　　一　树立现代思想政治教育学的文化选择理念 …………… (249)
　　二　厘清现代思想政治教育学发展中面临的主要文化
　　　　问题 …………………………………………………… (250)
　　三　打造现代思想政治教育学的文化力 …………………… (252)
　　四　确立现代思想政治教育学的文化发展导向责任 ……… (254)

第十章　现代思想政治教育学的美学基础 ………………… (262)
　第一节　思想政治教育学与美学的关系 ……………………… (262)
　　一　思想政治教育学与美学的相关性 ……………………… (262)
　　二　思想政治教育根本任务的完成需要遵循美学规律 …… (264)
　　三　思想政治教育学和美学的任务与目的相通 …………… (266)
　第二节　现代思想政治教育学对美学知识的借鉴 …………… (267)
　　一　借鉴和运用形式美理论 ……………………………… (267)

二　借鉴和运用现实美理论 …………………………………（269）
　　三　借鉴和运用艺术美理论 …………………………………（270）
　第三节　现代思想政治教育学的美学理论基础建构 ……………（272）
　　一　建构现代思想政治教育学的主体美理论 ………………（272）
　　二　建构现代思想政治学的客体美理论 ……………………（273）
　　三　建构现代思想政治教育学的环境美理论 ………………（275）
　　四　建构现代思想政治教育学的形式美理论 ………………（277）

第十一章　现代思想政治教育学的人才学基础 ………………（279）
　第一节　思想政治教育学与人才学的关系 ………………………（279）
　　一　思想政治教育学与人才学的学科发展联系 ……………（280）
　　二　思想政治教育学与人才学的内在逻辑联系 ……………（283）
　　三　思想政治教育学与人才学在实践基础上的联系 ………（284）
　第二节　现代思想政治教育学对人才学知识的借鉴 ……………（286）
　　一　借鉴人才学理论知识 ……………………………………（286）
　　二　借鉴人才学研究内容和研究成果 ………………………（287）
　　三　借鉴人才学研究方法 ……………………………………（291）
　第三节　现代思想政治教育学的人才学理论基础建构 …………（292）
　　一　推动人才学理论知识思想政治教育学化 ………………（292）
　　二　建构现代思想政治教育学的人才资源开发论 …………（294）
　　三　建构现代思想政治教育学的人才培养理念和模式 ……（295）

第十二章　现代思想政治教育学的管理学基础 ………………（298）
　第一节　现代思想政治教育学与管理学的实践联系 ……………（298）
　　一　思想政治教育实践活动实质是一种管理活动 …………（298）
　　二　现代思想政治教育的构成要素与管理的要素相交织 …（302）
　　三　管理的导入推进了思想政治教育的科学化 ……………（304）
　第二节　现代思想政治教育学对管理学知识的借鉴 ……………（308）
　　一　借鉴管理学理论知识的必要性 …………………………（308）
　　二　借鉴管理学理论知识的实质 ……………………………（310）
　　三　借鉴管理学的原理与方法 ………………………………（310）
　第三节　现代思想政治教育学的管理学理论基础建构 …………（312）

一　建构现代思想政治教育学的管理学理论基础的
　　　　基本要求 ………………………………………… (313)
　　二　建构现代思想政治教育学的管理学理论基础的
　　　　主要内容 ………………………………………… (316)

主要参考文献 ………………………………………… (323)

后记 …………………………………………………… (330)

导论　现代思想政治教育学理论基础研究概述

一　现代思想政治教育学界说

现代思想政治教育学作为一门新兴的学科，其理论基础、范畴体系、学科理论体系随着时代的进步和思想政治教育实践的发展，而不断发展和完善。现代思想政治教育学的学科理论具有鲜明的时代特色，其活水源头存在于时代进步和社会发展之中。现代思想政治教育学，是在现代化过程中，思想政治教育主动适应现代化建设要求和人们思想变化的实际，适应当今时代进步和实践发展要求，在继承传统思想政治教育学的基础上不断改进、创新，进而推进思想政治教育现代化的新学科。

一般认为，理解现代思想政治教育学，应从"时间概念"和"性质概念"两个方面结合起来理解[①]。一是从时间上看，现代思想政治教育学，是以传统思想政治教育学为基础，主要以我国改革开放前党在革命和建设中所形成的思想政治教育理论和实践为基础，反映改革开放后我国社会转型以及世界政治经济形势新变化的思想政治教育学。改革开放后中国在经济社会的巨大转型中，面对着来自市场化、全球化、信息化等方面带来的新情况、新问题、新挑战，也面临着其所带来的新的发展机遇。这是党的传统思想政治教育没有遇到过的新局面，因而需要推进思想政治教育理论和实践的现代化发展。正是从这个意义上说，人们普遍把改革开放以来的思想政治教育称为现代思想政治教育[②]。二是从性质上看，现代思想

[①] 参见：郑永廷《现代思想道德教育理论与方法》，广东高等教育出版社2000年版，第7页；班华《现代德育论》，安徽人民出版社2001年版，第10页。

[②] 周中之、石书臣等：《现代思想政治教育理论与实践探微》，人民出版社2009年版，第35—36页。

政治教育学，是指具有现代性特点的思想政治教育学。现代性是相对于传统性而言的。所谓传统性，是指过去社会及其人的时代特性。党的传统思想政治教育语境下的传统性，是指改革开放以前我国社会主义革命和建设时期社会和人的时代特性。比如，社会环境的封闭与半封闭性，经济体制的单一性，思想文化领域的一元性，政治理想的革命性，人格的依附性，教育方式的灌输性等。现代性，是指现代人的社会和现代社会的人的时代特性，集中于党领导国家在开放条件下建设和发展中国特色社会主义过程中，所逐步形成的各种现代因素的综合体里，表现在社会现代性、人的现代性和教育的现代性中[①]。

现代思想政治教育学作为一门新兴学科，它是以现代思想政治教育实践为基础的，同时，它又是指导现代思想政治教育实践活动的理论知识体系。认识现代思想政治教育学的特征，就必须认识现代思想政治教育实践活动。毫无疑问，从历史的接续过程看，现代思想政治教育是从党的传统思想政治教育发展而来的，既与党的传统思想政治教育有着本质上的内在联系和共同性，又具有党的传统思想政治教育所没有的现代性内涵。所以，对现代思想政治教育进行界定，主要是以党的传统思想政治教育为参照来阐释的。两者在以下三个层次的五个方面存在差异：

一是因服务对象的不同决定了教育目标的不同。党的传统思想政治教育，从总体上讲是革命和战争年代的思想政治教育，进入社会主义建设时期以后，由于受"左"的思想的影响，党的思想政治教育并未随着社会发展而改变服务对象和进行新的定位，所以，党的传统思想政治教育的目标基本上是以强调革命理想和社会本位为特点的。改革开放以来，我国确立了以经济建设为中心的党的基本路线，特别是党的十六大报告中把人的全面发展确定为全面建设小康社会的重要目标和党的奋斗目标，因而现代思想政治教育的目标强调的是，中国特色社会主义建设的理想和社会目标与个人目标的统一。

二是因所处环境不同决定了教育内容的不同。改革开放以前，我国社会处于封闭与半封闭状态，实行的是单一的社会主义计划经济体制，由此决定了文化环境的相对单一和意识形态领域的一元化样态。改革开放以

---

① 周中之、石书臣等：《现代思想政治教育理论与实践探微》，人民出版社2009年版，第36页。

后，我国社会日益呈现出开放性、多样性的现代化发展趋势，由此决定了现代思想政治教育内容呈现出多样性。

三是因利益主体不同决定了教育要求的不同。在过去革命战争年代和计划经济体制下，人们的利益表现得比较一致，思想政治教育强调统一性和先进性要求，但由于目标定得过高、过急，忽略了人们利益和思想实际上存在的差异性和层次性，而出现形式主义倾向。改革开放以后，我国经济的主体性与多样性结合发展的特点，决定了利益主体的分化和利益主体思想道德的层次性发展，因此，现代思想政治教育必须坚持先进性要求与广泛性要求相结合的原则，体现教育要求的层次性。另外，随着现代社会人的主体性的增强和终身教育、学习型化社会、信息网络的发展，现代思想政治教育的方式、方法、手段等也必将发生相应的变化，由传统性、单一性、灌输性，向现代性、综合性、互动性方向发展。

现代思想政治教育与传统思想政治教育的不同，通过现代思想政治教育学的特征得到了反映。现代思想政治教育学的主要特征可概括为如下几方面：

一是继承性与创新性的统一。现代思想政治教育学要发展，必须继承传统思想政治教育学的优秀成果。要坚持思想政治教育学的学科属性和基本特点，坚持马克思主义理论指导的根本要求。现代思想政治教育学必须坚持思想政治教育的基本理论与实践、坚持思想政治教育的原则和要求。同时，要积极推进自身的创新。在思想政治教育观念、思想政治教育体制、思想政治教育内容、思想政治教育手段、思想政治教育载体等方面要不断创新。创新是思想政治教育开放性的基础。只有实现思想政治教育的不断创新，才能使思想政治教育顺应时代发展的潮流，更容易为人们所接受。江泽民在党的十六大报告中也讲到：创新是一个民族进步的灵魂，是一个国家兴旺发达的不竭动力，也是一个政党永葆生机的源泉。因此，我们只有实现思想政治教育的开放性和创新性相统一，才能在复杂多变的情况下提高思想政治教育的针对性和实效性。

二是主导性与多样性相统一。坚持主导性是思想政治教育这一人类活动的本质要求。历史表明，任何国家和社会的思想政治教育，无不具有明确的主导性，也无不坚持其主导性。改革开放以前，我国社会强调主导性的绝对性而忽略了其多样性。改革开放以后，我国开始由计划经济体制向市场经济体制转型，这种只强调主导性忽视多样性的方式已经远远不能适应社会的变化。特别是经济全球化、社会主义市场经济体制的建立和发展、现代科技的进步、世界局势的变化，给我国的社会结构带来深刻变化，也给人们的思想观念、价值取向、文化生活带来多样性。随着社会多样化的发展，思想文化也日益呈现出多样性的样态，而开放环境不仅推动了经济的快速发展，也促进了各种思想文化的交流与渗透，使我国意识形态领域呈现出多元化发展趋势。这给思想政治教育提供了多样性的选择内容。但是，社会主义的思想道德和资本主义思想道德的冲突，西方敌对势力对我国实施"西化""分化"，在我国对外开放过程中，西方资产阶级的政治主张、价值观念和生活方式的乘隙而入，都使得我们必须着力夯实和突出增强思想政治教育的主导性。因此，坚持思想政治教育主导性和多样性的统一，是现代思想政治教育的必然要求和基本原则。

三是科学性与价值性相统一。马克思主义科学理论体系具有科学性和价值性，两者之间有着密切的联系。现代思想政治教育以马克思主义科学理论为基础，分析并揭示了思想政治教育过程的矛盾、规律。因此，以马克思主义为指导的现代思想政治教育也必然要体现出科学性和价值性。思想政治教育的科学性要求我们在开展思想政治教育时要合乎实际，遵循思想政治教育规律，揭示社会和人发展的正确方向，体现理论上的科学性和先进性，并在长期的教育实践中不断发展和完善。思想政治教育必须坚持科学性，体现科学性，坚定不移地进行马克思主义理论教育，只有这样才能为改革开放和中国特色社会主义建设提供思想保障。现代思想政治教育不仅具有科学性，而且从其价值性来说，思想政治教育的价值性是思想政治教育的根本目的所在，是思想政治教育存在的基石。从实践活动的开展来看，思想政治教育是一种指导，也是一种服务。如果我们只讲思想政治教育的科学性，不讲它的价值性，或只重视思想政治教育对社会的整体价值，不重视它对个人发展的价值，就会造成思想政治教育个体价值的缺失，人们就很难认识和理解思想政治教育的作用。现代思想政治教育只有在马克思主义价值性原则的指导下，积极开展教育实践，才能满足社会全面进步的需求和人的全面发展的需求。所以说，思想政治教育既具有科学性又具有价值性，它的科学性和价值性是高度一致的。

四是理论性和应用性相统一。现代思想政治教育学作为思想政治教育丰富的实践经验的理论概括，具有高度的理论性，它不是对思想政治教育活动经验的简单描述，也不是对一般思想和行为的现象说明，而是"对思想政治教育本质和规律的理性认识，是关于思想政治教育的系统化理论"①。现代思想政治教育学的理论性，是指它已经初步构建了自己的范畴体系和学科体系②。现代思想政治教育学的应用性，是指它的操作性强，对思想政治教育实践具有很强的指导意义。首先，它的操作性强。现代思想政治教育学是一门新兴的综合性的应用学科，它和思想政治教育的实践直接联系着，它的每一步发展和完善，都有赖于实践提供新鲜材料和鲜活经验，反过来又应用于思想政治教育的具体实践。其次，它对思想政治教育实践具有很强的指导意义。现代思想政治教育学来源于思想政治教育实践，又指导思想政治教育实践。现代思想政治教育学同某些理论学科有明显不同，并不是一系列抽象概念的堆砌，而是从思想政治教育工作的实际出发，明确地回答了思想政治教育实践中的一系列重大问题。随着我国新时期经济社会呈现出来的新变化，现代思想政治教育学要不断地研究新情况，从理论上回答和解决思想政治教育实践中的新问题，充实思想政治教育学的新内容，从而使它的学科理论体系随着思想政治教育实践的发展而发展完善。正因为如此，现代思想政治教育学对思想政治教育实践才具有长期的指导意义。上述表明，现代思想政治教育学一方面具有理论性，另一方面又具有应用性，它的理论性和应用性是高度一致的。

　　五是综合性与开放性相统一。现代思想政治教育的综合性特点表现是多方面的。首先，它要综合应用多学科知识。现代思想政治教育学在马克思主义指导下，既要吸收和应用政治学、教育学、伦理学、心理学、社会学、美学、文化学、人才学、人学、管理学等学科的理论和方法，又要吸

---

① 徐志远：《现代思想政治教育学范畴学研究》，湖北人民出版社 2005 年版，第 192 页。
② 现代思想政治教育学范畴，是反映和概括现代思想政治教育学研究领域中普遍的本质联系的思维形式，是现代思想政治教育学科理论体系中的基本概念，是人们在思想政治教育实践的基础上形成的带有规律性的认识成果，是认识和把握思想政治教育理论和实践的手段和工具。现代思想政治教育学的多层次、多角度、多侧面的范畴体系，真实地反映了现代思想政治教育学现象之网的网上纽结，共同组成了一幅关于现代思想政治教育学的内部联系和变化发展的辩证图景，立体地、动态地勾画出了现代思想政治教育学的普遍联系和全面发展的总轮廓。其次，它已经初步构建了自己的学科体系。现代思想政治教育学具有高度的理论性，它是关于思想政治教育的理论知识体系。它源于实践又高于实践，具有超越现象和经验而达于本质的深刻性。对于现代思想政治教育学的学科体系竟由哪些内容构成，学术界虽有不同的看法，但都是大同小异。我们认为，现代思想政治教育学的完整的学科理论体系应包括以下四部分内容：现代思想政治教育基本理论研究、思想政治教育的形成和发展研究、现代思想政治教育方法理论研究、现代思想政治教育管理理论研究。

收、借鉴现代西方行为科学等相关学科中的有益成分，融会提炼，为我所用，自成一家。当然，现代思想政治教育学综合应用多学科的理论知识，绝不是使自己变成大拼盘、大杂烩，而是汲取多学科的知识和方法，用来研究思想政治教育问题，揭示思想政治教育固有的规律，提炼思想政治教育学特殊的原理、原则、内容和方法，构建独立的思想政治教育学的学科体系。在综合应用和借鉴不同学科理论和方法的过程中，现代思想政治教育学必须开放自身理论、拓展实践活动。我们要看到，现代思想政治教育的对象，正是改革开放以后成长起来的新一代，由于受他们所处的时代和社会环境的影响，他们的思想更加活跃、观念更加开放，其理想、信念、信仰、价值观也是处在多变的形成过程之中。这要求我们的思想政治教育必须从传统、僵化的思维模式中解放出来，大胆吸收和借鉴国外有利于我国思想政治教育的先进理念，用开放性的思想政治教育来应对教育对象的复杂变化。开放的本质在于打破常规、冲出传统，进而实现思想政治教育学在新的历史条件下从无序到有序的发展。

二　现代思想政治教育学理论基础释义

（一）学科理论基础概说

学科的理论基础是一门学科理论体系的基础或基石，是学科赖以建立和发展的前提条件，在学科的理论体系中，处于奠基性和支撑性的根本地位。可以说学科的理论基础是一门学科建立于其上的"基础设施"。没有理论基础的支撑，就无法构筑学科理论体系的大厦。任何一门学科理论基础的形成，不是自发存在的，它需要满足该学科特殊研究对象所要求的科学理论和知识体系来支撑，也需要一个建构性的确立过程。也就是说，学科理论基础的确立，需要满足学科特殊研究对象的科学理论和知识体系所提供的客观实在性内容来支撑，也需要科学的建构性活动。

因此，确立学科理论基础，至少要从两个方面来考虑：一是要从满足学科的特殊研究对象对科学理论和知识体系的要求来考虑，二是要从科学理论和知识体系自身的科学建构性活动来考虑。从学科研究对象的要求看，理论基础是用于指导研究学科研究对象的，没有指导作用的任何理论都不能作为该学科的理论基础。而且，这种指导作用体现于全部学科理论研究之中，并不局限于某一局部领域。因此，学科理论基础，实质是要用理论基础所坚持和提供的立场、观点、方法指导学科研究。理论基础包括对学科研究起指导作用的所有理论，是这些理论的总和，是适应学科研究对象所要求的科学理论和知识体系按照一定的内在结构所形成的、具有更强统摄力的理论知识体系和科学研究基础。

从学科理论基础的建构性要求看，能够称为一门科学的理论基础的"理论"，必须首先是科学的。理论基础的科学性是保证使一门学科成为科学的首要条件。在非科学的理论基础上，在错误的立场、观点、方法指导下，是不可能建立起真正的科学理论的。其次，学科理论基础不是固定不变的，它应随着学科的发展而不断夯实、丰富和拓展。随着人类社会的不断发展，学科的细分已经十分深入，现在已出现了大量的边缘学科。这种学科与两种或两种以上不同领域的知识体系有密切联系，在其学科的发展建设过程中，必将借助于其相关学科的研究成果应用到自身领域，并不断发展完善成为独立完整的学科。那么原有学科为新兴的边缘学科的研究领域提供了基础的知识体系，也应算作后者的理论基础。但这并不表示所有对该学科有借鉴的知识体系都可称为此学科的理论基础。只有那些提供了最基础的知识体系，对新学科的建立具有指导意义的理论，才能作为学科的理论基础。那些只是对学科中的某些具体观点提供了一定借鉴的理论，不能称为学科的理论基础。

综上所述，学科理论基础，就是根据学科研究对象对科学理论和知识体系的需要，为指导学科研究的科学理论和知识体系的总和，它是能够为相应学科的建立和发展，以及学科体系的整体构架提供根本观点、立场、理论或为相应学科的研究领域提供基础性知识体系，从而促成该学科建立和发展的理论体系。

(二) 学科理论、基础理论、知识借鉴

理论基础是建立学科理论体系的前提和基础，是基础理论的基础，它反映的是开展学科研究的要求。基础理论则为学科研究的成果，是学科研究成果中的基础部分，亦可称之为基本理论。它反映着研究对象的矛盾运动规律。基础理论的形成是学科确立的标志和继续发展的条件，但终究是在理论基础奠定的基石上，形成发展起来的。它仍然要以理论基础作为自己形成确立的前提条件和继续发展的指导。因此，两者的区分在于：理论基础是指导方法；基础理论则是在方法指导下得出的结论。

理论基础是学科赖以建立的必要条件，不是学科发展完善的充分条件。它只能保证学科建立基础的坚实和科学，却不能使学科自动达到完善的程度。学科的发展完善需要及时借鉴、参考、吸收相关学科特别是邻近学科的科学知识成果。也就是说，借鉴参考吸收相关学科知识成果是学科发展完善的必要条件。理论基础为学科建立所必需，处于学科理论体系的根本地位；相关学科知识成果为学科发展完善所必需，为学科的继续发展提供营养和支持。但学科理论基础不是一成不变的，随着实践的发展和科学理论的发展，学科理论基础也是发展的，这就要求学科理论在借鉴其他相关学科理论知识研究本学科问题时，要在本学科范畴内，将相关学科的知识体系按照本学科研究对象对科学理论和知识体系的内化要求，进行转化和建构，借以夯实和拓展本学科的理论基础。只有这样，才能使本学科理论基础为研究领域内的相关问题发挥指导性和奠基性作用。

（三）现代思想政治教育学的理论基础

本书把改革开放以来在社会转型中形成和发展起来的思想政治教育学称为"现代思想政治教育学"，那么30多年来，关于其理论基础的认识和看法，大致有三种不同的观点：

第一种观点从思想政治教育学科理论指导出发，强调思想政治教育学的理论基础是马克思主义或马克思主义基本原理，在这一点上是基本达成共识的。但对于思想政治教育学的马克思主义理论基础构成问题，则仍存分歧：或认为思想政治教育学的理论基础应体现马克思主义整体性，其理论基础是马克思主义的科学体系；或认为马克思主义当中的具有直接指导意义的基本原理为其理论基础。

第二种观点从思想政治教育学科属性出发，认为思想政治教育学是以辩证唯物主义、历史唯物主义，以及马克思主义党的学说、心理学、教育学和共产主义道德学为理论基础的，强调思想政治教育学的理论基础是马列主义、毛泽东思想、邓小平理论的一些理论观点及其所属的各门具体科学，其他一切科学，只能是借鉴和参考，而不能作为指导思想。

第三种观点是从思想政治教育学科与相关学科的关系出发，认为思想政治教育学的理论基础是马克思主义及其指导下的所有相关学科，即包括教育学、心理学、政治学、法学、社会学、美学、人格学、管理学等相关知识。

借鉴上述观点，笔者认为，所谓思想政治教育的理论基础，主要指思想政治教育学科得以建立、形成和发展的奠基性、支柱性理论。如果缺乏这些理论的支撑，思想政治教育学科就难以建立起来。从这个意义来说，思想政治教育的理论基础，就是建构思想政治教育学的基础性、奠基性理论和学说。按照这一定义，从思想政治教育学的学科属性及其现代化要求看，现代思想政治教育学的理论基础应包括两大部分：一是马克思主义理论基础，或者说思想政治教育学的马克思主义理论基础，这是第一层次的理论基础；二是从其他学科那里借鉴来的相关理论，通过在思想政治教育学领域内的适应性发展和建构性活动所形成的理论基础，这部分可以称之为思想政治教育学的相关理论基础，或思想政治教育学的非马克思主义理论基础。

毋庸讳言，思想政治教育学之所以是一门科学，是因为它有自己特殊的研究领域，在这个研究领域里有它自己特殊的矛盾和研究对象；而思想政治教育学之所以能够成为一门科学，则是因为它有坚实的理论基础。思想政治教育学科建设的健康发展正立足于这一理论基础之上。理论基础问题是思想政治教育学的基本问题之一，也是思想政治教育学科建设的一个重要问题。对此问题的研究，学界现已取得相对稳定的认识。但是，随着马克思主义理论一级学科的建立和马克思主义整体性问题的凸显，深化思想政治教育学理论基础的认识已势在必行。

三 现代思想政治教育学理论基础研究历程与展望

改革开放以来，广大的思想政治工作者和理论研究者对思想政治教育学理论基础不断进行研究，经历了初始探索阶段、学科研究阶段、深入发展阶段三个时期，取得了一系列的研究成果。

（一）思想政治教育学理论基础问题研究历程回顾

关于思想政治教育学的理论基础问题的研究历程，一般认为可大致划分为三个阶段：

1. 初始探索阶段（1978—1984 年）

关于思想政治教育学的理论基础问题，事实上在思想政治教育学成为一门独立的学科之前就已经展开了大量的讨论。自党的十一届三中全会以后，一些思想政治工作者发出呼声：思想政治工作是一门科学。正是围绕着思想政治工作是否是一门科学这一问题，开始了思想政治工作理论基础问题的大讨论。这是因为一门学科得以确立的前提条件便是它是否存在坚实的理论基础。

1982 年 6 月 7 日至 9 日，由《社会科学研究》期刊编辑部邀请成都、重庆地区部分理论工作者和企业政工部门的同志举行了思想政治工作理论讨论会,主要讨论了什么是思想政治工作和思想政治工作怎样作为一门科学来研究两个问题。讨论中就思想政治工作的理论基础问题的讨论结果主要存在以下几种观点:有的认为应以马列主义、毛泽东思想为指导,以辩证唯物主义和历史唯物主义为理论基础;有的认为应以心理学、教育学等社会科学为理论基础;有的认为,应该研究马克思主义关于人的需要的理论,并以它作为指导思想和理论基础;还有的则认为应以管理心理学为理论基础[1]。在1984年上半年召开的全国纺织职工思想政治工作研究会上,就思想政治工作的理论基础这一问题进行了讨论,与会成员主要存在三种不同的观点:一是马克思主义学说都是思想政治工作的理论基础;二是不仅马克思主义是它的理论基础,还包括其他旁邻学科,如心理学、教育学、社会学、伦理学以及行为科学的某些合理部分等;三是马列主义、毛泽东思想是思想政治工作的指导思想,马克思主义哲学是思想政治工作的理论基础,同时要吸收其他学科理论,如心理学、教育学、社会学等有关理论[2]。

与此同时,也有一些理论工作者在他们的著作和文章中对此问题进行了论述。由张蔚萍、张俊南合撰的《思想政治工作是一门科学》(《思想政治教育》1983年第一期)一文中,明确指出:"我们党的思想政治工作,是以辩证唯物主义、历史唯物主义为理论基础的。它首先是根据辩证唯物主义、历史唯物主义关于物质与精神、经济与政治的辩证关系的原理提出来的。"[3] 后来,他们在合著的《思想政治工作概论》(陕西人民出版社1983年版,第6—14页)一书中,进一步对思想政治工作的理论基础问题进行了比较详细的论述,指出:思想政治工作是以辩证唯物主义、历史唯物主义以及马克思主义党的学说、心理学、教育学和共产主义道德学为理论基础的,而且只能以马克思列宁主义、毛泽东思想及其所属的各门具体科学作为理论基础,其他一切科学只能是借鉴和参考,而不能作为指导思想。同时,《奋斗》期刊开辟了《思想政治工作讲座》专栏,其中

---

[1] 社会科学研究编辑部:《思想政治工作理论座谈会情况综述》,《社会科学研究》1982年第4期。

[2] 中国纺织职工思想政治工作研究会科学化学组:《关于思想政治工作科学化问题的几点认识》,《思想政治工作研究》1984年第4期。

[3] 张蔚萍、张俊南:《思想政治工作是一门科学》,《思想政治教育》1983年第1期。

的第一讲是由振东、一凡合撰的《思想政治工作是一门科学》(《奋斗》1983年第6期)一文,指出:思想政治工作作为一门科学,是有其理论基础的。它的理论基础是马克思主义哲学、政治经济学和科学社会主义,也就是马克思列宁主义、毛泽东思想;同时,它和马克思主义的心理学、教育学、社会学和共产主义伦理学有紧密的联系。另外,文中还着重指出了马克思主义当中的三条重要的原理:物质与精神、社会存在与社会意识的关系;社会主义思想意识必须坚持灌输的思想;毛泽东的正确处理人民内部矛盾的理论,是思想政治工作的直接理论依据[①]。

这些在讨论、讲座、著作和文章中的关于思想政治工作的理论基础问题的初步探讨,特别是由张蔚萍、张俊南合著的《思想政治工作概论》一书中的基本观点,是对思想政治工作的理论基础问题研究的一块"奠基石",为接下来成立思想政治教育学这一独立学科做了直接的理论铺垫。

2. 学科研究阶段(1985—1992年)

1984年下半年便开始在一些高校创办了思想政治教育专业,这标志着思想政治教育学开始成为一门独立的学科。在这一阶段,对于思想政治教育学的理论基础问题的研究,主要是随着思想政治教育学学科建设而逐步进行的,它是前期的研究的进一步发展。

这一时期,围绕思想政治教育学的学科建设,出版了一系列的专业教材,思想政治教育学的理论基础问题研究的进一步发展也主要是在这些教材中得以体现的。由教育部思想政治工作司委托复旦大学教授陆庆壬主编的第一本专业教材《思想政治教育学原理》(复旦大学出版社1986年版)一书,当中的第二章就系统地阐述了思想政治教育学的理论基础问题。该书指出:"思想政治教育学作为一门综合性的应用科学,它必须以马克思主义为理论依据。马克思主义哲学,即辩证唯物主义与历史唯物主义,为思想政治教育学提供了科学的世界观和方法论;马克思主义政治经济学,即研究人类各种生产关系的科学,指出了思想政治教育在社会生产发展中的地位和作用;科学社会主义,即无产阶级谋求解放的行为科学,为思想政治教育的目标、任务和内容提供了理论指导。同时,思想政治教育学还必须吸取教育学、心理学、伦理学等相关学科的理论和知识,作为专业理

[①] 振东、一凡:《思想政治工作是一门科学》,《奋斗》1983年第6期。

论依据。"① 而且还进一步地论述了马克思主义当中的五条重要原理，认为是思想政治教育学的理论依据，指出了思想政治教育要遵循教育学的一般规律、要符合人的心理活动的一般规律、要掌握道德产生发展的一般规律、要汲取其他学科的知识。1988 年由华中师范大学出版社出版的张耀灿教授著的《思想政治教育学原理》一书，也对思想政治教育学的理论基础进行了论述，并且列举出了数条具有直接指导意义的马克思主义重要原理。

在这一阶段，关于这个问题的研究也发表了一些比较深层次的论文。由张贵仁、蔡仁礼合撰的《思想政治教育是一门科学》(《思想政治教育》1986 年第 8 期) 一文，认为思想政治教育是以马克思列宁主义、毛泽东思想为指导，以马克思主义辩证唯物主义和历史唯物主义作为理论基础的。而且还比较全面地概括出了几条直接理论依据，即：社会存在与社会意识的辩证关系原理；生产力与生产关系、经济基础与上层建筑、政治与经济相互关系的原理；共产主义教育和培养全面发展新人的理论；正确处理人民内部矛盾的理论；社会主义物质文明与精神文明建设相互关系的理论；等等。另外，还指出：除了运用和借鉴一些社会科学的理论成果外，思想政治教育也可以综合吸收自然科学的最新研究成果和最新成就②。1986 年第 11 期的《思想政治教育》载的由童彭庆撰写的《思想政治教育学体系简述》一文，提出了思想政治教育学有理论基础和专业基础两个方面，认为："思想政治教育学是以马克思主义哲学、政治经济学、科学社会主义为理论基础的，而其中主要的是以马克思主义的关于社会存在和社会意识辩证关系的原理，关于政治和经济辩证关系的原理，关于工人运动不能自发产生马克思主义，必须从外面灌输的原理，关于培养全面发展的共产主义新人的原理；其次，我们党和国际共产主义运动的成功经验、失误的教训，通过深入研究探讨，总结出科学的规律，也是思想政治教育学的理论依据；另外，由于思想政治教育学的综合性，它还要汲取其他学科的研究成果，例如心理学、伦理学、教育学、社会学、美学、人才学等学科的理论，还要汲取和借鉴资产阶级管理科学中的知识，例如行为科学的一些合理的因素，以及技术性的学科知识，例如信息论、系统论、控制

---

① 陆庆壬：《思想政治教育学原理》，复旦大学出版社 1986 年版，第 25 页。
② 张贵仁、蔡仁礼：《思想政治教育是一门科学》，《思想政治教育》1986 年第 8 期。

论等,以此作为思想政治教育学的专业理论基础。"①

总的来说,在这一阶段,随着思想政治教育学学科建设的发展,对于思想政治教育学的理论基础问题的研究也得到了进一步的发展,比初始阶段的研究要更为确切和全面。

3. 深入发展阶段(1992 年至今)

1992 年至今是思想政治教育学的理论基础问题研究的进一步深化阶段。在这一阶段,对于这个问题的研究不仅体现在一些专业教材当中,而且出现了对于这个问题研究的专门的学术论文和著作。

这期间,出版了一系列的关于思想政治教育学原理的教材,在这些教材中都有专门的章节对思想政治教育学的理论基础问题的论述。由陈成文、徐志远、严华合著的《思想政治教育学研究》(湖南师范大学出版社 1998 年 5 月第 1 版)一书,当中的第二章就对思想政治教育学的理论基础问题进行了论述,指明了马克思主义是思想政治教育学的直接理论依据,而且还具体阐述了思想政治教育学与政治学、教育学、心理学、伦理学、社会学、美学等学科的关系。高等教育出版社 1999 年 7 月出版的由教育部社会科学研究与思想政治工作司组编的《思想政治教育学原理》一书中的第二章:思想政治教育学的理论基础,指出马克思主义的完整科学体系是思想政治教育学坚实的理论基础,系统地阐述了马克思列宁主义、毛泽东思想、邓小平理论当中的为思想政治教育学提供理论依据的一些基本观点,列举了五条思想政治教育学的主要理论依据,明确提出了社会主义精神文明建设理论是主要理论依据之一。由吉林大学教授陈秉公著的《21 世纪思想政治教育工作创新理论体系》(吉林教育出版社 2000 年版)一书中的第一章:思想政治教育工作的理论依据,增加了江泽民同志关于这方面的有关理论观点,在该章第二节中列举了九条主要理论依据,还把人格学的一些知识也作为思想政治教育学的借鉴知识。再后来,由张耀灿、陈万柏主编的《思想政治教育学原理》(高等教育出版社 2001 年 1 月版)一书,进一步全面地概括了思想政治教育学的十条直接理论依据。

更为重要的是,在这一时期还取得了对这一问题研究的专项成果。由罗国杰主编的《马克思主义思想政治教育理论基础》(高等教育出版社

---

① 童彭庆:《思想政治教育学体系简述》,《思想政治教育》1986 年第 11 期。

1992年版）一书，比较系统、全面地论述了思想政治教育学的理论基础问题。2002年5月高等教育出版社又出版了由教育部社会科学研究与思想政治工作司组编的《马克思主义思想政治教育理论基础》一书，这是前一本书的进一步完善与深化，概括更为全面，是分别从十个主要的理论依据来展开具体论述的。与此同时，由王建优撰写的《试论思想政治教育学的理论基础》（《南京师范大学学报——思想政治教育研究专辑》1992年）一文，肯定了马克思主义及其指导下的所有相关学科是思想政治教育学的理论基础，并进一步将理论基础做了层次划分，把各门相关学科分别纳入不同层次之中。1996年第3期《云南教育学院学报》发表邹学荣撰写的《简论思想政治教育学的理论基石》一文，归纳了关于思想政治教育学的理论基础问题的几种观点，提出并论证了马克思主义关于人的本质的理论是思想政治教育学的理论基石。《山东师大学报》1997年增刊发表许明撰写的《马克思主义哲学是党的思想政治工作的理论基础》一文，从六个方面论证了马克思主义哲学是党的思想政治工作的理论基础。2001年，由米展、吉飞合撰的《论思想政治教育学的理论基础》一文，首先论述了学科理论基础的确立依据及其含义，再论述了思想政治教育学的理论基础分为三个层次：哲学理论基础、一般理论基础和应用理论基础。[①]

（二）现代思想政治教育学理论基础研究述评

思想政治教育学的理论基础问题研究经过广大的思想政治工作者和理论工作者们的二十多年的艰苦探索，已经初步形成了基本的理论框架。但从总体上看，思想政治教育学的理论基础问题的研究还存在许多不一致的观点，对于一些具体理论基础问题的研究还不够系统、全面、深入。由于这些问题的存在，将会影响到思想政治教育学这门学科的进一步深入的建设与发展。因此，对于思想政治教育学的理论基础问题的研究还有待于进一步深入的探索。具体来说，以后对于这个问题的研究主要在以下几个方面进一步努力：

首先，要重视对思想政治教育学理论基础确立依据的研究。任何一门学科的理论基础的确立首先要加强对该学科理论基础的确立依据进行研

[①] 米展、吉飞：《论思想政治教育学的理论基础》，《南京化工大学学报》（哲学社会科学版）2001年第4期。

究，这样才使学科赖以成立的理论基础具有科学性。可是，到目前为止，学术界对于思想政治教育学的理论基础这个最基本的理论问题还存在几种不同的观点，这样就直接影响到这一学科的建设与发展。而存在这一问题的一个根本原因，就是在一开始就缺乏对思想政治教育学的理论基础的确立依据的研究。甚至在后来即便是思想政治教育学的理论基础问题存在分歧，也很少有人去研究思想政治教育学理论基础的确立依据，即使持某一具体观点的学者并没有明确地回答为什么自己要以此作为思想政治教育学的理论基础的问题，这样就导致思想政治教育学的理论基础问题上的分歧的局面一直延续至今。米展、吉飞在合撰的《论思想政治教育学的理论基础》一文中，谈到了关于学科理论基础的确立依据应该是该学科的研究对象。因此，在以后的研究中，对于这个问题的研究尤为重要，一定要引起重视，展开深入的研究。

其次，从思想政治教育学的马克思主义理论基础来看，要进一步深入研究马克思主义理论中的思想政治教育学的直接理论依据。马克思主义理论是思想政治教育学这一门学科赖以确立和发展的指导思想，这是毋庸置疑的。但是，我们又不能仅仅停留在这一抽象的泛泛而论上。因为在各门学科的建设中，我们大多数都是以马克思主义理论作为指导思想的，如果只是从指导思想这一点出发，那么思想政治教育学则与其他学科的理论基础完全同化，并没有与本学科的具体研究对象、目的任务等方面联系起来。所以，我们仅仅把马克思主义理论作为思想政治教育学的指导思想是不够的，最为关键的是要从马克思主义理论中，挖掘出能为思想政治教育学的学科建设及实践工作提供科学的直接理论依据的东西。关于这个问题的研究，其实许多理论工作者从一开始就在做，也取得了一系列的理论成果，但还不够全面和深入。一是在各种不同的思想政治教育学原理的教材中，关于马克思主义理论中的思想政治教育学的直接理论依据都有论述，但这些论述显得不够集中，有的甚至显得重复、散乱。二是从马克思主义理论中的具体某一条直接理论依据来说，其论述都还停留在比较浅的层次上，更多的是一种原始资料的累积，与思想政治教育学的具体问题的联系方面的研究还不够深入和透彻。三是对马克思主义理论中的思想政治教育学的直接理论依据之间的关联性研究不够。四是马克思主义理论是与时俱进的理论，随着时代和实践的不断发展，其理论是不断丰富与发展的。所以，作为马克思主义理论中的直接理论依据也是不断发展和完善的，要求不断增添新的内容。毫无疑问，确立现代思想政治教育学的马克思主义理论基础，要在马克思主义理论学科范畴内来确立，在马克思主义理论与思想政治教育学的关系中来确立，在马克思主义理论不断发展的基础上来确立和完善。

  第三，从思想政治教育学的非马克思主义理论基础来看，要加强对相关学科的一些知识的深入研究。这一层面的思想政治教育学理论基础建构更为复杂和困难，也充满争议。现代科学的发展日益显示出分化、综合的趋势，各门学科相互交叉、相互渗透。思想政治教育学作为形成不久的综合应用性学科，需要从许多其他的相关学科中借鉴相关的知识，以此来丰富与深化自己的专业理论基础。对于这个问题的研究，没有深入和细化到相关知识与思想政治教育学的具体联系上。也没有深入研究如何在其他学科与思想政治教育学两者关系的内在联系上，建构思想政治教育学理论基础的层面。正是由于对这个问题的研究不够深入，结果导致思想政治教育学要么纯粹地去照搬别的学科的知识，要么就是走向反面，把自己局限在一个比较狭隘的视野之中。或者仅仅是停留在知识借鉴的层面上，从而不能从知识借鉴走向适应自身学科发展所需要的理论基础建构。然而，随着学科的不断分化和综合，思想政治教育学的自身发展必然要求进行多学科的研究，而且要深入进去研究，不能仅仅停留在表面层面上。只有不同流派的充分发展，通过比较鉴别、实践检验，才能实现取长补短、相互融合，形成以马克思主义理论为指导的、多学科综合应用的中国特色社会主义思想政治教育学。所以，对于这个方面的研究是需继续不断地进行，而且还要加大力度来开展研究。

  总之，对于思想政治教育学的理论基础问题的研究，必须要在马克思主义理论的指导下，针对该学科的自身研究对象的特殊性，深入、全面地进行研究，以此来推动思想政治教育学的学科发展和促进思想政治教育实践的科学性。笔者还认为，无论是思想政治教育学的马克思主义理论基础，还是思想政治教育学的其他理论基础，都需要一个建构性的活动，当然这种建构性活动分别是以马克思主义理论及其知识体系的客观实在性支撑、其他相关学科的相关科学理论及其知识体系的客观实在性支撑为基础的。两个方面主要是强调要坚持以马克思主义及其中国化理论成果为指导的。

四 现代思想政治教育学理论基础建构任务的提出

研究思想政治教育学的理论基础，其主要任务是探索建构现代思想政治教育学理论基础的问题。重点在"建构"二字上，也就是说，思想政治教育学的理论基础，重在建设。如前所述，现代思想政治教育学的马克思主义理论基础和其他相关学科理论基础，都不是直接呈现和自在自存的，而是需要进行科学建构的。显然，思想政治教育学的马克思主义理论基础和其他相关学科理论基础，都存在建构的任务。但从目前的研究现状看，最主要的任务又是研究思想政治教育学其他相关学科理论基础的建构问题。这里从三个方面来阐述有关思想政治教育学非马克思主义理论基础建构的研究任务问题。

（一）对思想政治教育学与其他相关学科关系建构开展研究

在对现代思想政治教育学的其他相关学科理论基础的建构上，应该认识到思想政治教育学与相关学科的关系不是直接现成的，而是需要进行理论层面的建构的。这种建构的关键在于找到相应的关节点。这种关节点或可从以下三方面来把握：一是在学科发展史中去把握，也就是说从学科层面去把握这种关系，在学科建设、发展的过程中，思想政治教育学同一些相关学科发生了联系，把这种学科之间的关系找出来；二是在研究对象的相关性中去把握，不同的学科最重要的区别是研究对象的不同，比如思想政治教育学研究人的思想品德形成的规律，但思想品德的形成规律受社会多种因素的影响，从不同相关学科的视野来看待其影响思想品德形成、甚至影响思想政治教育学其他方面问题的情况，这种影响是什么、如何看待这种影响，把这种影响讲清楚，实际上就把握到了两者之间的关系；三是在对现实问题研究的问题域中去把握思想政治教育学与其他相关学科的关系。比如在思想政治教育学研究的一些问题上，诸如社会心态建设的问题，还是社会学、政治学、教育学、心理学等学科也在研究的问题。那么，立足思想政治教育学科的背景，找准思想政治教育学与其他相关学科在现实问题研究上的交集，就十分重要，就是说在思想政治教育学对所应观照和干预的现实问题研究上，还有其他相关学科关注、干预和从其他方面研究了这些现实问题，这是从问题交集来理解和看待思想政治教育学与其他相关学科的关系。思想政治教育学与其他任何相关学科的关系，或可主要从这三方面来建构。之所以要"建构"，是因为这种关系不是直接存在的，而是需要从学理上来进行发现、把握、阐述和梳理的；之所以能"建构"，是因为这种关系不是主观臆想的，而是具有客观实在性基础和得到客观实在性内容支撑的，也就是说这种关系是客观存在的，但需要我们把它找出来，研究这种关系的样态、内容和特点等。只有经过这样一个建构的过程，才能夯实和拓展现代思想政治教育学的其他理论基础。

（二）现代思想政治教育学对其他相关学科的知识借鉴研究

这方面的研究已经取得了不少的研究成果，但各门学科的知识都处在自我发展、相互交融、互相借鉴中，现代思想政治教育学的发展更需要借鉴其他学科的知识，关于这种借鉴的研究还需要进行深入研究。目前关于思想政治教育学借鉴其他相关学科知识的研究，总体而言，主要还处于"点到为止"的程度，对于这种借鉴"为何必要""如何可能""怎样借鉴"的研究尚需深入，如何系统和较为完整地来研究思想政治教育学对相关学科知识借鉴问题，是个重点问题，也是个难点问题。对"知识借鉴"问题的研究不是目的，目的是在这种借鉴中夯实和拓展思想政治教育学的理论基础，并将这种理论基础建构在对相关学科理论和方法的借鉴中。这里就需要对各门学科的知识有总体性和具体性的把握，需要有相关学科的知识背景和理论功底，在短期内要完成这种工作是有很大难度的。一方面要掌握思想政治教育学对此一问题的研究程度和研究成果，另一方面需要有思路上、内容上的突破，这是有很大难度的，但如果没有这种突破，本研究就会人云亦云，没有价值。因此，为了进行这方面的研究，我们大体上主要从三方面来构思和开展"知识借鉴"的研究：一是理论知识的借鉴，二是研究内容和研究成果的借鉴，三是研究方法的借鉴。

（三）在对相关学科理论知识借鉴基础上，对现代思想政治教育学理论基础建构问题的研究

在对学科关系阐明和知识借鉴梳理的基础上，要着手建构思想政治教育学的理论基础。如果说学科关系的阐明体现了理论基础建构的可能性和前提性，知识借鉴的梳理体现了理论基础建构的必然性和必要性，那么，"理论基础的建构"就直接体现了，把思想政治教育学的理论基础建构在相关学科理论知识背景基础上的现实性和可操作性，以解答"如何建构"的问题。这种建构的核心是解决"相关学科理论知识思想政治教育学化"的问题，在思想政治教育学科框架体系内，着眼于思想政治教育理论和实践的发展要求，夯实和拓展思想政治教育学的理论基础，较为系统和相对

完整地建构起思想政治教育学的理论基础。此项工作是三项工作中最难和最重要的。如何开展这方面的研究呢？

一是要立足思想政治教育学，从思想政治教育学的视域（而不是从相关学科的视域）来理解、认识和把握相关学科理论知识与思想政治教育学理论基础的关系。其他相关学科的理论知识作为一种客观实在性的理论知识，其本身并不就是思想政治教育学的理论基础，它成为思想政治教育学的理论基础，需要进行一番符合思想政治教育学科要求和特点的改造。这种改造本身是思想政治教育学理论基础的一种建构性活动，其中包括对作为知识背景和理论借鉴性资源的相关学科理论知识的适应性开发和创造性运用，这个过程就是把其他相关学科理论资源的借鉴和运用，与思想政治教育学科理论基础的发展结合起来的过程，这个过程是推进"相关学科理论知识思想政治教育学化"的过程，是在思想政治教育学科范畴内通过一系列改造和建构的过程，把相关学科理论知识内化在思想政治教育学中的过程，其结果是建构了思想政治教育学的理论基础。

二是这种改造和建构反映了思想政治教育学理论发展的要求。这种建构不是一种简单的理论知识的重复和堆砌，而是着眼于反映思想政治教育理论发展的要求。这就是说，随着思想政治教育理论发展的需要，思想政治教育理论基础本身不是固定不变的，需要夯实和拓展思想政治教育学的理论基础，这种理论基础的夯实和拓展是满足思想政治教育理论发展所需的"基础设施建设"活动。没有学科层面理论基础的奠定，思想政治教育的理论发展就缺乏坚实基础。思想政治教育理论大厦的建构，除了实践基础这根支柱外，就是学科理论基础这根支柱。这就如同建房子，"大地"类似于实践基础，而"地基体系"就类似于这里的理论基础。我们这里要讨论和建构的，不是大厦本身，而是支撑大厦而成为大厦最基础部分的"地基体系"，地基如何建构决定了大厦的样态，但大厦的功能要求则决定了地基的结构体系和布局。思想政治教育理论的发展要求提出了思想政治教育学理论基础建构（夯实、拓展等）的要求，要从这个方面来考虑理论基础的建构。

三是思想政治教育学理论基础的建构必须立足于对思想政治教育学实际问题解答的需要。如果说理论的发展是满足实际问题解答的需要，那么从不同相关学科理论知识的背景来探究思想政治教育学理论基础的建构，就是要从思想政治教育学和相关学科对实际问题解答的理论发展要求，为交叉学科解答实际问题所需的理论创新奠定一个新的理论基础。其逻辑是：解答实际问题需要进行理论创新，理论创新在交叉学科解答现实问题的交集里，要从这个交集里奠定理论创新的学科理论基础。因此，这里的理论基础建构不是一种主观的想象，而是对现实问题解答的学科理论发展的客观实在性反映。

五 本书研究思路和基本内容

（一）研究思路

本书是：在对研究生专业课和学位基础课《思想政治教育原理》《思想政治教育基本理论》《思想政治教育前沿问题研究》等课程讲授的基础上提出教材建设任务的；在对马克思主义思想政治教育经典著作原著分析和研究的基础上，概括和提炼出思想政治教育学的马克思主义理论基础；在掌握和梳理现已出版和发表的相关学术著作和论文基础上，通过参与学术会议和其他学术活动，把握思想政治教育学理论基础的研究动态和前沿问题，丰富、充实和完善思想政治教育学的理论基础研究。

本书在从不同层次系统梳理思想政治教育学的理论基础，并对这些理论内容进行深入研究的基础上，紧紧把握思想政治教育学科理论发展的前沿动态，把夯实思想政治教育学的马克思主义理论基础与拓展思想政治教育学的其他理论基础有机结合起来，全面反映思想政治教育学理论基础的丰富性和发展性。力图以专著形式反映思想政治教育学理论基础的研究成果、学科理论发展动态，把夯实思想政治教育学的马克思主义理论基础与拓展思想政治教育学的其他理论基础结合起来，既根植于马克思主义学科理论，又扬弃和吸收其他相关学科具有代表性的理论成果，在此基础上，系统分析思想政治教育学理论基础的内容、结构及其相互关系，力求科学、全面、及时体现思想政治教育学理论基础的基本概貌和结构体系。

与同类教材相比，本书具有如下几个特点：一是视野更为开阔。目前同类教材主要把思想政治教育学的理论基础一般地限定在思想政治教育学的马克思主义理论基础范畴内，而对思想政治教育学的哲学基础、人学基础、政治学基础、文化学基础、教育学基础、社会学基础、心理学基础等方面缺乏整体研究。本选题全面梳理思想政治教育的马克思主义理论基础和其他理论基础。二是研究更为系统。就同类教材而言，主要是教育部1994年组编的《马克思主义思想政治教育理论基础》，它主要是对马克思主义经典作家关于思想政治教育工作的重要论述。其他一些关于思想政治教育学理论基础的研究散见于思想政治教育学科理论、基本原理、基础理论类成果的研究中，还有一些以论著形式对某方面理论基础进行的专题研究。本选题研究在前人奠定的基础上，从学科理论体系构建的宏观视域，按照教材建设的要求，结合实践发展和理论创新的特点，系统全面研究思想政治教育学的理论基础及其相互关系。三是成果更为前沿。本选题对思想政治教育学理论基础的把握注重前沿性，掌握学科理论发展动态，力求反映新的研究成果，规划教材体系和内容。

（二）研究内容

总体来说，本书的主要内容可以做如下概括：在对思想政治教育学理论基础及其研究情况概述的基础上，将思想政治教育学的理论基础划分为马克思主义理论基础和其他理论基础两大部分。进而对思想政治教育学的马克思主义理论基础进行概括归纳和分析提炼；对思想政治教育学的其他理论基础逐一进行梳理和分析，多方面多角度建构科学、系统、全面反映学科理论发展动态的思想政治教育学理论基础体系。

1. 现代思想政治教育学的马克思主义理论基础

现代思想政治教育学，必须坚持马克思主义理论指导，坚持马克思主义基本原理、立场、观点和方法。从这个意义上来说，马克思主义思想政治教育学，其理论基础就是马克思主义，这实际上是我们在设立马克思主义理论学科时，把思想政治教育（二级学科）归属于马克思主义理论（一级学科）的学科原因。毋庸讳言，在当代中国语境中，谈论思想政治教育，首先是在马克思主义的话语体系中来进行的。当人们谈论思想政治教育时，一个非常重要的潜在话题是，它是以马克思主义理论为理论基础的。因此，马克思主义特别是马克思主义中国化的理论成果，是当代中国思想政治教育最重要和最主要的理论基础。但随着思想政治教育的转型发展，也随着经济全球化、世界多极化、文化多样化、交往扩大化的影响，思想政治教育的理论基础实际上也需要借鉴其他相关理论基础来补充、丰富和完善。特别是当思想政治教育在从"认识中国"到"中国认识"的学科拓展和理论跃迁的整个过程中[①]，对思想政治教育学科理论基础的研

---

① 参见张澍军《试论思想政治教育学科前沿的若干重大问题》，《马克思主义研究》2011年第1期。

究，是思想政治教育学前沿问题研究的重要方面和绕不开的"元课题"。据此理解，现代思想政治教育学的马克思主义理论基础应从以下两方面来认识：

（1）马克思主义是当代中国思想政治教育学的理论基础。如何理解呢？是马克思主义的哲学、政治经济学、还是科学社会主义是思想政治教育的理论基础？当前人们逐渐认识到，从马克思主义的整体性来理解这种理论基础性才是正确而科学的。所以思想政治教育应当以作为整体性理解的马克思主义来作为自己的理论基础。我们认为，作为整体性理解的马克思主义是构成思想政治教育理论基础的方面主要包括以下要点：一是马克思主义的辩证唯物主义，即马克思主义的世界观；二是马克思主义的辩证法，即马克思主义的方法论；三是马克思主义的实践——认识理论，即马克思主义的认识论；四是马克思主义的历史唯物主义，即马克思主义的社会历史观（特别是关于社会意识和社会存在的关系理论、生产力和生产关系的关系理论、经济基础和上层建筑的关系理论、个人与社会的关系理论）；五是马克思主义的阶级斗争学说（特别是无产阶级解放斗争的学说），即马克思主义的阶级观；六是马克思主义的科学社会主义理论，即马克思主义的政治观；七是马克思主义关于人的本质、人的解放和发展的学说，即马克思主义的人学观；八是马克思主义关于人的交往理论，即马克思主义的交往观；九是马克思主义关于物质利益与精神利益的理论，即马克思主义的利益观；十是马克思主义关于无产阶级政党建设的理论，即马克思主义的政党观；十一是马克思主义的其他主要理论观点，如生态观、宗教观等。

（2）马克思主义中国化理论成果是当代中国思想政治教育学的理论基础。胡锦涛总书记在庆祝中国共产党成立90周年大会上的讲话指出：在推进马克思主义中国化的历史进程中产生了两大理论成果。一大理论成果是毛泽东思想；另一大理论成果是中国特色社会主义理论体系。毫无疑问，两大理论成果是思想政治教育的理论基础。首先，从思想政治教育宏观层次的理论基础看，毛泽东思想、中国特色社会主义理论体系是思想政治教育的理论基础；其次，从思想政治教育中观层次的理论基础看，关于新民主主义革命的理论、关于社会主义改造的理论、关于社会主义本质的理论、关于社会主义初级阶段的理论、关于改革开放的理论、关于社会主义经济建设的理论、关于社会主义政治建设的理论、关于社会主义文化建设的理论、关于社会主义和谐社会构建的理论、关于社会主义生态文明建设的理论、关于社会主义的国际战略和对外政策的理论、关于社会主义依靠力量的理论、关于党的领导和党的建设的理论、关于军事战略以及国防和军队建设的理论，等等；最后，从思想政治教育微观层次的理论基础看，关于社会主义现代化建设步骤论、国情论、所有制理论、共同富裕论、社会主义民主自由人权论、以人为本论、公平正义论、人与自然和谐相处论、祖国统一论、和平共处论、和谐世界构建理论、依靠力量理论、保持共产党员先进性理论、执政党建设理论，等等。也是当代中国思想政治教育学的理论基础。

2. 当代中国思想政治教育学的其他理论基础

（1）思想政治教育学的哲学基础。思想政治教育是什么？思想政治教育是如何产生、形成和发展的？思想政治教育的存在性、价值性、规律性、实效性如何？我们认为，这三大问题是思想政治教育的"三个元问题"。对这三个元问题的思考，属于对思想政治教育的哲学式思考，也只有在对思想政治教育进行哲学思考的范畴内，才能更为科学、深刻、系统地解答这三个元问题。因此，思想政治教育必须有自己的哲学基础，思想政治教育学必须构建"思想政治教育哲学"学科及其理论。

（2）思想政治教育学的政治学基础。从思想政治教育的本质上来看，思想政治教育实践活动的开展，离开政治生活系统的支撑是无法想象的。思想政治教育系统与政治生活系统是密切相关的，在我国，这两个系统在理论上应是高度统一的。思想政治教育的起源与阶级的形成和国家的产生紧紧交织在一起，作为政治统治和意识形态建设重要实践内容的思想政治教育，与政治生活、政治关系、政治权力、政治统治、政治管理，一句话，与政治生活、政治关系和政治活动是紧紧联系在一起的。因此，思想政治教育活动有政治活动的根基，构建思想政治教育学，必然要夯实其政治学基础。

（3）思想政治教育学的伦理学基础。马克思主义伦理学所揭示的共产主义道德形成和发展的规律、基本原则和规范，为思想政治教育学提供了一定的理论依据，是思想政治教育学研究的重要内容。思想政治教育学借鉴和应用伦理学的基本原理，能够更好地研究和揭示人的思想品德形成和发展的规律。因此，要在把握思想政治教育学与伦理学的关系中，建构思想政治教育学的伦理学基础。

（4）思想政治教育学的教育学基础。教育学是整个教育科学体系中的基础学科，它所揭示的教育发展的一般规律以及教育的性质、目的、原则、方法等，对教育科学体系中的其他学科都有指导作用。思想政治教育系统同教育系统的运动是密切相关的。任何教育都是从对人本身的培养开始的，也就是说，任何知识的传授、技能的训练，如果脱离了作为主体性而存在的教育者和受教育者，都是不可能实现的。教育活动的发生、教育规律的形成、教育战略和策略的改变、教育方向和目的的调整，都给思想政治教育实践形态的塑造打上了深深的烙印。思想政治教育是实践活动的一部分，作为一种特殊的教育实践活动，它是教育学的一个分支学科，它当然也要遵循教育学所揭示的教育的基本原理、原则和方法。但它不是简单的套用，而是借助于这些原理、原则和方法去研究思想政治教育所固有的特殊规律，进而建立思想政治教育学特有的原理、原则、方法的学科体系。可以说，掌握和吸纳了教育学理论基础，思想政治教育的理论基础就会更加厚实和丰腴。

（5）思想政治教育学的社会学基础。思想政治教育是一种实践活动，思想政治教育具有鲜明的阶级性，社会结构和社会分层的变化，必然引起思想政治教育的变化；社会关系、社会生活、社会思潮等的变化也必然引起思想政治教育的变化。思想政治教育是培养人的工作，是实现人的政治社会化的实践活动。因此，对人的培养就不能不研究社会关系、社会系统、社会思潮、社会运转等问题。因此，思想政治教育活动有自己的社会学基础。

（6）思想政治教育学的心理学基础。思想政治教育学的一个重要内容，就是研究人的思想品德形成和发展的一般规律，这就涉及人的心理活动。而心理学是研究人们的心理过程和心理特征的科学。它所提供的有关的理论、知识和方法，能为思想政治教育学所借鉴和应用。从某种意义上讲，人的思想品德的形成和发展，也是一种心理活动过程。人的思想观念与人的心理动机、心理活动是紧密相关的。只有掌握了心理学的有关理论和方法，才能更好地去揭示人的思想品德形成和发展的规律，从而更有针对性地做好思想政治工作。对人们进行思想教育、政治教育、道德教育，都要把握人们的心理，特别是以群体形式表现出来的社会心理。因此，思想政治教育的理论基础的夯实、丰富和完善，也离不开社会心理学的支持。

（7）思想政治教育学的人学基础。人的自然性存在与社会性存在、人的本质和价值、人的需要和利益、人的解放和发展、人的塑造和培育等问题，关乎思想政治教育的根本问题。离开了人，就不会有思想政治教育的现实存在；离开了对人的研究，思想政治教育学科就会失去自己的研究领域；离开了人学的支撑，思想政治教育的理论基础就不会完整。因此，研究思想政治教育的理论和实践问题，必须研究人的问题。人学研究人的存在性、本质性、发展性、价值性等方面的基本问题，对这些问题研究形成的科学理论，是建构思想政治教育学理论基础的不可或缺的部分。

（8）思想政治教育学的文化学基础。思想政治教育系统除了与政治生活系统紧密相连之外，思想政治教育系统还与文化系统紧密相连。从思想政治教育实践来看，思想政治教育除了鲜明的政治性外，它还具有深厚的文化性。离开民族性和文化性的思想政治教育是不存在的。当前的中国思想政治教育要大力汲取中国传统优秀文化的养分，要使思想政治教育根植于中国优秀文化传统之中，要借鉴其他文化系统中思想政治教育实践系统的运行经验和成功做法。思想政治教育实践必须根植于文化根基中，通过思想政治教育建设引领文化发展，思想政治教育要承担维护文化利益、维护文化安全、促进文化创新、丰富文化生活等方面的功能。毫无疑问，思想政治教育的理论基础中，埋藏着深厚的文化根基。

（9）思想政治教育学的美学基础。中外思想家、教育家们早就天才地发现，美和艺术有着特殊的育人功能和育人价值，因此中外历史上很早就开始了将美和艺术运用于教育，尤其是以塑造人的心灵为主的思想政治教育活动的生动实践，并在这方面留下了无数宝贵的思想智慧，成为我们对思想政治教育进行美学思考与研究的源头活水所在。而创造美、欣赏美是人类的本质属性，思想政治教育也是人类创造美的活动领域之一，是通过改造人的主观世界而达到改造客观世界的目标的一个特殊领域。所以思想政治教育是而且可以是美的，在探索和研究思想政治教育美学的过程中，还需要进一步从思想政治教育学科的立场来探究思想政治教育学美学基础的问题。

（10）思想政治教育学的人才学基础。人才学是"研究人才成长和人才培养规律的新兴科学"①。而思想政治教育的最终目标就在于为社会发展培养人才、促进人才的全面发展，思想政治教育个体价值必然是全面体现在个体的成才和展才过程中。我们每个人都想最大限度地发掘出自己的才能和潜力，以便使自己的一生获得更大的发展和成功。关注了个体的成才和展才过程就等于关注了人的一生。所以从满足个体成才和展才需要的角度来分析思想政治教育的个体价值，以及从个体价值与社会价值的关系问题来研究思想政治教育的理论和实践问题，就需要借鉴人才学的理论和知识来拓展现代思想政治教育学的理论基础。

（11）思想政治教育学的管理学基础。管理是在许多个人共同进行协作劳动的过程中产生的，是人类一切有组织的活动一个必不可少的组成部分。凡是人们从事共同活动的地方，就必然有管理活动存在。管理活动起着组织、指挥和控制的作用。这些就是管理学所要研究的问题。现代思想政治教育作为一种复杂的社会活动，不可避免地要在一定的社会关系中进行，必然要采取一定的组织形式、制度、法规等来承担、执行管理的职能。思想政治教育是一个多因素相互作用的过程。这一过程由许多要素组成，有教育者、受教育者、思想政治教育任务、内容和方法。教育者和受教育者都是多方面的，思想政治教育又有相应的组织机构。思想政治教育要素具有复合性、多样性的特点。思想政治教育的成果是诸多因素综合影响的结果，而不是某一个因素的个体劳动，要把诸多思想政治教育要素有机地结合，形成一股合力，共同实现育人的目标，就需要思想政治教育管理，需要发挥思想政治教育管理的组织、协调、控制的作用。有思想政治教育活动，就必然有思想政治教育管理。因此，研究现代思想政治教育学的管理问题，还必须建构思想政治教育学的管理学基础。

---

① 张骏生：《人才学》，中国劳动社会保障出版社2006年版，第2页。

第 一 章

现代思想政治教育学的马克思主义理论基础

　　思想政治教育学之所以能够成为一门科学,是因为它有马克思主义这一坚实的理论基础。现代思想政治教育学的发展要理论化、科学化、系统化,就要求必须用完整而准确的马克思主义理论指导现代思想政治教育学科的建设,一方面,要完整准确的理解、深刻把握马克思主义理论的科学体系、基本原理并领会其精神实质;另一方面,要把马克思主义、毛泽东思想和中国特色社会主义理论体系看作是一脉相承、与时俱进的科学体系。促进思想政治教育学的理论创新,需要用马克思主义理论来进一步指导现代思想政治学的发展与建设。本章深入探讨了马克思主义理论与现代思想政治教育学的关系,探讨了现代思想政治教育学对其关系最密切、应用最普遍的马克思主义基本原理的理论借鉴,重点而深入地探索有关建构现代思想政治教育学的马克思主义理论基础的问题。

第一节　马克思主义理论学科与思想政治教育学的关系

　　马克思主义理论的发展历程是一个光辉的历程,它的产生是以工人运动的需要为实践基础,以马克思主义的产生为理论基础,以无产阶级政党的产生为组织基础,伴随国际共产主义运动的发展而不断发展、壮大。中国共产党的思想政治教育贯穿于社会主义革命、建设和改革的各个发展阶段。而现代思想政治教育学必须以马克思主义理论为基础来建构自己的学科体系和理论体系。因此,深入分析马克思主义理论与现代思想政治教育学的关系,对于现代思想政治教育学的马克思主义理论基础建构具有重要意义。

一　思想政治教育学在马克思主义理论学科范畴内获得发展

尽管作为一种实践活动的思想政治教育具有世界普遍性和历史长期性，但作为一种理论体系和实践指导的学说，思想政治教育学主要还是在马克思主义的范畴内得以形成、确立和发展的。众所周知，马克思、恩格斯为启发并引导无产阶级革命，实现无产阶级和人类的解放，创立了马克思主义理论。在标志马克思主义诞生的《共产党宣言》里，马克思、恩格斯明确指出："无产阶级的运动是绝大多数人的、为绝大多数人谋利益的独立的运动。"① 这种运动与过去的一切少数人的或者为少数人谋利益的运动有原则的区别，它需要调动广大无产阶级和劳动人民的广泛参与，它有明确的阶级立场和利益取向，这就是为绝大多数人谋利益的立场和取向。为了让群众相信马克思主义，进而运用马克思主义自觉抵制各种机会主义思潮的侵蚀，吸引广大群众投身于无产阶级革命实践活动，首先必须对无产阶级和广大群众进行马克思主义的思想理论教育。马克思、恩格斯也在《共产党宣言》中指出，共产党一分钟也不能忽略教育工人尽可能明确地意识到资产阶级和无产阶级的对立，以便工人能够立刻利用资产阶级统治所必然带来的社会的和政治的条件作为反对资产阶级的武器，以便开展反对资产阶级本身的斗争②。这些论述表明，启发工人的阶级意识，向无产阶级和广大劳动群众宣传马克思主义的革命主张、阶级立场、利益观点，就必须对工人进行政治动员式的思想教育。

马克思主义创始人认为，革命是政治的最高行动，而"谁要想革命，谁就必须也承认准备革命和教育工人进行革命的手段，即承认政治行动"③。循着这样的思路，列宁撰于1902年的《怎么办？》一文明确使用了"政治教育"的概念，强调布尔什维克党要"积极对工人阶级进行政治教育，发展工人阶级的政治意识"④。显然，这里的政治教育就是思想政治教育。列宁还进一步强调指出："对工人运动进行无产阶级思想体系

---

① 《马克思恩格斯选集》第1卷，人民出版社1995年版，第283页。
② 同上书，第306页。
③ 《马克思恩格斯全集》第17卷，人民出版社1962年版，第449页。
④ 《列宁选集》第1卷，人民出版社1995年版，第342页。

的灌输,是为了使工人运动不至于轻视或脱离社会主义思想体系。"① 因此,对广大民众进行革命的政治动员式的思想政治教育显得十分必要。1945 年毛泽东在《论联合政府》一文中指出:"掌握思想教育,是团结全党进行伟大政治斗争的中心环节。"② 1981 年 6 月,中国共产党十一届六中全会通过的《关于建国以来党的若干历史问题的决议》提出:思想政治工作是经济工作和其他一切工作的生命线。这些论述和观点表明,从对思想政治教育必要性的认识到对思想政治教育重要性的强调,这是马克思主义思想政治教育理论发展的一个重要表现。正是在理论的发展和实践的运用中,在对实践经验的总结中,思想政治教育学得以形成。事实让我们不难发现,马克思主义不但公开承认思想政治教育的必要性和重要性,而且还对它进行了理论上的阐发。在毛泽东思想体系中,关于思想政治工作的理论,还是毛泽东思想的主要内容之一。思想政治教育学科发展史表明,思想政治教育是在马克思主义范畴内实现理论化发展的,也是在马克思主义范畴内实现其科学化和学科化发展的。1987 年 5 月 29 日,中共中央《关于改进和加强高等学校思想政治工作的决定》中指出:"思想政治教育是一门以马克思主义理论为基础,综合性和实践性都比较强的科学。"马克思主义理论与思想政治教育学科自改革开放以来,经历了准备、确立、跨越式发展等几个阶段,根植于马克思主义理论体系与中国共产党的思想政治工作的伟大实践。因此,客观分析马克思主义理论与思想政治教育学的关系,对于进一步推进建设中国特色社会主义伟大事业具有重要的指导意义。

二 思想政治教育学是马克思主义理论学科的组成学科之一

任何一门科学的研究都是一个分析和综合的有机结合过程。首先,马克思主义理论一级学科与思想政治教育的第一层关系表现为整体与部分的关系。马克思主义理论一级学科从整体上研究马克思主义基本原理及其传播的问题,思想政治教育是其中的一部分。思想政治教育学科主要是从教育层面,研究马克思主义理论和如何让人民群众接受马克思主义理论并内化为实际行动的问题。其次,两者的第二层关系还表现为包含与被包含的

---

① 《列宁选集》第 1 卷,人民出版社 1972 年版,第 256 页。
② 《毛泽东选集》第 3 卷,人民出版社 1991 年版,第 1094 页。

关系，马克思主义理论作为一级学科包含思想政治教育学等六个二级学科。从这两方面看，在马克思主义理论的学科范畴内，马克思主义理论学科与思想政治教育学科是源与流的关系，显然，两者关系的探究有助于界定思想政治教育学的学科属性。在马克思主义理论学科体系中，马克思主义理论研究的并不仅仅是一般地研究马克思主义基本理论体系，而且要研究马克思主义理论教育的内容和规律；思想政治教育的研究也不仅仅是研究思想政治教育的一般规律，而是要研究以马克思主义理论为指导和核心内容的思想政治教育的规律。

回顾思想政治教育学科发展史，其基本点可归结为两大方面：一是设立本、硕、博学科。20世纪80年代初，中共中央批转了《国营企业职工思想政治工作纲要（试行）》文件，要求全国综合性大学、文科院校，各部委、总局所属的大专院校，有条件的都要增设政治工作专业。1984年教育部在12所院校设置了思想政治教育专业，采取正规化方法培养大专生、本科生和第二学士生等各种规格的思想政治工作专门人才。1988年，中国人民大学、武汉大学等10所院校开始招收思想政治教育专业硕士生，培养思想政治工作的高级专门人才。1990年，国务院学位委员会第九次会议通过了《授予博士、硕士学位和培养研究生的学科、专业目录》，在法学分类政治学一级学科下设马克思主义理论与思想政治教育学科。为准确表达思想政治工作所具有的价值、核心内涵和基本特质，教育部正式确定学科名称为"思想政治教育学"，专业名称为"思想政治教育专业"。其基本理论是马克思主义，核心内容为政治教育，目的在于提高人的思想政治素质，为建设中国特色社会主义事业服务。1997年专业目录调整，将马克思主义理论教育与思想政治教育两个学科合并为马克思主义理论与思想政治教育学科，并建立了博士点。

二是推进学科体系化发展。2004年，《中共中央国务院关于进一步加强和改进大学生思想政治教育的意见》强调要加强思想政治教育学科建设，培养思想政治教育工作专门人才。思想政治教育学科以马克思主义为理论指导，以党的思想政治工作为实践基础，经过20多年的学科建设，取得了丰硕成果。为适应实践和学科发展的需要，国务院学位委员会和教育部联合发出的《关于调整增设马克思主义理论一级学科及所属二级学科的通知》（学位〔2005〕64号）指出："根据《中共中央国务院关于进一步加强和改进大学生思想政治教育的意见》和《中共中央关于进一步繁荣发展哲学社会科学的意见》精神，为了加强马克思主义理论体系研究、马克思主义发展史和马克思主义中国化研究、思想政治教育研究，推进党的思想理论建设和巩固马克思主义在高等学校教育教学中的指导地位，加强高校思想政治理论课建设、培养思想政治教育工作队伍，经专家论证，决定在《授予博士、硕士学位和培养研究生的学科、专业目录》中增设马克思主义理论一级学科及所属二级学科。"随即设立了马克思主义理论一级学科及下属五个二级学科：马克思主义基本原理、马克思主义发展史、马克思主义中国化研究、国外马克思主义研究、思想政治教育。在思想政治教育学科的设立中指出：思想政治教育是运用马克思主义理论与方法，专门研究人们思想品德形成、发展和思想政治教育规律，培养人们正确世界观、人生观、价值观的学科。

至此，思想政治教育学科明确了其马克思主义理论学科的属性，成为马克思主义理论学科的重要组成学科之一，而其主要相关学科被认为是马克思主义基本原理、马克思主义中国化研究、马克思主义发展史、政治学、伦理学、心理学、教育学等。可以说，马克思主义理论与思想政治教育的结合点是"教育"，但它又不是简单一般性的教育，而是政治性很强的教育，是教育的政治性和政治的教育性的有机结合和统一。所以，马克思主义理论与思想政治教育学科实际上是政治与教育的交叉，是政治学与教育学的交叉，是一门政治性、教育性、综合性很强的学科[1]。从学科发展的体系性和根本性看，思想政治教育学是马克思主义理论学科的组成学科之一。

三 马克思主义理论是思想政治教育学的理论基础

在思想政治教育学界，对思想政治教育学的理论基础是马克思主义毫无异议。但对作为理论基础的马克思主义如何理解尚存不同看法。目前，主要有以下三种看法：一是把马克思主义分为两个部分：一部分是作为理论基础的马克思主义，即由马克思主义创始人创立的包括马克思主义哲学、政治经济学和科学社会主义三个组成部分在内的科学体系，以及列宁主义和马克思主义中国化，包括毛泽东思想、邓小平理论、"三个代表"重要思

---

[1] 胡斌武：《马克思主义理论与思想政治教育学科建设存在的基本问题分析》，《思想教育研究》2005年第7期。

想等。另一部分是作为理论依据的马克思主义理论，即与思想政治教育实践密切联系的马克思主义的若干基本理论，包括社会存在与社会意识辩证关系的理论、上层建筑与经济基础辩证关系的理论、人的本质与人的全面发展的理论、"灌输"的理论、正确处理人民内部矛盾的理论、社会主义精神文明建设的理论等①。二是强调以完整准确的马克思主义科学体系作为思想政治教育学的理论基础，其包含两方面意思：一方面，要始终坚持马克思主义的整体性，用完整准确的马克思主义指导思想政治教育学研究；另一方面，要始终坚持以马克思主义中国化的理论成果特别是用发展中的马克思主义指导思想政治教育学科建设②。三是明确提出以整体性马克思主义作为思想政治教育学的理论基础的要求。整体性把握马克思主义，就是把握马克思主义的核心。马克思主义理论体系的核心是科学的实践理论。以科学的实践理论作为思想政治教育学的理论基础，就是要在实践视域下确证思想政治教育学存在和发展为个人与社会发展之必需。实践理论确证和提供了思想政治教育存在的价值、发展的内在源泉、构建理论体系的基础。③

　　上述情况表明，学术界对思想政治教育学必须以马克思主义为指导，以马克思主义理论为理论基础是没有异议的，只是要以什么样的马克思主义理论体系及理论内容作为理论基础仍存理解上的不同。笔者认为，这些不同观点是在以马克思主义作为思想政治教育学理论基础的前提下进行讨论的，思想政治教育学以马克思主义作为理论基础，是不争的。正如恩格斯曾经指出："我们党有个很大的优点，就是有一个新的科学的观点作为理论基础，……单是这一点，我们党就不可能堕落到像流亡中的'大人物'那样深的程度。"④ 从对思想政治教育学理论基础的理解来看，马克思主义理论是思想政治教育学的理论基础。这一观点内含两层含义：一是内含了作为整体性的马克思主义与思想政治教育的关系；二是内含了作为

---

　　① 参见：邱伟光、张耀灿《思想政治教育学原理》，高等教育出版社1999年版，第18—40页；陈秉公《21世纪思想政治教育工作创新理论体系》，吉林教育出版社2000年版，第3—36页。

　　② 参见：陈万柏、张耀灿《思想政治教育学原理》（第二版），高等教育出版社2007年版，第25—31页；张耀灿等《现代思想政治教育学》，人民出版社2006年版，第35—40页。

　　③ 王秀阁：《马克思主义整体性与思想政治教育学理论基础》，《天津师范大学学报（社会科学版）》2008年第5期。

　　④ 《马克思恩格斯选集》（第2卷），人民出版社1995年版，第39—40页。

一级学科的马克思主义理论与作为二级学科的思想政治教育学的关系。在这两层关系中，第一种关系是第二种关系产生的前提和条件，第二种关系是第一种关系的拓展与延伸。具体来说，"理论基础"是指马克思主义理论为思想政治教育奠定了科学的世界观和方法论，为思想政治教育确立了科学的理论体系和进步的政治理念，为思想政治教育实践活动的开展提供了科学的理论指导、充分的理论资源和根本性的知识基础。以马克思主义理论为思想政治教育学的理论基础，是思想政治教育学得以建立和健康发展的根本条件。而且只有把思想政治教育置于马克思主义理论的基础上，才能从中获得巨大的创造性的精神动力，使之永葆生机与活力。

四 马克思主义理论指导思想政治教育学科发展

思想政治教育既是建立在马克思主义理论基础上的学科，又是以马克思主义理论为主导研究和教育内容的学科。思想政治教育学要真正成为一门科学，就必须始终坚持马克思主义理论指导思想，这是由思想政治教育学的学科性质所决定的。坚持马克思主义理论，就是要坚持以马克思主义中国化的理论成果指导现代思想政治教育学的建设与发展，这也正是在坚持马克思主义中发展马克思主义，又在发展马克思主义中坚持马克思主义的体现。

马克思主义理论包括马克思主义基本原理、马克思主义哲学、政治经济学、科学社会主义、党的建设等多方面的理论。其中马克思主义基本原理是思想政治教育学的重要指导理论，马克思主义哲学、政治经济学、科学社会主义、党的建设等理论是思想政治教育学研究的中心内容，我们要用马列主义、毛泽东思想和中国特色社会主义理论体系来指导思想政治教育学的发展，特别是要坚持中国特色社会主义理论体系来指导思想政治教育学的建设与发展。在当代中国，只有中国特色社会主义理论而没有别的理论能解决社会主义的前途命运问题，马列主义、毛泽东思想和中国特色社会主义理论是一脉相承和与时俱进的科学体系。因此，坚持中国特色社会主义理论就是真正坚持马列主义、毛泽东思想。与此相适应，现代思想政治教育学的学科建设与发展，也是特别要强调坚持以中国特色社会主义理论为根本指导思想。现阶段，我们党强调以科学发展观统领经济社会发展，构建社会主义和谐社会，建设社会主义核心价值体系，思想政治教育学科建设当然必须用科学发展观，构建社会主义和谐社会，建设社会主义核心价值体系的理论为指导，以推进思想政治教育学科建设的发展。

五 思想政治教育是马克思主义理论价值实现的重要途径

理论最终要用于指导实践。马克思说："理论只要说服人，就能掌握群众，理论只要彻底，就能说服人。"① 马克思的这句精辟论述强调理论掌握群众的基本途径就是说服教育。恩格斯指出："天才的真正使命并不是用暴力统治别人，而是去唤醒别人，带动别人。天才应当说服群众。"思想政治教育的根本任务就是帮助人们通过正确理解马克思主义，运用马克思主义的立场、观点、方法，科学地分析当代社会的社会矛盾、社会思潮，认识人类社会历史发展的客观规律，以实现马克思主义理论的价值。

"真正危险的并不是共产主义思想的实际试验，而是它的理论论证。"② 思想是行动的先导，错误的思想意识必然会导致行动的失误。一个真正的人不仅要具有较强的知识能力，更重要的是要具有良好的道德品质和理想信念。而思想政治教育就是运用马克思主义理论与方法，专门研究人们思想品德形成、发展和思想政治教育的规律，培育人们树立正确世界观、人生观、价值观的科学。当前，我国社会生活发生了复杂而深刻的变化，我国社会经济成分、组织形式、物质利益和就业方式多样化趋势日益明显，争夺意识形态领域斗争更加激烈，防止"西化""和平演变"，实现这一重大而艰巨任务的关键是培养具有坚定信念的马克思主义理论工作者和社会成员。显然，这一切任务和目标的实现正是通过思想政治教育来发挥作用的。

此外，马克思主义理论与思想政治教育学两者关系还表现在以下几个方面：一是马克思主义理论与思想政治教育学都是一门科学，两者的研究领域具有一致性、研究对象具有一致性、研究方法上具有一致性。二是两者都具有阶级性、实践性、科学性的特征。三是对探索思想政治教育的规律性、建设有中国特色思想政治教育学理论体系具有重要理论意义。

思想政治教育学作为一门党性很强的科学，必须以马克思主义为理论依据。现代思想政治教育学的基本理论，必须建立在马克思主义理论基础上，思想政治教育学的学科理论也只有在马克思主义科学理论的指导下，

---

① 《马克思恩格斯选集》（第4卷），人民出版社1995年版，第9页。
② 《马克思恩格斯全集》（第2卷），人民出版社1956年版，第134页。

才能沿着正确的方向日趋完善，离开了马克思主义科学理论的指导，思想政治教育学的实践活动就会偏离方向，削弱自身的力量，甚至起相反的作用。

马克思主义理论之所以能够成为思想政治教育学的科学理论基础和根本指导思想，是具有客观必然性的，马克思主义的一系列重要原理和理论为思想政治教育学提供了直接的理论依据。

第二节　现代思想政治教育学对马克思主义理论知识的借鉴

从马克思主义理论学科与思想政治教育学科两者的关系看，两者是有着紧密联系的学科。但思想政治教育学科并不能等同于马克思主义理论学科。思想政治教育学的理论创新和实践发展，需要马克思主义作为理论基础来支撑。我们应当在深入分析和探讨马克思主义理论与思想政治教育学的关系的前提下，在完整准确地学习、把握马克思主义理论科学体系的基础上，着重探讨与现代思想政治教育关系最密切、应用得最多、为现代思想政治教育学提供了直接借鉴的那些马克思主义基本原理和理论。在对整体性马克思主义进行科学理解的基础上，要进一步分析出马克思主义理论体系中可供思想政治教育学直接借鉴的那些理论内容。这些理论涵盖于马克思主义哲学、马克思主义政治经济学、马克思主义科学社会主义的原理和原则中。在此，笔者认为，思想政治教育学应直接借鉴的马克思主义理论主要包括如下方面：马克思主义实践理论、马克思主义关于社会存在与社会意识的关系原理、马克思主义关于人的本质和人的发展理论、马克思主义认识论、马克思主义关于政治与经济的辩证关系理论、马克思主义关于群众观点和群众路线的理论、马克思主义关于社会历史发展总趋势和无产阶级历史使命的理论、马克思主义灌输理论、马克思主义关于物质利益的理论、马克思主义关于社会主义精神文明建设的理论、马克思主义关于执政党建设的理论。

一　借鉴马克思主义实践理论

"自然研究家尽管可以采取他们所愿意采取的态度，他们还是得受哲学的支配。问题只在于：他们是愿意受某种蹩脚的时髦哲学的支配，还是愿意受某种认识思维的历史及其成就为基础的理论思维形式的支配。"[①]马克思主义哲学是人类社会所有以往科学和哲学思想发展的光辉结晶,是整个马克思主义理论的重要组成部分。任何一项科学研究都离不开马克思主义,尤其是离不开马克思主义哲学思想的指导。思想政治教育学是关于人的思想和行为的变化规律,以及如何根据这一规律有效地进行思想政治教育工作的一门科学[②]。思想政治教育工作说到底是做人的思想工作,其本质和最根本的问题是人的世界观问题。现代思想政治教育学所阐述的一系列理论,就是对马克思主义哲学原理的具体应用,辩证唯物主义和历史唯物主义的基本原理贯穿于思想政治教育的全过程。因此,马克思主义哲学能够成为现代思想政治教育学的研究指南和理论基础就是再自然不过的事情了。但如果笼统地认为,马克思主义哲学是思想政治教育学的理论来源,这显然不足以讲清楚思想政治教育学对马克思主义理论的借鉴问题。从整体性马克思主义的视域看,实践的观点是马克思主义哲学首要的基本观点,实践性是马克思主义的重要特性。因此,借鉴马克思主义理论,必须借鉴其实践理论。

在马克思主义视域内,唯物史观的出发点是"现实中的个人",即"从事活动的,进行物质生产的"个人[③]。思想政治教育活动主客体等参与者都是从事实践活动的现实人,因此,实践活动特有的本质决定了思想政治教育存在的价值。马克思主义的实践理论认为,实践是"属人的"活动,是人"自由自觉"地改造自然与社会的物质性活动。客观性与主体性、受动性与能动性相统一是实践的本质特征。实践活动本质特征所包含的既对立又统一的两个方面都决定了思想政治教育存在的价值。一方面,实践活动是人的有意识、有目的的活动,是一种主体性和能动性的活动。人的思想认识水平、价值观取向和精神状态是人的主体性和能动性的体现,同时又制约着主体性和能动性的发挥。因此,不断提高实践主体的思想认识水平,矫正其价值取向,调节其精神状态,是保证实践活动主体性、能动性的正确、充分发挥,实践活动科学、有效的充分必要条件,而提高、矫正和调节的任务需要思想政治教育承担。另一方

---

① 《马克思恩格斯选集》(第4卷),人民出版社1995年版,第308页。
② 苏振芳:《思想政治教育学》,社会科学文献出版社2006年版,第77页。
③ 《马克思恩格斯选集》(第1卷),人民出版社1995年版,第71—72页。

面，实践活动是在"不受他们任意支配的界限、前提和条件下"① 进行的，是一种客观性与受动性的活动。实践活动的前提和条件一般分为物质与精神两种类型，积极与消极两种性质。积极的精神环境会促进人们确立符合社会进步要求的实践活动目的和正确的实践活动计划，从而保证实践活动获得成功并产生正面社会效应。消极的精神环境会阻碍实践计划与客观条件和规律的符合。因此，为了保证人们的实践活动获得成功且产生正面社会效应，必须营造和强化积极的精神环境及其影响，改造和弱化消极的精神环境及其影响，而营造和强化、改造和弱化精神环境及其影响的任务需要思想政治教育承担②。从上述两方面的情况看，思想政治教育产生和存在之所以具有客观实在性，本身源于实践活动和实践发展的需要。

唯物史观还认为，人们的存在决定人们的意识，"而人们的存在就是他们的现实生活过程"③。人们的现实生活过程，就是以物质生产活动为基础的人们的全部社会生活实践过程。从这个意义来说，实践理论揭示的实践社会历史性特点决定了思想政治教育发展的源泉。马克思主义的实践理论认为，作为现实人的实践活动必定是社会的历史的活动。每一时代的人们的实践活动是具体的历史的而不是抽象的、空洞的，但是每一时代的人们都不会将自己的实践活动停留在某一历史水平上，而是根据主、客观的需要与条件，不断将实践活动推向更高水平，从而使人类的实践活动呈现出世代相继、由低到高、不断发展的态势。在马克思主义的实践理论看来，在人们的实践活动中，必然伴随着人们的思维活动，人们的实践活动还是其思想观点产生的基础，人们的实践活动的特点和状态决定着他们的思想观点的特点和状态。这就是说，随着人们物质生产劳动以及与之密切相连的处理社会关系实践的变化发展，人们的思想观点、认识水平、价值取向、心理状况亦会变化发展。人们所处的社会发展了，人们的实践活动改变了，人们的思想、心理变化了，必然要求以实现个人思想、心理与社会发展趋势要求相统一为目标的思想政治教育的发展。思想政治教育的目标、任务、原则、内容、方法等只有不断地适应社会与个人实践的发展要

---

① 《马克思恩格斯选集》（第1卷），人民出版社1995年版，第72页。
② 王秀阁：《马克思主义整体性与思想政治教育学理论基础》，《天津师范大学学报（社会科学版）》2008年第5期。
③ 《马克思恩格斯选集》（第1卷），人民出版社1995年版，第72页。

求，才能实现发展①。

从马克思主义理论的学科立场和发展要求上看，当我们从马克思主义视域来认识和理解思想政治教育的存在和发展时，我们必须坚持马克思主义的唯物主义和唯物史观立场，把思想政治教育理解为一种实践活动。而当我们把思想政治教育理解为一种实践活动时，我们必须借鉴马克思主义的实践理论来解答思想政治教育的基本理论和实践问题。

二　借鉴马克思主义关于社会存在与社会意识的辩证关系原理

社会存在与社会意识辩证关系的原理是唯物史观最根本的原理，也是现代思想政治教育学重要的理论基础。

马克思主义认为：社会存在是第一性的，社会意识是第二性的；不是社会意识决定社会存在，而是社会存在决定社会意识。人们不能自由地选择社会形态，总是在既定的现存的条件下创造历史的。恩格斯指出：每一历史时代的经济生产以及必然由此产生的社会结构，是该时代政治和精神的历史基础②。社会意识是社会存在的反映，又是以社会存在为基础，其归根结底来源于社会存在。社会存在是全部社会生活的基础，是社会历史发展的最终决定因素。社会意识又伴随经济基础的发展变化而发展变化。"一个阶级是社会上占统治地位的物质力量，同时也是社会上占统治地位的精神力量。支配着物质生产资料的阶级，同时也支配着精神生产资料。"③ 社会意识依赖于社会存在，是社会存在的反映。这一原理为我们现阶段制定现代思想政治教育的目标和内容，科学分析各种思想观点的产生分歧原因和发展趋向奠定了理论基础。

社会意识具有相对独立性。马克思主义认为，社会意识是一种相对独立的社会现象和社会力量，发展有其历史的继承性，与社会存在发展并不总是平衡的，"经济上落后的国家在哲学上仍然能够演奏第一小提琴"④。在各种社会意识形式之间相互作用，相互影响，相互制约，无时无刻不在左右或影响着人们的思想，其中政治思想对其他社会意识形式影响最大，

---

①　王秀阁：《马克思主义整体性与思想政治教育学理论基础》，《天津师范大学学报（社会科学版）》2008 年第 5 期。
②　《马克思恩格斯选集》（第 4 卷），人民出版社 1995 年版，第 252 页。
③　同上书，第 98 页。
④　同上书，第 704 页。

处于社会意识核心地位。往往会成为经济条件与其他意识形式相互作用的中介，总之，社会意识的相对独立性，为现代思想政治教育理论的建立提供了理论依据。

社会意识对社会存在具有能动的反作用，这是社会意识相对独立性最突出的表现。"人们的社会存在，决定人们的思想。而代表先进阶级的正确思想，一旦被群众掌握，就会变成改造社会、改造世界的物质力量。"①"一种历史因素一旦被其他的、归根到底是经济的原因造成的，它也就起作用，就能够对它的环境，甚至对产生它的原因发生反作用。"② 这种社会意识对社会存在能动的反作用是通过人去实现的，而人的一切行为又都是有目的有意识的。因此，要正确发挥社会意识的能动作用，就必须在实际中实行"思想领先"，这就进一步要求我们必须深入实际，贴近生活，相信群众，依靠群众，说服教育群众，用思想政治教育去动员、组织和团结群众，并将思想政治教育贯穿到工作全过程，"思想领先"使马克思主义先进理论更好地指导人们的实践不断向更高阶段发展。这一辩证唯物主义原则是现代思想政治教育价值的理论依据和重要借鉴。

三 借鉴马克思主义关于人的本质和人的全面发展理论

（一）借鉴马克思主义关于人的本质的理论

马克思主义对人给予了特别的重视，给了人和人类以真正的关心，同时对人的本质做了科学的说明，对人的高度给予了高度的肯定，这是马克思主义理论的重要成就。

马克思指出："把人贬低为一种创造财富的'力量'，这就是对人的绝妙的赞扬！"③ 把人摆在高于一切的位置上，主张"人是第一个可宝贵的"。马克思主义理论是无产阶级的革命理论。作为无产阶级革命理论的马克思主义理论自然也是一种对人和人类命运的终极关怀。相对它而言，人的解放是全部马克思主义学说的中心。马克思主义理论中很重要的一点是它第一次把唯物主义和人的主观能动性在实践基础上相结合，马克思主义重视人，把人看作是历史的创造者。毛泽东进一步指出："世间一切事

---

① 《毛泽东著作选读》（下册），人民出版社1986年版，第839页。
② 《马克思恩格斯选集》（第4卷）人民出版社1995年版，第728页。
③ 《马克思恩格斯全集》（第42卷），人民出版社1972年版，第262页。

物中，人是第一个可宝贵的。在共产党领导下，只有有了人，什么人间奇迹也可以造出来。"① 因此，马克思主义是对人的真正关怀与重视，是对人的问题的科学解答。

"人的本质不是单个人所固有的抽象物，在其现实性上，它是一切社会关系的总和。"② 这是马克思主义关于人的本质的经典性表态。并进一步指出，人的"本质不是人的胡子、血液、抽象的肉体的本性，而是人的社会特质"③。社会关系涉及经济、政治、法律、思想、文化、习惯等各个领域，内容丰富，构成了"社会关系总和"，在这诸多社会关系中，生产关系占主导地位，对形成人的本质起决定性的作用，这是马克思主义关于人的本质理论的核心。正如马克思所说："人是最名副其实的社会动物，不仅是一种合群的动物，而且是只有在这社会中才能独立的动物。"④因为只有人才能意识到自己的行为活动，动物是不具有的。所以，人才是"一切动物中最主要社会化的动物"。

人的本质不是一成不变的，具有历史性，伴随社会关系发展变化而不断变化发展。在社会主义初级阶段，特别是在当前我国生产力不发达的情况下，现实中的社会关系极其复杂，人的本质也逐步呈现出多层次的复杂状况。正因为如此，思想政治教育要加强教育环境的建设和调节，积极调动人们自我教育和完善的主动性。改革开放以来，占主导地位的社会主义经济、政治、文化等取得了巨大的发展成就，为人的本质逐步发展到先公后私、先集体后个人，大公无私的本质创造和奠定了更加充分的条件和基础，这也是一种发展的总趋势。"整个历史也无非是人类本性的不断改变而已"，而正是由于人的本质具有可变性和可塑性，才使思想政治教育不仅必要，而且可能。

马克思关于人的本质的理论是马克思主义人学理论中最重要的原理。只有将全面的历史地考察一个人所处社会关系的总和与全面的历史地考察一个人的思想和行为结合起来，才能懂得如何从具体的历史的现实的人出发去正确分析、科学认识各种社会历史现象，才能正确地把握住人的本质和可能发展的趋势。因此，坚持以马克思主义人的本质理论为指导，才有

---

① 《毛泽东选集》（第4卷），人民出版社1991年版，第1512页。
② 《马克思恩格斯选集》（第1卷），人民出版社1995年版，第56页。
③ 《马克思恩格斯全集》（第1卷），人民出版社1956年版，第270页。
④ 《马克思恩格斯全集》（第12卷），人民出版社1962年版，第734页。

可能正确地科学地分析对象的思想特点，才能正确引导人们树立科学的世界观、人生观和价值观，才能为现代思想政治教育学提供可靠的依据。

（二）借鉴马克思主义关于人的全面发展理论

马克思在《德意志意识形态》一书中，正式提出了"个人的全面发展"的科学概念。马克思、恩格斯在其一系列著作中，先后做了系统的阐述。马克思关于人的全面发展的目标包括德、智、体、美诸方面全面协调的发展。马克思在其一些著作中，论述强调了全体社会成员应成为"各方面都有能力的人，即能通晓整个生产系统的人"①。也就是每个人在生产过程中多方面的、充分自由的协调发展。马克思还进一步指出，人应当是一个"完整人"，即全面发展的人。并且认为，人的全面发展不仅限于人自身的解放，而是彻底消灭私有制，是全面实现共产主义的条件。因为"私有制只有在个人得到全面发展的条件下才能消灭，因为现存的交往形式和生产力是全面的，所以只有全面发展的个人才可能占有他们"②。

人的全面发展是相对于人的片面发展而言的。马克思主义理论深刻揭示了人片面发展的原因，即社会分工造成人的片面发展，而私有制和阶级剥削在一定程度上加剧了这种片面性。最初的原始社会，"由于性别和年龄的差别，也就是纯生理的基础上产生了一种自然的分工"③。但这种自然分工并未对人的全面发展产生实质影响。伴随着生产力的发展，原始社会解体，"分工只是从物质劳动和精神劳动分离的时候起才开始成为真实的分工"④。这种"社会内部的分工"开始对人的发展产生副作用。然而，资本主义社会中"由于劳动被分割了，人也被分割了。为了训练某种单一的活动，其他一切肉体和精神的能力都成了牺牲品。人的这种畸形发展和分工齐头并进"⑤。资本主义私有制严重阻碍着个人的全面发展，因此，只有消灭资本主义私有制基础及其旧的社会分工，才能改变人的畸形发展，才能从根本上实现人的全面发展。因为"通过社会生产，不仅可能保证一切社会成员有富足和一天比一天充裕的物质生活，而且还可能保证他们的体力和智力获得充分的自由的发展和运用"。

---

① 《马克思恩格斯全集》（第4卷），人民出版社1958年版，第370页。
② 《马克思恩格斯全集》（第3卷），人民出版社1960年版，第516页。
③ 《马克思恩格斯全集》（第23卷），人民出版社1972年版，第389—390页。
④ 《马克思恩格斯全集》（第3卷），人民出版社1960年版，第35页。
⑤ 《马克思恩格斯选集》（第3卷），人民出版社1979年版，第309页。

实现人的全面发展除具备消灭私有制一定的历史条件，还必须实施全面发展的教育。马克思、恩格斯明确指出："生产劳动和教育的早期结合是改造现代社会的最强有力的手段之一。"①"使他们摆脱现在这种分工给每个人造成的片面性。"② 马克思在《共产党宣言》中指出："共产党一分钟也不忽略教育工人尽可能明确地意识到资产阶级和无产阶级的敌对的对立，以便德国工人能够立刻利用资产阶级统治所必然带来的社会的和政治的条件作为反对资产阶级本身的斗争。"③ "生产劳动同智育和体育相结合，它不仅是提高社会生产的一种方法，而且是造就全面发展的人的惟一方法。"④

继马克思、恩格斯之后，列宁、斯大林、毛泽东等许多马克思主义教育家、思想家、政治家，都进一步丰富和发展了马克思主义理论中人的全面发展的理论。中国共产党创造性地发展了马克思主义关于人的全面发展的理论，认为促进人的全面发展是建设中国特色社会主义社会的本质要求，把促进人的自由全面发展看作是不断提高、永无止境的历史过程，并且提出了"教育方针"。总之，实现人的全面发展离不开全面的教育。思想政治教育不仅是全面教育的重要组成部分，而且也是实现人的全面发展的必要条件，对于推进现代思想政治教育学发展具有重要的现实启示。

四 借鉴马克思主义认识论

马克思主义关于实践对认识的决定作用的原理，认识不断反复和无限发展的原理、相对真理与绝对真理等，为我们进一步全面正确地分析教育对象，全面正确地认识自己的工作提供了科学的认识方法。

列宁说："马克思的哲学是完备的哲学唯物主义，它把伟大的认识工具给了人类，特别是给了工人阶级。"⑤ 马克思主义认识论是科学的认识论，是做好思想政治教育工作的重要指导理论，为人们认识世界和改造世界提供了强大思想武器，为思想政治教育提供了科学的认识论基础，科学地揭示了人的思想产生和发展的一般规律。毛泽东指出："实践、认识、

---

① 《马克思恩格斯全集》（第 19 卷），人民出版社 1963 年版，第 35 页。
② 《马克思恩格斯选集》（第 1 卷），人民出版社 1995 年版，第 243 页。
③ 同上书，第 306 页。
④ 《马克思恩格斯全集》（第 23 卷），人民出版社 1972 年版，第 530 页。
⑤ 《列宁全集》（第 2 卷），人民出版社 1995 年版，第 311 页。

再实践、再认识这种形式，循环往复以至无穷，而实践和认识之每一循环的内容，都比较地进到了高一级的程度。"① 只有学习和掌握了马克思主义认识论，才能做到实事求是，主观符合客观，及时发现、分析、解决思想政治教育遇到的新情况、新挑战和新问题。

马克思主义认识论为现代思想政治教育学这门学科提供了根本观点和一般方法论指导，掌握了马克思主义认识论，就能极大地推动现代思想政治教育学的这门学科的深化和发展。思想政治教育认识论是在马克思主义哲学认识论的指导下建立起来的，忽视思想政治教育的马克思主义认识论，就不可能有现代思想政治学的科学的认识论。因此，现代思想政治教育学依据马克思主义认识论，研究人的思想形成和发展变化规律，并且根据这些规律提出了现代思想政治教育学的理论原则和方式方法。

五　借鉴马克思主义关于政治与经济辩证关系的原理

历史唯物主义中关于政治与经济辩证关系的基本原理，是现代思想政治教育学的又一重要理论借鉴和依据。马克思主义认为，经济是基础，政治是经济的集中表现，政治来源于经济，又为经济服务。因此，政治对经济既有指导作用又有服务作用。正确地认识理解政治与经济的辩证关系，有利于我们正确认识思想政治教育的必要性。

政治对经济具有反作用，这种反作用的形式多样，有武装斗争、思想理论斗争、法律斗争等，而其中思想政治教育是政治对经济反作用的一种极为重要的方式，并且渗透在其他反作用方式中。在不同时期，政治任务也不相同。社会主义时期，经济建设是最大的政治，但是经济建设的发展并不会自发地解决政治方向问题。在这个意义上说，思想政治教育是最直接体现政治要求，完成政治任务的手段。因为"一个阶级如果不能从政治上正确地看问题，就不能维持它的统治，因而就不能完成它的生产任务"②。这也正是"思想政治工作是经济工作和其他一切工作的生命线"著名论断的理论依据。

党的十一届三中全会确立了以经济建设为中心，"两个基本点"的基本路线，为我们正确开展思想政治教育提供了前提。思想政治教育只有同

---

① 《毛泽东选集》（第1卷），人民出版社1991年版，第296页。
② 《列宁选集》（第4卷），人民出版社1995年版，第408页。

经济工作相结合，只有为经济建设服务，才能正确把握思想政治教育的内容和任务。始终坚持政治与经济的统一，当前，对于建设中国特色社会主义伟大实践来说，只有与经济相统一，既要反对"空头政治家"，又要反对"迷失方向的经济家和技术家"，在坚持以经济建设为中心的同时，牢记正确的政治方向，做好思想政治教育，才能从根本上保证经济发展的社会主义方向，引导人们树立正确的义利观，推进社会主义精神文明建设，才能提高人们的觉悟，调动生产积极性。才能为推动经济建设发展注入巨大的活力，才能更好地培养出适应社会主义现代化建设的新人，可见，思想政治教育是建设中国特色社会主义伟大实践的保证。

六 借鉴马克思主义关于群众观点和群众路线的理论

群众观点是唯物史观的一个基本观点，主要包括人民群众是历史的创造者、向人民群众学习、全心全意为人民服务，干部权力是人民赋予的、依靠人民群众等内容。群众路线是中国共产党人一切工作的根本工作路线，我们党的优良传统和政治优势之一就是密切联系群众，主要是指一切为了群众、一切依靠群众，从群众中来、到群众中去的工作路线。马克思在《共产党宣言》中指出："无产阶级的运动是绝大多数人的、为绝大多数人谋利益的独立的运动。"[1] 毛泽东指出："马克思列宁主义的基本原则，就是要使群众认识到自己的利益，并且团结起来，为自己的利益而奋斗。"[2] 一切为了群众，这是中国共产党人制定各项政策、方针、路线的基本依据，一切工作与行动的出发点和归宿，无论在何时何地都应以人民群众的利益为第一生命。

"历史活动是群众的事业，随着历史活动的深入，必将是群众队伍的扩大。"[3] 毛泽东则指出："人民，只有人民，才是创造世界历史的动力。"[4] 相信群众、依靠群众、密切联系群众，这是我们中国共产党同其他政党的显著区别之一。

社会主义革命和建设之所以能够取得成功，是我们始终把人民群众看作是历史的创造者，看作是革命和建设的主体和动力，始终动员群众，依

---

[1]《马克思恩格斯选集》（第1卷），人民出版社1995年版，第283页。
[2]《毛泽东选集》（第4卷），人民出版社1991年版，第1318页。
[3]《马克思恩格斯全集》（第23卷），人民出版社1972年版，第104页。
[4]《毛泽东选集》（第3卷），人民出版社1991年版，第1031页。

靠群众，坚持群众观点和走群众路线。

毛泽东指出："将群众的意见（分散的无系统的意见）集中起来（经过研究，化为集中的系统的意见），又到群众中去做宣传解释，化为群众的意见，使群众坚持下去，见之于行动，并在群众行动中考验这些意见是否正确。然后再从群众中集中起来，再到群众中坚持政治教育工作，如此下去，无限循环，一次比一次地更正确、更生动、更丰富。"[①] 从群众中来，到群众中去。这是与马克思主义认识路线相一致的我党的基本领导方法和工作路线。因此，无论过去还是现在，开展思想政治教育工作，必须坚持深入群众实践，坚决贯彻群众路线，始终与群众打成一片，同甘共苦，坚持向人民群众学习，才能不断丰富现代思想政治教育学的理论基础。

七　借鉴马克思主义关于社会历史发展总趋势和无产阶级历史使命的理论

实现共产主义是历史发展的必然趋势，是历史发展客观规律的要求，是无产阶级的伟大历史使命，这也是全部马克思主义思想政治教育理论的基本出发点。

马克思、恩格斯在《德意志意识形态》中，经过对西欧资本主义起源的历史考察，第一次以所有制形式即生产关系的类型为科学标准，概述了社会历史演进的阶段，这标志着马克思关于社会形态理论初步形成。《资本论》则是马克思社会形态理论的运用和深化，标志着马克思的社会形态理论达到一个新的高度。马克思的社会形态理论科学地指出："社会生产力的发展是社会形态更替的根本动力和根本原因。认为任何民族、国家和地区的历史发展都要受到生产力决定生产关系这一客观规律制约，同时坚持社会历史发展道路的多样化。"正如列宁指出："在分析任何一个社会问题时，马克思主义理论的绝对要求，就是要把问题提到一定的历史范围之内；此外，如果谈到某一国家（例如，谈到这个国家的民族纲领），那就要估计到在同一历史时代这个国家不同于其他各国的具体特点。"马克思主义的东方社会理论则是典型代表。邓小平理论全面坚持和发展了马克思主义东方社会理论，使已经跨越"卡夫丁峡谷"的中国，

[①] 《毛泽东选集》（第3卷），人民出版社1991年版，第899页。

走上了中国特色社会主义建设道路。

　　由于资本主义社会的基本矛盾仍然存在，无产阶级反对资产阶级的斗争就必然继续存在和发展，资本主义必然灭亡，社会主义必然胜利这一历史总趋势是不会改变的。《共产党宣言》则是通过分析无产阶级的阶级特性和历史地位，阐明了无产阶级的伟大历史使命：无产阶级不仅是资本主义社会的埋葬者，而且是社会主义社会的建设者，社会主义必然要向共产主义迈进和实现，这都是由于生产力的发展所决定的。

　　思想政治教育是无产阶级革命事业的重要组成部分，是为实现无产阶级的历史使命而服务；无产阶级政党通过开展思想政治教育来不断提高人们认识和改造世界的能力，培养社会主义事业合格的建设者和可靠的接班人；开展思想政治教育的核心内容就是要帮助人们树立坚定的社会主义信念和崇高的共产主义理想；是否符合社会历史发展的必然趋势和要求是判断思想政治教育正确与否的根本标准。总之，马克思主义关于社会历史发展总趋势和无产阶级历史使命的理论，是从总体上规定了思想政治教育的地位、作用、任务、内容及其效果的衡量标准，为推进现代思想政治教育学科建设与发展提供了重要的理论借鉴。

八　借鉴马克思主义灌输理论

　　马克思主义灌输理论是无产阶级思想政治教育的重要理论依据。灌输理论是马克思主义理论的重要内容和重要组成部分，是无产阶级政党进行思想政治教育的重要形式，是现代思想政治教育学必须坚持的一项基本原则。

　　灌输理论是马克思主义的重要原理。灌输思想的最初表达是在19世纪三四十年代，空想社会主义者德撒米在《公有法典》指出："要往无产者的头脑里灌输真理，你有责任给无产者进行这一洗礼！"最早明确使用"灌输"提法："从政治上把无产阶级组织起来，把认识无产阶级地位及其任务的意识灌输到无产阶级中去。"[①] 对灌输理论的科学化、理论化做出了重要贡献，考茨基在马克思和恩格斯奠定的基础上使"灌输论"初步具备了较为完整的理论形态。

[①] 考茨基：《爱尔福特纲领解说》，陈东野译，生活·读书·新知三联书店1963年版，第125页。

1844年11月，恩格斯在《共产主义在德国迅速发展》一文中谈到德国优秀画家许布纳尔的画时，指出："从宣传社会主义的角度看，这幅画所起的作用要比一百本小册子大得多，""当然给不少人灌输了社会主义思想。"① 1875年，马克思在《哥达纲领批判》中指出：拉萨尔派"歪曲那些花了很大力量才灌输给党而现在党内扎了根的现实主义观点。"② 这是马克思和恩格斯最早在向无产阶级输送科学社会主义思想时使用了"灌输"一词。

　　在马克思主义经典作家中，首先将"灌输"理论引入思想政治教育理论领域，并对灌输理论进行全面系统的阐述，做出新的理论概括，形成新的完整的理论体系，使之成为马克思主义的重要原理的是列宁。列宁从灌输的必要性、灌输什么、如何灌输等方面对马克思主义灌输理论进行了全面系统和深入的阐述。在《怎么办》一书中系统论述了灌输理论，指出："工人本来也不可能有社会民主主义的意识。这种意识只能从外面灌输进去，各国的历史都证明：工人阶级单靠自己本身的力量，只能形成工联主义的意识。"③ "社会民主党的理论学说也是完全不依赖于工人运动的自发增长而产生的，它的产生是革命的社会主义知识分子的思想发展的自然和必然结果。"④ 因此，科学社会主义的理论不能自发产生，必须从外面灌输进去；自发的工人运动产生不了科学社会主义，只能产生经济主义和工联主义；可见，列宁所主张的"灌输"理论，并不是从外面"硬灌"，而是一种引导工人群众掌握科学的世界观和方法论，从更高的层次认识社会主义理论。

　　历史和实践表明，灌输是必要的，它既是一种原则，也是一种方法。没有灌输，人类社会的一切优秀成果就无法实现代际的传递，没有灌输就不会有社会的进步。"对社会主义思想体系的任何轻视和任何脱离，都意味着资产阶级思想体系的加强。"⑤ 今天，国际国内环境发生了巨大变化，马克思主义灌输的理论不仅没有过时，而且对灌输的要求更高。马克思主义灌输理论是无产阶级政党对工人群众进行马克思主义理论教育，用马克

---

① 《马克思恩格斯全集》（第2卷），人民出版社1957年版，第589—590页。
② 《马克思恩格斯全集》（第2卷），人民出版社1995年版，第306页。
③ 《列宁选集》（第4卷），人民出版社1995年版，第317页。
④ 《列宁选集》（第1卷），人民出版社1995年版，第317—318页。
⑤ 同上书，第320页。

思主义的立场、观点和方法，来宣传、引导，帮助人们通过自己的切身经验去理解和掌握革命理论。对中国共产党人的思想政治教育工作产生了深远的影响，是进行思想政治教育遵循的原则，是一个包含着思想政治教育活动的主体、客体、内容、任务等方面的活动系统。因此，面对今天复杂的国际国内形势，伴随改革开放进程的推进，正在进行的构建社会主义和谐社会的新的实践和在"四个多样化"的背景下，我们更应该解放思想，实事求是，创新灌输理论，努力实现灌输方法的科学化和多样化，不断增强灌输教育的时效性和针对性。

综上所述，马克思主义灌输理论与思想政治教育的本质是相契合的，是贯穿于思想政治教育的主线。否定灌输，就是否定思想政治教育。在新的历史条件下，加强和改进马克思主义理论灌输，积极有效地进行马克思主义理论宣传，坚持用马克思主义理论武装人民，理直气壮、旗帜鲜明地进行马克思主义灌输教育，以克服不良思想、错误意识的影响，增强改革开放和现代化建设的自觉性和坚定性，更好地把全国各族人民的意志和力量凝聚起来。马克思主义灌输理论是指导思想政治教育的科学理论，是确立思想政治教育战略地位、目标任务、方法内容的重要理论依据，因此，我们更应该重视马克思主义灌输理论对现代思想政治教育学发展的借鉴作用。

九 借鉴马克思主义关于物质利益的理论

马克思主义政治经济学的实质是研究客观经济规律和生产中人与人的关系。这一原理要求：现代思想政治教育把协调和处理人与人之间的相互关系；正确处理各方面物质利益关系及其调整，正确认识社会主义市场经济，不断调整人们的认识使其符合客观经济规律作为重要任务和原则，更加持久地有效地调动人们的积极性，不断推动生产力的发展和社会的进步。

马克思曾指出："思想、观念、意识的产生最初是直接与人们的物质活动，与人们的物质交往，与现实生活的语言交织在一起。观念、思维、人们的精神交往在这里还是人们物质关系的直接产物。"[①] 现代思想政治教育不仅需要借鉴马克思主义灌输理论，因势利导，而且不能不

---

① 《马克思恩格斯选集》（第 1 卷），人民出版社 1972 年版，第 30 页。

研究利益，特别是人们的物质利益问题，更需要对群众正当物质利益追求给予充分的肯定和满足，进一步帮助他们树立正确的利益观，正确处理好各种利益关系，为实现社会利益，获得正当个人利益提供可靠的保证。

马克思指出："人们奋斗所争取的一切，都同他们的利益相关。"① 恩格斯指出："从历史发展总的进程来看，只要生产不局限于被压迫者的最必需的生活用品，统治阶级的利益就成为生产的推动因素。"② 他们先后肯定了在个体和社会生活中利益的历史地位和现实作用，指出了在阶级社会中利益具有阶级性。马克思、恩格斯认为，人类生存的第一个前提是物质生产，社会物质生活决定精神生活（物质利益决定精神利益），社会精神生活又反作用于社会的物质生活。马克思在《〈政治经济学批判〉序言》中经典性地指出："物质生活的生产方式制约着整个社会生活、政治生活和精神生活的过程。不是人们的意识决定人们的存在，相反，是人们的社会存在决定人们的意识。"③ 邓小平也曾指出："革命是在物质利益的基础上产生的，如果只讲牺牲精神，不讲物质利益，那就是唯心论。"④ 恩格斯进一步指出："虽然物质生活条件是原始的起因，但是这并不排斥思想领域也反过来对这些物质条件起作用。"⑤ 马克思主义经典作家们从辩证唯物主义和历史唯物主义的科学角度出发，阐述了对利益问题的根本看法和态度，深刻分析了产生矛盾的根源，即"随着分工的发展也产生了个人利益或单个家庭利益与所有相互交往的人们的共同利益之间的矛盾，即个人利益与共同利益的分裂"⑥。

马克思主义经典作家们对利益问题的精辟论述，为我们正确处理个人利益和集体利益、局部利益和全局利益、暂时利益和长远利益等各种复杂的利益关系，全面把握物质利益在现代思想政治教育中的地位、影响和作用，提供了科学的依据。思想政治教育从本质上讲就是用马克思主义的世界观引导人们正确认识自己的物质利益，并在无产阶级及其政党的领导

---

① 《马克思恩格斯全集》（第1卷），人民出版社1972年版，第82页。
② 《马克思恩格斯全集》（第21卷），人民出版社1972年版，第521页。
③ 《马克思恩格斯选集》（第1卷），人民出版社1972年版，第82页。
④ 《邓小平文选》（第2卷），人民出版社1994年版，第146页。
⑤ 《马克思恩格斯选集》（第1卷），人民出版社1972年版，第474页。
⑥ 《马克思恩格斯全集》（第21卷），人民出版社1972年版，第31页。

下，团结起来，为自己的利益而不断奋斗。中国特色社会主义建设伟大实践证明：只有正确认识和运用马克思主义的物质利益原理，把思想政治教育和物质利益两者相结合，才能更好地将思想政治教育落到实处，调动广大人民群众的积极性、主动性，才能产生改造主观世界和客观世界的巨大的物质力量，推动中国特色社会主义伟大事业的不断发展；离开了物质利益，就不可能起到组织和动员人民群众的作用。正如毛泽东所说："要使群众认识自己的利益，并且团结起来，为自己的利益为奋斗。"这也是我们进行社会主义思想教育的重要指针。可见，正确处理和协调各种利益关系的过程，就是人民群众政治意识和思想觉悟萌发、形成和成熟的过程，也是他们政治觉悟和思想水平的提高过程。物质利益是思想政治教育的基础，应该进一步关心群众利益，确保广大人民群众物质利益的满足和实现，防止出现"奖金万能"与"迷信精神激励"两种片面性的情形，将物质奖励与精神奖励有机结合，才能进一步增强思想政治教育的时效性。可以看出，经济学中的物质利益原则，是推动现代思想政治教育发展的重要基础。

十　借鉴马克思主义关于社会主义精神文明建设的理论

社会主义精神文明建设理论，是对马列主义、毛泽东思想的创造性发展，是中国特色社会主义理论体系的重要组成部分，是当代中国的马克思主义——邓小平理论的重要内容，是以邓小平为代表的当代中国共产党人在改革开放和中国特色社会主义建设的过程中，坚持马列主义、毛泽东思想指导我国的科学文化和思想道德建设的过程中，形成的一个崭新理论。它不仅是提高我们深刻认识思想政治教育地位作用、方法原则、目的任务的理论依据，而且思想政治教育又是社会主义精神文明建设的主导内容和重要保证。社会主义精神文明建设理论来源于当代中国特色社会主义建设和改革的伟大实践，以马克思主义基本原理为基础，在适应这个伟大实践的需要并在实践过程中逐步形成的。它是以邓小平为代表的当代中国共产党人继承马克思主义经典作家关于文明理论的思想观点，借鉴中国现代思想文化界的有关提法，特别是在继承我国无产阶级革命家、理论家们的有关思想，逐步创立和发展起来的。

马克思主义经典作家关于"文明"问题的基本思想观点是社会主义精神文明理论形成的直接思想来源。恩格斯指出："文明是实践的事情，是一种社会品质。"① 马克思还进一步明确指出把哲学叫做"文明的活的灵魂"。列宁还论述了社会主义文明问题,认为"只有社会主义国家才能够达到而且真正达到了高度的文明"②。毛泽东也进一步指出:"随着经济建设高潮的到来,不可避免地将要出现一个文化建设的高潮。中国人被认为不文明的时代已经过去了,我们将以一个具有高度文化的民族出现于世界。"③

在我党的历史文献中,"社会主义精神文明"这一概念最早是由时任中央副主席叶剑英提出来的。思想政治教育与精神文明建设有着紧密联系。思想政治教育需要精神文明建设理论作为基础和指导,两者都是以马克思主义基本原理为基础,都属于无产阶级革命和社会主义事业的一部分,都是中国共产党的伟大创造,是中国特色社会主义伟大事业所特有的东西。从外延和范围上来看,是一种包含关系。"思想政治"属于"精神文明"的范畴,思想政治教育被包含在精神文明建设之内,是精神文明建设的一个部分。党的十四届六中全会通过的《中共中央关于加强社会主义精神文明建设若干重要问题的决议》更是直接地把思想政治工作看作是精神文明的一项基础性工作和搞好两个文明建设的基本保证。正因如此,党和国家领导人都非常重视两者的关系。陈云曾明确指出:"在党内,忽视精神文明建设,忽视思想政治工作,就不可能有好的党风;在社会上,忽视精神文明建设,忽视共产主义思想教育,就不可能有好的社会风气。"④ 从根本性质上说,整个马克思主义理论都是思想政治教育的基础和指导。但是在不同的时期和条件下,思想政治教育总是需要从新的理论中得到指导。因此,我们党的每一个重大理论成果的取得,都为思想政治教育工作奠定了更加坚实的理论基础,提供了更为直接的理论指导。在邓小平理论中,社会主义精神文明建设理论是一个极富有中国特色的理论,对于新时期坚持、加强和改进思想政治教育,进一步发挥其自身巨大的作用,提供了具体的理论指导,奠定了更加坚实的理论基础。确定了新时期思想政治教育的地位和方位,1999年9月《中共中央关于加强和改

---

① 《马克思恩格斯全集》(第1卷),人民出版社1972年版,第666页。
② 《列宁全集》(第30卷),人民出版社1986年版,第374页。
③ 《毛泽东著作选读》(下册),人民出版社1986年版,第692页。
④ 中共中央政策研究室编:《社会主义精神文明建设文献选编》,人民出版社1996年版,第175—177页。

进思想政治工作的若干意见》与党中央关于精神文明建设的两个重要决议是一脉相承的。

社会主义精神文明建设的根本目标是全面提高整个中华民族的思想道德和科学文化水平，培养"四有"新人，这就决定了思想政治教育必须着眼于提高人们的思想道德素质，把培养"四有"新人作为自己的根本任务。社会主义精神文明建设是以经济建设为中心，促进社会主义现代化建设，决定了新时期思想政治教育必须以经济建设为中心、服务于社会主义现代化建设的思想政治教育。社会主义精神文明建设强调重在建设的方针，为新时期思想政治教育指出了根本途径，意味着要坚持正面教育为主，宣传弘扬主旋律，采取疏导方针，把解决思想问题与解决实际问题相结合，"重在建设"这一方针，就是指要抓好经常性的工作，对于加强和改进日常性思想政治教育工作具有重要指导和启发意义。

党的十二大报告、十二届六中全会、十三大、十四届六中全会、十五大、十六大报告以及《公民道德建设实施纲要》都先后科学地阐述了社会主义精神文明建设的理论，特别是 2006 年 3 月 4 日，胡锦涛同志创造性地提出了"八荣八耻"为主要内容的社会主义荣辱观，党的十六届六中全会提出的建设以社会主义核心价值体系为根本的和谐文化，巩固社会和谐的思想道德基础。党的这些理论创新成果都极大地丰富和发展了社会主义精神文明建设的理论，是指导我们加强和改进新时期思想政治教育强有力的思想武器。

十一 借鉴马克思主义关于执政党建设的理论

马克思主义政党的建设理论是思想政治教育的重要理论依据，是马克思主义理论的重要组成部分，是指导无产阶级政党自身建设的重要思想武器。中国的发展，关键在党，搞好执政党的建设，是做好思想政治教育工作的根本保证。

马克思、恩格斯在同各种机会主义和非马克思主义思潮的斗争中，在总结欧美各国工人阶级建党经验的基础上，精辟地论述了加强马克思主义政党自身建设的基本原理，指出："无产阶级政党必须以科学的世界观为理论基础；无产阶级政党必须坚持正确的政治纲领和政治路线，无产阶级政党还必须坚持党内生活的基本准则。"马克思恩格斯关于党的建设理论包括思想建设、组织建设、作风建设等诸多方面内容，而思想建设是党的所有建设的中心环节。

列宁运用马克思主义的原理,对俄国无产阶级政党在夺取政权后的自身建设问题进行了系统阐述,提出了:"马克思主义理论关系到党的生死存亡、加强思想文化建设、提高党员质量。""加强作风建设,密切党和群众的关系"等一系列重要的建党理论,毛泽东十分重视党的建设问题,把党的建设看作是一项"伟大的工程",着重从思想上和作风上建党。极大地丰富和发展了马克思主义的建党学说,为进一步加强思想政治教育,切实搞好党的建设奠定了理论依据。

党的十五届五中全会指出:"夺取建设有中国特色社会主义事业的新胜利,关键在党。"这就要求为确保我国社会主义现代化事业的顺利进行,必须坚持马克思主义建党的基本理论原理,重视党的思想建设,充分发挥思想政治教育在党的建设中的重要功能和作用,将思想政治教育作为搞好党的政治建设的基础和中心环节,把思想政治教育作为正确处理新时期出现的人民内部矛盾,维护安定团结的政治局面的重要方法,切实把思想政治教育这门科学和艺术渗透并贯穿于党风廉政建设的全过程,不断探索思想政治工作的新方法、新机制,切实关心群众实际困难,努力使各种现代传播手段成为新时期加强和改进思想政治教育工作的有效载体和重要工具,进一步切实加强党对思想政治教育工作的领导,正如毛泽东所说:"掌握思想领导是掌握一切领导的第一位。"[①]

总之,深入研究党的建设与思想政治教育的紧密联系对于我们进一步加强和改进党的思想政治工作,全面加强党的建设,推动中国特色社会主义伟大事业建设、丰富现代思想政治教育学具有极为现实的理论意义。

第三节　现代思想政治教育学的马克思主义理论基础建构

从马克思主义理论与思想政治教育学的关系看,建构现代思想政治教育学的马克思主义理论基础是十分必要的。一是处理好思想政治教育学科与马克思主义理论学科的关系,需要建构思想政治教育学的马克思主义理

[①] 《毛泽东文集》(第2卷),人民出版社1993年版,第435页。

论基础,这是规定和确认思想政治教育学学科属性的重要前提和基础;二是夯实思想政治教育理论创新的理论基础,需要建构思想政治教育学的马克思主义理论基础,这是思想政治教育学理论发展沿着正确方向前进的重要保证;三是推进思想政治教育的实践发展,需要建构思想政治教育学的马克思主义理论基础,这是指导思想政治教育学解答现实问题的重要前提。

一 建构思想政治教育学的马克思主义理论基础的含义和意义

毫无疑问,建构思想政治教育学的马克思主义理论基础有着充分的合理性。德国社会学家马克斯·韦伯指出:"一切权力,甚至包括生活社会,都要求为自身存在的合理性辩护。"① 现代思想政治教育学的马克思主义理论基础建构,就是要探究现代思想政治教育学立足于马克思主义理论基础上的科学性和合理性问题。这一建构立足于思想政治教育理论和实践的发展要求,从思想政治教育学视域出发,在认识和把握马克思主义理论与思想政治教育学理论基础关系的基础上,夯实和拓展思想政治教育学的理论支撑。毫无疑问,马克思主义理论是思想政治教育学的理论基础,但这个"基础"不是自发存在的,也不是自然形成的,而是需要进行理论化、系统化的建构。这一建构有着特定的含义和意义。

所谓思想政治教育学的马克思主义理论基础建构,就是指相对于思想政治教育学而言,马克思主义理论是思想政治教育学的理论资源,这一理论资源作为思想政治教育学的"理论基础",它是客观存在的,但需要进行一番符合思想政治教育学科发展要求和特点的改造,这种改造本身就是思想政治教育学理论基础的一种建构性活动,说到底是在推进"马克思主义理论的思想政治教育学化"。也就是说,要把马克思主义基本原理、理论和原则,与思想政治教育学的理论创新和实践发展要求结合起来,通过一系列科学系统的改造和建构过程,把马克思主义的相关理论知识内化在思想政治教育学中,并在学科发展范畴内,建构起思想政治教育学的马克思主义理论基础。具体而言,思想政治教育学的马克思主义理论基础建构包括如下基本点:

---

① [德]马克斯·韦伯:《经济与社会》(上册),林荣远译,商务印书馆1997年版,第157页。

(一) 思想政治教育学的马克思主义理论基础建构是学科体系建构的体现

思想政治教育在学科设置上归属于马克思主义学科，马克思主义无疑是思想政治教育学理论基础的重要支撑。建构思想政治教育学的马克思主义理论基础，是在马克思主义理论学科视域下，为进一步突出和夯实思想政治教育学的马克思主义理论学科意识和学科基础的学术努力。从目前马克思主义理论学科与思想政治教育的关系看，存在一些学科不协调的问题，建构思想政治教育学的马克思主义理论基础，要推动解决思想政治教育学科与马克思主义理论学科不适应和不协调的问题。

建构思想政治教育学的马克思主义理论基础，必先解决学科归属上认识不一致的问题。由于思想政治教育学科历史短，而且是在马克思主义理论和思想政治教育两个学科基础上整合而成的，学科成立时期的前期理论准备工作不算充分；由于马克思主义理论与思想政治教育学科本身覆盖面广；也由于各个高校的学术研究历史、学科研究力量不一致，学科建设的重点不一致，使得有的在马克思主义理论方面研究强一些，有的在思想政治教育方面研究力量强一些，导致对马克思主义理论与思想政治教育学科的内涵、外延的理解有差异。有的学者认为，马克思主义理论与思想政治教育学科是以马克思主义理论为基础的，马克思主义理论是思想政治教育的理论依据和核心内容，思想政治教育研究揭示的是马克思主义理论的传播和教育的途径、方法等客观规律。所以，应归属于马克思主义理论。有的学者认为，马克思主义理论与思想政治教育学科以思想政治教育为落脚点，应归属于思想政治教育，应明确称为"思想政治教育学"。理由有三：其一，马克思主义理论与思想政治教育间是目的与手段的关系，马克思主义理论要通过思想理论的灌输教育才能达到思想政治教育的目的，从实质上说进行的是思想政治教育。其二，思想政治教育从根本上说是马克思主义的思想政治教育，也就是说，思想政治教育已经涵盖了马克思主义理论教育。两者在本质上是一致的。其三，马克思主义理论与思想政治教育是政治学科与教育学科的交叉学科，旨在通过教育解决世界观、人生观、价值观问题，其灵魂特征是教育，所以，将马克思主义理论与思想政治教育更名为思想政治教育更能体现其学科的特殊性和重要性。目前，人们虽然在马克思主义理论学科下明确了相对独立的二级学科思想政治教育学科，但关于其学科归属的问题并不是已经完全解决了。建构思想政治教育学的马克思主义理论基础,有助于解决思想政治教育学学科归属上的纷争,有助于科学解答马克思主义理论与思想政治教育的学科交叉问题,也有助于夯实思想政治教育学的学科体系。

伴随着马克思主义理论一级学科的设立,思想政治教育作为马克思主义理论一级学科中的一个二级学科进入学科目录,标志着马克思主义理论与思想政治教育近十年"学科联姻"的结束,也意味着思想政治教育的学科地位得到极大提升,学科的内涵得到了进一步扩展,学科也有了内在的逻辑体系。与之相应,如何科学认识思想政治教育学科的学科定位,推进思想政治教育学科发展,也成为一个极其重大而根本的问题提了出来[1]。解答这个问题的一个重要途径,就是要科学理解思想政治教育与马克思主义理论的学科关系。一般认为,马克思主义基本原理、马克思主义发展史、马克思主义中国化研究、国外马克思主义研究、思想政治教育五个二级学科作为马克思主义理论一级学科的构成要素,以其研究范围、研究方向的差别相互联系形成了马克思主义理论一级学科的内在逻辑体系。这种内在逻辑体系概括地说,主要表现在两个方面:第一,在马克思主义理论一级学科所属的五个二级学科中,马克思主义基本原理学科以其基础理论的地位,为其他四个二级学科使马克思主义理论与现实的结合奠定了理论基础,而马克思主义发展史、马克思主义中国化研究、国外马克思主义研究、思想政治教育这四个二级学科,也为马克思主义基本原理学科提供了研究和建设的目标趋向。第二,在马克思主义理论一级学科所属的五个二级学科中,前四个二级学科以其理论及理论与现实结合的研究,构成了一级学科中马克思主义理论的研究整体,而思想政治教育学科作为对马克思主义理论研究的一种实际应用,构成了一级学科中马克思主义理论在人的思想品德和政治教育上的研究去向[2]。

显然,建构现代思想政治教育学的马克思主义理论基础,是科学解答思想政治教育与马克思主义理论学科关系的需要。马克思主义理论学科的五个二级学科是相互联系的,建构思想政治教育的马克思主义理论基础,是为了进一步掌握马克思主义理论一级学科的内在逻辑体系的"整体性"

---

[1] 白显良:《论思想政治教育学科的科学定位——兼论思想政治教育的学科建设》,《思想理论教育》2007年3月上半月刊。

[2] 张雷声:《马克思主义理论一级学科的内在逻辑体系及其建设》,《思想理论教育导刊》2007年第3期。

和五个二级学科在马克思主义理论一级学科中的相互联系，进一步搞清楚马克思主义基本原理、马克思主义发展史、马克思主义中国化研究、国外马克思主义研究、思想政治教育五个二级学科的研究差别，进一步把握马克思主义基本原理学科的研究内容，特别是进一步解答思想政治教育与马克思主义理论学科的关系。因此，建构思想政治教育学的马克思主义理论基础，有利于从学科层面回答现代思想政治教育学的学科归属和学科关系问题。

（二）思想政治教育学的马克思主义理论基础建构是理论体系发展的需要

思想政治教育学的发展，要以学科理论体系的发展来体现和支撑，即思想政治教育学理论体系的发展，是思想政治教育学发展的重要前提和根本体现。有学者以有代表性的专著为标准，将思想政治教育学的理论体系的形成和发展划分为三个阶段：一是思想政治教育学学科理论体系的萌芽阶段（1978—1985年）。其根据是：这一时期，党和国家领导人、理论工作者，纷纷发表讲话、文章，有的学者还出版了专著，论述思想政治工作是一门科学，提出了要建立一门独立的学科，思想政治教育学萌芽的标志性成果有：孙友余、钱学森、费孝通、谭滔等著的，由山西人民出版社出版的《论思想政治工作科学化》；张蔚萍、张俊南合著的《思想政治工作概论》等。《思想政治工作概论》明确提出思想政治工作是一门科学的认识、论证了思想政治工作具有客观规律性、提出了思想政治工作的研究对象、勾画出了思想政治教育学理论体系的雏形并为思想政治教育学的形成奠定了基础。二是思想政治教育学学科理论体系的形成阶段（1986—1990年）。其依据是复旦大学出版社于1986年12月出版的《思想政治教育学原理》，第一次以教材兼专著的形式明确了思想政治教育学的学科名称，《思想政治教育学原理》系统总结了思想政治教育的发展历史和经验，运用教育学、心理学、伦理学及相关学科的知识，较为系统地阐述了思想政治教育学的基本原理。在《思想政治教育学原理》出版之后，代表性的专著还有：华东师范大学邱伟光撰写的，由天津人民出版社1988年1月出版的《思想政治教育学概论》；王礼湛、余萧枫主编，1989年3月由浙江大学出版社出版的《思想政治教育学》。这些专著丰富了思想政治教育学理论体系的内容。三是思想政治教育学理论体系发展阶段（1990年至今）。这一时期，随着思想政治教育专业的迅速发展和博士点、硕士点的设立和快速增加,极大地促进了思想政治教育学学科理论的发展。这一时期,高规格、高层次、高水平探究和阐述思想政治教育学原理的一批教材陆续编写出版,进一步促进了思想政治教育学原理的优化和完善。如由原国家教委思想政治工作司第一次组织编写的教材《思想政治教育学原理》在学科理论体系的完善上向前迈出了一大步。由邱伟光、张耀灿主编,邱柏生、罗洪铁、陈万柏等参编,高等教育出版社1999年7月出版的《思想政治教育学原理》被教育部列为"面向21世纪课程教材"。这部教材集十多年对思想政治教育学研究之大成,系统论述了思想政治教育学的研究对象、过程和规律、地位与作用、环境、教育对象、目标与内容、机制、原则和方法、评估、队伍建设、思想政治教育的领导等内容,该书还在完善思想政治教育学原理学科理论体系方面做了新的探索。另外,还有一批优秀的学术前辈为适应不同需要编写的教材和专著,也极大地推动了思想政治教育学理论体系的丰富和发展。为思想政治教育学理论基础的探究,开辟了广阔的道路。

毫无疑问,思想政治教育学理论体系的形成和发展,并不等同于思想政治教育学理论基础本身的形成和发展。但思想政治教育学理论体系的形成和发展,对建构和夯实理论基础提出了新的任务和新的要求,理论体系的发展还影响着理论基础的建构。在理论体系的形成和发展中,思想政治教育学与马克思主义理论的关系是不断涉及并被反复讨论的问题。而这种讨论在很大程度上关涉了思想政治教育学的马克思主义理论基础建构的问题。设立马克思主义理论一级学科,为思想政治教育学理论体系的发展提出了进一步的要求,主要是进一步推进思想政治教育学理论体系科学化、系统化和现代化的要求,而这一要求与建构思想政治教育学的马克思主义理论基础是一致的。从理论研究的关系上来看,马克思主义理论一级学科下属各二级学科各有侧重。马克思主义基本原理学科对马克思主义科学内涵、精神实质和内在逻辑联系进行综合性研究;马克思主义发展史学科对马克思主义产生、发展的历史过程及规律进行研究;马克思主义中国化研究学科对马克思主义理论与中国具体实践结合所形成的、能够反映马克思主义科学内涵和精神实质的、既一脉相承又与时俱进的新的理论成果进行研究;国外马克思主义研究学科对当代国外马克思主义相关的理论、思潮、流派的发生、演进及其基本思想进行研究;思想政治教育学科运用马克思主义的立场、观点和方法,研究人们思想品德的形成和发展,以及思想政治教育规律，培养人们正确的世界观、人生观、价值观。显然，各二级学科各自的理论研究在研究范围、研究方向上是有差异的，但马克思主义理论是五个二级学科共同的理论来源和理论基础。思想政治教育学理论体系的发展，必须夯实其马克思主义的理论基础。同时，建构和夯实思想政治教育学的马克思主义理论基础，必将促进思想政治教育学理论体系的发展和完善。

（三）建构思想政治教育学的马克思主义理论基础是解答实践问题的需要

解答思想政治教育面临的诸多实践问题，需要建构思想政治教育学的马克思主义理论基础。当前，思想政治教育的根本任务，是培养中国特色社会主义事业的建设者和接班人，在"培养什么样的人、怎样培养人"这一重大原则上，思想政治教育必须坚持正确的性质和方向。坚定中国特色社会主义道路理论制度自信，推进社会主义核心价值体系和社会主义核心价值观建设，解答人们在世界观、人生观、价值观方面的一系列现实课题，都需要夯实思想政治教育学的马克思主义理论基础。在我国，马克思主义是思想政治教育学的指导思想，是指导人们进行马克思主义思想政治教育实践活动的理论体系。解答思想政治教育的实践问题，必须建构和夯实思想政治教育学的马克思主义理论基础。

建构思想政治教育学的马克思主义理论基础，是在马克思主义指导下开展思想政治工作的需要。中国共产党从成立之日起就注重在马克思主义理论指导下开展思想政治教育工作。在这一历史进程中，我们党积累了极为丰富的思想政治教育实践经验。思想政治工作成为我们党和国家的重要政治优势。但是，长期以来，我们党却没有把这些极为丰富的实践经验加以系统化、理论化，形成中国化的马克思主义思想政治教育学。随着我国经济体制和政治体制改革后所出现的利益关系的新变化，人们的思想观念也出现了很多新特点。我们必须深入研究思想观念领域的这些新特点，认真探索新时期马克思主义思想政治教育的规律，并善于对鲜活的思想政治教育实践经验做出理论总结，"贴近实际、贴近生活、贴近群众"，不断赋予马克思主义思想政治教育学鲜明的实践特色。在建立社会主义市场经济体制和对外开放过程中，思想政治教育的理论与实践如果墨守成规，就不能适应思想政治工作的需要。思想政治教育实践活动的变化，需要进一步加强理论的指导性，而强化思想政治教育理论对思想政治教育实践的指导，必须加强马克思主义对思想政治教育的指导能力，这就要夯实思想政治教育学的马克思主义理论基础。

二 思想政治教育学的马克思主义理论基础建构途径

（一）把马克思主义整体性视野作为建构现代思想政治教育学的基本论域

马克思的重大理论贡献之一：提出并坚持用整体性精神来研究社会，这是马克思对黑格尔历史哲学进行革命性改造后提出的关于社会历史进程的整体性思想，深刻体现了世界观和方法论的统一，为我们开展阶段思想政治教育理论研究和实践探索，推进现代思想政治教育学科建设，建构现代思想政治教育的马克思主义理论基础提供了科学的方法论指导。

马克思主义经典作家把整个物质世界看成整体，尤其是把人类社会以及客观存在的事物当作整体来研究。马克思、恩格斯在创立历史唯物主义时强调，要始终站在现实历史的基础上"完整地描述事物"[①] 马克思在创作《资本论》的过程中，把黑格尔的方法改造成一个严整的方法体系，即"从抽象到具体"的逻辑方法体系，还把人类的历史同物质生产和交换的历史联系起来考察，可见，马克思整体性思想体现了整体性方法和整体性理论的内在统一，实质就是"总体性的辩证法"[②]。

马克思社会整体性理论的要义——结构的整体性和历史的整体性，形成了马克思社会整体性思想的两重维度，培育马克思主义的整体意识，确立马克思主义的整体观，从整体上建设马克思主义，建构现代思想政治教育学的理论基础，是建设好这一学科最重要的方法论原则。毫无疑问，现代思想政治教育有效性问题必须被置于马克思主义理论学科的整体性视野中关照，马克思整体性是在反映客观世界整体性的基础上形成的，运用整体性方法审视现阶段思想政治教育的有效性，思想政治教育整体性是指思想政治教育这一实践活动，以其构成要素相互联系、相互作用的整体性而客观存在。而现阶段我们所探索不断提高思想政治教育有效性，亦即思想政治教育整体功能的有效发挥，是在分析思想政治教育的不同要素、局部

---

① 《马克思恩格斯选集》（第1卷），人民出版社1995年版，第92页。
② 卢卡奇：《关于社会存在的本体论》（上册），重庆出版社1993年版，第76页。

功能的相互作用的基础上，优化这一整体实践活动的结构，实现其整体功能最大化。创立和提高现阶段思想政治教育整体有效性理论，创新和探索现阶段思想政治教育有效性实践模式，坚持马克思主义整体观，在整体性视野中观察和研究现代思想政治教育有效性问题，建构现阶段思想政治教育整体有效性的理论——实践模型。

思想政治教育的根本目的是提高人的思想政治素质，从这个意义上理解，思想政治教育有效性就是要通过思想政治教育这一实践活动，实现全面、有效地提高人的思想政治素质这一预设目标，并在实践中不断提高和完善这一实践活动的水平，不断促进思想政治教育实践活动本身的全面、协调、可持续发展，要以马克思主义整体性思想建构现代思想政治教育的理论基础。可见，在整体性视野中建构现代思想政治教育的马克思主义理论基础，这不仅是马克思主义理论学科发展的应有之意，而且也是现代思想政治教育学发展的内在要求和逻辑必然。

特别是在当前，思想政治教育诸要素发生了深刻变化，在经济全球化价值多样化、利益多元化、技术现代化的背景下，现代思想政治教育的过程更趋复杂，如何更好地引导"无数互相交错的力量"，更好地组织和协调各方面教育力量，提高思想政治教育整体的有效性，应立足于人的思想政治素质所具有的整体性，实现思想政治教育的"合需要性""合发展性"的有机统一，在现代化思想政治教育学一般理论和整体性理论的指导下，遵循人类认识的规律，从目标、内容、方法、途径、环境、评价等体系统筹考虑，以发挥整体功能，既是现阶段思想政治教育学构成要素的整体建构，又是诸要素协同发挥作用形成合理机制的整体建构。

总之，在整体性视野中建构现代思想政治教育学的马克思主义理论基础。一是阐发现代思想政治教育学整体性理念，这是探索和研究建构现代思想政治教育学的马克思主义理论基础的逻辑起点；二是阐释现代思想政治教育整体有效性的本质和内涵，这不仅是对整体性理念的理论化描述，更是建构整体有效性模式的理论依据；三是将整体性视野建构具有现代思想政治教育学的马克思主义理论基础基本论域。

（二）从唯物史观视域重建现代思想政治教育的实践品格

理解和把握思想政治教育的本质属性，需要坚持马克思主义唯物史观的视域和立场。众所周知，唯物史观视域中的社会生产活动，体现在人的实践活动的两个领域和两个方面：其一是物质领域和物质生产活动，其二是精神领域和精神生产活动。这两个领域在共时性上统一于同一实践领域，包含于同一实践活动中。因此，离开人的实践活动，不仅不能说明物质生产的实践活动，也不能说明精神生产的实践活动，甚至会造成物质生产活动与精神生产活动的"分裂"。因此，当人们从唯物史观视域来看待和研究社会生产活动时，并不表明唯物史观具有使物质生产活动和精神生产活动各自独立的"能量"和"权利"，而是为了更科学地揭示物质生产活动与精神生产活动在实践基础上的统一性关系。

因此，在唯物史观视域内，循着精神产品生产和精神动力形成的逻辑走向，精神生产活动与物质生产活动的最初同一性（即精神生产体现为物质生产的直接产物）只有在共时性的实践活动中才具有现实性意义。当然，这种同一性也不是机械地或观念上的同一，而是在实践活动的客观性基础上才能体现出来的统一性，这种统一性在人的实践活动中体现为历史演变的动态景观。随着生产力的发展和社会分工的深化，这种统一性关系在产生了的脑力劳动和体力劳动分工的基础上，加入了阶级差别和阶级矛盾的现实内容，至此，原始社会前期还混沌地统一并渗透在所有社会成员的社会活动中的物质生产活动与精神生产活动明显地分离了，这种分离又表征着分工的真正形成，"分工只是从物质劳动和精神劳动分离的时候才真正成为分工"[1]。这种分工毫无疑义地引致了从事精神劳动的社会阶层的产生，形成了最初进行精神生产及其传播活动的思想政治教育主体的雏形[2]。在分工的基础上，私有制的形成和国家的产生，直接导致了思想政治教育实践活动的形成。从一般的意义上来说，精神生产活动当然是在阶级形成和国家产生前就已经存在于人的实践活动中的实践活动，但作为一种重要的政治实践活动，思想政治教育的形成仍是直接导源于阶级的形成和国家的产生这样重大的历史运动的。关于这一点，近来的研究颇为丰富，此处不再赘言。

思想政治教育起源及其形成发展史表明：思想政治教育是一定阶级或政治集团，为了本阶级或本集团利益，有目的、有组织、有计划地对一定的社会成员，施加代表或体现本阶级或本集团利益要求的意识形态观念、

---

[1] 《马克思恩格斯选集》第1卷，人民出版社1995年版，第82页。
[2] 杨威：《思想政治教育发生论》，中国社会科学出版社2009年版，第83页。

思想政治观点、道德行为规范的社会实践活动①。从唯物史观视域来看，这个界定反映了思想政治教育实践本质的如下基本点：

（1）思想政治教育是自阶级形成和国家产生后就客观存在的实践活动；（2）思想政治教育是一种有着明确目的和实践主体的实践活动，它表征、反映和代表了一定的社会利益要求，指向一定的实践客体；（3）思想政治教育是一种有组织、社会化的实践活动，离开一定的阶级利益和社会利益，离开一定的政治社会化活动，思想政治教育就无从开展；（4）实践活动、实践内容的阶级性和政治性不同，思想政治教育的目的、内容和要求就会不同。因此，阶级性和政治性是思想政治教育的本质属性。

上述基本点还表明：无论人们怎样去界定和认识思想政治教育，都必须始终把握住思想政治教育的实践性，只有这样才能认识思想政治教育的客观性，也才能理解作为精神生产活动的思想政治教育与物质生产活动的正确关系。从唯物史观视域看，思想政治教育形成和演变的历史过程，是从属于人类社会生产活动的总过程的。离开人的社会生产实践活动，是不能说明思想政治教育的历史性和存在性问题的。从这个意义上来说，强调思想政治教育作为一种"施加"的实践活动，有其客观现实基础，"施加"现象还体现了精神生产活动与物质生产活动的实践联系。因此，从一般社会实践活动来看待和理解思想政治教育现象，也是极其重要的，强调通过精神生产为物质生产服务来推动社会实践的展开，也就成为把握思想政治教育价值和功能的基点。但这是否就是思想政治教育价值和功能的全部呢？

---

① 关于思想政治教育概念的界定，学术界代表性的观点主要有以下表述：表述一：思想政治教育是指社会或社会群体用一定的思想观念、政治观点、道德规范，对其成员施加有目的、有计划、有组织的影响，使他们形成符合一定社会所要求的思想品德的社会实践活动（教育部社会科学研究与思想政治工作司组编，邱伟光、张耀灿主编：《思想政治教育学原理》，高等教育出版社 1999 年版，第 4 页）；表述二：思想政治教育是指社会或社会群体用一定的思想观念、政治观点、道德规范，对其成员施加有目的、有计划、有组织的影响，使他们形成符合一定社会、一定阶级所需要的思想品德的社会实践活动（陈万柏、张耀灿主编：《思想政治教育学原理》，高等教育出版社 2007 年版，第 4 页）；表述三：思想政治教育是指一定的阶级、政治集团为实现其根本政治目的和经济利益，而对人们进行有意识、有目的、有计划地施加本阶级、本集团思想政治等意识形态方面影响的社会活动（仓道来主编：《思想政治教育学》，北京大学出版社 2004 年版，第 11 页）；表述四：思想政治教育，就是一定阶级或政治集团，为了实现其政治目标和任务而进行的，以政治实现教育为核心与重点的思想、道德和心理综合教育实践（陈秉公：《思想政治教育学原理》，高等教育出版社 2006 年版，第 2 页）。

当我们从唯物史观视域来全面审问思想政治教育实践活动时，我们还是发现了上述"一般结论"存在的疏漏。比如，唯物史观在关注社会生产活动时，也强烈关注"现实的人及其历史发展"问题。由于"现实的人及其历史发展"是历史活动的出发点和归宿点，而人是精神生产和物质生产的发动者、组织者、调控者和成果的享有者。因此，从唯物史观视域把握思想政治教育，就必须看到"现实的个人"在思想政治教育中的本质生成、利益实现、价值追求和精神建构等问题。学术界把思想政治教育的社会性价值和社会性功能归属于思想政治教育的工具性本质，而将思想政治教育实践在个体的人及其历史发展中所担当的本质称为目的性本质。从而区分了思想政治教育的社会价值与个体价值、社会性功能与个体性功能，等等。并提出了思想政治教育研究从"社会需求"范式向"人学范式"转向和转型的问题。毫无疑问，这不仅仅是研究范式转变的问题，实际上也是从唯物史观视域对思想政治教育现象和实践进行全面解读的学科探究和理论反思。但是，人与社会之间的利益协调或价值协调关系，并不能在人的范畴或社会的范畴来得到单方面的解决。"现实的人"必然是在"现实的个人"与"现实的社会"的相互作用中，才能生成的实践主体。因此，全面理解"现实的人"，或通过从现实的人为出发点的研究来突出人的主体性，或形成以人学为范式的思想政治教育研究，实际上也始终不能不把握人与社会的关系问题。这样一来，当思想政治教育作为一种实践活动面向现实的人、现实的社会、现实的人与社会的关系时，它偏向人与社会的任何一方，都会造成对另一方的偏废，最终则必将害及实践活动，当然也必将危及人与社会关系的健全发展。因此，在把人与社会的关系一起纳入作为实践活动的思想政治教育来把握时，我们必须在一个体系内才能生成人与社会的合宜关系。据此，在实践基础上理解的思想政治教育，实际上也是在唯物史观视域中理解的思想政治教育。

（三）在科学把握思想政治教育实践本质基础上夯实思想政治教育学的实践基础

从唯物史观的基本精神看，当我们承认思想政治教育的社会实践本质时，我们就应当承认它在社会发展与人的发展方面所承载的双重价值和功能。当我们基于唯物史观视域来把握思想政治教育实践的本质时，我们就必须看到社会与人这两个基本要素在一切社会生产领域中的实践联系，看到思想政治教育对于社会需求的满足性与思想政治教育对于个人需求的满足性从来就不应当分裂。这就是说，思想政治教育工具性本质和目的性本质的划分，是人与社会的矛盾关系在思想政治教育实践活动中的体现，而不是思想政治教育实践本身造成了人与社会的矛盾关系，从而导致了工具性和目的性的分歧。因此，当我们从唯物史观视域所理解的实践活动来看，思想政治教育的工具性本质和目的性本质在实践活动中是不应该分开的，否则思想政治教育实践活动就会割裂存在于物质生产和精神生产等一切领域中的人与社会的客观的必然联系，从而导致对思想政治教育本质做出"工具性的"或"目的性的"非此即彼式的理解。因此，唯物史观视域理解的思想政治教育本质，是思想政治教育在人与社会实践联系中所具备、承载或体现出来的实践本质。如何去把握这种本质属性呢？

第一，从社会生产实践活动看，思想政治教育属于精神产品生产和精神动力形成的实践活动。众所周知，思想政治教育是社会历史领域的现象和活动，在自然界的范畴内，是不存在思想政治教育实践的，我们不会对一头猪或一只鸡进行思想政治教育。因此，思想政治教育只见之于社会历史领域和人类实践。从唯物史观视域看，任何社会历史活动都同人们的物质生产活动或精神生产活动相联系。思想政治教育实践活动也不例外。作为一个客观事实和人类实践活动存在的思想政治教育，归属于精神生产的实践活动系列。一般认为，思想政治教育对人们的思想意识、政治观点、理论认识等进行启发、引导和教育，它用一定的思想政治观点影响人、教育人、鼓舞人和塑造人。作为一种实践活动，思想政治教育的目的和要求、内容和形式，又同具体的经济关系、社会活动、政治制度相联系。因此，我们可以说，思想政治教育是一种受到物质生产实践决定的，并与物质生产实践活动一道统一于社会生产实践活动中的精神生产活动。

第二，从生产活动与社会关系的关系看，思想政治教育是以精神生产来维系社会关系的思想关系生产活动。思想关系生产是在思想生产的社会关系中被生产出来的。这种关系一旦形成，就成为社会发展中一种十分重要的关系。思想政治教育在这一关系生产、分配、供给的各个环节，都是不可或缺的。历史的经验一再表明，任何阶级一旦争得统治权力、上升到统治阶级，就总是竭力把反映和代表本阶级的思想上升为占统治地位的思想。诚如马克思和恩格斯指出的那样，统治阶级还作为社会的思想生产者进行着社会统治，"他们调节着自己时代的思想的生产和分配；而这就意味着他们的思想是一个时代的占统治地位的思想"①。正是通过反映和代表本阶级利益的思想、理念、观点的不断生产，统治阶级才得以借助思想统治来规范和引导整个社会的发展走向，建立思想传递的路径，形成思想统治的体系。显然，思想关系同思想观念一样，是在精神产品的生产中形成的，不是自动获得的。思想关系的生产，是与一定的物质关系、政治系统、思想文化条件、社会与人的发展需要等要素相互联系的。一般而论，思想关系生产的图景是：统治阶级利用其所控制的政治系统和思想文化系统，生产、供给、传递符合他们利益的思想观念、道德准则、价值标准，形成有利于统治阶级的思想文化观念生产、分配和供给体系，造成对全社会思想关系的动态掌控态势。思想政治教育是在这种生产活动中，被纳入社会关系生产体系的思想关系生产活动。

第三，从社会存在与社会意识的关系看，思想政治教育是传播、建构和维护意识形态的实践活动。既然思想政治教育是社会历史领域的现象、属于社会历史范畴，那么，它必然要反映社会存在与社会意识的关系内容。由于社会意识是社会精神生活现象的总称，是人们对一切社会生活客观过程和条件的反映，归根到底是社会物质生活过程及其条件的反映②。因此，属于精神生产实践活动系列的思想政治教育，它反映和代表着一定的社会意识，反映了人们之间基于物质的社会关系所决定的人们的思想关系。但思想政治教育表征、反映和代表的思想关系总是同一定阶级或集团的社会生产活动相联系，从而体现为一定的意识形态内容。当然，这并不是说，思想政治教育只是或就是一种意识形态活动，实际上，作为实践活动的思想政治教育，本身当然不是意识形态。"社会存在和社会意识不是等同的"③，但思想政治教育是对意识形态进行建构、宣扬与维护的实践活动（当然，除此之外，思想政治教育还具有认识、体验、感悟、审美、享受的非意识形态品格）。这种活动对一个国家的经济社会生活、政治生活和文化生活产生极大的影响。因此，它一旦形成，其历史命运和实践形态就同国家进行阶级统治和社会管理的实践活动密切联系，从而也一般地成为国家进行政治统治和社会管理的一项实践活动。但其呈现样态及其性

---

① 《马克思恩格斯选集》第 1 卷，人民出版社 1995 年版，第 99 页。
② 教育部社会科学研究与思想政治工作司组编，林泰主编：《唯物史观通论》，高等教育出版社 2001 年版。
③ 《列宁选集》第 2 卷，人民出版社 1995 年版，第 311 页。

质，或则全然不同。

第四，从思想政治教育实践与教育实践一般的关系看，思想政治教育是特殊的教育实践活动。当然，这种特殊性，并不是它作为"教育之一"的特殊性，而是指它作为"实践活动"所体现出来的教育实践特性。如果说在思想政治教育产生前，人们主要是从教育一般来说明思想政治教育的本质，那么在思想政治教育产生后，人们则主要是通过说明思想政治教育实践的特殊性来阐明思想政治教育的客观性和本质属性的。如果说教育"传递社会生活经验并培养人的社会活动"①，那思想政治教育无疑也是在社会生活传递和人的培养中发挥特定功能和独特作用的教育活动，若教育是"培养新生一代准备从事社会生活的整个过程"②，则思想政治教育也是培养新生一代的教育体系不可或缺的组成部分。总之，无论怎样去界说"教育"，思想政治教育都是其实践整体的一部分。正如夸美纽斯所言的那样："实际上，人不受教育就不能成为一个人。"③思想政治教育在人的培养，尤其是新生一代的培养中，发挥了特殊的功能和作用，满足了培养对象相应的需要。由于思想政治教育带有明显的阶级性，从阶级性来说，任何阶级对思想政治教育的需要程度，以及对思想政治教育实效性水平的要求，始终取决于这种实践活动对他们的利益实现是否有所帮助以及帮助之大小。因此，利益对立和冲突的不同阶级，在对思想政治教育及其功能和价值的理解或看法上可能并不一致，甚至相互对立。即便对同一阶级来说，对思想政治教育在不同条件下的要求也不尽相同。思想政治教育的阶级性还表明，它是从属于一定阶级的战略和策略、方针和政策的。如果阶级的战略、政策发生了变化，思想政治教育的目标设计和内容要求也将或快或慢地发生变化。这是由思想政治教育实践活动的本质属性所决定的。

总之，对思想政治教育的唯物主义理解，实际上就是从唯物史观视域来确立思想政治教育研究实践论域的分析路径。从实践的立场、观点和方法来看待思想政治教育实践活动，并将思想政治教育实践活动理解为阶级形成和国家产生后人们社会生产实践活动的一部分，从而把对思想政治教育本真意味的探究纳入人和社会及其历史发展的实践活动来全面解析。毫

---

① 顾明远：《教育大辞典》（第1卷），上海教育出版社1990年版，第3页。
② 《现代汉语辞海》，编辑委员会合编：《现代汉语辞海》，中国书籍出版社2003年版，第529页。
③ ［德］博尔诺夫《教育人类学》，李其龙等译，华东师范大学出版社1999年版，第35页。

无疑问，这一理解表明，思想政治教育是建立在人的实践活动基础上的一种社会现象。根据逻辑与历史相统一的原则，思想政治教育学也应以实践作为构建其理论体系的基础。将实践作为思想政治教育学理论体系的基础，可从以下两方面得以体现：一是要将实践作为建构思想政治教育学逻辑体系的出发点。实践视域下的思想政治教育的逻辑起点无疑是现实人的实践活动。正是对人们在实践活动中出现的思想与行为、个人与社会、教育者与受教育者等矛盾的分析与解决的顺序，构成了思想政治教育学的逻辑体系。二是要将实践作为思考思想政治教育学所有理论问题的基本视角。思想政治教育学体系中包含若干理论问题，如思想政治教育工作者与教育对象及其相互关系问题、思想政治教育地位与功能问题、思想政治教育目标与原则问题、思想政治教育内容与方法问题、思想政治教育环境问题、思想政治教育过程与规律问题、思想政治教育体制与机制问题、思想政治教育评估问题等，对这些问题的认识都要以现实人的实践活动为视角，形成实践视域下的思想政治教育学体系，从而将整体性马克思主义的指导贯穿于思想政治教育学的每一理论和整个体系之中[①]。

（四）激活马克思主义理论体系中的人文思想形塑现代思想政治教育学的人文品格

美国著名的未来学家托夫勒早在20世纪80年代就曾说："我们正进入一个文化比任何时候更重要的时期。"文化是现代思想政治教育学理论和实践研究无法回避的视域。如思想理论、政治观点、道德规范都是文化的因子，内化并存在于思想政治教育全过程，党的十八大报告中也明确指出："文化是民族的血脉，是人民的精神家园。全面建成小康社会，实现中华民族伟大复兴，必须推动社会主义文化大发展大繁荣，兴起社会主义文化建设新高潮，提高国家文化软实力，发挥文化引领风尚、教育人民、服务社会、推动发展的作用。……文化实力和竞争力是国家富强、民族振兴的重要标志。"在思想政治教育学的马克思主义理论基础建构过程中，作为一种先进文化的马克思主义理论，正在以一种独特的牵引力量，为深入推进现代思想政治教育价值的现代发展及其实现提供了可能的视角。

思想政治教育是以"人"为对象的实践活动，其中最大的实际就是

---

① 王秀阁：《马克思主义整体性与思想政治教育学理论基础》，《天津师范大学学报（社会科学版）》2008年第5期。

教育对象的客观实际。因此，关于人的全面发展理论即马克思主义理论的人学思想，对于了解和掌握思想政治教育对象的客观实际情况，有效组织思想政治教育过程，达到思想政治教育的预期价值和目的具有重要牵引作用。恰恰由于人性是历史的、具体的，人都具有个体差异，人的思想、观念产生和发展变化具有多种多样性，这就必然要求现代思想政治教育立足于人的现实性和社会性，不断优化社会环境，根据不同教育对象制定不同的措施，采取不同层次的要求，有的放矢地解决和处理不同教育对象的各种思想矛盾和思想问题。

实践是实现人的解放和自由全面发展的根本途径，思想政治教育以了解、尊重和满足人的正当需要为前提，高度尊重人的独特性和差异性，确立人的主体地位，发挥人的主体作用，通过各种有效途径和方式，运用交互式、体验式、渗透式和咨询式的教育方法，促进人的心理、人格、个性的健康发展，不断促进个体与自然、社会的协调发展，不仅要发展人的现实能力，还要充分挖掘人的各种潜能，培养具体生动、充满个性的"人"，培养人的主体个性、主体精神，提升主体人格，让人成为现阶段思想政治教育的主动参与者、体验者和探究者，这也是现代思想政治教育学发展的目标价值取向。

文化作为一种牵引力，延伸到思想政治教育领域，这种牵引作用表现更为突出，对于现代思想政治教育学的建构、塑造和引导的作用显得更为直接和明显。从经典马克思主义理论的诞生到马克思主义中国化最新成果中国特色社会主义理论体系的形成，始终贯穿着"以人为本"为核心形成的一个有机的理论创新整体，现实的认识马克思主义理论关注的起点，"全部人类历史的第一个前提无疑是有生命的个人的存在"[①]。也是马克思主义理论的落脚点和现代思想政治教育学发展的目标价值取向，"每个人的自由发展是一切人的自由发展的条件"[②]。"我们进行的一切工作，既要着眼于人民现实的物质文化生活需要，同时又要着眼于促进人民素质的提高，也就是要努力促进人的全面发展。这是马克思主义关于建设社会主义新社会的本质要求。"[③] 重视思想教育中的文化牵引力问题，关键在于善

[①] 《马克思恩格斯选集》（第1卷），人民出版社1995年版，第65页。
[②] 同上书，第294页。
[③] 《十五大以来重要文献选编》（下），人民出版社2003年版，第1925页。

于发现并利用文化牵引力量。要保证现代思想教育学始终沿着正确的方向发展，其关键正是马克思主义理论的牵引力，保证了现代思想政治教育学的时代性和科学性，对于现代思想政治教育学马克思主义理论基础建构具有重要的促进作用。

（五）以不断发展的马克思主义理论建构现代思想政治教育学体系

僵化、陈腐的思想政治教育必将失去其价值与魅力。马克思主义理论是伴随时代的变化和实践的发展而不断形成和发展起来的，是经过实践检验的科学的理论体系。具有与时俱进的理论品质和开拓创新的精神实质，现代思想政治教育也是随着实践的发展而不断发展着的，它内在地要求不断进行理论创新。现代思想学亦是如此。

坚持以发展的马克思主义建设思想政治教育理论体系，深入研究现阶段思想政治教育的内在规律，以马克思主义为学科建设的平台，并不是说要以马克思主义的理论建设代替思想政治教育的理论建设，而是用发展的马克思主义理论建构现代思想政治教育学，用马克思主义经典作家有关思想政治教育的理论和其他学科对思想政治教育的理论研究成果，不断丰富和完善现代思想政治教育理论，从学术性、政治性、一元性和多元性的角度进一步加强现代思想政治教育学的马克思主义理论基础建构。一方面，从学术性、政治性相统一的角度来规划现代思想教育学理论建设，才能更准确对现代思想建设政治教育学理论的学科功能做出正确的界定和说明；另一方面，从学科属性的一元性和研究方向的多样性规划现代思想政治教育学理论建设，突出强调思想理论体系的一元属性和政治教育功能。

现代思想政治教育学作为一门应用性学科，必须以发展的马克思主义建设现代思想政治教育学的课程体系，从现代社会发展的全局性、战略性、前瞻性角度建构规划现代思想政治教育学马克思主义的理论基础建构的内容。根据国家局势的新变化，我国改革开放和现代化建设的新进展以及党的建设面临的新情况、新问题，不断开展创新性理论研究，对那些带有全局性、战略性、前瞻性的重大课题做出回答，丰富现代思想政治教育学理论，进一步研究、传播马克思主义中国化理论原本，拓展思想政治教育的价值实现路径，有助于提升现代思想政治教育学科的理论品质和学术含量，进一步鉴定现代思想政治教育建构的坚定基础。

总而言之，现代思想政治教育学科的存在和发展，是建立在当代中国马克思主义主流意识形态建设与发展的现实需要的基础之上的。按照当代中国马克思主义主流意识形态的要求塑造人、培养人，是现代思想政治教育学科的主导性社会功能。思想政治教育学科的意识形态决定了现代思想政治教育学科建设的马克思主义理论学科归属，决定了现代思想政治教育学科建设必须坚定不移地坚持马克思主义的指导地位，从马克思主义整体性视野建构现代思想政治教育学基本论域，将马克思主义理论体系中的人文思想作为现代思想政治教育学的目标价值取向，坚持以不断发展的马克思主义理论建构现代思想政治教育学体系，对夯实和完善现代思想政治教育学马克思主义理论基础建构具有重要的战略意义。

第二章

现代思想政治教育学的哲学基础

哲学是系统的世界观和方法论,担当着为其他学科提供方法论依据和思想指导的重要任务。哲学的这一使命使它必然和思想政治教育发生联系。哲学不仅能从更高的层次思考思想政治教育的一系列基本问题,而且能够提供理解和分析这些基本问题的一般方法,哲学在其自身发展的过程中,还能为思想政治教育不断提出新问题和拓展新思路。对于思想政治教育学的理论研究和学科构建而言,经验固然能使理论思维存活,但只重视经验事实、不重视方法依据,只知其然、不知其所以然,绝不可能为思想政治教育学的理论大厦提供一个牢固、合理的方法论基础。为把现代思想政治教育学研究进一步科学化、系统化,必须跳出思想政治教育本身的狭小圈子,在更高的层次和更广的范围中,对思想政治教育的理论与实践问题进行哲学反思,不断地追问现代思想政治教育的哲学基础是什么、为什么、怎么样的问题。

第一节 思想政治教育学与哲学的关系

哲学与思想政治教育学之间存在着密切关系。从两门学科的发展史上看,哲学与现代思想政治教育学之间构成"源"与"流"的关系;从研究对象上看,两者在人与社会的关系、人的思想行动规律、人的发展规律等问题上存在交集关系;在方法论上,现代思想政治教育学在其理论体系的建构中还自觉运用了主客体二分法、理论与实践相统一、一般与特殊相统一等哲学辩证法。

一　思想政治教育学与哲学在学科发展上的源流关系

（一）哲学史上的两次"转向"与思想政治教育学的产生发展

一般认为，在西方哲学的发展史上，出现了两次大的"转向"。第一次是从古代哲学到近代哲学的"认识论转向"，第二次是从近代哲学到现代哲学的"实践转向"和"语言转向"。在哲学的古代、近代和现代的理论形态的历史转换中，实现了哲学的提问方式和理论内涵的历史性发展。

古代哲学提出"万物的同一性"问题，意味着人类试图以某种最深层的统一性的存在来确定人类生活意义的最高支撑点，也意味着人类尚未达到从思维与存在的关系去反省人类生活的意义。因此，这种哲学实质是表征着人类从自在走向自为的过程。近代哲学提出"意识的同一性"问题，意味着人类以反省的认识去寻求人类生活的意义，也意味着人类是以超历史的即抽象的观念去看待存在的意义。这种哲学表征着人类受"抽象"统治的自我意识。现代哲学提出"实践的统一性"以及科学、语言、文化等的统一性问题，则意味着人类从历史的即现实的观念去看待存在的意义，也意味着人类在多元文化中的意义冲突与危机。

从古代到近代再到现代，哲学的研究重心不断转向人的历史性存在、社会性存在，转向人的生活世界，许许多多的学科从哲学中分化出来。以真为研究对象的自然学从中分化出来，以善为对象的伦理学分化出来，以美为对象的美学分化出来……思想政治教育学作为研究人的思想政治素质形成和发展规律的一门学问，最早也是从哲学这一母学科中分化出来并逐渐走向系统化、规范化的。特别是在马克思主义理论诞生以后，历史唯物主义世界观和方法论，为思想政治教育学关于人们对社会主义和共产主义思想发展规律的探索提供了科学的理论基础。

在我国，思想政治教育学科的诞生经历了1921年建党至1978年的理论准备阶段，1978年至1986年是学科建立的阶段，1986年至今为学科建设的发展阶段。由原国家教委委托复旦大学组织编写、陆庆壬主编的《思想政治教育学原理》于1986年12月由复旦大学出版社出版，是思想政治教育学形成的标志性事件。该书系统总结了思想政治教育的发展历史和经验，运用教育学、心理学、伦理学以及相关学科的知识，建构起了思想政治教育学的理论体系。此后，思想政治教育学的发展，与思想政治教育专业的发展和科研活动的进步密切相关。思想政治教育研究的相关刊物日益增多，达几十种，一些有代表性的思想政治教育学专著、教材也陆续出版。1999年7月，高等教育出版社出版了由邱伟光、张耀灿主编的《思想政治教育学原理》，该书在马克思主义哲学的指导下阐述了思想政治教育的基本原理，集思想政治教学10年研究之大成，被教育部列为"面向21世纪课程教材"。2001年1月，辽宁人民出版社出版了陈秉公所著的《思想政治教育学原理》，该书自觉应用唯物主义辩证法，围绕思想政治教育的"基本矛盾"这一问题，阐述了思想政治教育的地位和价值、基本范畴、综合结构、基本规律、过程机制、目标和内容、对象和主体以及教育环境，使思想政治教育的概念范畴规范化、系统化，为建构思想政治教育学科的理论体系做出了重大贡献。2001年6月，人民出版社出版了张耀灿、郑永廷、刘书林、吴潜涛等著的《现代思想政治教育学》，运用哲学研究的体系结构对思想政治教育的本质论、价值论、结构论、客体论和发展论等问题做出了新的探索。此后，又涌现出一批研究思想政治教育学哲学、汲取哲学研究新进展的一系列思想政治教育学研究成果，如：罗洪铁、董娅主编的《思想政治教育原理与方法》（2005），张耀灿的《思想政治教育学前沿》（2006），田鹏颖、赵美艳的《思想政治教育哲学》（2010），李合亮的《解析与建构：当代中国思想政治教育的哲学反思》（2010），范树成的《当代学校德育范式转换与走向研究》（2011），等等。

此外，现当代哲学研究的理论成果也被思想政治教育学广泛吸收运用。比如，生存哲学、价值哲学、交往哲学、主体间性理论、生活世界理论等都为思想政治教育学的发展创新提供了重要的方法论资源和理论支撑。与我国现代化建设相关的发展哲学，与经济建设、政治建设、文化建设、社会建设、生态文明建设相关的经济哲学、政治哲学、文化哲学、社会哲学、生态哲学等也都对思想政治教育内容的充实提供了丰富的养分。

综上，从学科发展的历史来看，哲学与现代思想政治教育学之间构成了"源"与"流"的关系。时至今日，现代哲学的不少新方法和新理论都源源不断地融入思想政治教育学，滋养着这一学科的发展，成为现代思想政治教育的源头活水。

（二）哲学为思想政治教育奠定世界观、人生观、价值观的理论基础

哲学首先是系统化、理论化的世界观。哲学关注宇宙和人生的根本问题，探讨世界的本质、普遍规律及其与人的生存和发展的关系，研究人类正确认识世界和成功改造世界应遵循的根本立场、观点和方法。哲学作为

人与世界关系的总体性理论反映,为人提供了包括人在内的世界图景,它以自己特有的方式反映世界的本质,论证人在世界中的位置,揭示人与世界的复杂多样关系,阐释世界的一般规律,以其特有的视角,对人的本质、人生价值、人生目的、人生意义等至关重要的人生问题予以审视、反思和预见,为人们的思想意识奠定了理论基石。

思想政治教育是塑造人的灵魂的活动,它的目的是帮助人们树立正确的世界观、人生观、价值观,从而引导人们正确地认识世界、改造世界、创造理想世界。因此,思想政治教育必然要以哲学为前提、为支撑,哲学为思想政治教育提供世界观、人生观、价值观的逻辑起点和基本内容。当前,开展思想政治教育,就要以理想、信念教育为核心,坚持不懈地用马克思主义的世界观、人生观和价值观来武装大学生的头脑。只有坚持以历史唯物主义及其辩证法为指导,不断推进思想政治教育方法的创新,思想政治教育才能持久有效,才能有利于人的发展。

(三) 哲学为思想政治教育学的发展提供批判精神和新的方法论依据

从提供批判精神的角度来看,哲学作为时代精神的精华,具有概括、反思、批判、预测等功能,它为思想政治教育指明了前进的方向,规定了基本道路。哲学精神作为人类文化智慧的结晶凝结而成的内在精神,最为集中地表现为独立自由的理性精神、永无止息的反思批判精神、对思想彻底性的追求探索精神。反思批判的精神是"哲学精神"的核心。马克思在博士论文里说道,哲学要求自身在一颗"要征服世界的、绝对自由的心脏里跳动",其实质就是思想活跃、不断创新。哲学最与众不同处就是"辩证法不崇拜任何东西,按其本质来说,它是批判的和革命的。"[①] 对思想彻底性的追求精神是"哲学精神"的精华。它意味着哲学独立于世俗,真正实现对人类精神、命运的终极关怀。批判不仅仅停留在理论层面,还必须推进到现实实践的批判,启迪人类进行自我超越现存世界的限制而奔向未来。当今世界,科技革命蓬勃发展,社会改革广泛兴起,对思想政治教育提出了更高的哲学要求,这就需要思想政治教育学进一步吸取哲学的批判精神,为现代思想政治教育开拓新的方法和视野。

从提供方法论依据的角度来看,哲学方法论是人类认识和改造世界的根本思维方式。哲学既是世界观,又是方法论,而且是最高层次的方法

[①] 《资本论》(第1卷),人民出版社1975年版,第24页。

论，是人们处理和驾驭自己同外部世界关系的基本规范和准则。在人们认识世界、改造世界、创造理想世界的活动中，哲学提供着总体性和一般性的方法论原则。思想政治教育方法是思想政治教育者和受教育者的中介和纽带，科学、正确的思想政治教育方法，必须以哲学方法论为依托。马克思主义哲学是科学的世界观和方法论，为思想政治教育提供了科学的方法论基础。马克思主义哲学的逻辑起点是"现实的个人"，强调人是自然性、社会性和精神性的统一，因此，思想政治教育的对象是作为社会关系总和的现实的个人，具有特殊的阶级性、时代性和民族性。实践的观点是马克思主义哲学的首要观点，因此，在解决人们的思想观点和政治立场问题时，要从实际出发，运用实事求是、理论联系实际的方法，以实践作为检验人们思想观点和政治立场的标准。

二 思想政治教育学与哲学在研究对象上的交集关系

正因为哲学与思想政治教育学在学科发展史上呈现出"源"与"流"的关系，所以，现代思想政治教育学与哲学在研究对象上既有区别、也不可避免地存在着诸多联系。人与社会的关系问题、人的思想行为规律、人的发展规律等问题都是两者研究的共同对象。

（一）两者都研究人与社会的关系问题

哲学的研究对象即自然、社会和人类思维发展的最一般本质和规律的学问。马克思曾提出，人的本质并不是一种内在的、无声的、把许多个人纯粹自然地联系起来的共同性，而是人的社会特质。人不仅是自然存在物、精神存在物，更是社会存在物。"人的本质在其现实性上，是一切社会关系的总和"[①]。

从人的存在看，个人和社会是统一的；从人的发展过程看，社会要求体现的是人性的一般性，但人性具有特殊性，社会要求和人们的思想品德之间是有差距的；从发展的最终目标看，个人和社会是和谐有机的统一。"思想政治教育真正的哲学根基是社会性的人，所谓具有社会性的人，既具备有限主体的方面，又具备社会和谐与团结的方面。"[②] 参与社会生活的人不仅是思想政治教育的哲学根基，同时也是整个马克思主义哲学的根

[①] 《马克思恩格斯选集》（第 1 卷），人民出版社 1995 年版，第 56 页。
[②] 蓝江：《思想政治教育的哲学根基》，《探索》2006 年第 1 期。

基，正是在对具体的社会生活中的人，尤其是对工人阶级的具体分析中，马克思才发现了历史唯物主义和剩余价值规律，并以此创造了科学社会主义。可见，研究人与社会的关系问题是马克思主义哲学的核心命题。

人与社会的关系问题也是思想政治教育学的重要研究对象。

第一，思想政治教育的逻辑起点是"现实的个人"，思想政治教育以个人思想品德和社会要求的差距为出发点，最终实现个人与社会的有机统一、良性互动。

第二，思想政治教育研究人的社会化的过程和规律。人的社会化是以个人和社会的统一为前提和基础的。思想政治教育是一定社会或群体用一定的思想观念、政治观点、道德规范，对其成员进行的有目的、有计划、有组织的影响，使受教育者形成一定社会所要求的思想品德的社会实践活动。

第三，思想政治教育学研究思想政治教育的环境。环境是自然和社会的综合体，而环境和教育一样能够产生教育效果，古人所谓的"近朱者赤，近墨者黑"，孟母择邻而迁等典故就是重视环境育人价值的表现，在现代社会，重视校园文化建设、强调大众传媒的舆论导向、重视人际氛围和社会风气等同样是重视环境育人的表现。

（二）两者都研究人的思想行为规律

几千年前，古希腊德尔斐有一座著名的圣殿——阿波罗神庙，门楣上写道："认识你自己！"提醒人们，人最难认识的就是自己。这句睿智的话直到现在还留在那里，成为警醒世人的一句著名箴言。哲学越是向前发展，对自身的认识就越发深刻。

思维与存在的关系是哲学关注的基本问题。古代哲学还没有自觉意识到思维与存在的关系问题，而是离开对思维与存在的关系的考察，去断言某种先验或超验的存在，具有朴素性、形而上学性。近代哲学的中心问题是主体与客体的矛盾问题，德国古典哲学深入地探讨了主观与客观相统一的途径，为解决主体与客体、思维与存在的同一性问题提供了有益的探索。在思维与存在的关系上，黑格尔哲学夸大思维的能动性，费尔巴哈则强调存在的现实性，他们都没能解决思维与存在的关系问题。黑格尔的思维与存在的同一，是思维与自身的同一。费尔巴哈对黑格尔唯心主义观点进行了批判，他认为，实现思维与存在相同一的主体是人，费尔巴哈这里所说的人只是感性的对象，是一个抽象的个人。马克思对黑格尔和费尔巴哈哲学进行了批判和扬弃，马克思认为，在认识和改造自然界的过程中，人是实践的主体，认识具有社会性、历史性。人的实践本质是解决思维与存在关系的关键。新唯物主义从社会实践出发，探讨了哲学基本问题研究人和人的意识的本质，把解决思维与存在的关系问题放在科学的基础之上，从而最终解决了思维与存在的关系问题。

思想政治教育学同样研究人的思想行为规律。第一，思想政治教育学研究人的生理、心理因素，研究需要—动机—行为的发展过程，揭示人的自身思想、行为的发展规律。第二，思想政治教育学研究普遍联系、错综复杂的社会因素与教育对象的人生观、世界观的形成发展的关系，揭示、探索如何调节社会环境对教育对象的交叉立体作用，以及教育对象在受环境影响时的能动作用。第三，思想政治教育学研究思想政治教育的管理体系和领导职能，研究思想政治教育工作者的素质，研究思想政治教育如何渗透到业务领域中去，以及促成社会、学校、家庭相互配合形成教育合力的问题。

思想政治教育学作为一门指导人们形成正确思想行为的科学，它以人的思想行为形成变化的规律，以及实施思想政治教育的规律作为自己的研究对象。其中人的思想、观点和立场的转变，以及人生观、世界观的形成规律是研究的重点。

（三）两者都研究人的发展规律

人的全面发展是马克思主义哲学的最高命题和根本价值。马克思主义哲学认为，人要以一种全面的方式，作为一个完整的人，占有自己的全面的本质。人的全面发展具有广泛和深刻的内涵，主要有以下几个方面：（1）人的体力和智力的充分自由发展；（2）人的才能的多方面发展；（3）人的社会关系的高度丰富和全面发展；（4）人的个性的自由发展；（5）人的主体性的全面发展，即指人在改造社会、改造客观世界和创造自己历史的实践活动中，使人成为自然界的主体、社会的主体和自我发展的主体。

人的全面发展理论与思想政治教育有着紧密的联系：

第一，人的全面发展的理论不仅为思想政治教育提供了强有力的哲学依据，同时又为其在实践中确立"以人为本"的思想政治教育工作的新原则。

第二，人的全面发展是思想政治教育的目的和归宿。思想政治教育始终是做人的工作，是以人的全面发展为出发点的，以培养德智体美等方面全面发展的社会主义新人为其终极目标的，其根本任务是推进人的全面发展。

第三，思想政治教育是实现人的全面发展的重要途径。马克思主义认为，个人的全面发展由生产方式的全面发展以及所受教育的条件所决定。思想政治教育作为一种渗透性要素，在人的全面发展中的作用主要表现在以下几个方面：（1）帮助人们树立和保持坚定的政治方向。（2）为人的发展提供价值导向。（3）帮助人们形成科学的思维方式，用马克思主义的辩证唯物主义和历史唯物主义去认识与改造世界。（4）指导人们协调社会关系，正确处理个人与个人、个人与社会之间相互作用的关系，使之和谐发展，从而最大限度地激发人的发展的内在动力。

三 思想政治教育学与哲学在方法论上的融通关系

哲学是各门学科的理论基础，是时代精神的精华和文明的活的灵魂。思想政治教育作为一种政治教育和思想教育相统一的社会实践活动，离不开哲学的指导和参与。思想政治教育学在其理论体系建构中所运用的主客体二分法、理论与实践相统一、一般与特殊相统一等方法与哲学辩证法具有融通关系。

（一）思想政治教育学对"主客二分法"的运用

在哲学史上，笛卡尔开启了近代哲学主客二分的研究范式。哲学家们对主体问题的研究，众说纷纭，莫衷一是。唯心主义对主体的看法是把主体当成某种精神，旧唯物主义把主体看作消极被动的生物学意义上的人。马克思主义哲学既批判了唯心主义主体观的错误观点，又克服了旧唯物主义主体观的缺陷。认为主体是从事认识和实践活动的人。首先，主体是人，是"自然的、有形体的、感性的、对象性的存在物"，而不是某种精神；但作为主体的人不是生物学意义上的人，而是社会的人，是一切社会关系的总和。其次，主体还是从事某项认识和实践活动的人，如果不进行任何认识和实践活动，他就不成其为真正意义的认识和实践的主体。

根据马克思主义关于主客体的科学含义，思想政治教育的主体即从事思想政治教育活动者，它主要包括思想政治教育课教师、学生辅导员、思想政治教育管理工作者等。思想政治教育客体是思想政治教育的接受者，它与思想政治教育主体相对应，是思想政治教育主体的活动对象。

思想政治教育主体的含义体现在如下几个方面：第一，思想政治教育主体主要指以培养教育对象的思想政治品质为其活动指向的人。第二，思想政治教育主体必须以一定社会、阶级的要求作用于教育对象，而不能以任何个人或某个小集团的愿望和要求影响教育对象。第三，思想政治教育主体对教育对象思想政治品质的培养必须是有目的、有计划和自觉的，而不能是盲目的、随意的。在我国，思想政治教育主体具有广泛性。凡是有目的、有计划的、自觉地影响人们的思想观念、政治觉悟和道德行为的个人和组织，都属于思想政治教育的主体。如各级党的组织、政府机构、群团组织，以及各类企事业单位、部队、学校、社区、家庭等。其专门从事思想政治教育的机构和人员都是思想政治教育的主体。

思想政治教育客体的基本特点是其客体性，表现为受动性、受控性和可塑性。思想政治教育客体与一般的物质客体不同，作为有思想、有意志、有情感的人，他们在接受教育时，不是完全被动的，而是具有主动性。当然，这种主动性是接受教育时的主动性，而不是教育的主动性，它依然是思想政治教育客体性的特殊表现形式。思想政治教育客体发挥思想政治教育的主动性，可以有效增强思想政治教育的效果。思想政治教育客体不仅具有主动性，而且在一定条件下还具有主体性，这是探析思想政治教育客体时不能不特别注意的一个重要问题。在一定条件下，思想政治教育客体也会获得主体性，并转变为主体。当受教育者进行自我教育时，他已不单是受教育者，同时也是教育者，自己承担起对自己实施思想政治教育的职能。在这种情况下，思想政治教育主体与客体高度统一于一身。这就是说，主体与客体不是绝对的，而是相对的，在一定条件下可以转化。思想政治教育客体有不同的类型，它既包括思想政治教育个体客体，如单个学生、干部、知识分子等，又包括思想政治教育群体客体，如学生群体、工人群体、干部群体、党员群体、共青团员群体等；既包括稳定的群体，如有固定单位、固定工作的群体，又包括流动群体，如民工群体、专业技术人员群体、留学生群体等。因此，开展思想政治教育时，要注意把思想政治教育客体中的个体与群体、固定群体与流动群体结合起来，拓宽思想政治教育的覆盖面。

（二）思想政治教育学对理论与实践相联系方法的运用

理论与实践相联系的方法是马克思主义哲学的基本方法，也是思想政治教育的重要适用性方法。理论教育是思想政治教育的基本形式。在新的历史时期，理论教育必须坚持创新，更新教育观念和教育手段，提高教育的现代化水平和信息化程度，使理论教育成为思想政治教育中具有吸引力的好形式。理论教育可以通过有组织、有计划地集体学习，也可以根据需要和诉求自觉学习。具体做法有两种：一种是围绕某一专题或一项任务读书学习，把理论学习、理论研究及学术讨论紧密结合起来，这种方式适用于有一定文化基础和理解能力的人群。另一种是讲解传授。运用这一方法时应注意讲述的内容要正确，讲解的理论和概念应具有科学性，讲述的事实要真实，要深入浅出，便于接受。实践教育是指在组织、引导人们积极参与各种社会实践活动中，提高受教育者思想水平和认识能力的教育。实践教育方法包括两层含义：一是理论联系实际，知行统一，身体力行，加深对理论认识的理解；二是在改造客观世界的同时改造主观世界，提高思想认识。实践教育不同于其他教育的方面在于，首先，实践教育是以受教育者亲身参与为主要教育形式的教育活动。实践不是纯客观的，而是一种主观见之于客观的活动。在实践活动中，实践主体的自觉意识使实践活动具有能动性。因此，教育对象在实践教育活动中作为实践的主体，变被动接受为主动积极的参与者，从而有利于提高认识的积极性和自觉性。其次，实践活动及其成果的可感知性和直接现实性的特点，使参与者可以感受到直接的、真实的、切身的教育。实践教育使人们在书本上得到的理论认识转化为处理问题的观点和方法，锻炼了人们认识问题和解决问题的实际能力，提高了人的内在素质。思想政治教育的理论教育和实践教育必须相联系，理论教育是用科学理论武装人们的思想的重要途径，但仅仅在书本上课堂上进行教育是不够的，更重要的途径是在各种社会实践活动中，提高人的综合素质，使人获得全面发展。不与理论教育相联系的实践教育是盲目的，不同实践教育相联系的理论教育是苍白无力、没有效果的。只有将理论教育和实践教育联系起来的思想政治教育，才能更有说服力，更具长效性，才可以收到最佳效果。

（三）思想政治教育学对特殊与一般相统一方法的运用

特殊与一般相统一是唯物主义辩证法的基本观点，也是思想政治教育的适用性方法。特殊教育是对一部分人进行的单独教育，它与一般教育相对应。特殊教育是根据每个人的不同思想问题而采取不同解决办法的思想政治教育方法。它通常用于帮助思想问题比较突出的人员，以提高思想觉悟和认识问题的能力。在一个单位，由于社会背景的不同，造成各人的情况千差万别，如家庭情况、年龄、社会经历、文化水平、思想修养、兴趣爱好等方面各不相同，需要采取个别教育的方式，分别加以解决问题。具体方式有个别谈心，群众帮助等。进行特殊教育，要注意加强调查研究，摸清工作对象的思想情况，有针对性地、及时地解决问题。一般教育是对广大群众采取的教育活动。它通常用于解决带有共同性的问题。在一定时期，一个地区或一个单位可能存在着带有某种倾向性的思想问题，需要采取一般教育的方式加以解决。具体措施有上大课、专题讨论、分期分批轮训等。

第二节 现代思想政治教育学的哲学反思

现代思想政治教育学必须拓宽视野，从哲学的高度提升思想政治教育要素研究、过程研究和价值研究的思维层次。尤其要重视从主体性哲学、实践哲学、系统哲学三个视角，对思想政治教育的主客体关系、价值、过程和规律、方法等方面进行反思，对诸如思想政治教育因何而存在、思想政治教育的规律是什么，思想政治教育将会如何发展等"元问题"做出解答。

一 现代思想政治教育学的主体性哲学反思

主体性哲学的研究成果构成了现代思想政治教育的本体论基础。主体性哲学经历了由"个体主体性"向"主体间性"理论范式转换的发展历程。"主体间性"理论对单子式的主体性哲学的扬弃和超越，直接影响了思想政治教育价值论、本质论和思想政治教育主客体关系理论的显著变革。

（一）主体性哲学发展的逻辑进程

自古至今，哲学经历了由本体论哲学到主体性哲学再到主体间性交往哲学的历史过程。古代哲学主要探讨"世界的本源是什么"的问题，属于本体论哲学。近代哲学实现了认识论转向，主要探讨"人的认识何以可能"的问题，是建立于"主体—客体"二分基础之上的主体性哲学。主体性哲学是近代社会发展的产物。随着时代的发展，主体性哲学的历史局限性日益凸显出来：第一，建立在主客二分基础上的主体性哲学不能解决人的生存本质问题。主体性哲学将人的生存活动界定为主体对客体的征服和改造，导致唯我论和人类中心主义，进而导致人口膨胀、资源匮乏、生态恶化等全球性问题。第二，作为主体性哲学的认识论哲学，局限于认识论，仅仅关注主客体关系，忽视了本体论，忽视了存在的更本质方面——主体与主体之间的关系。正因如此，人们在现代条件下扬弃了主体性哲学，建立了主体间性哲学。

主体间性即交互主体性，是主体间的交互关系。主体间性不是反主体性，不是对主体性的绝对否定，而是对主体性的扬弃。主体间性具有哲学本体论和方法论的意义。主体间性首先涉及人的生存本质，生存不是主客二分基础上的主体征服、构造客体，而是自我主体与对象主体的交互活动。主体间性还涉及自我与他人、个体与社会的关系，主体间性不是把自我看作原子式的个体，而是看作与其他主体的共在，主体间性即交互主体性，是主体与主体间的共在关系。

现代哲学是主体间性哲学，存在被认为是主体间的存在，孤立的个体性主体变为交互主体。主体间性哲学因时代需要而产生，适应现代社会的发展。

（二）思想政治教育"社会统治论"的局限性

"社会统治论"是传统思想政治教育价值论研究的方法论模式，它从维护社会统治出发，以社会为"元点"，通过研究思想政治教育对社会已经发生的作用，为思想政治教育的存在寻找合法性基础。

思想政治教育价值研究中的"社会统治论"认为，思想政治教育之所以重要，是因为党和国家需要，是为社会统治而培养人，与个人的需要、个人的利益、个人的发展是无关的，甚至是相悖的。在当前社会主义市场经济充分发展的新时代，在人的主体性意识越来越充分显示出来的过程中，这种理论就越发显得软弱无力了。

实际上，虽然维护社会统治属于思想政治教育的重要功能，但并不构成思想政治教育存在的充要条件。思想政治教育"社会统治论"的局限性主要在于以下两个方面：

第一，思想政治教育的形式与内容并非由统治阶级单方面决定的。尽管思想政治教育的一项突出的功能在于有效维持阶级统治，但是对于思想政治教育，统治者绝非说一是一。准确来说，思想政治教育应该是在统治者的要求与被统治者的实际利益之间保持一种特有的张力，来维持整个社会体系的平衡。假设统治者设定的思想政治教育过于极端，甚至完全漠视被统治者的利益,势必会遭到被统治者的强烈反抗,思想政治教育本身也会丧失意义。所以,思想政治教育虽有利于社会统治,但社会统治并不因此而成为思想政治教育的哲学根基。

第二,思想政治教育"社会统治论"在逻辑上容易造成循环解释。如果说统治者对被统治者的意识形态控制构成思想政治教育,那么统治者在其内部的教育活动是否构成思想政治教育呢?在社会主义条件下,广大人民群众是社会的真正主宰,对人民群众的教育比对被统治者的教育更为普遍。思想政治教育在这里与其说是一种统治和控制的工具,不如说是帮助人民群众主体意识的觉醒,增强人们当家做主的权利意识。虽然思想政治教育具有主体觉醒功能,但仍然可以解释为"为社会统治服务",而统治者主体意识的觉醒正是实现有效统治的一个必要条件。"这样,在逻辑上就形成了一个循环,即思想政治教育以为社会统治服务为根基,而社会统治又必须以思想政治教育所激发的统治者的群体自我意识为基础,在两者互为基础的情况下,两者在逻辑上,都不能构成对方恰当的哲学根基。这种观点是对马克思主义的庸俗理解,它抛开了马克思主义活的精髓,空泛套用僵化的阶级分析模型来理解思想政治教育,它只能将思想政治教育陷于片面化;一个更为严重的后果是使思想政治教育脱离社会发展的实际和具体教育对象的生活实际,使思想政治教育沦为空疏无用的说教。"[①]

总而言之,以维护社会统治作为思想政治教育的哲学根基,只能导致思想政治教育的片面化和形式化,最终只能让思想政治教育走入死胡同。

(三)从"个人主体性"思想政治教育走向"主体间性"思想政治教育

个人主体性思想政治教育的哲学基础是个体主体性哲学,其模式是"主体(教育者)—客体(受教育者)"。教育者对受教育者有两种取向。一种取向是教育者承认受教育者也具有主体性,尊重他们的意志。另一种取向是教育者把受教育者看做是纯粹的客体,是被改造的工具、被填充的对象,教育者具有明显的唯我性,这种取向的思想政治教育也被称为是"单子式"的思想政治教育模式。

个人主体性思想政治教育强调学生的自主发展,鼓励学生的自主探索、自由表现,教师不过多干预和限制学生的活动,让学生的潜能充分发

[①] 蓝江:《思想政治教育的哲学根基》,《探索》2006年第1期。

挥。然而，在实施中：主体性被扭曲，一些人只强调"自我"，忘记了"他我"；只注重个体，忘记了整体。个人的主体意识增强了，但对他人和社会的关心意识和行为减少了；个体的个性张扬了，但群体意识削弱了；竞争意识增强了，但互助合作意识减弱了；强调自我设计、自我发展、自我实现，却忘记了社会对个人发展的制约；重视个体的自我价值，忘却了个体的社会价值。

主体间性（Intersubjectivity）是20世纪西方哲学中凸现的一个范畴。它的主要内容是研究或规范一个主体是怎样与完整地作为主体运作的另一个主体互相作用的。在主体间性概念的创始者胡塞尔那里，主体间性还不具有本体论的意义，只具有认识论的含义，旨在解决认识论上的先验"我们"如何可能的问题。胡塞尔由先验自我内给出他人的存在，但他人的自我的给出是附呈的，它不能转化为自我的原初的体验。因此，胡塞尔引进主体间性并不能克服其体系的自我论倾向。在现代哲学的发展中，特别是从海德格尔开始，主体间性具有了哲学本体论的意义。主体间性的根据在于生存本身。生存不是在主客二分的基础上进行的主体构造和客体征服，而是主体间的共在，是自我主体与对象主体间的交往、对话。一方面，在现实存在中，主体与客体间的关系不是直接的，而是间接的；它要以主体间的关系为中介，包括文化、语言、社会关系的中介。因此，主体间性比主体性更根本。

主体间性概念的提出，使得社会科学在认识论方面出现了重大的转向：即从关注主体性和认知上的"主—客体"关系转向关注主体与主体之间的关系，进而把人类认知的对象世界，特别是精神现象不再看作客体，而是看作主体，并确认自我主体与对象主体间的共生性、平等性和交流关系。另一方面，主体间性的认识论哲学也改变了"存在"这一哲学范畴的基本内涵。它认为"存在"不是主体性的，也不是客体性的，而是主体间的共在。

"主体间性"（交互主体性）思想政治教育就是为了克服个人主体性思想政治教育的弊端而提出的。它是根据社会发展的需要以及人的德性形成的规律，教育者和受教育者之间以共同的客体为中介，具有平等性、交互性、合作性等特征。

二 现代思想政治教育学的实践哲学反思

实践的观点是马克思主义哲学首要的、基本的观点,马克思主义哲学也因此被称为"实践的唯物主义"。实践哲学是马克思主义哲学的本质,它实现了对"唯理论"和"唯经验论"的扬弃和超越。"现实的人的实践活动"不仅直接构成现代思想政治教育的逻辑起点,也深刻影响着对思想政治教育本质、方法论等问题的回答。

(一)"实践哲学"对"唯理论"和"唯经验论"的扬弃和超越

在哲学史上,经验论与唯理论或先验论相互对立,在认识何以可能、认识的来源、检验真理的标准等问题上曾进行过反复的论争。

唯理论又称理性主义。唯理论者片面强调理性,认为可以不依赖感觉经验,而仅靠理性直观和推论去得到具有普遍性、必然性、确实可靠的知识。他们虽然也给予感性认识一定地位,但是总认为,感觉经验是模糊不清的、不确切的,并且会导致错误,不可能达到普遍必然性和确实性。唯理论者认为,真理的标准即在真理自身。他们或者认为真理是自明的,它的清楚明白的性质就是区别于谬误的可靠标志;或者认为认识的真理性在于其自相融贯而无矛盾。唯理论者偏重演绎和综合的认识方法。

经验论者则认为,经验是认识的来源,坚持"凡是在理智中的没有不是早已在感觉中的"原则。经验论者一般偏重感觉经验而轻视理性思维。他们认为,理性认识是抽象的、间接的认识,思想越抽象则越空虚,越不可靠,越远离真理。一般的经验论者,包括某些唯物的经验论者,认为判定认识的真假必须诉诸经验的检验和证实,知识的真理性是由个人的感觉、集体的感觉或知识的实用价值来证实的。经验论者一般强调归纳和分析的认识方法。

马克思主义实践哲学指导下的认识论。一方面承认"经验论"和"唯理论"两种理论在认识论发展史上做出的重大贡献,批判地吸收和继承他们的合理成分;另一方面,马克思主义认识论又看到了这两种理论的片面性和局限性,克服了形而上学的思维方法。马克思主义认识论作为能动的革命的反映论,它坚持从物质到意识的认识路线:认为认识从实践中产生,随实践而发展,认识的根本目的是为了实践,认识的真理性也只有在实践中得到检验和证明;认为认识的发展过程是从感性认识到理性认识,再由理性认识到能动地改造客观世界的辩证过程;一个正确的认识,往往需要经过物质与精神、实践与认识之间的多次反复，社会实践的无穷无尽决定了认识发展的永无止境。

（二）"实践活动论"对思想政治教育逻辑起点的重新定位

逻辑起点是学科或理论体系的起始范畴，是学科领域中原始的、基本的关系，逻辑起点的确定关系到一门学科的理论构建、基础问题的解决，以及该学科的发展和完善，是理论体系赖以建立的基石。思想政治教育逻辑起点是现实社会中活生生的个体，意味着思想政治教育必须立足于"现实的人"，"现实的人"作为思想政治教育的受教育者，处于不断"生成"的过程中，具有未完成性。从这一最基本的问题入手，思想政治教育所面对的教育对象不是先验的抽象的"模范人""标准人"，而是有待改造和发展的现实的个人，从而认清思想政治教育在方法方式上不能对教育目标进行价值悬设，而应适应社会发展形势和要求，面向现代化、面向世界、面向未来解决思想政治教育在学科建设与工作过程中所出现和可能出现的问题。

（三）思想政治教育由"知性论"向"实践论"转变

知性思想政治教育是在"唯理论"指导下的思想政治教育。唯理论注重理论的指导作用，更加凸显理论的科学性与真实性，重视理论对实践的指导环节，强调理论的传授有其不可替代的重要作用。知性思想政治教育强调学生对道德知识的掌握和学生理性能力的培养，它取代和超越了神性思想政治教育，打开了禁锢人们思想的牢笼，是思想政治教育发展中的一大进步，具有积极的意义。但知性思想政治教育的缺陷在于，它把思想政治教育过程中的感性认识的局限性绝对化，贬低甚至否认感性认识，认为只有理性认识是真实可靠的，过分强调了理论的重要性，只注重从理论到理论的教育活动，从而忽视了思想政治教育实践的重要作用，忽视了思想政治教育与社会生活、与学生生活的联系，忽视了学生情感、态度、意志、行为的培养，具有许多局限性：

一是使思想政治教育丧失了生机与活力，失去了对学生的吸引力和感染力。

二是造成知识与情感的分离。从品德的构成要素分析，知性思想政治教育只注重道德知识的传授，忽视了道德情感的培养，造成了知识与情感的分离。

三是导致知识与行为的脱节。在我国，由于应试教育的影响，尽管在思想政治教育中有的教师在讲完知识后也给学生提出一点行为要求，但是，并未采取具体措施检查和督促学生落实，特别是这些要求往往脱离学生的需要和生活，行为要求往往落空。因此，知性思想政治教育往往造成学生的知而不行，成为语言上的巨人，行动上的矮子。

四是知识与学生生活实践的脱节。知性思想政治教育下，思想政治教育从道德知识传授开始，止于对道德知识的考试，很少甚至不引导学生将道德知识用于生活实践，如果说有"道德实践"的话，顶多也就像智育课一样让学生做一做"道德练习题"，在纸上回答该如何做，而不是在生活中亲自去做，是纸上谈兵，头脑中思考应如何做。它造就的往往是道德理论家，而非道德人。

要克服知识道德观和知性思想政治教育弊端，就需要实现由思想政治教育方法论从唯理论向实践论转变。

实践方法论指导下的思想政治教育是从学生道德实践的需要出发，在学生的道德实践中进行，通过道德实践形成和发展学生的良好品德，最终为了学生过（实践）道德生活的道德教育理念、取向及具体操作范式。实践思想政治教育将实践作为思想政治教育理论建构和实际的思想政治教育过程的逻辑起点和基础。实践思想政治教育要求整个思想政治教育活动以道德实践为导向，以引导学生实践道德生活，过有意义的、健康的道德生活为追求，思想政治教育活动围绕实践来展开。

三　现代思想政治教育学的辩证法反思

唯物主义辩证法直接影响了我国思想政治教育学科体系逻辑建构的整个历史进程。不仅决定了思想政治教育学关于思想政治教育结构、过程、规律等问题的回答，也推动思想政治教育学向着系统化、规范化、科学化的方向发展。

（一）唯物主义辩证法的基本观点

唯物主义辩证法是由马克思、恩格斯所创立的建立在彻底的唯物主义基础上的辩证法，是辩证法思想发展的高级形态。唯物主义辩证法以自然界、人类社会和人的思维发展的一般规律为研究对象。包括三个基本规律（对立统一规律、质量互变规律和否定之否定规律）以及现象与本质、原因与结果、必然与偶然、可能与现实、形式与内容等一系列基本范畴之间的辩证关系。唯物辩证法认为：物质世界是普遍联系和不断运动变化的统一整体，任何事物都是处在普遍联系和相互作用之中；任何事物都有它产生、发展和灭亡的过程；事物发展的根本原因在于事物内部的矛盾性，矛盾着的对立面既统一又斗争，由此推动事物的运动和变化。对立统一规律，是唯物辩证法的实质和核心。

唯物主义辩证法既适用于自然科学研究，也适用于社会科学研究。它对现代思想政治教育学科的系统化、规范化、整体化、综合化发挥了很大的启示作用。

（二）唯物主义辩证法在思想政治教育过程矛盾分析中的运用

1. 思想政治教育内部过程与外部环境的矛盾

思想政治教育过程与外部环境之间既对立又统一的关系要求我们：一方面要加强思想政治教育系统的自身建设，增强对外来信息的分辨能力、选择能力、良好的自我调节能力、要素配合和结构优化能力；另一方面又要高度重视外在环境的优化，使思想政治教育获得更好的社会支持系统，维持思想政治教育过程与外在环境之间的动态平衡。

2. 思想政治教育过程的基本矛盾

大多数学者认为，思想政治教育过程的基本矛盾是社会对思想政治素质的要求同教育者现有的思想政治水平之间的矛盾，即受教育者思想政治素质的应然层面和实然层面的要求。另有部分学者认为，思想政治教育过程的基本矛盾是施教系统和受教系统之间的对立统一。施教系统必须适应受教系统，随着受教系统的变化而发展，但同时又对受教系统具有超越和提升作用；受教系统在施教系统的影响下，主体性地建构自身的思想品德结构，同时对施教系统形成反作用力。施教系统和受教系统相互适应、相互超越，共同发展[①]。

3. 教育者、受教育者自身思想政治素质与社会角色要求之间的矛盾

在思想政治教育过程中，不仅存在受教育者自身思想政治素质与社会角色要求之间的矛盾，同时存在教育者自身作为社会主导思想政治素质代表者的社会要求与自身主体性之间的矛盾。这种矛盾可能表现为思想政治素质的相对滞后、契合、超越三种状况。正是由于受教育者和教育者自身的主体素质与相应的角色要求之间存在着张力，因而能够转化为双方思想政治素质发展的动力。

---

① 张耀灿等：《思想政治教育学前沿》，人民出版社2006年版，第226页。

（三）唯物主义辩证法在思想政治教育规律体系建构中的运用

唯物主义辩证法认为，规律是事物内部和事物之间的本质的、必然的联系。规律是有层次的。理论界对思想政治教育规律的研究出现了诸多分歧，从不同的角度来分析思想政治教育的规律系统，可以得出不同的结论。

"三层次划分法"认为，思想政治教育的规律系统包括基本规律、具体规律和具体规律的运用原则。

第一层次规律是基本规律，即"适应超越"律[①]。

第二层次规律是思想政治教育过程的规律，即具体规律。思想政治教育过程的具体规律依从于基本规律，反映思想政治教育过程中各要素之间、各运行阶段的必然联系。从要素之间的联系看，包括施教系统规律、受教系统规律和互动系统规律等。从运行阶段的联系看，包括内化阶段规律和外化阶段规律。

具体规律之下包括子规律：施教系统规律包括社会导向决定规律、内容决定规律、主体素质影响规律。受教系统规律包括需要驱动律、能动受动律、非线性接受律和知行统一律。互动系统规律包括双向认知律、多向互动律和协调控制律。

第三层次规律是思想政治教育过程规律的价值运用。应当把规律和规律的价值运用分开，把规律和规律的方法论意义区别开来。规律的价值应用就是指如何更好地应用上述基本规律和具体规律，表现在以下几个方面：（1）在思想政治教育过程与外部环境的关系上，必须把握好多样性与主导性之间的合理张力。只讲开放、多元，必将丧失自身的主导性，与外界等量齐观；只讲自身的主导性，则容易僵化停滞、失去活力。（2）在教育与接受的关系上，必须把握好适应与超越之间的合理张力。一味强调适应，将失去教育自身的社会意义；一味讲求超越，将使教育目标遥不可及。（3）在教育者和受教育者自身思想政治素质的发展问题上，必须把握好教育与自我教育之间的合理张力。

[①] "适应超越"律，即是指思想政治活动必须适应和超越社会要求以及受教育者个体现有的思想政治品德状况的规律。

第三节　现代思想政治教育学的哲学基础建构

一　夯实现代思想政治教育本质论及其哲学基础

（一）思想政治教育本质论

本质即事物的根本性质，是指事物内部所必然固有的东西，是一事物区别于他事物的根本特征。思想政治教育的本质就是指思想政治教育的根本性质。对思想政治教育的本质的理解，影响着我们对思想政治教育学科领域其他理论问题的理解，甚至对其他理论问题有决定性的影响。比如，对思想政治教育的本质的不同理解，会造成对思想政治教育的任务，乃至目标的不同理解。目前，学术界对思想政治教育的本质的认识大体可以归为四类，即"社会本位说""个体本位说""个人社会化说""实践活动说"。

第一类观点"社会本位说"认为：思想政治教育的本质是为巩固社会意识形态而培养社会主义事业的建设者和接班人。"思想政治教育受社会的生产方式制约，它是由社会经济基础直接决定的社会政治生活和精神生活方面，是做社会意识形态方面人的思想政治的转化工作的社会活动。因而它是第二性的、派生的。在阶级社会中，思想政治教育有着强烈的阶级性，超阶级的思想政治教育是根本不存在的。这些就是思想政治教育的本质。"[1] 思想政治教育的本质"就是社会有组织地定向地引导人们形成合乎特定社会和时代要求的思想政治观点的教育工程"[2]。"造就忠于社会主义和共产主义事业的新型的人，具有高度的社会主义和共产主义政治觉悟和政治意识的人，爱国主义者和国际主义者，物质和精神财富的创造者，始终是社会主义和共产主义建设时期各个阶段的中心任务和马克思主义思想政治教育的本质。"[3] "思想政治教育具有意识形态性和非意识形态性两个方面性质，而思想政治教育的本质规定主要在于思想政治教育的意识形态性，……当然，我们也不能把思想政治教育的本质仅仅理解为意识形态性，当一些思想政治教育的非意识形态性因素（比如科学性、时代

---

[1]　仓道来：《思想政治教育学》，北京大学出版社2004年版，第49页。
[2]　王礼湛：《思想政治教育学》，浙江大学出版社1989年版，第69页。
[3]　王瑞荪：《思想政治教育学》，北京师范学院出版社1989年版，第109—110页。

性等）服务于一定的意识形态性要求时，也成为思想政治教育的本质要求。"①

第二类观点"个体本位说"认为：思想政治教育的本质是引导人、培养人、解放人的活动。思想政治教育学科的本质应定位在"是对人的理解和尊重，是对人的价值和地位的提升，是追求人与人之间的和谐平等，是满足和提升人的精神境界，满足人更高层次的需求，是解放人的思想，启迪人的智慧"②。

第三类观点"个人社会化说"认为：思想政治教育是一种社会现象。"一定的阶级通过思想政治教育向社会成员传递本阶级的政治观念、道德意识和行为规范，目的在于使社会成员能够成为本阶级所需要的人。因此，思想政治教育从本质上可以说是社会成员逐步实现社会要求的过程。"③ "思想政治教育过程在本质上是实现一定社会的思想政治道德体系的个体化和个体思想政治品德的社会化的统一。"④ 是"推进一定社会人的全面发展的社会化过程"⑤。

第四类观点"实践活动说"认为："思想政治教育是构建在'人'基础之上的一项社会实践活动。实践性是思想政治教育的根本属性。从人的实践活动视角研究思想政治教育，就是把思想政治教育看作人的一种生命活动，看作满足人的生存和发展需要的主体性活动。"⑥ "对思想政治教育的性质作如下概括：思想政治教育是一种有目的性、具有超越性的实践活动。"⑦

我们认为：思想政治教育的本质是一定的阶级通过思想政治教育向社会成员传递本阶级的政治观念、道德意识和行为规范的实践活动，同时也是社会成员实现个体思想政治品德的社会化的过程。在社会主义国家，思想政治教育既是巩固社会主义意识形态的要求，也是对人的理解和尊重，是对人的价值和地位的提升，是追求人与人之间的和谐平等，满足和提升

---

① 石书臣：《思想政治教育的本质规定及其把握》，《马克思主义与现实》2009年第1期。
② 杨宇：《正确理解和把握思想政治教育学科的本质特征》，《思想政治教育研究》2007年第2期。
③ 陈百君：《思想政治教育学》，大连理工大学出版社1988年版，第119页。
④ 骆郁廷主编：《思想政治教育原理与方法》，高等教育出版社2010年版，第102页。
⑤ 余亚平：《思想政治教育学新探》，上海人民出版社2004年版，第26页。
⑥ 张耀灿：《思想政治教育学前沿》，人民出版社2006年版，第299页。
⑦ 郑永廷：《论思想政治教育的本质及其发展》，《教学与研究》2001年第3期。

人的精神境界，解放人的思想的社会实践活动。

（二）思想政治教育本质论的哲学基础

1. 马克思主义实践哲学

第一，实践哲学的思维方式是一种主体思维。这就是说，我们思考问题的重心从单纯的关注外部世界，同时要转向关注和承认自身，追求一种主体意识，使主体的思维开始增强，它不再从社会出发说明人，而是从人的现实需要出发来研究现实的、具体的人。从实践论的视野看，思想政治教育本质上是一种改造人的思想政治品德的精神生产实践活动。

第二，实践哲学崇尚的是一种多向思维。这就是说，思想政治教育不仅具有使受教育者形成社会所期望的思想道德的适应性功能，还必须具有全面发展和终身发展的发展功能。思想政治教育在面对自己的对象时，就不再仅仅是一个反映关系的单向思维，而是人与世界、主体与客体、人和自己对象之间的多面的、多维的、多元的多向思维。因此，思想政治教育理论只有建立在充分理解、尊重、重视人的实践活动，才能肩负起培养和造就全面发展的人的责任。

第三，实践哲学提倡动态的变革思维。人类的生活本身就是动态的和综合的。即"是什么"和"如何是"的统一，重要的不在于"是什么"，而在于"如何是"。在思想政治教育中应把"是什么"和"如何是"统一起来。用整体的、综合的、动态的思维方式构建思想政治教育理论体系。

从出发点来看，思想政治教育不能脱离人的思想实际，而人的思想产生的根源、变化的动力都离不开实践活动，因此，思想政治教育不能脱离人的实践活动和客观条件，去空洞而抽象地进行思想政治教育，必须分析人的思想形成和变化的实践基础与客观原因。

从落脚点来看，思想政治教育不但要帮助人们实现思想认识上的飞跃，形成思想品德，提高政治素质，而且要把这种品德与素质外化为改造世界的实践活动，思想政治教育所要遵循的知行统一原则，认识世界与改造世界统一原则，改造主观世界与改造客观世界统一原则，就是实践性这一本质属性的体现。应当指出，思想政治教育的实践性是一个随着人与社会的不断发展而发展的历史范畴。在现代社会条件下，随着科学技术的发展和社会的全面进步，人的主体意识不断增强，在主体的人的发展和客体的对象物的发展关系中，人的发展越来越成为主导方面。

今天倡导的"以人为本"为核心的科学发展观，其基本理念就在于最大限度地弘扬人的主体性，最大限度地开发人的潜能，最大限度地发挥人的主观能动性。显然，思想政治教育作为以人为实践对象的活动，离开了实践性这一本质属性是无法贯彻"以人为本"的理念的，其价值也就无从谈起。

思想政治教育本质由其所处的社会关系地位和其内在规定性决定。作为一项特殊的实践活动，思想政治教育主要是为宣传和传播统治阶级的思想，维护统治阶级的根本利益，促进社会的有序和谐发展和稳定服务的，是思想的上层建筑的一个重要内容。从这个意义上说，思想政治教育本质内含了政治性，成为它自己的并区别其他实践活动的本质属性。另外，"一定社会发展要求同人们实际的思想政治道德水平状况之间矛盾"这一思想政治教育内在的特殊的矛盾运动，也要求我们在认识和把握思想政治教育本质时必须充分加以考虑。

2. 马克思主义关于"从现实的个人出发"的思想

马克思主义人学思想具有丰富的内涵，其中，"从现实的个人出发"是马克思主义观察社会历史现象的根本观点和方法。马克思在《德意志意识形态》中反复强调："符合现实生活的考察方法则从现实的、有生命的个人本身出发"，"现实的个人"不是"处在某种虚幻的离群索居和固定不变状态中的人，而是处在现实的、可以通过经验观察到的、在一定条件下进行的发展过程中的人"，"是处于既有的历史条件和关系范围之内的自己"。这就要求我们从"现实的个人"出发去说明社会，而不是把社会当成现成的东西去说明个人。传统哲学总是把"社会"作为一种实体化的人格凌驾于个人之上，人仅被当作从属于它的活动的工具[1]。马克思提醒我们："首先应当避免重新把'社会'当作抽象的东西同个人对立起来。"[2]

因此，思想政治教育社会功能的发挥离不开"现实的个人"这个重要中介，我们不能绕过"现实的个人"而片面地谈思想政治教育的本质和功能。社会主义思想政治教育的本质应当是社会意识形态教育和个人思想政治素质提高、个人社会化程度加深、个人获得自由全面发展的综合

---

[1] 高清海：《高清海哲学文存》（第 2 卷），吉林人民出版社 1997 年版，第 300 页。
[2] 《马克思恩格斯全集》（第 42 卷），人民出版社 1979 年版，第 122 页。

统一。

二 夯实现代思想政治教育价值论及其哲学基础

（一）思想政治教育价值论

思想政治教育价值论是以思想政治教育的存在意义作为研究对象的重大基础理论课题，是对思想政治教育存在意义的哲学追问，是对思想政治教育地位与作用的抽象与升华。

学术界根据思想政治教育对社会具体对象的作用进行了研究，划分为政治价值、经济价值、文化价值、管理价值、生态价值等方面。政治价值是首要价值，主要是传播政治意识，引导政治行为，造就政治人才，协调政治关系，维护政治稳定，促进政治发展；经济价值是指思想政治教育对生产力的发展具有精神动力价值，对经济发展具有方向保证价值，对经济进步具有环境营造价值；文化价值主要是从文化运行过程来看，思想政治教育具有文化选择价值、文化传承与变异价值、文化渗透与创造价值；生态价值是指思想政治教育通过对人们进行生态环境教育和生态道德教育，能够使人们正确认识人在生态环境系统中的地位，清楚认识到人类面临生态环境恶化的严峻挑战，从而树立生态意识和生态道德观念，促进经济与社会的可持续发展；管理价值是指思想政治教育不仅具有教化和管理的双重功能，还能够丰富现代管理的人文取向，落实以人为本的管理原则，大大提高管理效率。主要体现在节约管理成本，提高管理效率，实现效率与情感平衡，落实人本管理原则；传播人文精神，强化人文素质[①]。

在各种类型的价值形态中，最普遍、最实用的是根据思想政治教育价值主体的不同划分为个体价值与社会价值。过去，学术界对思想政治教育的社会价值研究较多，对个体价值关注较少，随着社会利益关系的分化，人们对人的全面发展理解的加深，近年来，对思想政治教育的个体价值进行了研究，取得了不少成果。

（1）从价值客体的属性看，思想政治教育具有引导政治方向、激发

---

① 张耀灿、徐志远：《现代思想政治教育学科论》，湖北人民出版社2003年版，第349—355页。

精神动力、塑造健康人格、调控品德行为等方面的价值①。

（2）从价值主体的角度看，个体价值主要表现为满足主体社会化特别是政治社会化的需要，满足主体全面发展特别是提高思想政治素质的需要；满足主体解决人生重大课题的需要②。

（3）从教育主体来看，思想政治教育的个体价值不但包括受教育者，而且还包括教育者的个体价值，但实际上主要是指受教育者③。

关于思想政治教育价值的特征问题，理论界主要从两个层面探讨：基本特征包含五个方面：（1）客观性。思想政治教育价值的存在不以认识主体、评价主体的意志为转移。（2）阶级性。不同社会制度下思想政治教育具有不同的阶级本质，反映不同阶级的利益。（3）历史性。随着人类社会的发展，社会形态的更替，思想政治教育价值的内容也会发生变化。（4）社会性。人的本质在其现实性上表现为一切社会关系的总和，思想政治教育的价值体现了特定的社会关系。（5）实践性。思想政治教育的价值创造离不开思想政治教育的实践活动，如果离开实践，价值就无法产生。

（二）思想政治教育价值论的哲学基础

1. 马克思主义价值哲学

思想政治教育的价值正是通过实践的两个方面，即主体客体化和客体主体化得以实现的。一方面，价值实现的过程是思想政治教育的主体客体化的过程，即主体在实践活动中，通过客体的变化来保存和再现自身，使客体打上主体力量的烙印，主体的观念和本质力量对象化为客体的因素。另一方面，价值实现的过程又是一个客体主体化的过程。即思想政治教育主体吸取客体的因素，转化为自身思维结构和本质力量的过程。因此，没有对马克思主义"实践"范畴的准确把握，就无法理解思想政治教育价值的生成和实现的全部过程。思想政治教育的起点、终点、过程的实践性特征，决定了思想政治教育的实践性特征，也决定了价值范畴同实践范畴紧密联系，实践范畴是理解全部价值问题的深刻基础。首先，实践是思想政治教育价值生成的源泉和动力。价值是由实践创造的，人只有根据对自

---

① 张耀灿、徐志远：《现代思想政治教育学科论》，湖北人民出版社2003年版，第349—355页。

② 刘建军：《论思想政治教育的个人价值》，《教学与研究》2001年第8期。

③ 张耀灿等：《思想政治教育学前沿》，人民出版社2006年版，第86页。

身需要的意识，使客体朝着合乎人的需要的方向变化，客体才能成为满足主体需要的有价值之物。因此，思想政治教育的价值不是一种自然现象，而是一种社会、文化现象，是在实践中社会地、历史地形成的，实践是思想政治教育的源泉。同时，实践的需要也是思想政治教育价值主体需要和利益产生的动力，人的思想品德形成和思想政治素质提高的动因，归根到底也来源于实践。其次，实践是价值实现的根本途径。在思想政治教育的价值运动中，一方面发生着价值主体对思想政治教育这一客体的认识关系，另一方面又发生着价值客体满足价值主体需要的价值关系。可见，思想政治教育价值实现的过程是一个合规律性与合目的性统一的过程，是科学性和价值性统一的过程，而统一的基础就是实践，离开了实践，思想政治教育价值的实现就无异于水中捞月、缘木求鱼，从这个意义上来说，实践是思想政治教育价值实现的根本途径。最后，实践是思想政治教育价值检验的标准。思想政治教育是有效还是无效，是正效果还是负效果，效果是大还是小，都不能用主观认识来检验，而只能在社会实践中检验，离开了实践来谈思想政治教育的价值，就失去了价值的衡量准则，只会导致主观随意性和思想上的混乱，因此，社会实践是检验思想政治教育价值的唯一标准。

只有将思想政治教育的价值属性建立在对实践范畴的深刻理解的基础上，才能更深刻地把握其科学性，培养思想政治教育自身的理论自觉。思想政治教育之所以必须坚持科学性与价值性的双重哲学维度，可以从普遍性与特殊性两个角度来说明。从普遍性角度来看，任何科学研究，特别是人文社会科学研究都离不开科学维度与价值维度的双重审视，而马克思主义由于科学实践观的确立，第一次具有将科学维度与价值维度有机统一的能力，科学研究没有遵循科学维度，其价值关怀也只能成为主观臆想和浪漫浮夸，而脱离了价值维度的科学研究，其科学性也将面对人与社会的发展显得苍白无力，缺乏持久的生命力。从特殊性角度来看，思想政治教育是人类一种非常重要的实践活动，其目标的定位、内容的选择、方法的运用等诸环节都必须符合科学性的原则，否则，实现人的全面自由发展，推动社会的全面进步这两大目标的实现，就只能是缘木求鱼、水中捞月。思想政治教育也将从根本上丧失对个体行为与社会发展的价值引导与文化干预能力。"文化大革命"十年思想政治教育的重大挫折，其中一个非常重要的原因就是思想政治教育本身丧失了科学性，走上了一条畸形的价值诉求之路。同时，思想政治教育之所以作为一门独立的科学而存在，就因为多样性的学科体系中，它内含着不可或缺的人文马克思主义价值哲学所强调科学性与价值性的统一。

2. 人本主义价值论

现代思想政治教育学对人本主义哲学的观点进行了借鉴和超越，形成了思想政治教育的"人本价值论"。从人的主体地位看，人是认识和改造客观世界和主观世界的主体，人通过自己的实践活动自我创造、自我生成、自我发展、自我完善，人是自己的塑造者。从人的历史作用看，人民群众是历史的创造者和推动者。从人的价值取向看。它强调尊重人、理解人、关怀人、相信人、解放人、发展人、为了人。人的全面发展和人类解放是马克思主义的出发点和归宿，是马克思主义的最高命题和根本目标。

思想政治教育人本价值论中的"人"具有特定的含义。第一，"人"是相对于神而言的，以人为本是对"神本主义"的否定。第二，"人"是相对于"物"而言的，"人本"是对"见物不见人"的否定。第三，"人"是相对于抽象的群体而言的，以人为本的人指的是具体的、现实的、有血有肉的人。第四，"人"是指学生，而非教师，以人为本是指以学生为本。

思想政治教育"以人为本"的价值取向虽然借鉴了人本主义哲学的观点，但是它是对人本主义思想政治教育理论与实践的超越。第一，它强调学生的个体价值，强调学生的德性发展，强调学生的自我实现，但是它并不否认社会对人的德性发展的制约，主张学生的德性发展、学生的自我实现必须符合社会的要求。第二，思想政治教育中教师要尊重学生的主体性，要给学生自由活动的权利，但是又强调教师的主导作用，强调在教师的价值引导下学生自主建构其品德。第三，尊重学生的选择，并引导学生对自己选择的正误进行分析辨别，以社会主义核心价值观引领学生的价值选择与品德发展。第四，重视非理性因素在思想政治教育、在学生品德发展中的重要作用，强调思想政治教育要满足学生的需要，尊重和激发学生的情感，同时，也不忽视理性的作用，强调要实现理性因素与非理性因素的有机结合。第五，在教师的引导下，让学生通过自主活动获得道德知识和观念，以此促进学生道德智慧的发展，反对脱离知识而去获得片面"发展"学生道德能力的情形。

三 夯实现代思想政治教育过程论及其哲学基础

（一）思想政治教育过程论

思想政治教育过程论是思想政治教育学内容的核心部分。它的研究对象包括思想政治教育的要素及其相互关系、思想政治教育的发展阶段和思想政治教育的规律系统。

1. 思想政治教育过程要素论

学术界关于思想政治教育过程要素的研究尚未达成共识，存在"三要素""四要素""三体四要素""五要素""六要素"等多种观点分歧。

"三要素论"的代表性观点有：思想政治教育过程要素包括思想政治教育的教育者、受教育者、思想政治教育的内容[1]。

"四要素论"认为：思想政治教育过程由教育主体、教育客体、教育介体和教育环体四个基本要素有机结构，四个要素之间交互作用、有机组合、缺一不可[2]。

"三体四要素论"认为：思想政治教育的空间结构为"三体四要素"，三体即为教育者、受教育者、教育环境；四要素即为教育目的、教育内容、教育手段、教育活动[3]。

"五要素论"认为：思想政治教育包括主体、客体、内容、方式、目标五个要素。其中：主客体是思想政治教育的基础，决定着其他要素；目标、内容、方式又反作用于思想政治教育的主客体，影响思想政治教育活动的完成。目标、内容、方式之间相互制约、相互转化[4]。

"六要素论"认为：思想政治教育的要素包括思想关系发动者、思想关系受动者、发动思想、受动思想、统治思想、思想元。其中：发动者处于主体地位，发挥主导作用；发动思想处于指导地位，发挥着主动作用；受动思想处于客体地位，发挥能动作用；统治思想处于统治地位，发挥着

---

[1] "三要素"论参见：陈百君（1988）《思想政治教育学》；邱伟光（1990）《思想政治教育学》。

[2] "四要素"论参见：张耀灿（1995）《思想政治教育学概论》；罗洪铁、董娅（2005）《思想政治教育原理与方法：基础理论研究》。

[3] "三体四要素"论参见：陈秉公（1992）《思想政治教育学》。

[4] 孟志中：《思想政治教育要素论》，《中国青年政治学院学报》2003年第3期。

统率作用；思想元处于联结点地位，发挥着"纽带"作用①。

此外，还有学者提出了思想政治教育的"八要素"：教育者、教育对象、教育信息、教育载体、教育噪声、教育情境、教育效果、教育反馈②。

2. 思想政治教育主客体关系论

在思想政治教育各要素关系的研究中，"主客体关系问题"既是当前理论界争论的焦点问题，也是我们建构现代思想政治教育理论体系的本体论基础。目前，理论界提出了"双主体"说、"主体间性"理论，可谓是众说纷纭，莫衷一是。大致体现为以下几类具有代表性的观点。

第一类观点认为：教育者和受教育者互为主客体。从施教过程来看，教育者是主体，受教育者是客体。从受教过程来看，受教育者是接受教育的主体，教育者则是接受的客体，双方的影响作用是双向的，分别构成互为主客体的两个认识活动循环圈。

第二类观点认为：教育者和受教育者同为主体，以受教育者的思想政治道德状况和精神状态为客体。"主体（教育者和受教育者）要认识和改造的对象是受教育者的思想政治道德状况和精神状态这一客观存在，而不是受教育者的生理特征，因而不应笼统地、泛泛地把客体说成是受教育者。"

第三类观点认为：教育者和受教育者同为主体，以教育资料为客体。"教育者与教育对象二者都是思想政治教育的主体，是复数的主体，他们把教育资料作为共同客体，与教育资料构成'主体—客体'的关系。"由此从交往理论的角度衍生出师生关系的"主体际"说，认为教育活动呈现"教育者（主体）—教育资料（客体）—受教育者（主体）"的结构。

不少学者对"双主体"理论提出了质疑，有的认为"双主体"说是自由主义思潮在教育领域的体现，它强调个人主体性，尤其不适用于思想政治教育中，因为思想政治教育的内容具有鲜明的阶级性和意识形态色彩。"双主体"说则明显降低了教育者应有的主导地位，不利于思想政治教育目的的实现。有的学者通过细致的学理分析，指出了"双主体"说

---

① 余仰涛：《思想关系——思想政治工作原理》，武汉测绘科技大学出版社2000年版，第70—101页。
② 叶雷：《思想政治教育要素新论》，《前沿》2004年第6期。

产生的理论困境——"转移了思想政治教育的主要矛盾、淡化了思想政治教育者的责任意识,在理论上,'双主体说'同时关照两个过程,导致主体与客体关系的混淆;忽视了思想政治教育与哲学对主、客体界分的不同。"但同时认为:"在思想政治教育中引进主、客体概念可以更清晰地表达教育者和教育对象相互作用的情形,不能因这对概念所引起了关于主客体问题的讼争而放弃引进。"主张"从理论上做两方面的约定:第一,从特定的视角出发考察主客体的相互关系;第二,将某一过程从整体中暂时分离出来,这样可使关于主客体的争论在一定程度上取得共识"[①]。

3. 思想政治教育过程阶段论

思想政治教育过程绝不是各个要素的简单相加,而是各要素相互作用、相互影响的互动过程。通常包括内化、外化和反馈检验三个发展阶段。

(1) 内化阶段。内化是受教育者把一定社会要求的思想政治素质规范转化为自身思想政治素质的过程。内化阶段包括受教育者将社会要求的价值观念和意识体系与自身原有的思想政治素质进行判断、比较、分析并进行主体性选择,吸纳为自身观念结构的组成部分。

(2) 外化阶段。外化就是指受教育者将内化阶段所形成的个体思想政治素质转化为真实的思想政治品德行为和习惯。外化阶段是在实践活动中完成的,是衡量思想政治教育过程是否真正完成取得预期效果的关键所在。

(3) 反馈检验阶段。经过"内化"和"外化"的阶段,预定的思想政治教育计划基本完成,思想政治教育取得了一定成效,但并不表示思想政治教育过程已然结束。还须进入第三阶段,反馈检验阶段,就是指及时地对教育者和受教育者的个体思想政治品德行为所产生的社会效果进行评价,总结经验、认识不足的阶段,力求使新的思想政治教育过程做到扬长避短、调整提高。

以上三个阶段的运行流转构成了一个完整的思想政治教育过程,只有三个阶段形成良性循环和高效运转,思想政治教育才能获得最佳的效果。

[①] 祖嘉合:《试析"双主体说"的理论困境及化解途径》,《思想政治教育研究》2012 年第 1 期。

4. 思想政治教育过程规律论

规律是事物内部和事物之间的本质的、必然的联系。规律是有层次的。思想政治教育：第一层次规律即基本规律；第二层次规律是思想政治教育过程的规律，即具体规律；第三层次规律是思想政治教育过程规律的价值运用。如图 2-1 所示。

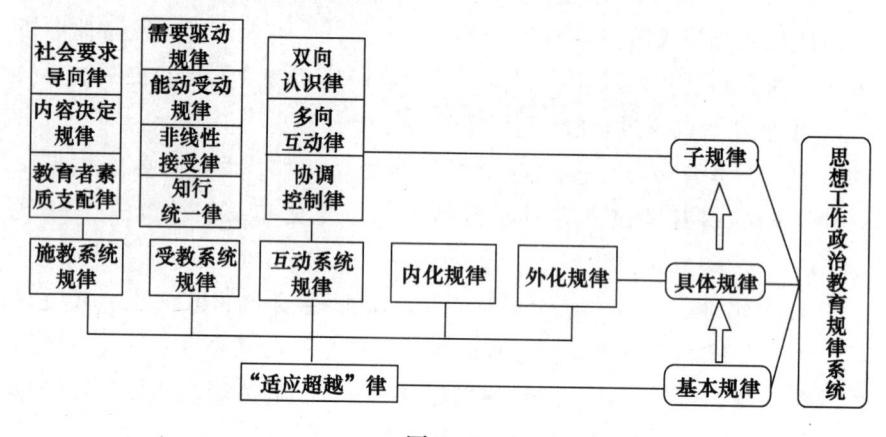

图 2-1

现代思想政治教育的基本规律，是指"适应超越"律，即思想政治活动必须适应和超越社会要求，以及受教育者个体现有的思想政治品德状况；现代思想政治教育的具体规律，是指思想政治教育过程中依从于基本规律的具体规律，是反映思想政治教育过程中各要素之间、各运行阶段的必然联系。从要素之间的联系看，包括施教系统规律、受教系统规律和互动系统规律等。从运行阶段的联系看，包括内化阶段规律和外化阶段规律；现代思想政治教育的具体规律的子规律，主要是施教系统规律，包括社会要求导向律、内容决定规律、教育者素质支配律。社会要求导向律，是指教育者在施教传导的过程中，必须坚持以社会发展提出的思想政治品德要求作为导向。思想政治教育作为人类阶级社会的一项实践活动，其必定是代表着一定阶级、一定社会统治集团的利益，必然要根据社会发展的需要来培养符合一定社会、一定阶级或集团利益的人才。所谓内容决定规律就是指思想政治教育的内容对于教育主体的知识结构、能力素质以及思想政治教育所采用的方法具有决定作用的规律。一定的教育内容必须配套相应的教育者和教育方法。例如，同样以爱国主义为内容进行教育，选择简单说教的方法所达到的效果，显然不及看爱国题材电影或进行爱国主义主题演讲收到的效果。教育者素质支配律，是指在思想政治教育过程中，教育者的素质对受教育者的内化程度起支配作用。教育者作为施教过程的主体，其素质如何对思想政治教育活动的效果具有极大的影响。教育者的素质包括思想素质、政治素质、知识素质、能力素质、心理素质及身体素质等。

受教系统规律包括需要驱动律、能动受动律、非线性接受律和知行统一律。需要驱动律是指在思想政治教育接受过程中，思想政治教育接受主体的需要是开展活动的动力的规律。能动受动律是指德育接受活动中个人的能动性和社会的制约性是相互作用的，德育接受既是个人能动的活动，又是受动的产物。以往我们的德育实践过多强调德育接受的受动性，把受教育者当作没有灵性的"靶子"进行灌输，其效果自然不言而喻。我们在对受教育者的价值观念、生活方式和行为模式进行规范和引导时，一定要调动受教育者的主观能动性，离开受教育者的自主要求，德育的受动性就无法显示效力。非线性接受律是指受教育者在接受教育以后可能还会由于生活验证、周围影响、自身认识深化等因素产生后续波动：有的在生活实践的验证中产生对思想接受的质疑，有的在周围人的影响下产生对思想接受的动摇，有的经过自我思维的深化产生对思想接受的重新认识。

互动系统规律包括双向认知律、多向互动律和协调控制律。双向认知律，是指在思想政治教育过程中，教育者与受教育者相互以对方作为自己认识和活动对象的必然的趋势。教育者与受教育者之间的相互认识关系的确立以及相应认识活动的开展，为教育者与受教育者之间教育活动的开展创造了前提条件。多向互动律，是指在思想政治教育过程中教育者和受教育者积极主动参与教育活动的规律。在思想政治教育过程中，无论是内化、外化或反馈检验阶段，都需要教育者和受教育者双方思想、信息及情感的积极交流。不仅要注重教育者与受教育者的双向互动，还要注重教育者、受教育者、教育内容、教育方法、教育载体之间的多向互动，最终形成合力，顺利地完成思想政治教育的任务。协调控制律，是指在思想政治教育过程中，教育者与受教育者既要积极主动协调各方面、各种类、各阶段的自觉影响，又要努力控制各方面、各种类、各阶段的自发影响，实现协调自觉影响和控制自发影响的辩证统一。

(二) 思想政治教育过程论的哲学基础

1. 马克思主义关于系统结构的理论

马克思主义把世界上的任何事物都看作是相互联系、相互作用的，把任何事物都视为一个系统。恩格斯在《反杜林论》中写道："当我们深思熟虑地考察自然界或人类历史或我们自己的精神活动的时候，首先呈现在我们眼前的，是一幅由种种联系和相互作用无穷无尽地交织起来的画面"，"我们所面对着的整个自然界形成一个体系，即各种物体相互联系的总体。"[①] 马克思还创立了社会结构理论，正如法国结构主义的代表阿尔都塞所指出的那样，马克思最成功的理论贡献在于在社会科学领域阐明了上层建筑与经济基础之间的关系问题，并提出了一个深层结构（生产关系）与表层结构（政治、法律、文化）的对立模式。马克思主义关于系统结构的理论为我们研究思想政治教育过程提供了有益的启示：

第一，既然世界是普遍联系的。就要用联系的观点来看待思想政治教育系统中的各个要素，并考察各个要素通过什么样的方式联合起来才能形成一个更好的整体，发挥大于各要素之和的功能。

第二，既然世界是永恒发展的，就要用发展的观点来看待思想政治教育，思想政治教育的结构不是一成不变的。科学调整、优化思想政治教育的结构，将会促进思想政治教育功能的发挥。

第三，既然任何事物都有系统、结构，就要从结构的视角对思想政治教育系统进行科学分层，建构合理的思想政治教育体系。

第四，既然任何事物之间都存在矛盾和规律：就要用矛盾分析法找出思想政治教育各个要素之间、大系统和小系统之间、外部环境和内部过程之间的矛盾关系；就要透过现象看本质，探求思想政治教育的基本规律和具体规律。

2. 现代系统哲学与结构主义

系统哲学就是研究系统复杂性中的哲学问题，就是研究系统的普遍本质和一般发展规律，其重点是要树立一种新的世界观。系统哲学批判了机械论的"简单相加"和"被动反应"等错误观点，认为系统中最本质的要素是它的"组织联系"。系统哲学强调系统的开放性、相对性。系统哲学的分析方法具有整体性、结构层次性、相关性、动态平衡性、综合与分

[①] 《马克思恩格斯选集》（第3卷），人民出版社1972年版，第60、492页。

析的统一等特点。系统作为整体来看,不是其子系统和组成部分的简单相加,系统的功能发挥取决于要素之间的动态互动关系。如果各要素环节能够良性运行、相互协调,那么系统功能将大于要素功能之和;如果各环节的运行过程出现滞障或产生内耗,那么系统功能反而小于要素功能之和。系统哲学带给思想政治教育过程论建构的启示就在于:为定义思想政治教育的系统、要素、结构和功能提供参照意义。

结构主义是 20 世纪 60 年代在法国取代现象学而崛起的一种哲学思潮。"结构主义的中心概念是结构,它强调结构的流动性。结构主义主要强调一种方法论,重点在于树立结构的观念,把一切研究导向结构主义。"[①] 作为一种方法论的结构主义把对象看作是由各种成分组成的整体,这些组成部分没有独立的个别属性,从属于整体的结构,个体只是整体结构中的"节点",只能起到传递"结构力"的作用。我们应当看到,结构主义重视事物的整体性、层次性的方法是值得我们借鉴的。探明思想政治教育学的过程结构能够使这门学科基础更加扎实,学科建设更加完备。但同时我们也要看到,如果仅仅研究对象的结构,忽略研究对象的内容也是不可取的。

3. 发展哲学

发展哲学的视角侧重于从思想政治教育的根本目的与运行态势来解读现代思想政治教育的过程。在发展哲学的视野中,思想政治教育是一个不断生成、发展的过程,思想政治教育应保持教育过程本身和人的最大发展和协调发展的运行态势,培养德性可持续发展的主体。

4. 交往哲学

交往哲学既具有哲学本体论的意义,又是一种方法论。交往哲学认为,交往是实践活动的一种重要形式,主体与主体之间在实践活动中形成相互联系、共同发展的关系是现实世界的一种客观现象。交往哲学强调的交互主体性也是处理人与人、人与社会、人与自然之间关系的方法,它要求人在处理这些关系时,要为他人、为社会着想,与自然和谐相处。在现代思想政治教育实践中,教师和学生都可以成为主体,教师主体性的发挥是为了学生主体性的发展,学生能动性的发展更多地依赖于教师的引导,而学生主体性的发挥、发展,又可促进教师主体性的发挥和发展。师生双

[①] 黄小寒:《试论系统哲学与结构主义的异同》,《教学与研究》2005 年第 12 期。

方处于一个和谐、协同的活动统一体中。

四 丰富现代思想政治教育方法论及其哲学基础

没有基础理论的方法论是没有根基深度和前瞻指导性的方法论。思想政治教育方法论只有坚持将马克思主义哲学作为理论基础和指导思想，才能为教育者正确认识和解决各种思想问题及矛盾提供正确的方法论指导。

（一）思想政治教育方法与方法论

思想政治教育方法论与思想政治教育方法并不是同一个概念。从两者的内涵来看：思想政治教育方法是教育主体认识或影响教育对象的具体活动形式和操作性规则；而思想政治教育方法论则是以思想政治教育方法为研究对象、专门研究思想政治教育的方法的科学化、有效性问题。从两者的作用上看：方法在认识对象、解决思想问题和各种矛盾问题的过程中发挥着直接作用；方法论则是指导人们正确制定和使用方法的科学理论。从性质来看：方法会因时、因地、因人、因条件而不断变化，具有具体性和易变性；但方法论则是运用于制定教育方法的理论，具有稳定性和普遍性。

1. 思想政治教育的方法

思想政治教育的方法"是消除教育主客体之间矛盾与差异的中介要素，是实行教育内容和要求向教育对象思想转化的桥和船"[①]，其体系可以划分为主导性基本方法与适用性基本方法。

思想政治教育的主导性基本方法，是在现代思想政治教育基本方法中起主导作用的基本方法，由理论教育法、实践教育法、批评与自我批评法三大基本方法构成。这些方法都是现代人思想政治品德形成、发展的基本规律和现代思想政治教育的过程规律所决定的教育方式。理论教育方法的研究内容之一就是人的思想政治品德形成、发展的基本规律。其方法有很多种，在具体实践中，往往是将几种理论教育方式组合起来使用：讲授讲解法、理论学习法、宣传教育法、理论培训法、理论研讨法。

思想政治教育的适用性基本方法是现代思想政治教育基本方法中比较实用、不可缺少的基本方法，主要包括疏导教育法、比较教育法、典型教

---

① 罗洪铁、董娅：《思想政治教育原理与方法：基础理论研究》，人民出版社2005年版，第364页。

育法、自我教育法、激励教育法和感染教育法。适用性方法比较具体，具有一定的从属性，要体现上述三大主导性基本方法的基本精神，且其方法的功能较偏重具体、实用。如图2-2所示。

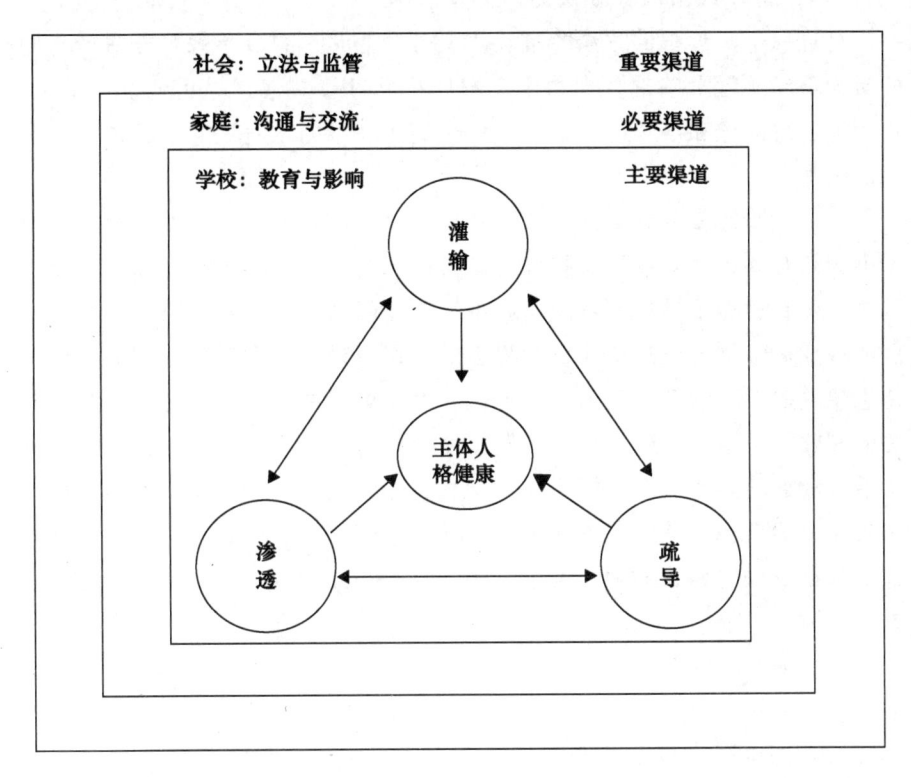

```
社会：立法与监管        重要渠道
  家庭：沟通与交流      必要渠道
    学校：教育与影响    主要渠道
              灌输
        渗透      疏导
         主体人格健康
```

图2-2

2. 思想政治教育的方法论

从20世纪80年代开始，就有人开始研究思想政治教育的方法论问题，出现了多种不同意见，主要有三种倾向：(1) 现代化取向；(2) 传统取向；(3) 折中取向[①]。现代化取向主张把现代科学中有关人的本质、心理、意识、行为等知识作为思想政治教育方法论的理论基础和依据。传统取向则认为，应当坚持思想政治教育的党性，坚持马克思主义科学世界观和方法论，坚持党的思想政治工作的基本原则和方法。折中取向

---

① 罗洪铁、董娅：《思想政治教育原理与方法：基础理论研究》，人民出版社2005年版，第379页。

认为，应当在坚持马克思主义哲学作为思想政治教育论的理论基础和指导原则的基础上，积极汲取其他学科的理论成果来完善思想政治教育的方法体系。

（二）思想政治教育方法论的哲学基础

马克思主义哲学的方法论唯物主义辩证法是思想政治教育方法论建构的最为重要的哲学基础。唯物主义辩证法反对孤立地、静止地、抽象地、片面地看待问题和事物的形而上学，坚持用联系的、发展的、具体的、全面的眼光审视世界。

第一，坚持普遍联系的观点。任何事物都不是孤立存在的，都同周围的事物相互联系着。看到思想政治教育内部诸要素之间的相互作用和相互制约，看到思想政治教育系统与外部环境之间的广泛联系。第二，坚持发展的观点。唯物辩证法认为，世界上的一切事物都是发展变化着的。要坚持思想政治教育活动的动态性特点，在发展中观察、分析思想政治教育方法的有效性。第三，坚持具体问题具体分析的观点。努力把握具体的思想政治教育活动的特殊性，切忌从抽象的概念、僵死的教条出发。离开了对具体思想政治教育活动的特殊性分析，就不可能做出符合思想政治教育实际情况的方法的选择。第四，坚持系统的眼光归纳思想政治教育的方法。

坚持用唯物主义辩证法联系的、发展的、具体的、全面的方法论来指导思想政治教育的方法论建构，具体表现在以下几个方面：

（1）理论灌输与启发诱导相结合。灌输式方法是思想政治教育的常见方法。列宁曾第一次明确提出"灌输"教育思想。1902年，他在《怎么办》一书中明确写道："工人本来也不可能有社会民主主义意识，这种意识只能从外面灌输进去，各国的历史都证明：工人阶级单靠自己本身的力量，只能形成工联主义意识。"[①] 这段话表明，科学社会主义意识的确立必须依靠灌输的手段和方法。灌输式方法本身也需要采取多种方式，如列宁在传播马克思主义，鼓动、教育、武装、引导群众进行革命斗争的实践中，就采取了发表演讲、撰写论文、创办报纸杂志、参加集会等方式手段。灌输式方法也存在弊端，在思想政治教育中容易出现如下偏差：

一是强灌硬输或行政命令式灌输。完全忽视教育客体的主体性和主观

---

① 《列宁选集》（第1卷），人民出版社1995年版，第317页。

能动性，任凭教育者的主观意愿随意雕琢、加工教育对象，全然不顾受教育者的需要和兴趣，把教育客体当作一个被动接受思想的"容器"。二是灌输过程中缺乏情感交流。采用"我说你听，我打你通，我压你服"单向注入式、填鸭式的灌输教育，缺乏双向沟通和交流。三是灌输教条化。教育者念经式的照本宣科，不善于理论联系实际，回避现实中的问题，不结合教育对象所关心的热点、难点、焦点问题进行教育，其教育结果只能是"隔靴搔痒"，无济于事。四是满堂灌。不给受教育者提供一定的思维空间，有的甚至是空洞的说教，内容苍白，没有说服力，等等。这种灌输的结果不但徒劳无效，还会引起受教育者对理论灌输的逆反心理。所谓启发诱导式方法，是指教育者指导受教育者主动、积极、自觉地提高思想认识的方法。启发诱导式方法，十分强调发挥受教育者的主动性，激发受教育者的积极性，增强受教育者接受教育的自觉性。启发诱导方法在思想政治教育中的运用是多方面的。它大致包括：提出问题，启发受教育者运用正确理论独立思考，学会分析问题，解决问题；开展讨论，鼓励受教育者各抒己见，互相启迪，交换思想，统一看法，共同得出正确结论；正面说服，用摆事实、讲道理的办法使受教育者明辨是非，坚信真理，抵制错误；运用典型，激励受教育者与之比较对照，自觉学习和效仿等。世间一切有生命的事物都有一个共同的特点，它的入与出、源与流、吸收与宣泄，都是相互依存、对立统一的。这是事物生命力的重要表现形式之一。思想政治教育的灌输式与启发诱导式，也是如此。只灌输，不启发诱导，既不符合马克思主义的群众观点，又否定了外因是变化的条件、内因是变化的根据、外因通过内因而起作用这一唯物辩证的转化过程，忽视了人脑作为一个"加工厂"在对外来信息等"原材料"的加工、消化、吸收、制作进而转化为自己的思想政治观点的作用。反之，只启发诱导，不灌输，则难以明确和有效保障启发诱导的内容是什么；是正确科学的东西，还是错误的不科学的东西。理论灌输与启发诱导方法相并举才能取长补短，获得最大效益。

（2）理论教育与实践教育相结合。理论教育是思想政治教育的基本形式。在新的历史时期，理论教育必须坚持创新，更新教育观念和教育手段，提高教育的现代化水平和信息化程度，使理论教育成为思想政治教育中具有吸引力的好形式。理论教育可以通过有组织、有计划地集体学习，也可以根据需要和诉求自觉学习。具体做法有二：一是围绕某一专题或一项任务读书学习，把理论学习、理论研究及学术讨论紧密结合起来，这种方式适用于有一定文化基础和理解能力的人群。二是讲解传授。运用这一方法时应注意讲述的内容要正确，讲解的理论和概念应具有科学性，讲述的事实要真实，要深入浅出，便于接受。实践教育是指在组织、引导人们积极参与各种社会实践活动中，提高受教育者思想水平和认识能力的教育。实践教育方法包括两层含义：一是理论联系实际，知行统一，身体力行，加深对理论认识的理解；二是在改造客观世界的同时改造主观世界，提高思想认识。实践教育不同于其他教育的方面在于，首先，实践教育是以受教育者亲身参与为主要教育形式的教育活动。实践不是纯客观的，而是一种主观见之于客观的活动。在实践活动中，实践主体的自觉意识使实践活动具有能动性。因此，教育对象在实践教育活动中作为实践的主体，变被动接受为主动积极的参与者，从而有利于提高认识的积极性和自觉性。其次，实践活动及其成果的可感知性和直接现实性的特点，使参与者可以感受到直接的、真实的、切身的教育。实践教育使人们在书本上得到的理论认识转化为处理问题的观点和方法，锻炼了人们认识问题和解决问题的实际能力，提高了人的内在素质。思想政治教育的理论教育和实践教育必须相联系，理论教育是用科学理论武装人们的思想的重要途径，但仅仅在书本上课堂上进行教育是不够的，更重要的途径是在各种社会实践活动中，提高人的综合素质，使人获得全面发展。不与理论教育相联系的实践教育是盲目的，不同实践教育相联系的理论教育是苍白无力、没有效果的。只有将理论教育和实践教育联系起来的思想政治教育，才能更有说服力，更具长效性，才可以收到最佳效果。

（3）层次分类法与循序渐进法相结合。在思想政治教育中，教育对象由于年龄、性别、生理、心理、经历不同，对思想政治教育的内容、方法和传递的信息的接受能力有着较大的差异，呈现出不同的层次和类别。层次分类法，是指思想政治教育从教育对象的特点出发，根据教育对象的不同状况，因材施教，因人利导。坚持层次分类法要求：首先，在教育目标上，要根据人们的不同思想状况，分层次分类别具体对待。思想政治教育是一个多层次的网络系统，坚持分层次分类别教育方法就要把教育的先进性和广泛性加以区别，承认多元价值取向的合理性和可行性。其次，在教育内容上，要体现由低级到高级逐步深化的层次顺序。最后，在方式上，要依据各阶层不同群体的特点，不同阶层人员的需要结构的变化，选择不同的思想政治教育方法。深刻认识现阶段社会阶层的分化和演变，仔细研究现阶段社会阶层结构及发展趋势，认真分析社会各阶层成员的心态、愿望和观念出现的差异，根据不同阶层社会成员认识特点和愿望，选择适合他们的不同方法。思想政治教育要对不同层次类别人员的不同需要给予充分重视，切忌千篇一律、万类一法。循序渐进法，是指根据人们对客观事物的认识由浅入深、由简单到复杂、由低级到高级、由现象到本质的规律，循循善诱、步步深入地实施思想政治教育。马克思主义的认识论认为，人的认识过程是渐进的、有秩序的。人的思想观点的形成、发展和变化，逐渐累积，逐步达到量变到质变的飞跃。解决思想问题，必须按照思想发展的规律，耐心细致地加以正确引导，通过学习、谈心、帮助解决具体问题等方法，使其逐渐觉悟。循序渐进地实施教育，既要反对"急性病"，又要反对"慢性病"。前者不懂得欲速则不达的道理，不切实际地过急过高要求受教育者，缺乏长期耐心进行思想政治教育的思想准备，期望一次教育就解决所有思想问题。后者不懂得思想领先的道理，常常落在形势发展的后面，做群众的尾巴，不能把思想工作做在前面，总是等问题成堆、矛盾激化，才来加以解决，结果陷于消极被动状态，不能起到思想政治教育应有的作用。这两种倾向都违反思想政治教育循序渐进的原则，都不可能形成良性循环。层次分类与循序渐进相结合的方法要求，将两者紧密结合在一起，使其相互助益，协同推进。

（4）突出重点与统筹兼顾相结合。唯物辩证法认为：在事物的发展过程中，矛盾双方其地位和作用是不平衡的，事物的性质主要是由取得支配地位的矛盾的主要方面决定的；同时，矛盾的主要方面和次要方面又不是一成不变的，在一定条件下双方可以互相转化。因而要认清事物的性质，必须分清事物内部矛盾的主要方面和次要方面，并注意其在一定条件下的互相转化。在思想政治教育的过程中，既要突出重点，又要统筹兼顾，照顾一般。青少年是思想政治教育的主要对象，把青少年培养成为面向现代化、面向世界、面向未来、有理想、有道德、有文化、有纪律的"三向四有"全面发展的一代新人，是实现建设中国特色社会主义事业的需要。中国共产党是社会主义现代化的领导核心，各级领导干部是党和国家的骨干，他们的思想品德面貌如何，将直接影响到干部队伍的思想道德水准和整个社会的思想道德风尚，领导干部应成为思想政治教育的重点对象。对儿童、中年、老年人的思想政治教育，工人、农民、知识分子中非领导干部人群的思想政治教育，要统筹兼顾，力求两点论和重点论的配套统一。

（5）上下互动、纵横交叉、多管齐下，整体效益最大化方法。上下互动，是指思想政治教育的教育者和受教育者之间建立民主、平等、教学相长的关系，既充分发挥教育者的主导作用，又注意调动受教育者的自觉性、积极性。在相互依存、相互作用、相互转化的过程中，实现思想政治教育效果的高效化。上下互动的方法要求，教育者要深入细致地开展思想政治教育，把握被教育者的内心世界，这样才能为有针对性地进行思想政治教育打下坚实基础。同时，要充分调动受教育者的积极主动性，消除被教育者受教育的定势，与教育者处于平等的位置，使他们以主人翁的态度主动地对待问题，共同学习，共同探讨，以提高自己的思想政治素质。所谓纵横交叉是指既发挥上级对下级、领导对群众的教育引导作用，又要提倡平级之间的互相劝导、互相帮助、互相影响的互动教育，从而形成生气勃勃的思想政治教育局面。多管齐下，是指多种教育力量、教育方法一起运用。思想政治教育作为一项系统工程，单靠某一方面之力是难以为继的，必须树立"大思想政治教育"的观念，调动一切积极因素、一切有效手段，依靠家庭、学校、社会多方面的密切配合，形成互相作用、不断协调、目标一致的立体化体系，达到最佳教育效果。只有通过上下互动、纵横交叉、多管齐下的方法，才能达到思想政治教育整体效益的最大化。

综上所述，我们探讨了思想政治教育学理论大厦赖以建立的哲学地基。在这一地基的诸多材料之中，马克思主义哲学及其在当代的发展的理论成果无疑是最为重要的组成部分。因为马克思主义哲学的原理和原则客观地揭示了自然、社会、思维产生发展的最一般的规律，不仅提供给教育者以科学的世界观，而且提供给教育者认识和解释各种现象、矛盾、问题的正确观点，以及解决问题、改造客观对象的正确方法。科学实践观和方法论的统一是马克思主义哲学区别于以往任何哲学的特征之一。思想政治教育学的发展只有坚持将马克思主义哲学作为理论基础和指导思想，才能获得更为坚实的理论自信和更为旺盛的生命活力。

第三章

现代思想政治教育学的政治学基础

从思想政治教育的本质来看，思想政治教育实践活动的开展，离开政治生活系统的支撑是无法想象的。思想政治教育系统与政治生活系统是密切相关的，在我国，这两个系统在理论上是高度统一的。思想政治教育的起源与阶级的形成和国家的产生紧紧交织在一起，作为政治统治和意识形态建设重要实践内容的思想政治教育，与政治生活、政治关系、政治权力、政治统治、政治管理是紧紧联系在一起的。因此，思想政治教育活动有政治活动的根基，建构思想政治教育学，必然要夯实其政治学基础。

第一节 思想政治教育学与政治学的关系

一 思想政治教育学与政治学的学科关系

（一）思想政治教育学的政治学特征

政治学是研究社会政治现象的科学。狭义的政治学研究国家的活动、形式和关系及其发展规律；广义的政治学研究在一定经济基础之上的社会公共权力的活动、形式和关系及其发展规律。政治本质上是人们在一定经济基础上，围绕着特定利益，借助于社会公共权力来规定和实现特定权利的一种社会关系。因此，政治学就是研究这种特定的社会关系即政治关系及其发展规律的科学。关于政治学的这一定义表明：首先，政治学以政治关系作为研究对象。在实际政治生活中，政治关系具有多种外延形态，如政治行为是政治关系的行为形态、政治体系是政治关系的组织和制度形态、政治文化是政治关系的心理和精神形态，这些形态也都是政治学研究的对象。其次，政治学以探求政治关系的发展规律作为自己的目标和任务。因此，政治学既要求对政治现象进行描述和对政治表征进行把握，更要求深入研究政治关系的本质联系及其发展运动。最后，政治学是一门科学，它要求人们以客观政治关系为研究对象，以科学态度和科学方法从事研究，其研究的科学成果和结论必定对于人们认识政治现象、掌握政治规律起着巨大的指导作用[①]。

在思想政治教育的教学研究和教学内容中，政治学所体现出的原理具有极为重要的地位和作用，就其内容来看，它具有如下特性：

1. 抽象性

政治学原理从客观政治现实出发，对于政治的本质及其发展规律展开深入的分析和探讨，并把它概括、归纳、总结上升为理论形态。因此，政治学原理不是对于政治现象和具体形态的一般简单描绘和陈述，而是对于政治及其发生发展的内在机理的理论论述。它主要解决的是政治现象"是什么"和"为什么"的问题，它是对于政治的"物质的抽象、自然规律的抽象、价值的抽象"即"科学的抽象"[②]，从认识论来讲，它是人们对于政治的理性认识和最高层次的思辨。

2. 一般性

在现实社会生活和具体时空条件下，政治是千差万别、纷繁多样的，政治学原理则是对于一切同类政治及其发展规律的理论概括。另外，社会政治生活有其诸多方面，每一方面又有其特点和特定发展规律，政治学原理则力图阐明一切特点和规律的共性。从这些意义上来说，政治学原理的一般性主要体现为其理论内容的普遍性。

3. 基础性

政治学原理的抽象性和一般性，使它成为人们认识政治的思想基础和政治学学科体系大厦的理论基石。因为抽象的规定在理论展开行程中表现为起点而不表现为结果[③]，所以政治学原理是政治学训练的理论起点。同时，政治学原理的变化，既是政治学学科体系和各分支学科的变化的结果，又为其提供了理论前提。

(二) 思想政治教育学的政治社会功能

政治学的所有应用性特点都是建立在对现实政治社会的价值追问和应

---

① 王浦劬：《政治学基础》，北京大学出版社2006年版，第18页。
② 《列宁全集》（第55卷），人民出版社1990年版，第142页。
③ 《马克思恩格斯选集》（第2卷），人民出版社1995年版，第103页。

然性判断的基础之上，建立在对现实政治生活正当性与否的学理解析和理性评判的基础之上。这既为政治学参与政治生活提供了合法性依据，同时，也为思想政治教育学借鉴政治学知识提供了应有的场域和有效作用点，使其对政治社会产生的功能主要体现在三个方面：

1. 阐释功能

政治学以其特定的政治世界观和政治方法论来阐释现实政治社会的"是其所是"，并根据政治实践的价值指向进行自我完善和自我修复，从而维护其隶属阶级的根本利益。马克思指出："人们的一切法律、政治、哲学、宗教等等观念归根结底都是从他们的经济生活条件、从他们的生产方式和产品交换方式中引导出来的。"[1] 作为政治上层建筑的重要组成部分的政治学，同样是以社会经济生活为基础，是不同阶级的思想家在其哲学世界观的指导下，对现实政治生活的理性反思和价值诉求。从这个角度看，思想政治教育学的发展规律同社会经济发展和阶级斗争的发展规律有相一致、相协调的一面。同时，思想政治教育学还具有明显的相对独立性、巨大的社会反作用，对现实的社会政治活动产生巨大的精神作用，为现实政治服务。因此，思想政治教育学的意识形态的性质是不容置疑的。意识形态以其特有的性质和功能对思想政治教育学做出了界定、阐释和推广，使得思想政治教育学总是要受到一定的意识形态的塑造，难以超脱意识形态的影响。

2. 批判功能

围绕着主流意识形态对现实政治生活的干预和渗透的要求，思想政治教育学具有批判性和整合性的特点，对非主流意识形态和现实政治实践具有同化和否定功能。思想政治教育学通过对各种相互冲撞的政治理念、价值规范及其有可能带来社会混乱的政治实践，进行评析、论争、纠错的基础上，为人们的政治活动规定价值取向和规范化标准，引导着人们正确的政治实践活动。思想政治教育学所确立的政治正义原则是归导现实的政治秩序、评判现实的政治制度、扩张主流的意识形态、同化现实的政治信念、整合不同的价值观念的逻辑前提。这是其价值评判功能的最重要的表现。思想政治教育学不仅具有鲜明的思辨性和抽象性，而且具有高度的前瞻性、超越性和理想性的本质，这又决定了思想政治教育学总是要以一种

---

[1]《马克思恩格斯全集》（第21卷），人民出版社1972年版，第548页。

批判性视角反思现实、评判社会，对政治社会的"实然性"进行价值追问和理性评析，在理性层面挖掘出现实政治生活非正当性的内在根源，在"共同善"的目标驱动下整合现实政治资源、化解政治矛盾，为政治理想的实现找寻一条有效的途径。

3. 利益协调功能

作为主流意识形态的目的性和价值性诉求，思想政治教育学则以其特有的思辨风格、深厚的理性底蕴和鲜明的价值导向，来协调政治生活中的利益冲突，规范政治实践的发展方向，构思未来社会的理想模式，展示政治生活的"应然性"。正是在这种意义上，思想政治教育学以其理性的力量和思辨的功能，通过对现实政治社会的反思和批判，提炼出未来政治发展的理性的和正当性的目标原则，勾画出政治发展的理想图式（境界），并促使这一目标和理想内化为政治主体的政治信仰，转化为对理想社会追求的一种精神内驱力。安东尼·唐斯指出：意识形态是"一种有关美好社会的文字幻象，一种建构此种社会的信仰形式"①。作为意识形态核心的思想政治教育学必然在本体论和方法论上，为理想社会从理论可能走向现实必然做出必要的理性准备与范式选择。无论是西方社会的"乌托邦"追求，还是中国传统的"大同社会"的构想，都是时代的思想政治教育学建立在社会批判基础上的、对未来社会尽善尽美的设想，这种设想蕴含了从空想到科学、从抽象到具体的内在逻辑，为人类社会美好蓝图的最终实现起到了理论先导作用。

可见，无论思想政治教育学所建构的这种理想政治理念和理想政治模式是什么，以及它在现实政治实践中实现的程度如何，它对现实政治生活的影响、渗透、革新、改造等作用都是毋庸置疑的，尤其是在狂飙突进的社会变革时期，思想政治教育学在观念先导、理论创新等方面做出的探索所体现出来的巨大能动作用是人类进步所不可或缺的，它客观上构成了人类社会进步的极为重要的推动力。

二　思想政治教育学与政治学的理论关系

思想政治教育的主旨是育人，根据时代的需要培养那个时代所需要的合格公民，"合格"的根本标志是个体身心健康和积极参与社会建设。时

---

① ［美］迈克尔·罗斯金：《政治科学》，林震等译，华夏出版社2001年版，第104页。

代不同，思想政治教育的目的不一样，自新中国成立至改革开放前，我国是以政治为主型的社会，社会生活呈现出以政治生活为中心内容和以政治标准为主要评价尺度的特点，其在意识形态中的最高表现是以阶级斗争为纲，折射在民众生活中就是政治素质第一，对集体的无条件服从和对集体利益的无私奉献是个人生活的根本原则和品德的根本内容。在思想政治教育中遵循的是隐遁了个人的抽象的人民主体论模式和社会目的论模式。

所谓思想政治教育抽象的人民主体论模式，是指将为人民服务作为解决个人一切思想政治问题的灵丹妙药。诚然，任何时候都不能否定为人民服务的价值和功能，它是一种至高至善的境界，是马克思主义群众化的实践指向。尤其是在新中国成立初期，在人们充满着高昂的建设新社会的政治热情鼓舞下，它必然具有强大的号召力。然而，随着革命温度的渐渐冷却，以"为人民服务"这一至高道德理念作为思想政治教育的价值导向，来解决具体个人的具体思想政治问题，由于其针对性不足便大大地降低了其有效性。这是由于"人民"是一个抽象的政治性概念，没有明确的实在主体的指向和利益受众（可是受教育者面临的问题却往往是两个具体主体间的矛盾），人民与具体个人不是简单的种属包含关系，也无法对象化为每一个实在的个体，因为谁也不能自称自己就是"人民"（甚至也不能说自己就是人民的一员），更毋庸说代表"人民"了。如此，由于"人民"主体的虚化，使"人民利益"在具体问题上变得无法把握。"人民"主体的虚化、个人与"人民"关系的模糊以及"人民利益"的不明确性，导致在做具体个人的思想政治教育或工作时，"为人民服务"的价值理念缺乏具体的可操作性，同时显得内容空泛甚至空洞，老生常谈而无说服力。

所谓思想政治教育的社会目的论，强调社会集体利益是目的，社会集体利益具有至上性，个人是实现集体利益的手段，个人应当无条件地服从社会集体。个人如同一滴水，唯有放在大海里才有力量和意义，这个比喻不是为了说明一滴水对积成大海的重要性，而是要表明一滴水的渺小和微不足道，它的价值无法独立体现，必须通过大海来实现。诚然，这一价值范型同样不能抽象地否定，这是由于个体利益与集体利益理论上的辩证联系在不同时代会有不同的着力点和侧重点。在革命时期，当个人利益与集体利益发生悲剧性冲突时，两利相较取其重，必须使个人利益无条件地服从和服务于集体利益。然而，当社会进入到以着力提高人们的物质文化生活水平为目的的时代（此指新中国成立到改革开放以后一段较长的时间里），这一价值传统在被传承时，不仅没有能够与时俱进，而且在"左"的思想支配下，演变为无个体的整体主义，在哲学价值理念上表现为，不仅社会是目的和主体，是被服务者，个体是客体，是实现社会目的的手段和服务者，个人在价值等级上被降低为手段和工具，导致权利与义务两极分离，而且还将个人利益与社会利益非此即彼地对立起来（善与恶、是与非的对立），个人利益被贬低和否定（被简单地等同于个人主义）；在思想政治教育工作方法上表现为，将集体利益赋予绝对真理性和至上权威性，来压制和消除个人利益。

总之，上述两种传统思想政治教育模式并无本质区别，都突出思想政治教育的政治学特征，旨在节制个人利益，以期服从社会集体利益，而正确的选择是，教育者鼓励和引导被教育者正当利益的顺利实现，最终实现社会集体利益与个体利益矛盾的合情合理的"双赢"解决。

社会结构的深刻变化是价值观念变迁的根由，价值观念的变迁又是思想政治教育必须实现转型的根据。经过30多年的改革开放，我国经济体制变革、社会结构深刻变动、利益格局深刻调整、思想观念深刻变化，具体表现为：解决结构上由高度集中和计划变成分散只有和以市场为调节手段；政治结构上的政治思想的高度统一让位于个人的自主自由选择；文化价值观念上由政治利益第一和集体利益本位，转变为经济利益第一和个人利益本位，思想空前自由，价值观念空前多元。人们的价值观念是思想政治教育的根本内容，价值观念的变迁对思想政治教育转型提出了迫切要求。价值观念的转变突出地表现为，由原先以公利为本、比较忽视个人利益（或者说重义务轻权利）向充分尊重个人合法利益与承担社会责任相统一（权利与义务辩证统一）的新型义利观转型。为人民服务不再是具体的行为准则，而是最终的价值导向。个体主体地位得到充分尊重，个人利益不仅获得了政治合法性地位，也获得了道德价值的认同。我国改革开放以来之所以能取得前所未有的巨大成就，一个重要原因就是以实事求是的态度尊重了这个事实，并以市场经济的模式有效地调动和保护了人们对个人利益合法追求的积极性。邓小平站在唯物史观的高度肯定了人们物质利益需要的世界观和价值观意义，他说："不讲多劳多得，不重视物质利益，对少数先进分子可以，对广大群众不行，一段时间可以，长期不行。革命是在物质利益的基础上产生的，如果只讲牺牲精神，不讲物质利益，那就是唯心论。"① 他还认为，到了共产主义，"将更多地承认个人利益、满足个人需要"②。

可见，思想政治教育的政治学特征由重政治驯化到重思想疏导转变，由强调个人利益的压制到关注个人利益及其满足的道德路径和合法路径的选择。尊重、关注并最大限度地满足最大多数个人的利益成为发展生产力、建设和谐的小康社会的主要目标，也成为社会主义制度优越性的重要体现。由此，当前的思想政治教育所体现出的政治学特征便肩负着两大功能或任务：一是辩护和引导功能或称为疏导功能：为个人正当利益的实现和身心健康发展进行积极的导引；二是批判和校正功能，正视并积极应对市场经济自发性所滋生的极端个人主义、拜金主义和享乐主义对思想政治教育的挑战。

三 思想政治教育学与政治学的实践联系

在由社会价值本位向关注个人价值的自发转变过程中，必然要求现代思想政治教育理论的创新。既然由服务社会转向关注人——特别是关注现实性的个人，那么，关于人的理论就成为思想政治教育的理论形态。事实上，人作为一种政治主体，在思想政治教育的理论研究和实践功能中，人性存在的本质及其价值正是思想政治教育所体现出的政治学形态。

"人是一切价值的主体，是一切价值产生的根据、标准和归宿，是价值的实现者和享有者。一言之，任何事物的任何价值归根到底都是对于人的价值。"③ 在政治社会中，一切政治价值的主体、根据、标准和归宿是政治社会中的人，政治价值的生产者、实现者和享有者也是政治社会中的人。"人自身的善也就是政治科学的目的"④，这就是人类永恒地追问政治对人的价值以及政治正当性的最根本原因。思想政治价值的政治学形态所体现的是政治主体在政治实践活动中的结果与创造物，在思想政治教育实践活动中进行创造的依据是政治主体的人的尺度。

政治社会中的人性、人之存在是什么？这个问题必须弄清楚，否则我

---

① 《邓小平文选》（第2卷），人民出版社1994年版，第146页。
② 同上书，第351—352页。
③ 李德顺：《价值论》，中国人民大学出版社2007年版，第149页。
④ [英] 哈耶克：《立法、法律与自由》（第3卷），邓正来、张守东译，中国大百科全书出版社2000年版，第2页。

们就难以知晓思想政治教育政治形态产生的主体根源。马克思曾经指出："假如我们想知道什么东西对狗有用，我们就必须探究狗的本性。……如果我们想把这一原则运用到人身上来，想根据效用原则来评价人的一切行为、运动和关系等，就首先要研究人的一般本性，然后要研究在每个时代历史地发生了变化的人的本性。"① 我们要研究政治事物、政治活动对思想政治教育的理论和时间价值，当然也必须探究政治社会中的人性与人之存在。

人"不是处在某种虚幻的离群索居和固定不变状态中的人"②，人之存在与发展也不是以抽象的、单子式存在方式实现的，人"是处在现实的、可以通过经验观察到的、在一定条件下进行的发展过程中的人"③。人性、人之存在也是在具体的历史的实践中生成与实现的，生成后又成为实践活动与实践发展的主体尺度。现实的具体的历史的人通过实践"使自己成为衡量一切生活关系的尺度，按照自己的本质去估价这些关系，真正依照人的方式，根据自己本性的需要来安排世界"④。政治制度、政治结构、政治关系、政治统治与管理等所有政治事物与政治活动作为人之实践活动的产物与结果，在其根源、性质、内容、形式方面自然遵循人之为人的基本本性与人之存在的基本尺度。

生存、发展、幸福、利益及其社会资格（人权）是政治人维持自身存在与提升的人性内容与人性规定，这些人性内容与人性规定径直成为目的性政治价值，即成为生产实践与政治实践的主体价值尺度。马克思说，人在生产实践中，"他不仅使自然物发生形式变化，同时他还在自然物中实现自己的目的，这个目的是他所知道的，是作为规律决定着他的活动的方式和方法的，他必须使他的意志服从这个目的"⑤。这个目的是指人之存在与发展的目的与规定，即生存、发展、幸福、利益及其社会资格（人权）等。人在政治实践中，也使政治制度的建构、政治行为的走向、政治关系的发展、政治机器的运作等社会存在物的变化与运动符合政治主体的人性内容与人性规定，即生存、发展、幸福、利益及其社会资格

---

① 《马克思恩格斯全集》（第23卷），人民出版社2002年版，第669页。
② 《马克思恩格斯选集》（第1卷），人民出版社1995年版，第73页。
③ 同上。
④ 《马克思恩格斯全集》（第1卷），人民出版社1956年版，第651页。
⑤ 《马克思恩格斯全集》（第23卷），人民出版社1972年版，第202页。

（人权）等。

需要特别强调的是，人之存在的人性目的与人性规定有个人与团体的双重存在形态，即人性有个体性与团体性的相对区分，个体人性与团体人性构成个体性政治价值和团体性政治价值①的基本规定。

第一，个体人性成为个体形态的政治价值的基本内容。团体是由个人组成的，个人是处于"一定历史条件和关系中的个人"②。所有个人的生存、发展、幸福、利益及其社会资格（人权）是人之为人的最根本前提，它既是政治价值在实践中生成的逻辑起点，也是政治价值理念与判准的前提先设。"全部人类历史的第一个前提无疑是有生命的个人的存在。因此，第一个需要确认的事实就是这些个人的肉体组织以及由此产生的个人对其他自然的关系。"③ 个体人性的基本规定如生命、健康、安全、发展、利益、幸福及其社会资格（人权）等成为个体在政治社会中进行政治活动的价值动力，也成为政治社会必须努力保障与实现的个体人性目的即个体形态的目的性政治价值。

第二，团体人性构成团体形态的政治价值的基本内容。马克思指出，人既是"个人的存在"，"同时又是社会的存在物"④。在政治社会中，个体人的存在也表现为政治共同体的存在，甚至本质上是政治共同体存在物，因而这些个体形态的目的性政治价值在团体政治主体形成之时，转换为阶级权利、阶级利益、团体权利、民族利益、国家利益、国家主权、国家独立等专属于团体的目的性政治价值。

人之个体形态与团体形态在经历了分裂、隔绝的存在状态后经过充分的历史发展终将达致和谐统一状态，与此相对应，个体性政治价值与团体

---

① 政治秩序、政治民主、政治平等、政治自由、政治权利、政治共同善等规范性政治价值是人性之共同体存在即团体人性的政治规定。它们在本质上体现的是政治主体间的价值关系，是由生产方式中人与人的利益关系通过政治权力体系的中介与转换而形成的，是个体人性与团体人性所衍生的目的性政治价值在政治结构中的实现形式与政治体现。因此，规范性政治价值与目的性政治价值一样，其产生的主体根源也是政治人性。工具性政治价值是符合目的性政治价值与规范性政治价值的政治工具与政治形式。当然，政治工具与政治形式只有在符合目的性政治价值与规范性政治价值时，才成为工具性政治价值。综上所述，规范性政治价值与工具性政治价值是目的性政治价值所产生、所衍生的，而目的性政治价值则是人性及其存在方式（实践）所产生、所衍生的。

② 《马克思恩格斯全集》（第3卷），人民出版社1960年版，第86页。
③ 《马克思恩格斯选集》（第1卷），人民出版社1995年版，第67页。
④ 《马克思恩格斯全集》（第42卷），人民出版社1979年版，第119页。

性政治价值在经历了分裂、隔绝的存在状态后经过充分的历史发展也终将达致和谐统一状态。

在个人与团体处于分裂、隔绝、相互异化的生产实践中，"受分工制约的不同个人的共同活动产生了一种社会力量，即扩大的生产力。由于共同活动本身不是自愿地而是自发地形成的，因此这种社会力量在这些个人看来就不是他们自身的联合力量，而是某种异己的、在他们之外的权力"①。由此产生的人之生产实践的存在形态所衍生的政治价值就难免存在局限性和虚伪性。这种抽象的、异己的社会力量与个体之间的对立甚至对抗是人类历史发展的必经阶段，但又终将为生产实践的发展所扬弃。在个人与团体处于分裂、隔绝、相互异化的政治社会中，即"在过去的种种冒充的共同体中，如在国家等等中，个人自由只是对那些统治阶级范围内发展的个人来说是存在的，他们之所以自由，只是因为他们是这一阶级的个人。……由于这种共同体是一个阶级反对另一个阶级的联合，因此对于被统治的阶级来说，它不仅是完全虚幻的共同体，而且是新的桎梏"②。也就是说，在这个社会发展阶段的虚幻的政治共同体中，个体人性所衍生的个体形态的政治价值与团体人性所衍生的团体形态的政治价值，不是和谐统一的，而是分裂、隔绝甚至对抗的。

人的实践活动的历史发展必将扬弃人性的个体性与团体性、个体性政治价值与团体性政治价值相隔绝、相对抗的状态。在个人与团体、个体人性与团体人性，达到和谐、统一、一致的社会里，"在真正的共同体的条件下，各个人在自己的联合中并通过联合获得自己的自由"③，而且"在这个共同体中，各个人都是作为个人参加的"。更重要的是"它是各个人的这样一种联合（自然是以当时发达的生产力为前提的），这种联合把个人的自由发展和运动的条件置于他们的控制之下"④。这样，个人与团体不再对立、对抗，这种实现了个人与团体和谐统一的生产方式，将产生个体人性与团体人性和谐统一的完美人性。只有在这种社会共同体中，"个人才能获得全面发展其才能的手段，也就是说，只有在共同体中才可能有个人自由"⑤。

---

① 《马克思恩格斯选集》（第1卷），人民出版社1995年版，第85—86页。
② 同上书，第119页。
③ 同上书，第119页。
④ 同上书，第121页。
⑤ 同上书，第119页。

"只有当现实的个人同时也是抽象的公民，并且作为个人，在自己的经验生活、自己的个人劳动、自己的个人关系中间，成为类存在物的时候，只有当人认识到自己的'原有力量'并把这种力量组织成为社会力量因而不再把社会力量当做政治力量跟自己分开的时候，只有到了那个时候，人类解放才能完成。"[1] 在人类解放完成之时，个体形态的政治价值与团体形态的政治价值不再分裂、对立、对抗，因为团体生存方式与个体生存方式、团体人性与个体人性、团体与个体，不再分裂、对立、对抗。因此，在这个社会发展阶段，思想政治教育的政治价值将得到完满实现，人性也将得到完满、丰富的生成与展现。

第二节　现代思想政治教育学对政治学知识的借鉴

从政治学与思想政治教育学的关系分析来看，政治学关于主体尺度与客体内容的辩证关系原理、政治主体作为个体存在物的特殊性与作为团体形态存在的普遍性关系原理、作为客观实际的政治现实与作为价值追求的政治理想之间的关系原理，或许是现代思想政治教育学理论知识体系建构过程中可以借鉴的方面。

一　借鉴政治学关于政治主客体关系的理论知识

政治客体与政治主体的内在尺度相一致、相符合或相接近的性质、程度与趋势，是政治主体对以自身为尺度的现实政治客体的价值认识与对美好的政治客体的价值追求。因此，现代思想政治教育学应借鉴政治学中主体尺度与客体内容辩证统一的原理。思想政治教育学的主体尺度：其一是指，思想政治教育活动是以政治主体的多方面人性规定为生成依据；其二是指，思想政治教育活动内蕴着政治主体以自身的内在尺度作为衡量标准，对政治主体之间的价值关系进行的理性反思、现实创造与理想追求。思想政治教育学的主体尺度主要体现在两个方面：

第一，思想政治教育的活动是以政治主体的多方面人性规定为生成依据的。政治主体蕴含着多方面的人性规定，既有政治主体的自然生命方面的内容，例如，人的生命、健康、安全、快乐等；也有社会生命方面的内

---

[1] 《马克思恩格斯选集》（第1卷），人民出版社1995年版，第443页。

容，例如，人的荣誉、尊严、权利、幸福等；更有作为人的自然生命与社会生命辩证统一体的集中体现方面的内容：人的社会形态的生存与发展。生存与发展至少有三种相互联系的主体形态：个体的生存与发展、团体的生存与发展、社会的生存与发展。政治主体的这些多方面人性规定作为人之存在与发展的主要表征，自然而然地成为政治社会与政治生活的最根本价值前提，成为政治之产生、形成、发展的最根本价值动力，因而成为政治生活与政治社会的目的性思想政治教育。政治主体作为一种社会存在物，其多方面人性规定也必然以社会形态来存在。这些人性规定在社会经济生活中形成人与人之间的利益关系，进而在此基础上在社会政治生活中形成人与人之间的价值关系（民主或专制、平等或不平等、正义或非正义、自由或不自由等）。这种价值关系一经在实践中形成，就表现为政治主体人性之对象性的存在。"凡是有某种关系存在的地方，这种关系都是为我而存在的。"①

第二，思想政治教育的活动内蕴着政治人以自身为尺度对政治主体之间的价值关系的理性反思、现实创造与理想追求。思想政治教育在表面上体现的是物对人的关系，但从归根结底的意义上说，思想政治教育体现的是人对人的价值关系。政治主体是一种实践存在物，也是一种理性存在物。政治主体在实践中对历史的、现实的、理想的人与人的价值关系进行反思与追问，从中发现某些关系契合其人性尺度并对之具有肯定性效果与作用，而某些关系不符合人性尺度从而对之具有否定性效果与作用。在理性的反思与理论的概括之下，在实践的验证与肯认之下，契合其人性尺度的一些价值关系被抽象、凝练为政治主体之间的应然价值关系与价值评判标准。而且，通过实践的方法与路径，政治主体在对人与人之间价值关系发展的客观趋势以及人的发展规律进行认识与反思的基础上，领悟、把握、追求更美好的甚至最美好的价值关系与政治社会，这是政治人对理想的美好的政治主体之间的价值关系的认识与追求。

所谓思想政治教育的客体内容：一方面是指政治客体是政治主体存在及其价值需要在政治实践活动中的对象化存在物；另一方面是指思想政治教育不能离开合乎政治主体内在尺度的客观的政治事物、政治现象，且以它们为现代思想政治教育学产生、形成、发展的必备客体内容：

第一，政治客体是政治主体存在及其价值需要在政治实践活动中的对

---

① 《马克思恩格斯全集》（第3卷），人民出版社1960年版，第34页。

象化存在物。政治主体存在及其需要是客观的。政治主体存在是客观的,这是因为个体性政治主体首先是一种自然存在物,有物质的自然肉身。人得以维护自然生命生存与发展的需要是客观的,尽管社会可以引导、规范这些自然需要,但不能消灭这些自然需要。单个的人的存在方式无法满足人这个物种的生存与发展,人们必然要组成社会共同生产其所需要的物质生活资料,必然要在实践中形成人与人之间的经济关系进而形成人与人之间的价值关系。也就是说,这种价值关系作为一种政治客体是政治主体内在尺度的对象化。这种价值关系如果契合政治主体的内在尺度,它就成为思想政治教育的客体内容。为维护、调控社会实践中人与人的利益关系与价值关系,社会在客观上需要政治制度、政治权力、政治国家、政治组织、政治社团等政治客体。这些政治客体如果合乎政治主体生存与发展的内在尺度,它们就成为思想政治教育的客体内容。

政治主体的价值需要在形式上看来是主观的,但它的客观内容也是政治客体,它是政治主体对所欲的政治客体的价值希冀,或是对未来理想的政治客体的追求。要满足政治主体的价值需要,就必须通过实践活动来创造政治客体并以此满足政治主体的价值需要,这样,就使政治主体的价值需要获得了满足而转化成为价值现实。创造政治客体以满足政治主体的这种价值需要的实践活动推动了政治社会的发展。因此,政治主体的价值需要是引起客观的政治活动的主体动力,当然,新的政治活动又会引起政治主体的新的价值需要。马克思和恩格斯指出:"已经得到满足的第一个需要本身、满足需要的活动和已经获得的为满足需要用的工具又引起新的需要。这种新的需要的产生是第一个历史活动。"[1] 由此看来,政治主体的生存、发展等各方面人性尺度及其客观需要,必然要趋向于对象化、客体化。否定了这种对象化、客体化,就会否定政治主体的客观的价值需要;否定这种价值需要,也就否定了政治主体的存在;否定了政治主体的存在,也就否定了思想政治教育的存在。

第二,思想政治教育不能离开合乎政治主体内在尺度的政治客体而存在。生存、发展、利益、幸福及其社会资格(人权)等目的性思想政治教育是政治主体人性存在的基本规定。在政治社会中,这些目的性思想政治教育的存在、实现,不能离开政治制度、政治权力、政治国家、政治组

---

[1] 《马克思恩格斯全集》(第3卷),人民出版社1960年版,第32页。

织的维护与保障，也不能离开政治主体行为的实践。也就是说，现代思想政治教育学不能离开政治制度、政治权力、政治国家、政治组织等这些政治客体。政治关系最主要的是政治生活中人与人之间的自由或不自由、民主或不民主、平等或不平等、正义或不正义的价值关系。这些政治关系作为一种政治客体，如果契合政治主体的生存与发展的人性尺度，那么它们就是思想政治教育的客体内容；反之，它们则成为政治主体所要改造的客体对象。总之，政治关系，政治制度、政治行为、政治权力、政治组织、政治国家等政治客体是政治主体实践活动的结果，是政治主体的本质力量的对象化存在。这些政治客体只有合乎政治主体的基本尺度，它们才能成为思想政治教育的客体内容；反之，则成为政治主体所要改造的客体对象。质言之，没有政治客体，思想政治教育就会成为无源之水。

思想政治教育活动中的主体尺度和客体内容既相互区别、相对独立，又相互渗透、相互促进。两者的辩证关系表明：思想政治教育主体的存在及其基本规定作为政治社会与政治生活中人之为人的基本规定，是政治客体产生、形成、发展、消亡的基本尺度与衡量标准。各种政治事物与政治现象是政治主体实践活动的结果，一种政治客体只有合乎政治主体的内在尺度，才具备对政治主体的肯定性价值，才能成为思想政治教育的必备的客观内容；反之，则成为政治主体所改造的客体对象。割裂思想政治教育的主体尺度和客体内容的对立统一，片面强调思想政治教育的主体尺度，就会把思想政治教育普世化为抽象的永恒之物与神秘之物。反之，在政治生活中片面强调思想政治教育的客体内容，这种政治生活就会成为缺失主体价值维度的技术主义的工具政治。

二 借鉴政治学关于政治主体间关系的理论知识

政治主体是人在政治社会与政治生活中人之为人的存在形态，也在政治生活与政治实践中形成了人之为人的基本规定，这种基本规定成为了思想政治教育的产生根源。具体的历史的政治主体之存在有个体形态，也有团体形态，更有社会形态。"人是一个特殊的个体，并且正是他的特殊性使他成为一个个体，成为一个现实的、单个的社会存在物，同样，他也是总体，观念的总体，被思考和被感知的社会的自为的主体存在，正如他在现实中既作为对社会存在的直观和现实享受而存在，又作为人的生命表现的总体而存在一样。"① 这决定了思想政治教育的存在既有特殊性，也有普遍性。

思想政治教育的特殊性，是主体存在的具体现实诉求与特定发展要求所规定的思想政治教育活动的历史性与具体性。这种特殊性主要体现在：

第一，思想政治教育活动有其特殊的存在形态。任何一个政治主体既是个体存在物，也是团体存在物。当政治主体的个体形态生成之时，政治主体就会产生如生存、发展、自由、幸福及其社会资格（人权）等个体性思想政治教育诉求。这是个体性政治主体存在的内在尺度，缺失了这种尺度，就否定了个体性政治主体的存在。当团体形态的政治主体形成之时，团体政治主体就会选择、追求这样的团体性思想政治教育价值：社会稳定、共同善、历史传统、良善生活、政治秩序、国家独立、民族平等、集体人权等思想政治教育价值。团体性思想政治教育价值是团体主体内在尺度的展现，没有这种内在尺度，就没有团体存在。因而团体政治主体天然会追求、选择团体性思想政治教育价值来评判政治社会，要求摆脱阶级压迫、霸权政治、殖民统治等团体政治不正义现象。所有这些价值诉求，都是思想政治教育活动的特殊存在形态。

第二，思想政治教育活动有其特殊的实现路径。任何一个政治主体都是处于一定历史阶段的具体政治实践中的具体存在，都是生活在由社会具体历史条件与具体物质条件所规定的具体时空与具体实践生活中，政治主体也因此都必须经历一个产生、形成、发展与消亡的历史过程。这决定了任何一种思想政治教育的活动都有其特殊的历史规定，也有其具体的历史的实践时空。思想政治教育意识、思想政治教育理念、思想政治教育理想要转变成为现实，成为客观形态的思想政治教育实践活动，必然要在这个具体的实践时空所限定的范围内实现。人的政治实践活动的展开受一定经济关系进而受一定政治关系的制约，这些经济关系与政治关系的特殊内容与具体发展必然使思想政治教育的实现具有其特殊路径。而且，自人类进入政治社会以来，不同个体政治主体皆以特殊的国家、民族、阶级、阶层这样的团体政治主体的形态存在。国家、民族、阶级、阶层等团体主体有自己的既定历史文化传统和特定组织结构形态，还有自己存在与发展的独特轨迹与具体路径。这决定了人们在不同的国家、民族、阶级、阶层这样

---

① 马克思：《1844 年经济学哲学手稿》，人民出版社 2000 年版，第 84 页。

的政治共同体中，实现自己的思想政治教育活动的价值，当然也有特殊的实现路径。

思想政治教育活动的普遍性，是指一种思想政治教育现象所依附的政治主体范围的广阔性以及政治主体的价值意识的共识性。思想政治教育活动的普遍性主要体现在：

第一，思想政治教育活动有其普遍的主体根源。思想政治教育活动的普遍性根源于政治主体的社会实践本质以及由此生成的主体人性的普遍性。人作为一个类存在物，是通过劳动实践"在物种关系方面把人从其余的动物中提升出来"①的，也在实践中形成了不同于动物的人的类特性与类本质。马克思指出："正是在改造对象世界中，人才真正地证明自己是类存在物。这种生产是人的能动的类生活。"② 人的类特性、类本质、类生活在人的政治社会与政治生活中，生成为政治主体的团体性、共同体政治生活。而共同的政治生活与政治实践使政治主体：一方面产生了相同的或类似的思想政治教育诉求；另一方面也在不同程度上使这些思想政治教育活动在政治生活中得以实现，并且表现为政治现象、政治关系、政治行为对较大范围内政治主体或所有政治主体所产生的客观的肯定性效用。比政治共同体更广涵、更普遍的政治主体是人类政治主体。人类政治主体是由各种各样的个体、团体，相互联系、相互作用并承前启后所构成的。政治主体作为一种社会性存在，必然自觉或不自觉地追求那些体现自身历史主体作用和反映历史发展趋势的社会性的价值③。从当前现实来看，人类政治主体已现端倪，但远未获得自觉而成熟的形态。因此，最广涵、最普遍的思想政治教育活动还只是政治历史发展的一个遥远的指向与理想。自由人联合体是人类政治主体存在的最高形态，也是普遍性思想政治教育学的最高形态。

第二，思想政治教育活动有其普遍的主体共识。世界上只存在着现实的人、社会的人、历史的人和实践的人，并不存在抽象的永恒不变的人性和抽象的人，这是马克思主义人性论的基本原则。但马克思主义并不否认普遍政治主体和普遍性思想政治教育活动的存在，相反，马克思主义肯定

---

① 《马克思恩格斯选集》（第3卷），人民出版社1972年版，第458页。
② 《马克思恩格斯全集》（第42卷），人民出版社1979年版，第97页。
③ 即人类政治价值，如自由人联合体，每个人的自由而全面的发展。

普遍的政治主体的价值与意义，也即肯定普遍政治主体和普遍性思想政治教育活动的存在。人民大众、最大多数人民就是一种普遍政治主体，无产阶级这个政治主体相对个人和小团体而言也是一种普遍政治主体。既然存在普遍政治主体，就有普遍思想政治教育活动和价值共识的存在。马克思主义的政治解放、人类解放就是一种普遍性思想政治教育活动的言说。一位记者在恩格斯晚年这样问他：你认为马克思主义的最基本信条是什么？恩格斯回答说，是《共产党宣言》中的这句话："每个人的自由发展是一切人的自由发展的条件。"马克思主义明确地把由个性自由而全面发展的"自由人的联合体"当作其为之奋斗的美好的理想社会。每个人的自由而全面的发展就是一种普遍性的思想政治教育理想与追求。这一思想政治教育理想蕴含了人类的普遍性思想政治教育学共识：平等、自由、博爱、民主、发展等。正如温家宝总理在2007年3月全国"两会"结束后答记者问时所言："民主、法治、自由、人权、平等、博爱，这不是资本主义所特有的，这是整个世界在漫长的历史过程中共同形成的文明成果，也是人类共同追求的价值观。"[1] 尽管这些普遍性的思想政治教育价值在理论上通过各种各样的理论形式来论证、解释、说明，如自由主义，保守主义、社会主义等，在不同的国家、民族、阶级、阶层、集团中具有不同的具体实现途径。但是，我们并不能因此而否定普遍性思想政治教育的存在以及人类达成普遍性思想政治教育学共识的可能性，当然这种普遍性有程度和范围大小的不同。

思想政治教育活动中的普遍性与特殊性既相互区别、相对独立，又相互联系、相互渗透，形成一种对立统一的辩证关系。因此，脱离了具体历史条件与具体实现路径的所谓永恒的普世思想政治教育价值是不存在的、虚伪的。同时，脱离了普遍性共同体与社会生活的绝对的个殊思想政治教育价值也是不存在的。

三　借鉴政治学关于政治社会和政治实践价值关系的理论知识

思想政治教育活动有两种形态：一是客观形态的思想政治教育，它表现为思想政治教育实践的现实，也表现为思想政治教育学发展的客观必然性，这是思想政治教育学的实然性。客观形态的思想政治教育活动，是指

---

[1]《温家宝总理答中外记者问》，《光明日报》2007年3月17日第1版。

在政治实践基础上政治主体之间和主客体之间的相互作用在政治主体身上的肯定性客观效用、在政治主体之间形成的客观性价值关系及其变迁与发展的必然趋势。二是主观形态的思想政治教育，它主要表现为思想政治教育意识，具体表现为思想政治教育理念、思想政治教育追求与思想政治教育理想等，这是思想政治教育学的应然形态，它是政治主体的意识对客观形态的思想政治教育活动的认识与反映。作为实践理念的思想政治教育意识，指思想政治教育在政治生活中充当政治之善恶及优劣的评价标准，它是政治主体对客观思想政治教育关系与主体内在尺度进行理性认识与逻辑推演的产物，彰显着政治主体对各种政治行为、政治现象，是否契合其自身生存、发展、利益、幸福等自明性思想政治教育的理性分析。作为理性追求与政治理想的思想政治教育学，它是指，政治主体在理性认识与分析客观性思想政治教育及其发展必然的基础上，所追求的符合其内在尺度与要求的理想政治社会。

两种形态的思想政治教育不是毫无关联的，恰恰相反，主观形态的思想政治教育是对客观形态的思想政治教育的理性认识与思想凝练。而在政治客体与政治主体的肯定与否定关系的基础上，在人类社会政治实践与政治文化中，积淀与升华而成的关于政治生活的本原意义、应然意义的思想政治教育理念来源于并立足于客观政治实践，尽管它以政治学的理论形式存在、以政治制度的规范形式存在。离开了客观形态的思想政治教育，主观形态的思想政治教育就成为了无本之木、无源之水甚至成为镜花水月似的虚幻之物。

思想政治教育的实然性与应然性不是相互隔绝、绝对独立的，而是既相对独立、相互区别，又相互联系、相互依赖的辩证统一关系。思想政治教育活动的实然性主要表现在：

第一，思想政治教育活动的实然性是指现实和发展的客观必然性。所谓现代思想政治教育学现实，是指在政治实践基础上政治主体之间和主客体之间的相互作用，在特定政治主体身上的肯定性客观效用、在政治主体之间形成的客观性价值关系及其变化发展的必然趋势。李德顺教授指出："在价值关系中，主客体之间相互作用的客观效果和后果及其对于主体的影响，以主体本身存在、结构、功能的活动变化的方式存在和表现出来，就是主体性的事实或价值事实，包括主体的生理事实、心理事实、社会组织事实和社会活动事实。……社会的'进步'、'发展'、'效益'、'福利'、'团结'、'和平'、'解放'……这些概念和它们的反义词，所描述的都是不同层次的主体性事实。价值关系是以主体的内在规定性为尺度的客观关系，价值事实都是主体性的事实。"① 政治主体之间和主客体之间的相互作用在特定政治主体身上的肯定性客观效用，即政治主体的思想政治教育诉求与经济利益主张的实现形态与物化形态，这种客观的肯定性效用的不断增加将导致政治主体文明的不断发展。所谓思想政治教育发展的客观必然性是指政治主体间的价值关系变迁与发展的必然趋势。思想政治教育活动表征着政治主体间的价值关系，这种价值关系不是凝固不变的，而是不断发展变化着的，其变迁与发展的物质动力与根本原因是生产方式中人与人之间利益关系的变化发展。生产方式的新旧更替必然要求政治上层建筑重新构筑政治主体间的价值关系以取代旧的政治主体间的价值关系。因此，生产方式变化发展的客观必然性与发展规律使政治生活中的政治主体间的价值关系的变迁，也遵循着一定的历史必然性与发展规律。

第二，思想政治教育活动的实然性生发着思想政治教育活动的应然性。应然形态的思想政治教育活动既非天赋，也非前定，更非随心所欲的主观偏好、情感或理想。也就是说应然形态的思想政治教育活动并非是从政治学家理性思维中推演出来的纯主观概念，而是根植于、来源于实然形态的思想政治教育实践。李德顺指出："在实践中，人们却正是从知道世界'是什么'中懂得自己'应该怎样'的。这就是说，实践是从'是什么'到'应该怎样'过渡的桥梁，是把'描述性'和'规范性'既区别开来又统一起来的枢纽，是使规范和评价标准与事实相联系的基础。"② 应然形态的思想政治教育价值是在人的理性思维能力的观照与反思下得以提炼、凝结，又通过对思想政治教育实践的验证与确认的过程中生成的，正如恩格斯在《反杜林论》中所指出的那样："原则不是研究的出发点，而是它的最终结果；这些原则不是被应用于自然界和人类历史，而是从它们中抽象出来的；不是自然界和人类去适应原则，而是原则只有在适合于自然界和历史的情况下才是正确的。"③

思想政治教育活动的应然性，是指思想政治教育意识对经验的现实政

---

① 李德顺：《价值论》，中国人民大学出版社 2007 年版，第 241 页。
② 同上书，第 239 页。
③ 《马克思恩格斯全集》（第 20 卷），人民出版社 1971 年版，第 38 页。

治社会进行价值追问和应然性判断,对现实政治生活正当性与否进行学理解析和理性评判[1],以此为政治现实发展提供应然的价值导向,为政治事务、政治活动、政治实践提供好坏优劣的价值判断。现代思想政治教育学的应然性主要体现在:

第一,思想政治教育意识对经验的现实政治社会进行价值追问和应然性判断[2]。政治主体用应然思想政治教育来评判现实政治生活,分析其对政治主体的善与恶,"人们观察事实并用对和错的标准进行衡量,水门事件是一个恰当的例子,权力政治的黑社会最终要走到道德判断的高级法院前面。伦理道德对现实政治行为来说是至关重要的"[3]。通过应然思想政治教育对政治生活实践的评判,使政治主体明晰政治生活的善与恶,追寻契合自身内在尺度的思想政治教育理想,从而把应然思想政治教育当作"准绳,以用来测量我们有的东西与应该有的东西之间的差距,或者作为一个标杆,以指示方向和告诉我们去的地方与应该将去的地方之间的里程"[4]。因此,思想政治教育理念和思想政治教育理想,既是政治主体孜孜以求的价值追求,也是政治社会和政治实践的价值判准。思想政治教育理念和思想政治教育"理想的形成有着必不可少的目的。……理想制定了标准,供我们检测、评判现实。……我们的这些宏观问题在政治上占据着同样的位置,它们构成了理想的方向和终极目标,从而成为评价现实的衡量标准。由此我们可以判断,我们离理想有多近,或者离它有多远。纯粹完全的平等和自由在实践中很难实现,但正是这些概念给予政策和行动以意义。通过对'应该'的思考,我们既可以了解'是',也可以更好地决定我们可能的选择"[5]。

第二,应然形态的思想政治教育价值引导着思想政治教育学现实的发展。政治主体通过思想政治教育理念、思想政治教育追求与思想政治教育理想,不断指导人的社会政治实践与政治活动,使一代又一代的政治人所追求的基本价值不断诉诸现实、成为现实并内蕴于现实。应然思想政治教

---

[1] 王岩:《政治哲学论纲》,《哲学研究》2006年第1期。
[2] 同上。
[3] [美]莱斯利·里普森:《政治学的重大问题——政治学导论》,刘晓等译,华夏出版社2001年版,第20页。
[4] 同上书,第18页。
[5] 同上书,第19页。

育的这种指导与引导作用是政治主体在立基于政治实践上，通过反思、批判、变革政治现实、构筑政治主体间价值关系、设计理想政治制度、评判政治行为的具体途径来实现的。在这种政治实践中，应然思想政治教育价值引导着政治主体通过政治实践实现其利益主张与价值诉求，并构筑、发展政治主体之间的价值关系，也使政治主体不断地超越现实、追逐理想，把应然政治设计变成实然政治现实。由此，政治人之思想政治教育诉求不断得到实现，政治主体也逐渐形成并不断更新关于人之生存与发展的意义与目的的认知与诉求，不断形成与更新政治生活与政治社会的应然目的与价值追求，凝练成人的不断发展的现代思想政治教育学判准、不断趋向人的理想政治社会，使政治社会不断趋向进步与文明。

第三节　现代思想政治教育学的政治学理论基础建构

从思想政治教育学与政治学的关系看，两者有着丰富的学科学术联系，在理论和实践方面的联系十分密切，政治学研究领域和现代思想政治教育学研究领域存在诸多交叉。在借鉴政治学理论知识的基础上，建构现代思想政治教育学的政治学理论基础，或可从以下三方面来考虑，即：通过完善现代思想政治教育对现实政治的改造与发展功能来建构，通过发挥现代思想政治教育对政治活动的理性反思与价值导向功能来建构，通过拓展现代思想政治教育学的政治学理论概括与理论建构功能来建构。

一　完善现代思想政治教育对现实政治的改造与发展功能

现代思想政治教育学的现实改造与政治发展功能是通过现代思想政治教育学的实践活动来发挥作用的。所谓现代思想政治教育学的实践[①]活动是指政治主体在政治实践中，以政治主体的诉求为尺度与标准对政治制度、政治行为、政治关系，进行现实调控、现实改造或现实创造的活动。通过现代思想政治教育学的实践活动，政治主体对政治制度、政治行为、政治关系等进行安排、控制、改造、创造，从而实现对政治社会的改变与

[①]　中国著名价值哲学学者李德顺教授在其专著《价值论》中认为，价值哲学研究的主要范围是：价值的存在论、价值的意识论、价值的实践论这三大领域。参见李德顺《价值论》，中国人民大学出版社 2007 年版，第 6 页。

改造，推动政治文明不断向前发展。现代思想政治教育学的现实改造与政治发展功能主要体现在：

第一，对现实政治制度的改造与政治制度文明的发展。政治制度是政治主体为实现其利益主张与价值诉求，为调控政治主体间价值关系、为调控政治体系及其运行而创设或产生的、关于政治活动的行为规则。在特定的政治社会中，为巩固社会经济结构中人与人之间的利益关系，在社会经济政治结构中居于主导地位或统治地位的阶级或团体，便会创设各种政治制度及其运作机制与操作程序，以维护、巩固其在社会经济政治结构的统治与主导地位，这一方面使其目的性思想政治教育诉求与规范性思想政治教育诉求得以优先实现，另一方面在客观上巩固与发展了与该社会经济结构相适应的政治主体间价值关系。如果该社会经济政治结构中的统治力量代表了先进生产方式的发展方向，而且他们对现实政治制度的改造在更大范围内扩大了享有思想政治教育的主体范围，那么他们对现实政治制度的调整与改革会推动政治制度文明的发展。此外，随着生产力的发展与生产方式的变迁，由于利益主张与价值诉求的直接推动，在社会经济政治结构中居于被动地位或被统治地位的政治主体，会在政治活动与政治实践中以制度内或制度外、暴力或非暴力的方式，来努力谋求对现有政治制度进行调整、改革，甚至以推翻旧有政治统治的方式来谋求新的政治制度的建立，从而推动政治制度文明的发展。

总之，政治社会中的各方政治力量在其利益主张和价值诉求的驱动下，会自觉或不自觉地在政治生活中发生政治力量与价值主张方面的碰撞交融与合纵连横，由此形成的政治合力在现实政治制度的废止、变革、创设的实践中发挥驱动功能，这推动了政治制度的变迁与政治文明的发展。

第二，对现实政治行为的改造与政治行为文明的发展。所谓政治行为是指政治主体在政治实践中所采取的活动或行动，主要包括：政治革命与改革行为、政治统治与管理行为、政治参与与决策行为等。我们认为，从现代思想政治教育学的总体发展方向来看，政治活动与政治行为具有性质不同的两种类型：一是政治正价值行为，这是指一种对大多数甚至全体政治主体都具有肯定性价值的政治活动或政治行为，例如善治、良善政治生活、仁政等，这意味着绝大多数甚至全体政治主体的目的性思想政治教育与规范性思想政治教育的物化存在与对象化存在。二是政治负价值行为，这是指一种对大多数政治主体都具有否定性价值的政治活动或政治行为，例如政治内战、政治暴政等，这意味着绝大多数政治主体在政治关系结构中处于被压迫、被统治地位。政治正价值行为体现着大多数甚至全体政治主体的生存与发展、利益与幸福等价值诉求与利益主张，也体现着政治主体间价值关系的不断发展与完善。政治负价值行为有害于大多数政治主体的思想政治教育价值的实现。因此，政治发展与政治文明的价值目标与价值要求就是要通过思想政治教育的实践活动，不断减少、消弭政治负价值行为，不断增加、彰显政治正价值行为，从而实现对政治行为的改造，推动政治行为文明的发展。

第三，对政治主体之间的价值关系进行现实改造并推动其不断走向文明与进步。从主体的存在形态上看，政治主体之间的价值关系主要包括个体主体之间、团体主体之间以及前两者之间的关系；从这种价值关系的表现形态上看，政治主体之间的价值关系主要表现为政治秩序或政治混乱关系、政治平等或政治等级关系、政治自由或政治束缚关系、政治民主或政治专制关系、政治正义或政治不义关系等。现代思想政治教育学的实践活动实质就是以调整、改变、改造这些价值关系来扩大享有思想政治教育的主体范围，加深政治主体的利益主张与价值诉求的实现程度。现代思想政治教育学的实践活动在内容上的深度耕耘与在实践主体范围的不断扩展，将会引致目的性思想政治教育与规范性思想政治教育所依附的政治主体范围越来越广阔，思想政治教育诉求的程度会越来越深刻。这样，政治主体间的价值关系就会在更大范围内、更深程度上，指向或实现政治自由、政治民主、政治平等、政治和谐、政治正义等，就会在更大范围内、更深程度上实现各种不同政治主体的异质价值诉求与利益主张。因此，现代思想政治教育学通过实践活动在现实形态上改变、改造、创造着新的更文明的更进步的政治主体之间的价值关系，从而不断推动政治主体之间价值关系的文明与进步，也推动着腐朽政治意识的消亡与先进政治意识的生成，正如马克思所指出的那样："意识的一切形式和产物不是可以通过精神的批判来消灭的，不是可以通过把它们消融在'自我意识'中或化为'幽灵'、'怪影'、'怪想'等等来消灭的，而只有通过实际地推翻这一切唯心主义谬论所由产生的现实的社会关系，才能把它们消灭。"[①]

---

① 《马克思恩格斯选集》（第1卷），人民出版社1995年版，第92页。

二　发挥现代思想政治教育对政治活动的理性反思与价值导向功能

现代思想政治教育学的反思与导向功能主要是通过思想政治教育意识[①]来实现的。思想政治教育意识是政治主体的"求善"之维与"求真"之维，政治主体通过价值意识来认识政治主体之间的价值关系及其发展的必然趋势，反思政治客体与自身基本尺度的价值效应，探索实现思想政治教育理想的实践路径。思想政治教育意识包含思想政治教育理念、思想政治教育理性、思想政治教育心理、思想政治教育态度、思想政治教育情感、思想政治教育理想等，思想政治教育理性与思想政治教育理想是思想政治教育意识的主导性内容。任何一种主体实践活动，都是在其价值诉求与利益主张的推动下，在主体的关于价值客体与价值关系的知识与意识的指导下进行的。列奥·施特劳斯在解释人类的"政治现象"（the politeia）时指出："生活是一种指向某种目标的活动；社会生活是一种指向只能由社会去追求的目标的活动；为了追求社会这种特定的、全整性目标，就必须以符合这一目标的方式把社会加以组织、排序、建构与安排……"[②]因此，思想政治教育意识在政治生活与政治实践中，发挥着为政治生活与政治实践提供知识与目的的反思与导向功能：

第一，现代思想政治教育意识的反思功能。思想政治教育意识的反思功能主要是通过政治主体的价值理性来发挥作用的。政治学视域中的"价值理性以智慧之理性回答人类政治生活'是怎样'的认识论问题，解决政治生活的真理问题；以德性之价值回答人类政治生活'应怎样'的价值论问题，解决人类政治生活的价值问题；以智慧和德性的双重观照，回答人类政治生活'要怎样'的实践论问题，解决人类政治生活的真理

[①] 李德顺教授指出："价值意识是价值关系在精神上的反映和表现，是人们社会意识中的价值内容，是主体化的意识。"他认为，价值意识主要包括价值心理（欲望、动机、兴趣、趣味、情绪、情感、意志等）和价值观念（信念、信仰、理想等）。参见李德顺《价值论》，中国人民大学出版社 2007 年版，第 185—187 页。熊晓红教授和王国银教授认为："价值作为主客体关系的一种状态，也是一种事实，即价值事实，因此价值意识是对价值事实的反映。"参见熊晓红、王国银《价值自觉与人的价值》，人民出版社 2007 年版，第 2 页。我们认为，政治价值意识包含政治价值理念、政治价值理性、政治价值心理、政治价值态度、政治价值情感、政治价值理想等，政治价值理性与政治价值理想是政治价值意识的主导性内容。

[②] Leo Strauss. "What is Political Philosophy?", The Journal of Politics, Vol. 19, No. 13 (Aug. 1957) . p. 363.

和价值的统一问题"①。政治主体实践所创造的政治生活以及种种政治现象为政治主体的生存与发展、利益与幸福等带来了不同性质与程度各异的价值影响,它们既可在一定范围与程度下实现特定政治主体的价值诉求,从而使其生存与发展的生命状态得以延续与积极提升,它们也可在一定范围与程度下否定特定政治主体的价值诉求,从而影响甚至否定政治主体的生存与发展的生命状态并使之消极沉沦。因此,政治生活与人的命运息息相关,"人类的政治事业就是一场爬出充满可怕的罪恶的自然状态而又避免再度掉进去的永无休止的战斗"②。政治制度、政治关系、政治体系以及"政治的形式可能改变,但政治的本质——作为人类社会命运的主宰——却不会改变。虽然政治和人类命运之间存在着无法消除的张力,但是,人类应该、也有可能控制它所创造出来的种种力量。人类的命运似乎并不是由非人力量所决定的,而是由人类自己创造出来的政治所决定的。至于这种政治能否实现人类的目标,则取决于人类能否从过去的成败荣辱中汲取经验"③。政治对人的双重价值影响表明了政治与人的命运息息相关,既然如此,政治主体就必然借助于价值理性来批判思想政治教育现实,或论证政治现实的价值合法性,或设计理想政治社会以实现特定价值目标。价值理性要求政治主体"对现实政治社会进行价值追问与应然性判断","对现实政治生活正当性与否进行学理解析和理性评判"④,"要求政治主体以'求真'的对象性意识对政治客体进行理性认知,使之纳入到政治逻辑的严谨与自洽之中。没有对政治客体的理性认知,就无法保障政治主体之政治权利的实现。价值理性也要求政治主体以'求善'的自我意识对政治客体进行道德合理性评价,将之置于价值的法庭上进行评价、规范和重构,保证政治客体的正当性和有效性。没有对政治客体的价值审核,政治主体也就失却其应负的政治义务"⑤。如果没有思想政治教育意识的价值反思与批判,政治主体的政治实践就会陷于迷茫混沌状态以致生活在异己政治机器的迷雾中。思想政治教育学意识对政治生活反思与

---

① 王岩、邓伯军:《试论政治哲学视域中的价值理性》,《哲学研究》2009 年第 6 期。
② [美] L. 斯特劳斯、J. 克罗波西:《政治哲学史(下册)》,李天然等译,河北人民出版社 1993 年版,第 586 页。
③ [英] 安德鲁·甘布尔:《政治和命运》,胡晓进、罗珊珍等译,江苏人民出版社 2007 年版,第 136 页。
④ 王岩:《政治哲学论纲》,《哲学研究》2006 年第 1 期。
⑤ 王岩、邓伯军:《试论政治哲学视域中的价值理性》,《哲学研究》2009 年第 6 期。

批判的结果是获得关于政治之善的知识，列奥·斯特劳斯指出："所有的政治活动本身都是以善的知识——关于良善生活的知识、关于良善社会的知识——为指向、目的。因为良善的社会就是完美的政治性善。如果这种指向、目的明确了，如果人们把获得关于良善生活和良善社会的知识作为明确的目的时，政治学就产生了。"①

只有对现存政治世界进行反思与批判，才能发现新的政治社会的理想蓝图并找到其实现路径。正因为如此，一种先进的思想政治教育学思想必须承担批判旧世界、建构新世界的价值任务，马克思指出：

"新思潮的优点就恰恰在于我们不想教条式地预料未来，而只是希望在批判旧世界中发现新世界。到目前为止，一切谜语的答案都在哲学家们的写字台里，愚昧的凡俗世界只需张开嘴来接受绝对科学的烤松鸡就得了。现在哲学已经变为世俗的东西了，最确切的证明就是哲学意识本身，不但表面上，而且骨子里都卷入了斗争的旋涡。如果我们的任务不是推断未来和宣布一些适合将来任何时候的一劳永逸的决定，那么我们便会更明确地知道，我们现在应该做些什么，我指的就是要对现存的一切进行无情的批判。"②

第二，现代思想政治教育意识的导向功能。实践中的政治主体在其价值意识的反思、观照与导引下，基于政治社会发展规律，创造、设计、重构了一系列旨在保证思想政治教育得以实现的政治制度、政治机构、政治体系、政治组织等。莱斯利·里普森指出："政治形成这样的一个舞台，在此人们选择价值以组织他们的社会，过去如此，现在也是如此。"③

只有充分发挥思想政治教育意识之导向功能，才不至于使政治世界走向无主体存在的工具世界，不至于使人类走向自我毁灭。对此，罗素曾经深刻地指出："在人类的历史上，我们第一次达到了这样一个时刻：人类种族的绵亘已经开始取决于人类能够学到的为伦理思考所支配的程度。如果我们继续允许发挥破坏性的热情，我们日益发展起来的技能就势必会给

---

① Leo Strauss. "What is Political Philosophy?", The Journal of Politics, Vol. 19, No. 13 (Aug. 1957). p. 343.

② 《马克思恩格斯全集》（第1卷），人民出版社1956年版，第416页。

③ [美] 莱斯利·里普森：《政治学的重大问题——政治学导论》，刘晓等译，华夏出版社2001年版，第20页。

所有人带来灾难。"① 克服人类社会生活和政治生活价值意识的迷失，必须通过发挥思想政治教育学意识的导引功能来"规范政治实践的发展方向、构思未来社会的理想模式，展示政治生活的应然性"②，才可为人类安身立命并实现自身的发展与进步提供向善而生的价值指向；必须通过发挥思想政治教育意识的导引功能来"为政治社会实现其政治行为的合法性、为公民实现其政治权利和政治权力的正当性，从思想政治教育学的层面上设定政治平等的路径、规范政治民主的图式、描绘政治自由的蓝图，勾勒政治正义的科学内涵和实现途径"③，才可制约政治权力并推动政治文明的发展。

因此，在政治实践中，政治主体通过思想政治教育意识不断指引人的政治实践，以价值判断标准、制度规范体系、现实操作程序、具体实现路径承载其对政治生活的价值指引，使一代又一代人所追求的特定思想政治教育不断诉诸现实、成为现实并内蕴于现实，从而以根植而又超越政治现实的方式不断引领政治社会的发展。

三 拓展现代思想政治教育学的政治学理论概括与理论建构功能

从政治学基础中借鉴的理论概括与理论建构功能主要是通过政治学范畴来实现的。所谓范畴，就是指："1. 人的思维对客观事物的普遍本质的概括和反映；2. 类型，范围。"④ 任何一个理论体系之网都需要范畴这个节点，任何一门学科也都有自己的相互联系的具体范畴体系。政治学范畴是指以政治学为基础的内涵与外延，它在政治学理论的产生、形成中具有理论概括与理论建构功能。

自政治学产生以来，政治学的各流派随着历史的发展与实践的需要而竞相迭出，尽展其理性力量与精神智慧。古希腊的城邦整体主义政治学是在围绕着政治生活中实现城邦共同善这个核心的问题而展开的，具体说来，是在围绕着城邦共同善之所以出场的客观必要性、实现共同善的最佳的政治主体间的价值关系和具体政制以及具体实现路径、实现共同善的最

---

① ［英］帕特兰·罗素：《伦理学和政治学中的人类社会》，肖巍译，中国社会科学出版社1992年版，第159页。
② 王岩：《政治哲学论纲》，《哲学研究》2006年第1期。
③ 同上。
④ 范庆华：《现代汉语辞海》（第1卷），黑龙江人民出版社2002年版，第283页。

佳生活方式等这些问题而展开的。古希腊城邦整体主义政治学以城邦共同善这个核心问题来反思、追问与解决现实政治问题，并在此基础上进行理论建构。因此，城邦共同善既在古希腊政治生活中发挥着理念指导功能，也在古希腊主流政治学家的理论体系中发挥着统领其政治学理论其他范畴的作用，从而发挥其理论建构功能。

进入中世纪，神权政治学在现实政治生活居于统治地位，神权政治学把永恒天国的幸福和全知、全能、全善的上帝当作人的政治生活的最高价值，也就是说天国与上帝是最高、最核心的政治学。人权、自由、平等、尊严等政治理念是上帝的赐予与安排，它们只有在皈依上帝、追寻天国幸福的心灵朝圣旅程过程中才能存在。尘世的政治制度、政治权力、法律、国家都从属于天国幸福与上帝权威，它们只有在能对人的朝圣生活与旅程具有积极影响时才被认为是有价值的，天国幸福与上帝权威在政治生活中统辖着现实生活中的一切，成为中世纪政治生活的核心理念，也成为中世纪神权政治学的核心政治。

当彼岸的神圣生活日渐遥远，尘世的政治人开始追逐现实幸福，其个体意识与主体意识逐渐彰显之时，自由主义政治学逐渐产生、形成并成为资本主义构建理性政治王国与宪政制度的指导思想。自由主义的政治学以个人主义为核心政治，在个人主义主导的政治学里，又具体包含自由、平等、民主、人权、尊严、安全等政治学。自由主义政治学在现实政治生活中以个人主义作为谋求个体现实幸福的核心价值，在国家政治生活中也以个人主义作为宪政设计与权力活动的核心价值。保障这些政治得以实现的政治形式与政治工具有国家、政府、权力、制度等，当这些政治形式与工具符合个人主义的价值目的时，它们就成为个人主义的工具性价值。当代政治学家金里卡指出："自由至上主义将自由或功利主义将效用作为根本价值。"[1] 因此，自由主义的政治学是以个人主义为核心政治范畴来建构其理论体系的。

保守主义政治学的核心政治是历史传统。保守主义的奠基人柏克认为："传统习俗是人们永久的智慧，尊重传统意味着尊重人类整体的文明成果和群体长期沉淀下来的智慧，人类文明的演进是在传统的基础上展开的，传统带给人们的不仅是温情的血缘纽带，共同约定的习惯风俗，而且

---

[1] [加拿大] 威尔·金里卡：《当代政治哲学》，刘莘译，上海三联书店2004年版，第8页。

他还传递给我们祖先的智慧,人类的进步不是凭空的,是由历史文明滋养着的。"① 在保守主义看来,各种现存政治主体间的价值关系都是历史自然演进的结果,不需要进行大规模政治变革,理想政治社会是自然生成的,不是人为建构的。罗杰·斯克拉顿认为:"传统是保守主义的终极概念,这个概念可以囊括形形色色的习俗、礼仪以及制度化生活的参与方式。""传统必须包括足以界定个人作为'社会存在'的所有惯例。"② 在保守主义看来,这些由历史传统所规定的行为模式、制度模式与政治惯例成为了政治生活的价值准则,正如当代美国著名保守主义者约翰·凯克斯所言:"社会生活采取的形式有:某种权威的确立,制度和惯例性实践的出现,规则的缓慢形成和深思熟虑的表达。社会生活的这些不同形式就是传统。"③ 保守主义从传统这个核心政治理念出发:主张自然生成的政治秩序,反对人造的政治秩序;主张个人自由的历史传统,反对民主与平等的现代潮流;主张缓慢的政治发展,反对激进的政治变革与政治革命;维护所谓的自然正义,反对分配领域的平等与正义。

马克思主义反对脱离现实经济关系来谈所谓的抽象的思想政治教育,而是主张在现实经济关系发展的基础上来建构政治主体间的价值关系。马克思主义认为,只有使大多数被剥削、被压迫的人民群众从异己的生产方式以及异己的政治结构的束缚与盲目控制下获得解放,才能在政治生活领域建构民主、平等、自由、秩序、和谐、正义的政治主体间价值关系。这种政治主体间的价值关系的物质内容则是经济生活中现实的人的生存、发展、利益、幸福等诉求及其社会资格(人权)。生存、发展、利益、幸福等诉求及其社会资格(人权)即目的性思想政治教育是政治之所以产生、形成、发展的最根本原因、最根本动力与最根本评判准则,是政治社会中人之为人的最根本前提,也是政治社会的最根本价值前提。人之存在与发展即目的性思想政治教育的终极指向是:人的自由而全面的发展以及由这样的个人组成的真实的集体与自由人联合体。要实现这样的终极价值理

---

① [英]埃德蒙·柏克:《法国革命论》,何兆武等译,商务印书馆1999年版,第45页。

② [英]罗杰·斯克拉顿:《保守主义的含义》,王皖强译,中央编译出版社2005年版,第25—28页。

③ [美]约翰·凯克斯:《为保守主义辩护》,应奇、葛水林译,江苏人民出版社2003年版,第55页。

想，必须要走政治解放、社会解放与人类解放的政治发展路径。政治解放与社会解放就是要使社会经济结构中受剥削、受压迫的大多数人民群众，从异己的、盲目的经济关系与经济力量的控制中解放出来，从异己的盲目的政治关系与政治力量的控制中解放出来。而人类解放则是指全人类从自然条件、社会条件、人自身条件的束缚与压迫中获得自由与解放，"成为自己的社会结合的主人，从而也就成为自然界的主人，成为自身的主人——自由的人"①。政治解放、社会解放、人类解放必须依靠社会基本矛盾运动与人的实践活动规律所生成的历史条件与主体条件达到成熟之时，才能得到实现与获得成功。因此，我们认为，马克思是以现实的人的生存、发展、利益、幸福及其社会资格（人权）等范畴作为马克思主义思想政治教育学体系的核心层来建构其政治理论体系的。

---

① 《马克思恩格斯选集》（第3卷），人民出版社1995年版，第759—760页。

第四章

现代思想政治教育学的伦理学基础

思想政治教育包括思想教育、政治教育、道德教育三个基本内容，其中道德教育是思想政治教育最为广泛的实践。追溯历史可以发现，在思想政治教育学建立之前，道德研究与教育虽属于伦理学的内容，但早已与思想教育有一定交叉；在思想政治教育建立之后，道德教育被思想政治教育学吸纳进来，使得思想政治教育学和伦理学之间产生了更加紧密的关系，从学科建设、理论基础、研究对象到现实意义，都有着千丝万缕的联系。从道德教育角度来看，思想政治教育学是在借鉴伦理学内容的基础上，将之吸纳和转化为自己的部分内容，且更注重道德实践的学科。厘清思想政治教育与伦理学之间的关系，指出思想政治教育的伦理学基础，找出思想政治教育对伦理学相关内容的借鉴，并在此基础上从思想政治教育的角度出发建构符合本学科需要的理论基础，将有利于夯实思想政治教育学的理论基础和促进思想政治教育的道德教育实践的发展。

第一节　现代思想政治教育学与伦理学的关系

思想政治教育活动是自阶级产生以来就存在的活动，发展至今已经有着几千年的历史，但作为一个独立学科的发展却只有不到 30 年的时间。在我国，伦理学与思想政治教育有着类似的情况，两者的实践形态都是自古就有的活动，而作为理论形态的学科则属于新兴发展的学科。一直以来，伦理学与思想政治教育有着关于道德教育的共同领域和内容，伦理学是一门专门研究道德的哲学，思想政治教育则着重把道德实践作为自己的内容。为了推进思想政治教育学的发展，我们有必要搞清伦理学与思想政治教育学的关系，清楚思想政治教育学科发展过程中与伦理学交叉的具体内容是什么，两者是如何交叉的，伦理道德在思想政治教育中居于什么地位，发挥着怎样的作用，两者关系的当前发展趋势又是怎样。

一　思想政治教育学与伦理学的历史联系

（一）古代思想政治教育与伦理实践的关系

思想政治教育作为一种社会活动不是在现代才有的，人类进入阶级社会以来，因统治者的需要，在不同的社会历史时期承载着不同的内容，以不同的形式出现。中国自古就重视教育，教育从"立德、立功、立言"的要求出发，认为教育的最高目标是教人成为"全德、全智、全功"的圣人，因此思想教育自古就有着不可忽视的地位。在思想教育中道德教育又是最为重要的，"育人先育德"的思想是中国古代教育最为重要的教育理念，这在很大程度上是今天"立德树人"教育理念的根源所在。

我国最早在殷商的甲骨文中就出现了初始的道德观念，"认为通过甲骨卜兆显出来的鬼神、上帝的命令是至高无上的，是人们行为中应当遵循的道德标准"[①]，并出现了"婚姻道德""宗法道德""政治道德"。殷商时期的《尚书》《易经》反映出的教化思想是我国古代思想教育的源头。在此后的历史发展中又产生了儒家、墨家、道家、法家、宗教教育、清明理学等多种不同的道德政治观念，并且在各个朝代都从维护统治者利益和维护社会稳定的角度出发，形成了各自的思想教育内容。但是，在这诸多的思想教育中，道德教育一直居于核心位置，历朝历代的教育都把道德教育作为思想教化的主要内容。西方也早在两千多年前亚里士多德就强调了思想政治教育的重要性，认为要教育公民按理性生活，成为一个"善人"；中世纪的宗教教化亦将道德教化放在了与信仰灌输同等重要的位置。

（二）中国共产党建立至改革开放前思想政治教育与伦理教育的关系

中国共产党自建立起，就十分注重思想政治教育在革命斗争和经济建设中的作用，并形成了自己独特的教育内容和教育方法，但是，在革命时代并没有思想政治教育这一提法，也并未形成系统思想政治教育工作方法和体系。"思想政治教育"的提出经历一个循序渐进的过程。新中国成立以前一般使用"政治工作"这一概念，新中国成立后，对于思想政治教

---

① 罗国杰：《中国伦理思想史》，中国人民大学出版社2008年版，第3页。

育的提法又有所不同：1951年，刘少奇在第一次全国宣传工作会议上提出了"思想政治工作"的概念；1957年，毛泽东在《关于正确处理人民内部矛盾的问题》一文中首次提出了"思想政治教育"这一概念；此后，党和国家机构里关于思想政治教育的提法不尽相同，交替使用"政治工作""思想工作""思想政治工作""政治思想工作"等概念；19世纪60年代以后一直到中共十一届三中全会以前，"政治思想工作"基本成为全国统一概念；改革开放以后，随着党和国家的工作重心的转移，"政治思想工作"的提法逐渐被"思想政治工作"和"思想政治教育"所代替，最终形成了"思想政治教育"的全国统一提法。

20世纪80年代，在中国共产党的领导下，为了更好地发挥思想政治教育为社会主义现代化建设的作用，第一次把思想政治教育建设成为一个独立的学科，从此思想政治教育走上了学科科学发展的道路。在不到三十年的发展历程中，思想政治教育学已逐渐形成了自己的独立的理论基础、研究对象和研究方法。纵观思想政治教育的发展，从一个作为统治者的思想教化活动到学科的建立，思想政治教育一直在围绕着为社会发展服务的宗旨来进行，以解决"一定社会、一定阶级对人们思想品德的要求与人们实际的思想道德水准的矛盾"[①]。

思想政治教育作为上层建筑的重要组成部分，它每个时期都是由当时的特定历史条件所决定并为之服务的，它不仅在一定的经济基础上形成，而且又反作用于这个经济基础。尽管各个历史时期对于思想政治教育的提法不同，具体内容也有相应的变化，但是其教育的内容大致都包括了政治教育、思想教育和道德教育。其中道德教育也因社会实践和时代发展的需要有着不同的地位、内容和意义。纵观我国现代思想政治教育的发展和成长历程，不难发现其内容在不同时期有不同的侧重点，大体上可以分为三个阶段：第一阶段，新民主主义革命时期，由于当时的革命战争的需要，我国的思想政治教育的重点是政治工作；第二阶段，社会主义革命和建设时期，我国思想政治教育把政治工作和思想工作作为重点；第三阶段，社会主义建设时期，我国思想政治教育在原有的政治教育和思想教育的基础上开始注重道德教育，并且把道德教育作为思想政治教育广泛而深刻的实践。当然，在这三个不同的阶段并不是单纯的只有某种教育，思想政治教

---

① 张耀灿、郑永廷等：《现代思想政治教育学》，人民出版社2006年第2版，第6页。

育的政治教育、思想教育、道德教育从来不是孤立的，三者是有机地紧密联系在一起的，三者相互渗透、相辅相成。

(三) 改革开放新时期以来思想政治教育学与伦理学的关系

1978年中共十一届三中全会使思想政治教育从根本上冲破了错误思想的屏障，有了历史性的转变，开启了科学与系统的大门。此后，我国思想政治教育发展迅速，从一项零散的日常工作逐渐发展成为了一门独立的学科，在社会发展中发挥着巨大的作用。与此同时，道德教育与思想政治教育的联系也更加紧密，逐渐成为了思想政治教育中举足轻重的内容。

道德教育被确立为思想政治教育经历了一个逐步发展的过程，党和国家对道德教育的重视在不断探索中前进。1979年9月，叶剑英在《庆祝中华人民共和国成立三十周年大会上的讲话》中提出：要在建设高度物质文明的同时，提高全民族的科学文化水平和健康水平，树立崇高的革命理想和革命道德风尚。1980年，团中央在南京召开的工团学校工作会议上指出：学校要进行新时期的总路线教育、革命理想教育、道德品质教育。1981年党的十一届六中全会上通过的《关于建国以来的若干历史问题的决议》指出：要加强和改善思想政治工作，用马克思主义世界观和共产主义道德教育人民和青年，发扬爱国主义精神和艰苦创业的精神。1983年1月在全国职工思想政治工作会议上通过的我国第一个全面阐述改革开放过程中国营企业职工思想政治工作，并对后来的思想政治教育有重大的指导和参考意义的文献，即《国营企业职工思想政治工作纲要(试行)》，亦提及道德教育的重要性。同年，中共中央发出的《关于加强农村思想政治工作的通知》指出：加强农村的思想政治教育，逐步提高农民的政治思想觉悟，使人人争做有理想、有道德、有文化、有纪律、爱祖国、爱社会主义、爱党、爱集体的社会主义农民。1986年9月，党的十二届六中全会通过了第一个关于社会主义精神文明建设的纲领性文件《中共中央关于社会主义精神文明建设指导方针的决议》，指出：社会主义精神文明建设的根本任务是培养有理想、有道德、有文化、有纪律的社会主义公民，提高中华民族的思想道德素质和科学文化素质。

1996年10月，中共十四届六中全会通过了《中共中央关于加强社会主义精神文明建设若干重要问题的决议》，第一次提出了新形势下精神文明建设战略必须解决："如何在深化改革、建立社会主义市场经济体制的条件下，形成有利于社会主义现代化建设的共同理想、价值观念和道德规范,防止和遏制腐朽思想和丑陋现象的滋长蔓延"的要求,并且指出了思想道德建设的基本任务:"坚持爱国主义、集体主义、社会主义教育,加强社会公德、职业道德教育。"2001年,我国提出了"以德治国"的治国方略,强调在"依法治国"的同时,加强道德建设,使道德和法律相互配合,共同发挥建设社会主义和谐社会的功能。2001年9月,中共中央印发了《公民道德建设实施纲要》,以"五爱""三德"为基本内容,以形成新型人际关系为目的,逐步建立起与发展社会主义市场经济相适应的社会主义思想道德体系,这标志着我国的社会主义思想道德建设进入了一个新的阶段。

在学校教育方面,道德教育也逐渐被重视。1981—1982年陆续颁发的学生守则中,都强调了加强学生的道德教育的要求。1982年10月,教育部发出《关于在高等学校开设共产主义思想品德课程的通知》。1987年10月,国家教育委员会印发了《关于高等教育学校思想政治教育课程建设的意见》中把"职业道德"作为学校的公共政治课的选修课的内容。1984年4月教育部提出了《教育部在十二所院校设置思想政治教育专业的意见》指出:"采取正规化的方法培养大专生、本科生和第二学位生等各种规格的思想政教育工作专门人才。"这标志着我国思想政治教育正式成为了学校的一门学科,为思想政治教育的系统化、科学化提供更加有利的条件。1999年6月,中共中央、国务院作出了《关于深化教育改革全面推进素质教育的决定》,强调德育是素质教育的重要组成部分,"各类学校必须更加重视德育工作","进一步改进德育工作的方式方法","寓德育于各学科教学之中,社会各方面要为青少年提供优秀的精神文化产品和德育活动基地,形成学校、家庭和社会共同参与德育工作的新格局。"2004年8月,中共中央国务院发出《关于进一步加强和改进大学生思想政治教育的意见》指出:"以基本道德规范为基础,深入进行公民道德教育","把德育与智育、体育、美育有机结合起来","引导大学生勤于学习、善于创造、甘于奉献,成为有理想、有道德、有文化、有纪律的社会主义新人。"

同时,在学术研究方面,思想政治教育学对伦理学的关注日益兴起。一些专家学者把思想政治教育学与伦理学融合起来,在两者紧密关系的基础上展开研究,如中国人民大学博士生导师吴潜涛教授著的《伦理学与思想政治教育》;有的学者则把思想政治教育和伦理学这两个本来相互独立的学科结合起来组成一个新兴的交叉学科,作为一个整体学科来研究,如南京师范大学博士生导师王小锡教授编写的《思想政治教育伦理学》;还有的学者把伦理学吸收到思想政治教育学中来,成为思想政治教育的一个部分。但是不管专家学者如何看待这两个学科之间的关系,不可否认的是,伦理学对思想政治教育学有不容忽视的作用,这两者之间有着紧密的联系。

二 现代思想政治教育学与伦理学在研究对象上的联系与区别

思想政治教育学是以人的思想观念、政治观点、道德品质的形成、变化和发展,作为自己的研究领域的学科,研究的对象是"人的思想品德形成和发展的规律以及对人们进行思想政治教育的规律"[1];伦理学则将"人类社会生活中的道德现象作为自己的唯一研究对象"[2]。因此,两个学科在研究的领域上有着一定交集——都把道德作为自己的研究对象。但是,两者在道德研究的内容、重点、任务和方法等方面存在着差别。实际上,思想政治教育是将伦理学研究领域的某些内容吸收为自己的研究对象,并在此基础上根据现实需要和学科自身的特点对研究对象加以发展,形成了思想政治教育学关于道德研究的独特方法。

（一）现代思想政治教育学与伦理学研究对象的联系

判断一个学科是否成立的最重要的标准就是看这个学科是否有自己独特的研究对象,毛泽东曾论述过学科研究对象的问题:"科学研究的区分,就是根据科学对象所具有的特殊的矛盾性。因此,对于某一现象的领域所特有的某一种矛盾的研究,就构成某一门科学的对象。"[3] 思想政治教育学是以思想政治教育为研究客体的综合性应用学科,有着自己独特的研究对象和研究方法,尽管不同的学者对于思想政治教育学的研究对象有着不同观点,目前还没有完全达成一致,但是思想政治教育学研究对象的独特性是不可否认的。一般认为,思想政治教育的研究的对象是:人的思想品德形成和发展的规律以及对人们进行思想政治教育的规律。

伦理学是一门以道德现象作为自己研究领域的科学,伦理学的研究对

---

[1] 陈万柏、张耀灿:《思想政治教育学原理》,高等教育出版社 2007 年第 2 版,第 8 页。
[2] 苗相甫:《伦理学教程》,南京大学出版社 2005 年版,第 4 页。
[3] 《毛泽东选集》(第 1 卷),人民出版社 1991 年版,第 309 页。

象是人类社会的道德问题。马克思主义伦理学认为：道德是调整人与人之间关系的一种特殊的行为规范的总和，是在一定的社会物质基础上产生并为之服务的。把道德现象作为伦理学的研究对象，是为了发现道德变化发展的客观规律，揭示这些规律，最终利用规律来为人类社会的发展服务。所以，在马克思主义看来，伦理学研究的道德问题不单单是理论问题，更重要的是实践问题，是把握世界和改造世界的问题。因此伦理学研究的具体对象应包括：道德的一般原理，道德的发展规律，道德建设问题。

思想政治教育和伦理学两个学科的研究都涉及了社会和人的道德问题，两个学科关于道德问题的研究必然有着一定的联系，这种联系体现在其聚焦点上。

1. 思想政治教育学和伦理学都研究道德现象问题

思想政治教育研究人的思想品德的形成，伦理学研究人类社会的道德现象。思想政治教育学研究人的思想品德的形成离不开对社会道德现象的整体研究，人类社会的道德现象可以分为三个部分，即：道德活动现象、道德意识现象和道德规范现象。所谓道德活动现象，主要是指人类社会生活中环绕一定善恶而进行的、可以用善恶观念评价的群体活动和个体行为（包括道德评价、道德教育和道德修养）。所谓道德意识现象，是指在道德活动中形成并影响道德活动的各种具有善恶价值的思想、观点和理论体系。所谓道德规范现象，则是指一定社会条件下评价和指导人们行为的准则[①]。思想政治教育正是从研究人的道德活动现象着手，通过一定的道德规范来引导人的道德意识，解决社会发展的对人们道德的要求与其实际水准之间的矛盾，最终形成符合社会要求的道德活动现象。

2. 思想政治教育学和伦理学都研究如何服务社会的问题

思想政治教育学和伦理学研究都是为社会的发展服务的，当前形式下两个学科都将社会主义精神文明建设的道德现象作为研究内容。1986 年 9 月 28 日，党的十二届六中全会通过了《中共中央关于社会主义精神文明建设的指导方针的决议》，这是我们党做出的第一个关于社会主义精神文明建设的纲领性文件。指出社会主义精神文明建设的根本任务是适应社会主义现代化建设的需要，培养有理想、有道德、有文化、有纪律社会主义公民，提高中华民族的思想道德素质和科学文化素质。社会主义现代化建

---

① 罗国杰：《伦理学》，人民出版社 1989 年版，第 8 页。

设的合格人才，必须是具有良好的思想道德素质的人才，那么究竟有什么样的思想道德素质的人才是合格的人才，怎样来引导人们形成这种优秀的思想道德素质，这是伦理学和思想政治教育学所共同面对的问题。很显然，要提高人们的思想道德素质，就必然离不开对人们的思想道德素质的研究和教育，思想政治教育学和伦理学研究的目的都是为了提高人们思想道德素质的重要学科，两者相互补充，共同承担着培养"四有"新人的任务。要做好社会主义精神文明建设，必须努力发展好这些学科，使之进一步发挥提高人们的思想境界和道德素质，进而促进人的全面发展和建设社会主义和谐社会的作用。

3. 思想政治教育学的德育探索需要伦理学的支持

思想政治教育学研究社会道德现象重点在实践，即如何让人们形成良好的道德品质；伦理学专门研究人类社会道德现象，有着比思想政治教育更为长久的历史，对人类社会道德现象的研究有完整的体系和深刻的理论见解，它不但研究道德现象的实践问题，并且研究道德现象的理论问题，是理论与实践的结合。可以说，思想政治教育学只是重视道德实践，而伦理学则还研究这个实践的理论基础。因而，思想政治教育学的发展，尤其是在道德研究和道德实践方面的发展，需要借鉴伦理学的相关的内容，批判继承地运用伦理学的内容为思想政治教育学中的思想品德的研究和实践服务。

(二) 现代思想政治教育学与伦理学研究对象的区别

一个学科区别于其他学科的一个重要标准就是看这个学科是否有自己的特殊的研究对象，如果没有或者其研究对象只是另外一个学科的一部分，那这个学科就不能成立。思想政治教育学与伦理学虽然都研究社会道德现象，但是两个学科关于道德现象的研究还是存在着差别，两者都有着自己独特的要求，有着不同的倾向。

1. 思想政治教育学和伦理学研究对象的范围上存在差别

思想政治教育学以思想政治教育为研究客体，而思想政治教育包括了思想教育、政治教育、道德教育三个内容，道德教育只是思想政治教育中的三大教育之一，因此道德研究也只是思想政治教育学的部分内容。伦理学则不同，它是以人类社会的道德问题作为自己的唯一的研究对象的学科，道德问题是伦理学研究的全部内容。从学科研究内容的广度上来看，思想政治教育学比伦理学的范围要广，但是这并不意味着伦理学就属于思想政治教育学的部分内容，伦理学在道德研究的深度和广度上要远远大于思想政治教育学的范围。

2. 思想政治教育学与伦理学关于道德问题研究的重点有差别

伦理学重点研究的是道德理论问题，解决道德"是什么""为什么"的问题。罗国杰在其著作《伦理学》中指出伦理学研究的任务：一是科学地论证和阐述道德的起源、本质、发展及其规律；二是概括和阐明社会主义、共产主义道德的规范体系；三是研究适应社会主义现代化建设的有理想、有道德的新人的成长规律；四是批判旧道德，更新旧观念。伦理学通过对道德现象抽象地、深层次地思考，为社会道德的发展提供理论上的指导。思想政治教育重点研究的是道德的实践问题，解决的是道德"做什么""怎么做"的问题，它是一项实践性的活动，解决的是一定社会发展的要求同人们实际的品德水准之间的矛盾，它要求思想政治教育研究者以人作为研究对象，去帮助人们形成符合社会要求的品德水平。因此，思想政治教育既要分析人的思想品德的形成和发展的规律，也要研究如何通过思想政治教育来引导人们的思想道德朝着社会要求的方向发展。

三 现代思想政治教育学与伦理学在解答现实问题上的联系

在新的社会历史条件下，人们的思想观念、道德素质在潜移默化地发生改变，一些不符合社会发展和人民根本利益的思想道德问题日益突出，作为精神文明建设的重要学科，思想政治教育学和伦理学面临着更多的问题和挑战。思想政治教育学和伦理学是我国国家上层建筑的重要内容，在当前形式下是为社会主义现代化建设服务的，两者共同承担着研究社会道德问题、帮助人们树立正确道德观念、引领社会主义道德风尚和促进社会和谐稳定的历史使命。

（一）现代思想政治教育学与伦理学都面临同样的新问题

改革开放以来，我国的发展成绩斐然，物质财富极大丰富，生活水平大幅提升。但是，社会不良现象和不和谐因素也不可忽视，尤其在市场经济的大背景下，人们受不良思想的影响而只注重物质积累、忽视精神道德提升，以至于出现诸多社会道德问题。同时，当今国际形势的变化和时代的变更，使得作为思想道德建设学科的思想政治教育学与伦理学面临着更多新情况和更大的挑战。

首先，社会变化衍生的不良问题带来的冲击。在中国共产党的领导下，中国的经济发展取得了举世瞩目的成就，人们的生活水平得到了大幅度提升，但是我们也应该清楚地看到，在经济发展的同时，也带来了一些问题：社会出现了不同程度的拜金主义、享乐主义和个人主义；经济活动中不讲诚信、非法赢利比比皆是；官员贪污受贿，盗用公共财产等现象时有发生；人们的社会公德、职业道德甚至家庭美德出现一定程度的危机。这些不良因素和现象，是我国今后发展道路上的"毒瘤"，要割除这些问题，强力的法治措施必不可少，而思想政治教育学与伦理学的引导、教育与重塑也同样重要。

其次，全球化的冲击。1978年发展至今，我国的改革开放取得了巨大的成就，已经形成了全方位、多层次、宽领域对外开放格局，文化领域的对外交流范围也正在逐渐扩大。在积极与外界交流的过程中，我们大胆地学习和借鉴一些资本主义发达国家的经验，吸收了有利于我国发展的优秀文明成果，这是有利的一面。但是，在进行文化交流的同时，一些不利我国发展尤其是不利于我国社会主义现代化建设的思想文化，也不断冲击着我国文化的发展和繁荣。思想文化作为一种阶级统治的软性上层建筑，是为统治阶级服务的，具有很强的阶级性和民族性。在当今时代，两种社会制度的较量在全世界范围内进行，资本主义制度有着更广的存在范围和更长的发展历史，其宣传力和影响力更为强劲。西方资本主义国家对社会主义国家进行思想意识的渗透，文化自然就成为其"西化"中国的武器，他们打着"民主""自由""人权"等幌子千方百计地对我国进行"和平演变"，同时，还试图用一些资本主义拜金观念、"自由观念""解放观念"来腐蚀中国人的思想。这使得我国的思想道德教育面临着更多的挑战：既需要克服人们本身存在的思想道德欠佳的困难，又要应对不良文化的挑战，还要抵御外来侵略文化的干扰。

最后，互联网的冲击。当今时代，互联网已经遍布世界。它因方便、快捷、广泛等特点，已经在社会发展和人们的日常生活中占据重要地位，对人们的思想道德产生了巨大影响。但是互联网是"双刃剑"，驾驭得好可以为己所用，驾驭不好则伤己伤人。互联网是一个自由的空间，在网络上，一些不良的道德观念、思想意识也能在短时间内大范围的传播。另外，一些有不良之心的人利用网络制造麻烦、扰乱社会，暴力、色情、低俗等内容充斥网络，造谣、"钓鱼"、抹黑、唱衰等行为屡屡发生。在此背景下，作为维护社会和谐稳定和培养人们良好思想品德的思想政治教育，在工作的广度和难度上大大增加，不仅增加了思想道德教育要应对的内容和范围，也增加了树立人们正确思想道德观念、培养人们符合社会要求的道德的难度。

（二）现代思想政治教育学与伦理学都承担着社会主义道德建设的使命

思想政治教育学与伦理学都是社会主义精神文明建设的不可或缺的部分，在培养人们正确的道德意识和道德行为方面发挥着重要的作用。思想政治教育要解决的是一定社会发展的要求同人们实际的思想品德水准之间的矛盾，"使人们形成符合社会发展要求的思想品德，进而推动社会的向前发展"[①]。当前形势下，就是要使人们形成符合社会主义现代化建设的要求的思想品德，进而推进我国的现代化建设的进程，实现中华民族的伟大复兴。"伦理学的任务归根到底是为了实现人的自由全面发展服务的，为人类从必然王国走向自由王国服务，这是伦理学的总任务。依据这一总任务，结合我国社会主义初级阶段的实际，具体说来，伦理学的任务：为社会主义精神文明建设服务，为培养'四有'新人服务，为把我国建设成为富强、文明、民主的社会主义国家，实现社会主义现代化服务。"[②]

（三）现代思想政治教育学与伦理学在道德教育内容方面有着共同的现实问题

在当今形势下，思想政治教育学和伦理学都围绕着培养符合社会主义现代化建设的"四有"新人而开展研究和教育活动，在教育的内容上有着很多的共同点，虽然在学科的划分上有着一定的区分，但是这些共同的内容是两个学科都需要解决的现实问题。

1. 弘扬和培育民族精神

民族精神是一个民族在长期的共同生活和社会实践基础上形成的优秀传统文化的结晶。在五千多年的发展中，中华民族形成了以爱国主义为核心，团结统一、爱好和平、勤劳勇敢、自强不息的民族精神。在我国历史上，民族精神是我们国家生生不息、发展壮大的动力；在社会主义现代化建设中，是实现民族复兴、人民幸福的凝聚力的核心。21世纪新阶段，我们必须发挥思想政治教育学和伦理学为现代化建设服务的职能，坚持弘

[①] 陈万柏、张耀灿：《思想政治教育学原理》，高等教育出版社2007年第2版，第5页。
[②] 章海山、张建如：《伦理学引论》，高等教育出版社2007年版，第5页。

扬和培育民族精神，尤其要加强爱国主义教育，培养人们热爱祖国的深厚感情，不断地增强全民族的精神力量，不断丰富全民族的精神世界，使之成为建设中国特色社会主义事业的巨大精神动力。

2. 帮助人们树立正确的人生观、价值观

人生观和价值观是指引人们生活的标杆，只有在正确的人生观和价值观引导下，人才可能成为一个于己、于人、于集体、于国家、于社会都有价值的人。思想政治教育学培养人们符合社会要求的思想品德，伦理学培养人们符合时代要求的优良道德，从根本上说，两者都是为了人们树立正确的思想观念。人们思想观念的培养，需要对其关于人生、关于世界的根本看法进行正确的引导。在思想政治教育学和伦理学的教育过程中，要以为人民服务的人生观和集体主义价值观来教育和引导人们，使人们树立正确的价值判断标准，在社会主义现代化建设过程中积极发挥自己的作用，为现代化建设贡献自己的力量。

3. 加强社会公德、职业美德和家庭美德的建设

社会由许多方面构成，但主要由社会的公共生活领域、职业活动领域和家庭生活领域三个方面构成，这三个方面体现着一个社会的文明程度。社会公德建设、职业道德建设和家庭美德建设是社会主义道德建设的最基本、最重要的内容，也是思想政治教育学和伦理学面临的重要的现实问题。虽然两个学科在这个问题的研究上存在一些差别，伦理学重在研究理论内容以及论证内容的合理性，思想政治教育学更注重其实践性，但两者都承担了社会公德、职业美德和家庭美德的建设的任务。

第二节　现代思想政治教育学对伦理学知识的借鉴

道德规范和道德教育是思想政治教育中十分重要的内容，伦理学的有关理论为思想政治教育学提供了重要依据，尤其是马克思主义伦理学所揭示的基本道德原理为我国现代思想政治教育的道德教育奠定了基础。思想政治教育学不断借鉴和吸收伦理学的相关内容，"以我为主，为我所用"，并在原来基础上加以发展和完善，最终转化为本学科的内容。

一　借鉴伦理学相关分支学科理论知识

道德教育离不开一定理论的支持和引导，伦理学专门从事道德研究，

在发展过程中形成了比较完整的体系和内容,并产生了深化伦理学研究的相关分支学科,在理论上为思想政治教育提供了参考和借鉴。描述理论学、规范伦理学和应用伦理学等都从不同的角度和内容上研究社会的道德问题,对思想政治教育学有一定的借鉴作用。

(一)现代思想政治教育学对描述伦理学理论知识的借鉴

"描述伦理学是以描述和归纳的方法对社会道德进行经验研究或事实研究的理论或者研究方法。"[①] 它主要是通过调查、观察和分析等方法对社会的道德现象进行描述,研究社会的道德规范体系在当时的社会历史条件下是否符合社会成员的水平,是否起到促进社会发展的作用。思想政治教育研究的人的思想品德的形成和发展规律以及对人们进行思想政治教育的规律,目的是使人们形成符合社会发展要求的思想道德品质。人的思想道德的形成和对人们进行道德教育都离不开一定的社会环境,更离不开对当时人们的道德水平、道德行为以及社会心态的掌握。因此,思想道德教育需要借鉴描述伦理学的基本理论和方法,对当时的社会道德要求和道德状况进行研究,找出人们的道德水平和社会发展所需要的道德要求之间的差距与矛盾,采取相应的方法解决问题,进而对社会发展起到促进的作用。

(二)现代思想政治教育学对规范伦理学理论知识的借鉴

规范伦理学是侧重于道德体系研究的科学,它把研究的重点指向现实生活,"强调通过探讨善与恶、正当与不正当、应该与不应该之间的界限与标准,论证道德的价值,制定道德的规范,以指导和约束人们的生活实践"[②]。规范伦理学通过道德原则、道德规范等方式将人类的价值观念和道德理想具体地表现出来,以推动社会的进步。思想政治教育也正是要通过一定的载体,采用一定的方法,将社会所需要的道德规范传授给人们,使人们在实践中逐渐形成社会所需要的道德行为。要达到这个目的,制定合适的道德规范是前提条件。因此,思想政治教育必须要做的是:根据社会历史的发展状况和人们的道德水平,研究具体的道德规范,发挥保证和引领的作用。在当前形式下,思想政治教育要围绕社会主义现代化建设的总任务,以培养符合社会主义现代化建设的"四有"新人为目标,展开

---

① 肖祥:《伦理学教程》,电子科技大学出版社 2009 年版,第 43 页。
② 周中之:《伦理学概论》,人民出版社 2004 年版,第 11 页。

以社会主义核心价值体系为总领的具体道德规范，指导人们的生活实践。

（三）现代思想政治教育学对应用伦理学理论知识的借鉴

"应用伦理学是以规范伦理学的原理为依据，着重解决现实生活中的伦理道德问题的伦理学研究类型的方法。"[①] 它是在描述伦理学和规范伦理学的基础上，结合道德生活的具体领域，有针对性地运用新的视角来研究该领域内的道德现象，在不同的具体道德领域又形成了不同的分支学科，比如经济伦理学、生命伦理学、生态伦理学、网络伦理学。社会的各个领域都涉及人的思想道德情感方面的内容，这些社会领域的正常运转，离不开正确的思想道德观念和规范的引导。因此，这也是思想政治教育研究的必要内容。伦理学分支学科的研究为思想政治教育学开拓了更宽的视野、提供更多的启示。经济伦理学启示教育者引导人们如何看待和参与社会经济活动，生命伦理学启示教育者引导人们如何珍爱生命、善待生命，生态伦理学启示教育者引导人们如何树立正确的生态观，网络伦理学启示教育者引导人们正确看待、对待和使用网络。总之，思想政治教育学在借鉴应用伦理学相关的原理和内容的基础上，将其转化为本学科所需要的内容，并运用自身的独特方法，培养人们的良好思想品德素质。

二 借鉴伦理学理论成果

思想政治教育中的道德教育从哪里来、如何去做、遵循什么样的理念、可能会有什么效果等问题，不仅需要在实践中不断求证，而且也需要理论上的依据和论证。伦理学研究的道德本质理论、道德功能理论、道德选择与道德行为理论、道德他律理论等内容，恰好契合了思想政治教育的理性思考需要，解答了思想政治教育在实践时必须要回答的深层问题。因此，这些内容可以被思想政治教育学吸纳进来作为理论依据和指导，奠定道德教育的理论基础，拓展道德实践的广度和深度，更好地发挥为社会主义现代化建设服务的功能。

（一）借鉴伦理学的道德本质理论

马克思主义认为，道德是一种特殊的社会意识形态，属于上层建筑的一部分，其本质是社会意识。作为上层建筑的道德，它的内容和活动由当时的社会经济基础所决定，而又反作用于这个经济基础。在当下，我国的

---

① 周中之：《伦理学概论》，人民出版社 2004 年版，第 12 页。

道德是由社会主义经济基础所决定的。我国当前的经济制度和经济发展水平为我国的道德的发展奠定了基础，同时道德发展又为我国的经济和社会发展服务。道德作为一种具有调节规范作用的特殊社会意识形态，相对政治制度和法律规范来说，它是非制度化的规范，它从人们生活中悄然而生，而又潜移默化地影响人们的生活。因此，道德规范一般不需要强制的手段来执行，而是借助于传统道德、社会舆论和内心信念来实现。思想政治教育学当前的主要任务是培养符合社会主义现代化建设的人才，为我国社会发展服务。在人才的培养中，对个人道德的培养是至关重要的，而在此之前，人们对于道德本质的认识则是方向性和决定性的。因此，思想政治教育要充分地认识到道德作为社会意识的本质，在道德教育方面紧靠社会主义现代化建设的要求，以培养真正符合社会主义现代化建设的优秀建设者和合格接班人。

（二）借鉴伦理学的道德功能理论

道德是在一定的物质基础上所产生的，但一经产生，道德又以自己的独特方式反作用于这个物质基础，发挥能动作用，正确的道德意识可以促进社会的发展，错误的道德意识则会阻碍社会的进步。道德主要具有认识功能、教育功能、辩护功能和调节功能，这些功能相互作用，在社会生活中发挥巨大的调节作用。认识功能、教育功能和辩护功能是道德的基本功能，但是三者都不是最终目的，道德认识、道德教育和道德辩护都是为道德调节服务，并最终实现培养符合一定社会要求的人的目标。在道德的这四个功能中，思想政治教育学尤其要重视道德的教育功能，即通过各种手段传授符合社会主义现代化建设的道德内容，为我国的发展服务。思想政治教育学进行道德教育时，要充分地认识到优良道德的社会功能并合理利用，以拓展思想政治教育的理论内容和促进思想政治教育实践，解决我国当前社会发展要求与人们的思想品德水准之间的矛盾，培养符合社会主义现代化建设要求的人才。

（三）借鉴伦理学的道德选择与道德行为理论

道德选择和道德行为是道德实践的两个基本的方面，两者相互影响、相互作用，共同构成了道德实践的主要内容。道德选择"是指人们在一定的道德意识支配下，根据某种道德标准，在不同价值准则、善恶冲突之间所作的自觉自愿的抉择"①。道德选择直接反映了选择主体的道德认识、道德情感和道德意志的层次,一个人进行怎样的道德选择直接由自身的思想意识所决定,同时也受到一定的社会环境的影响。道德行为则是在道德选择之后,将一定的道德要求、道德观点内化为自己的道德意识和道德观念,并在此支配下所表现出来的一种会对他人和社会产生影响的,可以用善恶标准评价的行为。道德选择影响甚至决定着道德行为,道德行为经过他人和社会的评价之后又反作用于道德选择,两者是相辅相成的关系。思想政治教育的目的就是要培养人们正确的观念,最终形成正确的、符合社会要求的行为。要达到这个目的,就需要首先从观念、意识入手,用符合社会主义现代化建设的理论和道德规范在社会范围内营造良好的道德氛围,直接或间接地影响人们的思想观念,并通过一定的活动形式引导人们将这些观念内化为自己的品质,最终以行动表现在其实践活动中。

(四) 借鉴伦理学的道德他律理论

马克思主义认为,道德价值既不是来自于神,也不是来自于社会权威,而是由一定的社会经济关系决定,在一定的社会关系中形成。人们"归根到底总是从他们阶级地位所依据的实际关系中——从他们进行生产和交换的经济关系中,吸取自己的道德观念"②。道德他律包括了两个方面:一方面道德主体受制于一定的环境和条件,受到客观必然性的制约;另一方面道德主体受制于其他人和社会,不是完全由自己个人的想法所决定。道德他律的目的是,通过外在的道德规范指引道德主体朝着一定的方向发展,在这个发展过程中,把外在的道德规范内化为自己的道德品质,最终达到道德自律的目的。思想政治教育是社会或社会群体用一定的思想观念、政治观念、道德规范,对其成员施加有目的、有计划、有组织的影响,使他们形成符合一定社会所要求的思想品德的社会实践活动。也就说思想政治教育是社会用一定的道德规范对社会成员产生他律,以期形成社会要求的道德品质。这种道德的他律性正符合了思想政治教育的实践要求,它首先需要的是制定良好的道德规范,来引导人们的思想道德品质走向,同时要在社会中大力宣传,加强道德的他律,让社会成员逐渐将这种道德规范转化为自己的道德品质,进而实现道德的自律,成为一个有良好

---

① 肖祥:《伦理学教程》,电子科技大学出版社2009年版,第172页。
② 《马克思恩格斯选集》(第3卷),人民出版社1995年第2版,第434页。

道德的人。

（五）借鉴伦理学的道德评价理论

道德评价是伦理学的一个基本范畴，《伦理学大辞典》对道德评价的解释是："道德评价是指一定社会环境中的人们，直接依据一定社会或阶级的道德标准，通过社会舆论或个人心理活动，对他人或自己的行为，进行善恶判断，表明褒贬态度。"道德评价侧重于价值判断，这种价值判断是人们在生活中逐渐形成，并得到广泛认同的调节社会关系的规范。道德评价的对象包括两个方面：一是主体的行为，也就是对社会的某一主体的行为进行评价；二是对人类的某种一般的社会现象进行评价，如抢劫是一种恶行。马克思主义认为，道德评价是在一定的社会历史中进行的，必然具有社会历史性，但是道德评价又是一个不断的发展变化的过程，总是为不断变化的社会经济服务；他还指出其道德评价"是以占全人口百分之九十以上的最广大群众的目前利益和将来利益的统一为出发点"，因此，马克思主义的道德评价是在一定社会历史条件下以广大人民的利益作为出发点的。在当前，评价道德是善还是恶，必须要以是否符合社会主义现代化建设的要求和符合最广大人民的根本利益为标准。

（六）借鉴伦理学的道德终极标准理论

终极道德判断标准是指能够推导出一切道德规范的标准，可以用来衡量一切行为善恶和道德标准优劣的终极标准。这个标准由两个部分构成："一个总标准和两个分标准。总标准是在任何情况下都应该遵循的道德终极标准：增减每个人的利益总量。分标准一，是在人们利益不发生冲突而可以两全情况下的道德终极标准，亦即所谓的帕累托标准：无害一人地增加利益总量。分标准二，是在人们利益发生冲突而不能两全的情况下的道德终极标准：'最大利益净余额标准'——它在他人之间发生利益冲突时，表现为'最大多数人的最大利益'标准；而在自我利益与他人或社会利益发生冲突时，表现为'无私利他、自我牺牲'标准。"[①] 道德终极标准理论强调任何道德都要实现社会利益最大化，尽可能地使社会及其成员获得最多的利益。思想政治教育学是为统治阶级服务的，在教育的过程中，就是要把道德终极标准作为教育的标准，以集体主义价值观引导人民群众，正确地处理个人、集体和国家的利益，在特定的利益冲突情况下做

---

① 王海明：《道德终极标准新探》，《东南学术》2005年第1期。

出正确的选择，在无冲突的情况下做出最大的贡献。当前我国的领导阶级是代表最广大人民根本利益的无产阶级，无产阶级和广大人民群众的根本利益是一致的，因此思想政治教育学是为了最广大的人民群众服务的，我们应该集中人民群众的力量，"无害一人地增加利益总量"，促进社会主义现代化建设。

（七）借鉴伦理学的社会主义道德规范理论

道德是在一定的社会基础上产生，并随着社会的变化而变化。社会主义道德规范在社会主义条件下产生，尤其是伴随社会主义市场经济发展而不断发展，具有鲜明的时代特点。社会主义道德规范主要包括了为人民服务的原则、集体主义原则、人道主义原则、社会公正原则、诚信原则等。道德的具体内容包括了人生观和价值观、理想与现实、职业道德、社会公德、家庭美德等，这些原则和内容涉及人们生活的方方面面，为人们的个人道德修养和社会主义的道德建设提供了具体的指导。现代思想政治教育学要把符合一定社会要求的政治思想道德观念传授给人们，使人们把道德规范的要求内化为自己的道德品质，并在实践中转化为具体的道德行为。在社会主义市场经济条件下，人们受到一些不良思想道德的冲击，其道德水平也受到很大的影响，不良道德现象时有发生，要解决好这些问题，需要思想政治教育充分发挥育人育德、立德树人的作用。道德教育在坚决执行党和国家的道德规范的前提下，根据对象的具体情况运用灵活多样的方式进行，使社会主义的道德规范转化成为人们的优良品德，从而养成良好的社会道德风尚，维护社会的和谐发展。

第三节　现代思想政治教育学的伦理学理论基础建构

思想政治教育学借鉴伦理学的理论内容，最终都是为夯实思想政治教育的理论基础和提供实践指导服务的。为了达到该目的，我们需要在借鉴伦理学有关知识的基础上，从思想政治教育学发展的要求出发，将伦理学有关知识转化为思想政治教育学的内容，建构思想政治教育学的伦理学理论基础。这就是说，要将思想政治教育学理论的基础夯实、拓展和完善，作为理论建构的基本指向，分析建构现代思想政治教育学的伦理学理论基础的必要性和可能性，建构出现代思想政治教育学的伦理学理论基础体系，并在现代思想政治教育学的视野下立足于思想政治教育的理论发展和现实问题的解决，规划思想政治教育伦理学的内容。

一　建构现代思想政治教育学伦理学理论基础的要求

思想政治教育与伦理学有着深厚的历史渊源和共同的社会道德研究领域，思想政治教育的发展，需要借鉴伦理学的知识。但是知识的借鉴并不是简单的复制，而是在结合伦理学相关内容的基础上，从思想政治教育学的发展要求出发，选择伦理学思想政治教育化的内容，寻找伦理学知识思想政治教育化的方法。

（一）创新现代思想政治教育学发展的理论要求

自 20 世纪 80 年代我国提出"思想政治教育科学化"以来，思想政治教育学在不到 30 年的时间里逐渐发展和完善自己的体系，形成了有着自己独特研究领域、研究方法和理论体系的学科。学科的发展离不开对其理论知识的完善，在近二十几年里，思想政治教育一直以马克思主义作为自己的指导思想和理论基石，并在不同的社会历史时期根据时代和社会的发展需要，对具体的理论依据做出与时俱进的完善。当前，思想政治教育学在马克思主义旗帜下，以中国特色社会主义理论体系作为自己的重要理论依据。

2005 年，国务院学位委员会和教育部将政治学一级学科下的"马克思主义理论与思想政治教育"二级学科，调整到马克思主义理论一级学科下，设立"思想政治教育学"二级学科。在同时颁布的被公认为是学科建设标准的《马克思主义理论一级学科及其所属二级学科简介》中，对思想政治教育学科有这样一段阐述："思想政治教育学科以马克思主义为理论指导，以党的思想政治工作为实践基础，经过 20 多年的学科建设，取得了丰硕成果。在新的历史条件下，本学科面临着拓展学科领域、丰富学科内涵、增强学科特色、提高学科水平的建设任务。"[①] 由此可见，马克思主义是思想政治教育学的理论指导，但是在新的社会历史条件下，思想政治教育学的发展需要根据时代的变化和自身发展的规律拓展自己的学科领域。这意味着，思想政治教育学：一方面要通过自己学科的钻研来拓展学科研究的深度；另一方面要借鉴其他学科的内容来发展和完善自己，

---

① 教育部社会科学司：《普通高校思想政治理论课文献选编（1949—2008）》，中国人民大学出版社 2008 年版，第 230 页。

拓展研究的广度。从与伦理学的关系角度来看，思想政治教育学研究"人的思想品德形成和发展的规律以及对人们进行思想政治教育的规律"，既需要根据自身学科的性质和要求有针对性地做相应的实践调查和分析，也离不开对伦理学的道德标准、道德评价、道德实践等知识的借鉴，以此来拓宽思想政治教育学道德教育的领域，完善思想政治教育学道德教育的体系。

（二）适应现代思想政治教育学发展的实践要求

思想政治教育学是一门十分重视实践的学科，它在我国革命和社会主义现代化建设中，发挥着"生命线"和"中心环节"的作用，思想政治教育学研究的目的就是要"解决一定社会的发展要求同人们实际的思想品德水准之间的矛盾"，使人们形成一定社会、一定阶级所需要的思想品德的社会实践活动。这种实践活动自古就产生了，在不同的时代有着不同的内容和表现形式。在我国社会主义条件下，它是工人阶级政党用马克思主义、共产主义信仰教育人民，提高人们的政治素养、思想道德品质，动员广大人民群众为社会主义现代化建设而奋斗的实践活动。道德教育和道德感化活动是思想政治教育学实践活动的重要内容，在当前形式下思想政治教育要以社会主义道德和共产主义道德来教育和引导人们。社会主义道德的基本要求是：爱祖国、爱人民、爱劳动、爱科学、爱社会主义，具体体现为："爱国守法、明理诚信、团结友善、勤俭自强、敬业奉献"，这些要求和内容在人们的日常生活中则表现为家庭美德、职业道德和社会公德。

思想政治教育学和伦理学的关系可以看作是道德实践和道德理论之间的关系，道德理论研究的目的是为了进行道德实践，道德实践是道德理论研究的目的；道德理论研究为道德实践提供依据，道德理论是道德实践的基础，两者在人类道德活动中相互影响、相互促进。社会主义道德的传播需要思想政治教育学充分发挥其教育、感化的功能，在整个社会范围内形成良好的道德风尚；而社会主义道德规范体系的论证以及建立则需要发挥伦理学的理论研究的作用，使道德规范体系体现合目的性，同时也要体现道德的合规律性，使之符合人的思想道德发展的规律。

（三）推动伦理学理论知识思想政治教育学化的学科要求

思想政治教育学是为社会发展服务的学科，其发展必须紧跟社会时代的发展。当今中国处于和平的社会历史时期，社会的主要矛盾已经不再是阶级之间的敌对矛盾，社会整体上稳定和谐。但是随着全球化、信息化的演进，以及我国市场经济的发展，我国社会上出现了一些不良的现象。这些现象的出现很大程度是由于人们的道德缺失所导致的。伦理学是专门研究社会道德现象的学科，但是要解决这些道德问题，构建良好的社会道德风尚，单凭伦理学的研究是远远不够的，它还需要其他集研究和教育、感化为一体的学科来共同完成。思想政治教育学正是具有这样功能的学科。现代思想政治教育学作为具有道德研究和道德教育功能的学科，解决社会道德问题是它的主要任务之一，而要研究和解决这些社会的道德问题，又离不开对伦理学相关知识的借鉴，也就是说思想政治教育的道德教育需要在原有的伦理基础上与时俱进地借鉴伦理学的内容，并建构思想政治教育学的道德教育理论基础，研究社会的道德现象，寻找塑造社会主义优良道德风尚的新途径。

二 确立现代思想政治教育学的伦理目标和内容

实现伦理学的思想政治教育学化，需要构建一个思想政治教育学关于伦理道德的研究和教育发展的完善的体系，即思想政治教育学的伦理知识体系。这个体系的构建是融合了思想政治教育需要和社会道德发展的要求，将伦理道德理论和实践作为思想政治教育学的专门研究内容的活动，最终为思想政治教育学解决"一定社会发展的要求同人们实际的思想品德水准之间的矛盾"奠定扎实的基础。

（一）确立现代思想政治教育学的伦理目标

马克思主义认为，思想道德是一种能动的社会意识形态，受社会历史条件的制约。因此，思想道德教育的发展必须以生产力的需要和它的物质条件为基础，生产关系的总和构成的社会经济基础决定了思想道德教育的方向和目标。思想政治教育学是在我国社会主义建设时期形成的，它是我国当代社会的产物，其产生、发展都离不开我国当代社会存在的影响。同时，思想政治教育学又是为我国社会发展服务的。思想政治教育学伦理道德教育目标必须服务于社会主义政治、经济、文化和社会发展的需要，从而培养有理想、有文化、有道德、有纪律的社会主义新人，致力于社会主义现代化建设。当然，思想政治教育学伦理目标的确立不能将为社会服务作为唯一的原则，还要考虑到被教育对象的实际情况和道德形成规律，有计划、有针对性地进行。

思想政治教育学的伦理目标解决的是人之为人的问题，目标的确立应该以人为本，充分体现人的发展需要。思想政治教育伦理道德研究的总目标应是：建构社会主义优良道德和培养人的道德品质。但这只是思想政治教育伦理目标的大致框架，要想实现这个大的目标，需要对思想政治教育伦理目标进行细化，对不同的社会群体制定更加精细的伦理目标。鲁洁根据教育对象的不同就学校的道德教育问题提出了不同标准的伦理学目标：针对一般学生，应以"五爱"的公民道德为目标；对共青团员学生，应进一步要求他们处理好个人利益和集体利益的关系，把个人理想与社会需要结合起来，树立社会主义主人翁思想，在各项工作中发挥骨干作用；针对共产党员学生，要从无产阶级先进分子的高度去进行教育，使之自觉树立共产主义的道德信念和理想，为社会主义和共产主义事业做出牺牲和贡献[①]。

（二）建构现代思想政治教育学的伦理内容

思想政治教育学道德教育围绕提高人们道德素质这个中心来进行，目的是培养有理想、有道德、有文化、有纪律的社会主义新人。要培养符合社会要求的人，需要从教育内容上构建满足这种要求的成分。在当前，这些内容应包括：思想政治教育伦理原则、马克思主义伦理道德教育，社会公德教育、职业道德教育和家庭美德教育。

1. 现代思想政治教育学的伦理原则

思想政治教育学是以马克思主义为指导思想的学科，在其发展过程中始终坚持着共产主义的远大理想，这种理想在现阶段表现为坚定地拥护和支持社会主义。现代思想政治教育伦理研究是社会主义上层建筑的重要部分，为社会主义现代化建设服务。作为上层建筑，现代思想政治教育伦理研究在为社会服务的过程中必须坚持符合社会主义建设要求的原则，这些原则是思想政治教育伦理研究和教育的独特内容。因此，思想政治教育的伦理原则，就是进行思想政治教育研究和思想道德教育时所需要遵循的基本准则，这些准则是思想政治教育学道德教育沿着正确的方向进行和发挥为社会主义服务之基本功能的保证。其内容可以概括为一个核心和四个原则：

一个核心，是思想政治教育学伦理研究必须坚持为人民服务的原则。

---

① 鲁洁：《试论社会主义初级阶段的德育建设》，《教育研究》1998年第4期。

它要求人们在现实社会生活中，在处理个人和他人、个人和集体、个人和社会的关系时，不能只从自己的个人利益出发，要把人民群众的利益放在首位，注重个人对社会的贡献。为人民服务的原则正确地反映了马克思主义的唯物主义历史观，正确地看到了人民群众的社会历史地位，是所有原则中最为重要的内容，集中反映了社会主义道德的价值目标及其导向，对其他原则起指导作用。

四个原则分别是：集体主义原则、人道主义原则、公平正义原则、诚信原则。首先，马克思恩格斯在创立科学社会主义理论时，在《神圣家族》中指出："既然正确理解的利益是整个道德的基础，那就必须使个别人的私人利益符合于全人类的利益。"① 这是马克思集体主义的思想的最初表达。在社会主义建设中，集体主义在马列主义的基础上得到了更加全面的发展，主要包括了：以国家利益、集体利益和个人利益相统一为根本，以国家利益、集体利益高于个人利益为特征，保障个人的正当利益。其次，人道主义原则是指在我国社会主义条件下要充分地满足人们物质需要和精神需要，关心个人的全面发展，尊重人的尊严。具体来说包括了尊重人、关心人和促进人的全面发展三个方面，这三个方面相互渗透、相互影响，共同发挥作用。再次，公平正义原则是指在调节人们的关系中，出于无私的公心，不偏袒其中的任何一方而损害另外一方的正当利益。公平正义的原则是社会主义伦理道德建设的重要内容，尤其在社会主义市场经济条件下，公平正义是维护经济发展与社会和谐的重要内容，体现出弥足珍贵的价值。最后，诚信原则。诚信就是诚实信用，简单地讲就是说实话、办实事、做实人。诚信是中华民族的传统美德，涉及个人、集体和国家的关系协调，如今已经成为了社会主义市场经济的核心理念之一，在社会中有着举足轻重的作用。

2. 马克思主义、共产主义伦理道德思想教育

虽然马克思恩格斯本人从未使用过"共产主义道德"的概念，也没有对其内涵和具体道德规范做过详细论述，但是在他们的著作中多处牵涉共产主义道德问题，道德不仅是他们批判资本主义的视角，更是他们看待全部人类历史的角度之一。马克思主义认为思想道德是在一定的社会经济上产生并为之服务的，社会历史的变化会引起社会道德的变化，而这种变

---

① 《马克思恩格斯全集》（第 2 卷），人民出版社 1957 年版，第 166—167 页。

化产生根源则是社会实践。马克思主义的这种道德思想是在唯物史观基础上形成，与以往的道德有着根本的区别。它以人的自由为核心，人道主义贯穿于马克思主义的始终，可以说马克思主义道德是人道主义的道德。

建构现代思想政治教育学的伦理内容，要抓住和贯彻马克思主义伦理道德思想的鲜明特点，这也是完成建构任务的重要内容。首先，道德观念和道德规范的来源。以往的道德学说和道德理论对于道德的来源解释不一，但多数人认为，道德是人以外不可抗拒的神或者上天的意志，这种意志是永恒的、无须反思的。但是马克思主义认为："道德问题归结起来属于社会的上层建筑，上层建筑取决于经济基础，而经济基础最终又是由生产力的水平与性质决定的。"① 其次，道德的阶级性和道德功利作用。在阶级社会里，道德的产生离不开它依赖的阶级，道德是阶级统治的工具。这就体现了道德是具有功利作用的，是为社会的统治阶级服务的。但是马克思主义认为，道德的功利作用是指道德为人民大众服务的功能和作用，这种功利的本质是为人民大众的功利。最后，道德的社会历史性。社会是发展和变化的，社会道德的内容和形式也是不断更新的，任何道德都有一定的社会适应性，都会随着历史的改变而改变，没有任何道德是永恒不变的。

3. 社会公德、职业道德和家庭美德教育

思想政治教育道德教育要培养符合社会主义现代建设要求的人，需要用一定的内容和通过一定的手段来实现。道德教育活动自古就有，发展至今已经积累了很多的经验。在我国社会主义形式下，道德教育作为思想政治教育的重要的内容，有着既独特又与时代发展紧密结合的内容，社会公德教育、职业道德教育、家庭美德教育构成了社会主义思想政治教育道德教育的基本内容。

社会公德是指一个社会全体居民为维护社会正常生活秩序而必须共同遵守的最起码、最基础的公共生活准则，主要包括：遵守社会公共秩序、诚实守信、文明礼貌、尊老爱幼、团结友爱、爱护公物等。社会公德教育就是用社会公德的内容来教育人们，使之形成符合社会要求的公共道德品质。做好社会公德教育需要社会、学校和个人的共同努力，尤其要发挥社会和学校的教育功能，在全社会营造良好社会道德风气。职业道德是人们

---

① 安启念：《马克思恩格斯伦理思想研究》，武汉大学出版社 2010 年版，第 41 页。

在从事特定的工作和劳动时，思想和行为方面应该遵循的道德规范和准则。职业道德教育是根据职业的共同要求和不同岗位的具体情况，对参加职业工作人员进行业务道德教育。社会主义职业道德主要包括：爱岗敬业、积极工作、办事公道、团结互助、努力提高技术业务水平、服务同事、奉献社会。职业道德是个人道德和个人利益的结合，也是个人道德和社会利益的结合。家庭美德教育一直是中国道德教育的重要内容，是中国的优良传统。这三个方面的教育，各自发挥着独特的作用，为社会主义道德建设贡献着巨大的价值，同时这三个方面又是相互联系、相互影响、相辅相成，共同处于社会主义道德建设的统一体中，共同为社会主义道德建设发挥着不可替代的作用。

三 确立现代思想政治教育学的伦理教育原则和方法

理论研究都是为实践服务的，理论探讨归根结底是为了满足社会实践的需要。现代思想政治教育伦理研究的主要任务是培养人们符合社会发展要求的道德素质，目的是解决社会不良道德问题、塑造良好社会道德风气。因此，建构现代思想政治学的伦理学理论基础必然离不开对实际问题的探讨。现代思想政治教育学对于社会现实伦理问题的研究，从理论的高度为现实道德活动提供指导，使社会道德实践沿着社会主义现代化建设的方向正常运行。

（一）形塑现代思想政治教育学的社会主义道德品性

伴随着我国社会主义市场经济的发展，我国的社会道德出现一些新的变化，不良社会道德正日益侵蚀着人们的思想，社会道德出现了一定的问题，如社会的道德评价扭曲、人们的道德选择迷惘、各种非道德主义思想泛滥。如何构建优良的社会主义道德体系和实施道德教育，来解决社会道德问题、引导社会主义优良道德风尚，成为社会主义现代化建设的重要内容。中共中央十六大报告指出："要建立与社会主义市场经济相适应、与社会主义法律规范相协调、与中华民族传统美德相承接的社会主义思想道德体系。"这一论断提出了对社会主义道德体系构建的基本原则和根本要求，为思想政治教育构建社会主义道德体系建设指明了方向。

1. 构建社会主义道德体系首先要解决原则问题

构建社会主义道德体系应坚持下列原则：一是坚持和体现社会主义性质。道德是社会上层建筑的重要组成部分，是为社会经济基础发展服务的，道德具有鲜明的阶级性。我国是一个社会主义国家，任何道德建设都必须围绕社会主义这一性质来进行。因此坚持和体现社会主义性质是社会主义道德体系建构的首要原则。二是坚持与社会主义法律规范相协调。道德和法律都是规范人们思想和行为的重要手段，两者相互支持，相互补充，共同发挥着维护社会稳定的作用。因此，在建构社会主义道德体系时，必须充分地体现两者之间的共同作用，使他们在方向上保持一致，在内容上相互协调，在作用上相互补充。三是坚持与中华民族传统美德相承接。道德具有传承性，优秀的道德不仅在某一时期内发挥积极的作用，而且能在相当长的历史中持续产生正面影响。建构社会主义道德体系，必须批判地继承我国传统文化，去其糟粕，取其精华，充分利用优秀传统道德为现代社会服务。

2. 社会主义道德体系包括的内容

社会主义道德是共产主义道德在我国的现阶段的具体表现，我国《公民道德建设实施纲要》把现阶段公民道德建设的主要内容概括为："以为人民服务为核心，以集体主义为原则，以爱祖国、爱人民、爱劳动、爱科学、爱社会主义为基本要求，以社会公德、职业道德、家庭美德为着力点。"因此，社会主义道德体系应包括如下内容：共产主义理想和信念；社会主义初级阶段的"共同理想"；辩证唯物主义和历史唯物主义的世界观，为人民服务的人生观，集体主义的价值观；"五爱"即爱祖国、爱人民、爱科学、爱劳动、爱社会主义；"三德"社会公德、职业道德、家庭美德；"五种精神"即实事求是精神、创新精神、务实精神、拼搏精神、奉献精神。

（二）探索现代思想政治教育学的伦理教育方法

思想政治教育伦理研究的直接目的是进行道德教育，以此来培养人们的优良道德品质，提高人们的道德水平。道德教育必须采用一定的方法进行，方法是道德教育的载体，关系到教育的实际效果。在道德教育中，方法的选择受道德教育活动的特点和被教育者的情况所决定，教育对象、教育内容、教育环境等都对教育方法影响巨大。因此，道德教育方法不应是单一的、一成不变的，一切要以时间、地点、条件的变化而变化，当然思想政治教育伦理教育的方法也不是毫无规律、不可捉摸的，细究思想政治教育的主客体、目的、环境和载体等特点，可以从中找出一些具有普适性的方法。

1. 道德灌输与启发相结合

首先,每个人的道德都不是天生就有的,也不是自发形成的,要形成一定的道德品质,需要有目的、有计划地对教育对象进行道德理论、道德观点的灌输,使之积累一定的道德知识,并逐渐产生自己的道德观念。然而,道德灌输传授给学生的仅仅只是一种简单的知识层面上的认识,他们并不能真正体验何种道德会带来什么样的道德评价,会带来什么样的后果。因此,单纯的灌输的方法很难达到培养人优良道德品质的目的,这需要在进行道德灌输时注重道德启发,用启发式的方法增加学生道德学习的兴趣,在模拟情景中增加道德感受和道德实践。具体的启发式道德教育形式多种多样,如教育者可以使用生活事件、故事、视频、情景体验等形式来增强道德教育的真实性,使所讲的内容更加贴近现实生活,让学习者更加轻松地学习和掌握道德内容,更加自然地内化为自身的道德观念。

2. 道德渗透法

道德渗透法是隐性思想政治教育的一种形式,强调用非显性的教育方式潜移默化地引导被教育者,使之在拟自然状态下朝着教育者设定的方向发展。这是一种比较轻松的道德教育方法,并且常常能收到事半功倍的效果。渗透教育分为两种:一种是作为学校教育形式的渗透教育,另一种则是作为社会引导方式的渗透教育。在学校进行道德渗透主要是在学校开设的多门课程中加入适量的道德教育内容,或者通过教师的言传身教方式进行,或者通过校园文化建设进行。社会引导形态的渗透教育是通过营造良好的社会道德氛围而完成,这种方式比学校教育影响更为广泛,持续时间更为长久,当然难度也更大。

3. 道德实践法

"纸上得来终觉浅,绝知此事要躬行",要让道德规则内化成一个人的道德观念,形成道德品质,需要经历一个实践的过程才能完成。道德实践法在我国的学校道德教育中尤为缺乏,我国思想政治教育应当在强化道德实践,指导学生在道德行为方面下功夫。道德教育过程中除了让学生在课堂上获得道德知识外,还必须在现实生活中知行合一、身体力行。而道德实践的效果如何,则可以对学生的道德实践进行检测评价,把学生平时的言行举止所表现出来的道德水平放在综合测评的重要位置加以考察,以此鞭策学生提高道德修养。只有通过道德实践使受教育者将道德规范内化为道德观念，最终又外化为个人的道德行为，才能真正促进学校德育效果的提高，才能真正发挥道德教育的功能。

4. 道德评价法

道德评价是用一定的社会道德标准来评价人们道德行为的善恶和道德水平高低的活动。道德评价通过社会舆论表达对道德行为者的看法和态度，促使道德行为者对于自身道德意识和道德思维进行审视，并逐渐调整自己的道德行为，最终提高其道德素质。道德评价是一个历史的具体的活动，在不同的社会历史时期有不同的标准，在同一时期的不同条件下也有不同的标准。因此，道德评价标准的制定要因时制宜、因地制宜，既符合社会历史的要求，又符合一定社会和社会阶级利益的要求，真正做到紧跟时代要求，引导道德向善，引领道德风尚。

第 五 章

现代思想政治教育学的社会学基础

一般认为，社会学是从变动着的社会系统的整体出发，研究人与人之间的相互关系及其发展规律，通过人们的社会关系和社会行为来研究社会的结构、功能、发生和发展规律的一门综合性的具体社会科学[①]，它是法国哲学家孔德在 19 世纪 30 年代中后期提出并建立的，19 世纪末 20 世纪初传入我国。思想政治教育学与社会学两者在研究内容、研究方法、研究主题、研究目的等方面，具有很多相关性。后兴起和形成的思想政治教育学，有必要借鉴和吸收社会学的相关理论知识，用来更好地分析思想政治教育现象、探索思想政治教育规律，从而拓展思想政治教育学在社会发展中的作用，进而夯实和建构起现代思想政治教育学的社会学理论基础，为学科建设注入新活力。

第一节 思想政治教育学与社会学的关系

作为新兴学科的思想政治教育学，从学科形成到发展及运用都与同属社科类的社会学有着密切的关系。思想政治教育学从伦理学、教育学、政治学等学科知识体系中分离出来，成为一门独立的学科后，不断借鉴和吸收其他学科的理论知识和研究方法来丰富自己的学科体系，社会学就是其吸收借鉴内容的重要学科。思想政治教育学与社会学的关系可从以下三方面来把握：

一 思想政治教育学与社会学在理论知识上互补性显著

可以说，思想政治教育学发展史是一个坚持马克思主义理论为指导和

---

① 刘杰、徐祥运：《社会学概论》，东北财经大学出版社 2005 年版，第 7 页。

博采众长相结合的历史。它在形成和发展过程中不断借鉴和吸收了社会学的理论知识，并把这些理论知识与自己的研究范围和研究内容相结合，最终内化为自己的理论和思想，进而用来指导思想政治教育学解决社会实际问题。思想政治教育学与社会学同为社会科学类，两个学科在研究对象、研究内容以及研究方法上都有很多交叉，同时，它们都以马克思列宁主义、毛泽东思想、邓小平理论、"三个代表"重要思想和科学发展观为学科的指导思想，都有着实现社会稳定、持续、健康发展的共同目标。这样，后兴起的思想政治教育学就充分地借鉴和利用了比自己更早存在的社会学的很多与自己学科相关的理论知识、研究成果和研究方法，来丰富和完善自己的学科体系，并用这些知识解决思想政治教育中面临的实际问题。当然，在充分借鉴和利用社会学理论知识来发展壮大的思想政治教育学，也不断丰富着社会学的理论体系，帮助社会学在解决其面临的实践问题的理论指导和借鉴上，加深了两个学科的交流和融合。

首先，思想政治教育学坚持社会系统论的指导，并充分利用系统论的相关理论知识不断发挥思想政治教育学在社会发展中的功能和作用。系统论认为，我们的社会是由包括思想政治教育在内的各个子系统组成的一个大系统，要想让社会这个大系统正常的运转，各个子系统就必须在相互配合下发挥好自己的功能。思想政治教育学根据系统论的原理，并经过不断的实践，得出了思想政治教育的六大功能：保证功能、导向功能、凝聚功能、激励功能、调节功能和转化功能，并在社会实践中不断发挥这些功能以促进社会的和谐发展。

其次，思想政治教育学与社会学面临着一些需共同发挥两者学科优势解答的问题域，思想政治教育学可借鉴社会学的诸多理论知识来开阔其理论视野。比如：用社会互动理论来分析思想政治教育中教育主体与教育客体的互动，以帮助受教育者在与教育工作者充分交流和互动下，学习和吸收思想政治教育内容，并转化为自己的思想和行为；用社会化理论来分析个人在思想政治教育中的社会化问题，充分发挥思想政治教育的社会化功能，思想政治教育发挥社会化功能就是不断灌输给人们符合社会和国家发展的政治观点、思想观念和道德规范，使人们成为符合社会发展和推动社会发展的社会主义"四有"新人；用社会角色理论来分析人在社会中各自扮演什么角色，思想政治教育学帮助人们从思想观念上认清自己在社会中应该担任的社会角色以及如何才能扮演好自己的社会角色；社会学认为，人们在社会上生存和生活不能只是一个人而总是和其他个人、群体、组织和家庭在一起的。所以，思想政治教育要注重引导个人与他人、群体、组织等良好互动，同时，也要求全社会一起来搞思想政治教育，尤其是在对青少年进行思想政治教育时，一定要做到家庭、学校和社会齐抓共管；社会学在研究人们的失范和越轨行为时，强调要加强社会控制，而思想政治教育本身就是社会控制的一个重要手段。这就要求思想政治教育要通过积极的引导和干预，努力预防各种社会失范和越轨行为；社会学还研究社会的发展趋势，现在人们所处的是信息时代并竭力向知识经济时代发展。根据这点，思想政治教育要不断丰富自己的内容、更新自己的手段和方法，在教育过程中充分利用现代网络来加强人们之间的联系和沟通。思想政治教育学在面向实践问题解答、丰富发展自身知识体系的过程中，借鉴和利用社会学的有关理论知识来实现自身的理论创新和实践发展，是十分必要的。

思想政治教育学在借鉴社会学知识的基础上不断发展和成熟，同样，思想政治教育学也会丰富和充实社会学的知识体系，对社会学解决实际问题有着指导和帮助作用。思想政治教育学的实践、理论和方法，对很多社会工作的开展以及社会问题的解决都有启发和支持作用。

首先，思想政治教育现象和实践是社会学的研究对象之一。社会学是一门研究社会生活方方面面的综合性应用科学，研究的是社会中人与人之间的一切关系的总和，即研究的是一切的社会关系，研究范围特别广泛。思想政治教育作为社会制度和社会文化的一个重要的要素，是社会学的一个重要的研究对象。社会学把思想政治教育作为自己的一个研究对象，就是研究思想政治教育怎样影响和促进社会的发展和进步。我国社会的发展和进步需要培养各类各层次人才，思想政治教育能够通过传播正确的世界观、人生观、价值观，进而使人们在达成价值认同和共识的基础上，团结在党中央的领导下，积极参与社会主义现代化建设，推动社会的稳定、和谐与发展。

其次，思想政治教育学丰富和深化了社会学的社会控制理论和人的社会化理论。社会控制理论就是对各种社会失范和越轨行为的预防、干预、控制和解决，思想政治教育的地位和作用的研究，丰富和深化了社会控制理论。思想政治教育在中国特色社会主义建设中具有重要的战略地位，在经济、政治、文化、生态及社会中发挥着巨大的促进和推动作用，并对社会中许多失范和越轨行为有很大的控制作用，这种控制作用主要表现在积极向社会成员宣传正确的价值观以及符合社会发展的道德规范和法律规范，预防可能发生的社会失范和越轨行为以及这些行为的思想。对于已经发生的社会失范和越轨行为，思想政治教育工作者要耐心地诱导、劝说以达到干预作用；社会学中人的社会化是一个综合的概念，而思想政治教育的社会化主要是指政治社会化和道德社会化，这就丰富和深化了社会学中人的社会化的理论。

最后，社会学的价值实现需要对人们开展思想政治教育。思想政治教育向其社会成员传播的思想观念是正确价值观的基础，有了这些思想观念，就能更好地指导其社会成员形成良好的社会行为，促进社会有序发展；思想政治教育向其社会成员传播的政治观点，能把他们都凝聚起来，围绕在党中央左右，以加快建设中国特色社会主义和实现共产主义的步伐；思想政治教育向其成员传播的道德规范和法律规范，使他们在自己权利范围内行事，不侵犯他人和社会，最终达到社会的和谐发展；思想政治教育给人们实施的生态环境教育，让人们节约资源、保护环境、与大自然和谐共处，建设出真正适合人类生存的社会主义和谐社会。

二 思想政治教育学与社会学在研究主题和研究对象上相交织

一门学科与另一门学科最大的区别就是拥有不同的研究对象，研究对象不同才能区分各门学科的本质属性。思想政治教育学与社会学也不例外，它们有着各自的研究对象，并规定了各自的学科性质和研究领域。但是思想政治教育学与社会学都关涉人的研究，它们有一个共同的研究主题，即"人及其社会生活"，这个共同的研究主题是思想政治教育学借鉴和利用社会学知识的基础，同时也是两门学科交叉和相互影响的起点。休谟认为："一切科学知识无一不是人的认识的产物。"[①] 也就是说作为社会科学的思想政治教育学与社会学都涉及人，都研究人的问题。思想政治教育学是一门研究人的思想品德的形成、发展规律和对人们进行思想政治教育规律的学科，他主要研究的是社会与人及人的思想关系，研究人如何习得的或已有的思想转化为社会行为。从这个意义来看，人是思想政治教育的对象。但人除了是思想政治教育的对象外还是思想政治教育的最终目

---

① [英]大卫·休谟：《人性论》，关文运译，郑之骧校，商务印书馆2004年版，第101页。

的，因为思想政治教育就是要培养符合社会发展所需要的"人"。思想政治教育学的研究主体是人，表现在：第一，思想政治教育是对人进行教育，是做人的思想工作，其对象是人，是具有主体性和目的性的人，是随着社会的发展而变化发展着的人；第二，思想政治教育工作由人来做，思想政治教育的整个过程由人来完成，由人这个教育主体通过各种教育方式、方法、手段及各种媒介来对教育客体进行教育；第三，思想政治教育工作的内容是解人的精神世界之结，是让人们从思想和意识上面认同接受的顺应社会发展的各种思想和观点，并把这些思想和观点转化为适应和推动社会向前发展的行为。

社会学研究的是人与人之间的相互关系即研究各种社会关系，是对社会及社会中的人进行综合性的研究的一门科学。社会学也研究"人"，只是它研究的基点和思想政治教育学不一样，社会学研究的人主要是作为社会群体的人。即便有时候社会学也会研究个人，但它研究个人都是为了通过个人来研究社会群体和整个社会，正如美国社会学家戴维·波普诺在他的《社会学》一书中所指出的那样：社会学家用社会学观点观察个人和社会之间的联系。一方面是观察整个社会以及作为这个整体的一部分的个人；另一方面，则是看社会是如何通过个人反映出来的[1]。他还认为，社会学关注的焦点并不是个人的行为，而是该行为所赖以发生的社会环境和氛围。[2] 据此，社会学研究人时，侧重于通过在社会整体、社会结构、社会环境和社会互动中把握个人，强调个人之间、个人与群体之间及个人与社会的互动。此外，思想政治教育研究的人是社会关系中的人，是不断经历社会化的人。可见，思想政治教育学对人的研究与社会学对人的研究具有内在的一致性。

思想政治教育学的研究对象是"两个规律"，即人的思想品德的形成、发展规律和对人们进行思想政治教育的规律。由于思想政治教育是一个在社会这个大环境下实施的社会实践活动，它就必然会受到社会环境的制约和影响。

首先，社会环境对人的思想品德形成和发展过程有很大的影响，它制

---

[1] [美]戴维·波普诺：《社会学》（上册），刘云德、王戈译，辽宁人民出版社1987年版，第6页。

[2] 同上书，第7页。

约着人的思想品德的形成和发展，并对其起着潜移默化的作用。在实际生活中，我们每个人的思想观念、政治观点、道德意识和价值取向等都是在我们各自的社会生活环境的熏陶下形成的，是我们在社会中各种社会关系综合作用的结果。张耀灿等前辈学者认为，社会环境对人的思想品德的形成和发展产生的影响主要表现在四个方面：一是对人的世界观、价值观和人生观的形成有直接影响；二是制约人的道德水平；三是对人的性格、心理和人格都有影响；四是对人的政治态度产生影响[1]。

其次，思想政治教育全过程都是在社会这个大背景下进行的，总受到一定的社会环境的影响，离开社会环境的影响，思想政治教育就无法进行。社会环境对思想政治教育全过程的影响有：第一，"社会环境的性质及其变化决定思想政治教育的性质、目标、内容和方法。"[2] 什么样的社会就要有什么样的思想政治教育与之相适应，例如，在社会主义社会中，我们的思想政治教育就是要大力宣传和弘扬社会主义核心价值体系，培养适应社会主义发展并对中国特色社会主义和现代化建设有用的人才。同时，思想政治教育还必须要随着社会的发展和变化，不断更新自己的教育目标和教育内容，改进教育方式与方法。第二，社会环境影响和制约思想政治教育的效果。思想政治教育最终是否有效要到社会中去检验，与此同时，社会中不良的思想和行为也会使原来受过思想政治教育并有良好思想品德的人不同程度的同化。第三，思想政治教育的结果又会影响着社会的发展和进步。良好的思想政治教育使人们思想品德得到提升并能内化为自己的思想进而转化为行动，对社会发展起着促进作用；不科学的思想政治教育不仅不能使人们拥有良好的思想品德和行为习惯，相反会使人们对社会产生某种厌恶感，做一些不利社会发展的事，从而制约社会向前发展的步伐。

三 思想政治教育学与社会学在现实问题研究上有交集

思想政治教育学与社会学都研究"人"，以"人"为共同的研究主题，这就决定了这两门学科在很多现实问题的研究上都会涉及，在对现实问题上有着很多共同的研究领域。只是它们在具体研究中会有所侧重，但它们

---

[1] 张耀灿、徐志远：《现代思想政治教育学科论》，湖北人民出版社2003年版，第144页。
[2] 同上。

最终的目的还是为社会解决更多的现实问题，促进社会健康、持续的发展。

（一）青少年的成长问题

青少年的成长问题一直是我们社会关注的焦点，整个国家和社会都很重视，很多学科如社会学、心理学、教育学和思想政治教育学等都在研究它。我们关注青少年的成长问题：一是因为青少年的成长关系到我们社会和国家的发展和进步；二是因为近几年青少年的各种失范、越轨和犯罪问题十分突出。青少年是我们国家和民族未来的希望，我们必须给他们足够的关注以帮助他们健康成长，最终成为国家的栋梁。但在青少年的成长过程中会出现很多问题困扰着他们。如学习压力大、家庭教育不科学、社会各种不良思想的侵蚀等，导致他们厌倦学习、缺乏明确的目标、性格叛逆、不善交流等，严重的会导致各种不良嗜好；如上网成瘾、早恋、喝酒、赌博、打架斗殴，甚至偷窃、抢劫、吸毒、杀人和自杀。社会学是通过研究社会中的人来研究整个社会的，青少年问题关系到社会的正常运行及发展问题，所以，必定成为社会学研究的领域。社会学研究青少年的成长问题，主要是研究青少年的各种失范和越轨问题，分析、研究产生这些问题和行为的社会原因并及时采取措施来控制和解决，最终达到促进社会和谐发展的目的；青少年问题尤其是青少年的思想、道德等问题是思想政治教育的重要内容，帮助和引导青少年拥有正确的思想观念、政治观点、价值取向和道德意识，培养出符合社会发展的社会主义现代化新人是思想政治教育的重要任务。思想政治教育关注青少年的成长，研究青少年成长问题是从如何进行教育才能使青少年在社会中健康成长，以及对已出现问题的青少年思想政治教育该如何控制和解决，以帮助他们健康成长起来。目前，我们的学校和家长只重视对广大青少年认知能力的培养，评价一个学生往往只以成绩的好坏为标准，使得青少年的心理压力越来越大，学习效果很是不佳，甚至出现很多极端的行为。作为思想政治教育一定不能给他们压力，要真心诚意地关心、爱护、尊重和正确引导他们。在实施思想政治教育过程中，思想政治教育工作者要平等地和学生进行互动和交流，要有耐心，善于聆听，竭力帮助他们解决实际问题。其中，思想政治教育工作者在关注青少年成长问题中要善于与家长、学校、社会配合，要借鉴和运用社会学关于青少年问题研究的积极成果。

（二）自杀、吸毒、赌博等失范和越轨行为问题

失范和越轨是社会学和思想政治教育学研究的一个重要领域。根据社

会学理论，失范要从微观和宏观两方面去理解，"从微观层面上看，失范行为是指人们不认同规范、不遵守规范和破坏规范的行为，与越轨行为是同义语，指社会群体或个体偏离或违反社会规范的行为；从宏观层面上看是社会解组，是指规范本身的紊乱和不确定，以致不能为社会成员提供指导的社会情景"[①]。越轨就是指违背群体或社会规范的行为，很多社会学家认为越轨是很难定义的，但是越轨有一些不变的主题："耍无赖、诈骗、撒谎、不端、犯罪、偷窃、装病、投机取巧、不道德、不诚实、陷害人、贪污、腐化、心怀恶意及过失。"[②] 这些失范和越轨行为是阻碍社会正常、有序、健康及和谐发展的重要因素，是社会学和思想政治教育学着力研究并寻求解决措施的一个领域，但是，两者在研究这些问题上有不同的侧重。社会学对失范和越轨的研究侧重从整体上或宏观上发现各种社会失范和越轨行为，并着力分析其深层次的原因、对社会的危害程度、与其他社会现象和社会行为有何关系，以及研究、制定控制和解决这些问题的对策；而对于思想政治教育学来说，注重的是对失范和越轨的具体行为的预防和干预，以及如何在社会学研究的基础上，运用其原理来控制和解决具体出现的某种失范和越轨行为。例如，对于自杀、吸毒、赌博、杀人、抢劫、偷窃和拐卖人口等社会失范和越轨行为，社会学主要是通过在全社会中对这些行为进行调查和研究，并通过技术手段来分析产生这些行为的深层次原因，进而去制定控制和解决这些问题；而思想政治教育学就不会像社会学那样去调查和分析研究，而是着重解决具体问题。例如：第一，通过加强思想方面的宣传和引导以预防和避免可能要出现的失范和越轨行为。第二，对社会上已经出现的失范和越轨行为，根据社会学研究的相关理论成果并结合实际去控制和解决具体问题。

（三）贫困、失业和农民工等社会问题

社会问题，是指"违反社会主导价值规范，影响社会成员利益与健康生活，妨碍社会协调发展，引起社会大众普遍关注的一种社会失调现象"[③]。当前，我国主要的社会问题有：失业下岗问题、贫富两极分化问题、腐败问题、农民流动和农民工问题、环境污染问题、家庭破裂及青少

---

① 朱力：《社会学原理》，社会科学文献出版社2003年版，第257页。
② 同上书，第258页。
③ 同上书，第306页。

年问题，以及赌博、吸毒、拐卖人口和各种犯罪等社会失范和越轨行为。社会问题是社会健康运行和发展的障碍，是人们面临的一个重要问题，所以很多学科都在关注和研究。社会学研究社会问题是把所有社会问题作为一个整体现象来考察，具有广泛性和整体性。社会学通过调查和研究社会问题存在的具体原因和条件，并找出解决这些问题的措施和方法。思想政治教育学也研究社会问题，但思想政治教育学不研究社会中所有的社会问题，而只是研究与自己学科有关或影响自身发展的某些社会问题，这些问题包括在社会学研究的社会问题范围内。思想政治教育学研究的诸如：青少年问题，失业下岗、贫困和两极分化问题，腐败问题以及环境污染等问题。主要是因为这些问题同人们的思想观念紧密相关，这些问题影响着思想政治教育的开展，提出了思想政治教育学须予以解答的思想问题、理论问题、道德问题。毫无疑问，思想政治教育学只有科学借鉴和综合运用各种相关理论知识参与解答这些实际问题，才能达到思想政治教育的目的，促进社会向前发展。可见，在很多社会问题上，思想政治教育学与社会学是重合的，它们都研究这些问题，只是它们在研究中各有侧重，但它们研究这些问题都是为了解决社会上这些实实在在并阻碍社会发展的现实问题，从而达到共同的目的即社会的和谐发展。

除了上文提到两个学科的三个主要的问题域外，其他如思想政治教育对社会的影响、社会资源配置、生态环境、社会心态建设以及社会公正等也都是它们涉及和研究的问题。

第二节　现代思想政治教育学对社会学知识的借鉴

思想政治教育学在形成和发展过程中运用了社会学的多个理论内容，社会化理论、互动理论、结构功能主义理论、社会分层理论以及社会控制理论等；社会学在人的社会化，人际交往、人际关系，青少年问题、就业问题、犯罪问题上的研究成果也被思想政治教育学所借鉴和运用；同时，在思想政治教育中面临的众多社会问题需要用社会学的方法来解决。所以，我们要改变传统思想政治教育忽视社会因素的现象，善于借助社会学理论知识、研究内容和成果以及研究方法，来提高思想政治教育质量、增加思想政治教育学的科学性。

一 借鉴社会学理论知识

（一）借鉴社会学的社会互动论

社会互动也称社会相互作用或社会交往，是指人们对他人采取社会行动和对方做出反应性社会行动的过程，是发生于个人之间、群体之间、个人与群体之间的相互的社会行动的过程[①]。互动论认为，社会互动是社会存在的基本形式，没有社会互动，人的社会性就无法表现出来，社会也不复存在，社会是人与人在不断的交往和互动中形成的。在现实社会中社会互动有人际互动、群体互动、合作、竞争与冲突等类型。思想政治教育是教育主体运用各种方法把与社会发展相适应的教育内容传授给教育客体的过程，也就是思想政治教育主体与客体的双边互动过程。思想政治教育可借鉴和运用的互动理论有：借鉴马克思的社会交往理论，思想政治教育的主体和客体通过各种方式进行思想上的交流和沟通，这种交流和沟通不受限制和束缚，通过这种自由的交流和沟通最终达成思想上的共鸣，从而顺利的实现对客体的思想政治教育；运用尔文·戈夫曼（Erving Goffman）的符号互动论，把"戏剧比拟"社会学分析，即拟剧论引入思想政治教育[②]，把互动的场景分为"前台"和"后台"。在校园、教室、餐厅及各种社会场所等公共空间的互动"前台"教育双方都得扮演好各自的社会角色。其中：教育主体要扮演好良师的角色，按照社会规范行事，把教育工作和学生工作做好；而在宿舍、网络空间等私人空间的互动"后台"，教育工作者更多的扮演益友的角色，融入更多的个人感情和个人角色，平等、真诚的和受教育者进行交流和沟通，受到受教育者的信任和欢迎。根据社会交换论，思想政治教育主体和客体可应用各种有形和无形的资源进行交换，从而达到价值观念和情感的互通交流。

（二）借鉴社会学的社会分层论

社会分层是社会学借用地质学的分层概念，按一定的标准将社会成员

[①] 王思斌：《社会学教程》，北京大学出版社2009年版，第69页。

[②] "拟剧论"，译作 Dramaturgy，是社会传播学的用语，它就是借助戏剧（即 theatre 这个概念的"戏剧"）的类比而对日常生活进行的研究。它是美国著名社会学家尔文·戈夫曼（Erving Goffman）倡导和提出的，戈夫曼把社会比作舞台，把社会成员比作演员来解释和表现社会日常生活，他把人们互动的场所分为"前台"和"后台"两部分，强调了人们互动的复杂性和随机变动性。

划分为不同层次的过程。所谓社会分层是指"依据一定具有社会意义的属性,一个社会的成员被区分为高低有序的不同等级、阶层的过程与现象"①。由于人们一开始的出生背景、家庭状况和受教育水平大不相同,再经历社会分层,人们在社会上所处的地位、人的社会经历和人生阅历不同、文化程度和思想觉悟水平都会不同,这就决定了思想政治教育必须要分层施教,坚持层次原则对不同层次的受教育者采取不同的教育方法,给予不同的教育内容,提高思想政治教育的实效性。共产党的思想政治教育一直都坚持社会分层理论。邓小平曾指出:"我们在鼓励帮助每个人勤奋努力的同时,仍然不能不承认各个人在成长过程中所表现出来的才能和品质的差异,并且按照这种差异给予区别对待,尽可能使每个人按不同的条件向社会主义和共产主义的总目标前进。"② 根据不同的教育对象使用不同的教育方法,教授不同的教育内容,设定不同的教育目标是增强思想政治教育的针对性和有效性的必要途径。邓小平曾一再强调:"要针对每个单位、每个人的不同情况去做思想工作。"③ 当然,随着改革开放的深入及社会主义现代化建设的进行,思想政治教育的内容和要求会发生变化,我们就必须要深入实际去调查研究,了解和掌握市场经济条件下各部分人的思想觉悟程度和实际接受能力,并根据他们的实际特点和需要,在实施社会主义核心价值体系教育的基础上,分别确定针对他们各自的教育目标、教育内容和教育方法。在思想政治教育中,我们党一直坚持分层施教的原则,例如:对大多数时间在学校学习的青少年,我们的思想政治教育主要以德育为主。同时,要通过对他们进行中国历史和革命传统教育,增强其共产主义信念和理想;对共产党,尤其是党内高级干部,要对他们进行系统的理论教育,使他们在掌握马克思主义的基本理论的基础上,不断在改革开放和现代化建设中身体力行共产主义理想和共产主义道德。

(三) 借鉴社会学的社会控制论

社会控制指的是"社会组织体系运用社会规范以及与之相适应的手段和方式,对社会成员(包括社会个体、社会群体及社会组织)的社会行为及价值观念进行指导和约束的过程"④。社会控制是通过社会习俗、

---

① 郑杭生:《社会学概论新修》,中国人民大学出版社2003年版,第217页。
② 邓小平:《邓小平文选》(第2卷),人民出版社1994年版,第106页。
③ 同上书,第380页。
④ 郑杭生:《社会学概论新修》,中国人民大学出版社2003年版,第401页。

道德、宗教、法律、政权、纪律、社会舆论及群体意识等方式，来达到维持社会秩序、维持正常生活及促进社会发展的目标。思想政治教育是统治阶级组织实施的旨在给被统治者传授适应本阶级统治的思想观念，使他们的行为能维护本阶级的统治，达到社会稳定有序的发展。通过对被统治阶级进行思想政治教育可以防止和解决极少数人的反社会行为，使社会保持长久稳定的局面，从这层含义来看，思想政治教育本身就是一种社会控制的重要手段。思想政治教育要想发挥好社会控制的作用就必须要有意识对受教育者的行为进行引导、约束和调整，还要和社会系统中其他子系统相互配合，共同营造一个良好的社会大环境，为人们的良好行为奠定基础。同时，思想政治教育也只有充分的借鉴和吸取社会学的社会控制理论的相关知识，才能更好地发挥出社会控制作用。社会控制的对象就是反常行为和越轨行为，思想政治教育要充分吸收社会控制论的知识，来解决思想政治教育中面临的各种不良行为，才能发挥维持社会稳定和发挥社会控制的作用。思想政治教育在面对各种聚众、赶时髦等群体性越轨行为，个人的酗酒、抽烟、吸毒、卖淫、自杀等越轨行为以及青少年犯罪等行为时，思想政治教育就必须要全力去劝阻和制止这些行为，用说服教育去积极引导这些行为朝好的方向发展。同时，思想政治教育还必须借鉴社会学中社会控制的方法，要积极与全社会配合，在说服教育的基础上善于利用各种社会政策和法律制度去有效控制各种不良行为。

（四）借鉴社会学的人的社会化理论

社会化是指"个体在与社会的互动过程中，逐渐养成独特的个性和人格，从生物人转变为社会人，并通过社会文化的内化和角色知识的学习，逐渐适应社会生活的过程"[①]。人是社会的主体，社会是人的社会，一个人要在社会中生活就必须要进行社会化，增强其社会性。不论是从个人角度还是从社会角度，社会化都具有必要性。而且，由于人有较强的依赖生活期、有较强的学习能力和语言能力，对人进行社会化是可能的。人从生下来到死去，都在不断地通过家庭、学校、同龄群体、工作单位以及大众传播媒介等社会化的机构进行社会化活动。这些社会化活动主要有：学习生活的基本技能、学习谋生的基本手段、学习社会行为规范、明确生活目标和培养社会角色等。思想政治教育是指"社会或社会群体用一定

[①] 郑杭生：《社会学概论新修》，中国人民大学出版社2003年版，第83页。

的思想观念、政治观点、道德规范，对其成员施加有目的、有计划、有组织的影响，使他们形成符合一定社会或一定阶级所需要的思想品德的社会实践活动"[1]。从这个概念看，思想政治教育就是以马克思主义基本理论为指导，对其社会成员进行思想教育、政治教育和道德教育，以传播中国特色社会主义先进文化、社会主义的主流意识和社会主义核心价值体系，帮助和引导他们认清思想意识、坚定理想信念以及培养道德情操，使他们成为有理想、有道德、有文化、有纪律的社会主义现代化"四有"新人，不断与社会接轨、与世界接轨，做一个适应社会并能推动社会向前发展的人。而这个过程就是一个社会化的过程，是使社会成员顺利实现与自己的社会角色相适应的政治社会化和道德社会化。在这个过程中思想政治教育不仅有助于推动人的社会化进程，而且它本身就是个人社会化的一个重要形式和手段，它能加速人们对社会行为规范的了解和掌握，帮助人们明确自身的社会角色和社会职责，从而确立远大的共产主义理想，并为之奋斗。

除了上面四个理论，思想政治教育学还必须要充分借鉴社会学的其他有关理论。例如，思想政治教育学：借鉴社会学的结构功能主义理论，使自身在社会这个大系统中充分发挥自己在政治、经济、文化及社会建设中的作用；借鉴社会学榜样示范论来加强思想政治教育中的榜样建设，充分发挥榜样的力量，在思想政治教育过程中做到言传和身教相结合；借鉴系统论的知识，调整和优化思想政治教育内部的各个部分，发挥思想政治教育的功能，并与社会中其他子系统配合，共同促进全社会的持续稳定；借鉴冲突理论，在教育过程中始终充满着各种冲突，教育工作者要充分认识到这些冲突并着力解决。

二 借鉴社会学研究内容和研究成果

（一）借鉴社会学关于人际交往和人际关系研究的相关成果

社会学在研究社会互动中所揭示的人际交往和人际关系的矛盾和规律为思想政治教育解决现实问题，提供了丰富的经验和知识。社会学认为，进行人际交往、建立良好的人际关系是联结社会网络系统中个人与个人、个人与群体、群体与群体之间的桥梁，是促进和谐的人际关系和保持社会稳定的强力纽带。思想政治教育学讲人际交往和人际关系，就是在老师和

---

[1] 张耀灿、陈万柏：《思想政治教育学原理》，高等教育出版社2006年版，第4页。

学生、学生和学生之间建立起最佳的交往结构，扩展学生的社会交往空间，从而形成良好的人际关系。社会学研究的人际交往和人际关系涉及的内容多、范围广、程度深，并已取得了很多成果，思想政治教育可以充分地借鉴和吸收这些成果。

一是思想政治教育学在人际交往及建立人际关系中要借鉴社会交往的基本原则，包括积极原则、平等原则、互利互补原则、诚实守信原则和相容原则；二是在人际交往中要发扬自己的优势，热情、礼貌、谦虚地和别人交流，学会尊重他人、学会控制自己的情绪、不以自我为中心等来提升自己的人际吸引；三是善用自己的身体语言以及保持与对方适度的空间距离，身体语言，如面部表情、身体姿态、手势等的运用可以使思想政治教育主体和客体之间交流得更加自然和轻松，从而改善双方的人际交往和人际关系。同样，交往中双方的空间距离也是重要的，通常人们用交往过程中的特殊距离来反映他们之间的关系，思想政治教育工作者要注意把握与受教育者之间的空间距离。在思想政治教育过程中如果能充分借鉴和利用社会学关于人际交往和人际关系的成果，充分考虑社会环境的影响，就一定能建立良好的人际关系和人际交往。

（二）借鉴社会学关于青少年问题研究的相关成果

社会学对青少年的研究成果，为思想政治教育学研究青少年问题以及如何对青少年开展思想政治教育提供了丰富的资料。社会学在青少年问题上研究成果很多，以下是几个思想政治教育学可借鉴的主要成果。

一是青少年在个人社会化中的角色认知问题、在社会化中遇到的困惑与问题以及在社会化中的违法犯罪问题。社会化是我们每个社会人在生活中必须经历的一个过程，可以说，一个人从出生到死亡就是一个不断社会化的过程。青少年的社会化就是通过主动或被动的学习使自己成为适应社会发展并对社会发展有用的人的一个过程，在这个过程中会遇到种种诸如社会角色模糊不清、扮演不好自己的角色以及学到的东西不适应社会的发展等困惑和问题，甚至在外界的影响下走向违法犯罪。借助社会学的这些研究，思想政治教育工作者就要在青少年社会化过程中起引导作用，做到学校、家庭和社会一起努力引导和帮助他们进行社会化，使他们在社会化道路上少走弯路，早日成为对社会对国家有用的人。

二是我国社会转型期青少年违法犯罪的特点以及西方思潮对中国青少年的影响的研究。我国现在处在转型时期，这个时期，各种思潮涌入社会，人们的价值观呈多元化趋势，各种以前没出现过的青少年犯罪不断出现，这就要求思想政治教育工作者要极力向青少年宣传我们的主流价值观，要让每个青少年学习并理解社会主义核心价值体系，排除各种错误思想的干扰。

三是青少年问题共变模式理论分析。社会学研究了青少年问题与宏观社会环境负面因素的共变模式、与市场经济的共变模式、与社会价值观的共变模式、与社会舆论的共变模式、与文化环境的共变模式、与社会不良风气的共变模式、与微观环境负面因素的共变模式、与家庭环境的共变模式、与学校教育的共变模式等，思想政治教育工作者要在社会这个大背景的影响下做好青少年的思想政治教育工作，帮助他们建立正确的思想和行为体系，最终适应社会的发展。

四是社会学强调对青少年特殊群体的预防保护，思想政治教育工作者在教育过程中要注意对流失生、特需少年、闲散青少年以及贫困生的预防保护，使他们能够和其他青少年一样接受正常的教育，最终成为对社会有用的人才。

（三）借鉴社会学关于人的现代化研究的相关成果

社会学关于社会和人的现代化理论，丰富了思想政治教育任务的内容，为现代思想政治教育提出新的要求。社会现代化是社会学研究的一个重要内容，社会现代化即社会从传统向现代转变的过程，在这个过程中社会在经济、政治和文化等方面有极大的发展，人类生活水平有极大的提高。社会现代化需要人的现代化，现代化的人需要具备现代的观念，所以思想政治教育要在坚持用马列主义培养社会主义"四有"新人的基础上，极力转变受教育者的思想观念，让他们树立现代化意识。社会学已经研究了现代化社会与传统社会有很大的差别，这就要求思想政治教育要适应现代化的步伐，培养出适应社会现代化发展的人才。

首先，思想政治教育过程中一定要让受教育者树立创新意识，创新是一个国家的灵魂，只有在实践中不断创新才能适应社会的现代化，也才能迎接知识经济的到来。根据社会学提出的人的现代化理论，思想政治教育者与受教育者都要不断地培养自己的创新素质，这种创新素质包括"竞争与创新意识、独立性和创造性思维、开拓和创新能力"[①]。另外，思想

---

① 张耀灿、陈万柏：《思想政治教育学原理》，高等教育出版社2006年版，第254页。

政治教育要努力增强受教育者的法制纪律意识，法制纪律意识是现代社会中公民应该有的最基本也是最重要的意识，现代人只有具备健全的法制纪律意识，自觉遵守社会道德和法律的规范，维护社会的正常秩序，社会才能正常运行和发展，社会现代化也才能得到继续。所以，思想政治教育一定要重视现代人的培养，以促进社会现代化的发展。

在思想政治教育实践中，我们还可以借鉴社会学中的人的社会化、正式群体与非正式群体、社区文化、社区控制、人口问题、家庭问题、生态环境问题、收入差距和贫富两极分化问题、腐败问题以及犯罪问题等内容和研究成果，来解决思想政治教育的实际问题，发挥出思想政治教育的实际作用，并进一步丰富思想政治教育学的内容，使思想政治教育学不断科学化和系统化。

（四）借鉴社会学关于劳动就业问题研究的相关成果

社会学对劳动就业问题的研究成果，为思想政治教育学解决其受教育者的实际问题提供了帮助，增进了思想政治教育学的功能的发挥。劳动就业简称就业，是指"在劳动年龄内有劳动能力的人，从事某种劳动或工作，取得劳动报酬和经营收入，以维持生活的活动"[①]。一个具有劳动能力的正常人要是不能就业，就会失去表现他社会角色和充实、发展自己的机会，也会扰乱和破坏社会的正常发展。所以社会学很重视劳动就业的问题。同样，思想政治教育学为了培养建设中国特色社会主义的人才以及帮助促进社会和谐发展，就必须要研究社会就业问题，并帮助教育对象解决就业问题，以保证现代化建设的顺利进行。

首先，社会学提出的临时就业理论，就鼓励人们积极的就业。在面临很多刚从学校走出来的学生或其他没工作经验的人群，思想政治教育工作者就要积极鼓励他们先就业，建议他们先就业再择业并为他们提供各种招聘信息或向用人单位推荐他们等帮助。

其次，社会学对失业问题研究很多，认为失业可分为正常性失业、结构性失业、技术性失业和季节性失业等多种形态的失业问题。在社会学看来，失业是一种正常的社会现象，人们要科学地对待它。思想政治教育者在教育中一定要多引导和安抚失业者，给他们分析当前的就业形势，引导他们树立正确的就业观，鼓励失业者努力增强就业能力，帮助他们树立起

---

① 王思斌：《社会学教程》，北京大学出版社 2004 年版，第 256 页。

积极向上的人生追求理念。

最后，社会学的研究成果已提出了很多增加就业的方法和途径，思想政治教育工作者要结合当前国家的政策和方针，及时给受教育者传授这些方法，了解和把握教育对象的就业利益，并给予他们的就业以切实指导。

三 借鉴社会学研究方法

社会学的社会调查法是思想政治教育如今借鉴最多、最频繁的研究方法，因为现代思想政治教育更加注重定性和定量相结合。社会学的社会调查法是一个体系，在这个体系内，思想政治教育学可借鉴的研究方法主要是如下四个方面：

（一）借鉴社会学的实证主义方法论和社会调查法

实证主义是社会学产生的方法论基础，现在逐渐被包括思想政治教育在内的其他社会科学所借鉴和运用。实证主义方法论认为"社会现象有其规律，因此可以采用自然科学式的、用经验事实来检验假设的方法进行研究"[1]。思想政治教育是一个实践活动，其研究的资料直接来源于教育实践，要搞好这个学科的研究，就必须加强实证研究，多进行社会调查。因为，只有经过科学的实证和调查研究，才能拿到第一手资料，才能准确掌握人们的思想和行为，也才能充分掌握其实际情况，为科学地进行思想政治教育打下基础。社会调查的方式主要有全面调查（普遍调查）、抽样调查、典型调查和个案调查四种。其中：全面调查法（普遍调查）的对象太多，费时又费力；典型调查法和个案调查法的对象少，得出的结论不科学；抽样调查法是最经济、最科学的方法，所以是社会调查最常用的方式，也是思想政治教育进行社会调查最常用的方式。

（二）借鉴社会学的观察法和实验法

观察法。观察法是指"研究者用自己的感官直接接触其研究对象，搜集第一手感性材料的方法"[2]。思想政治教育学在研究人的思想品德形成、发展规律和人们进行思想政治教育规律时，运用直接观察的方法是必不可少的。在思想政治教育中，观察法通常用于典型研究和个案研究，有一定的局限性，但通过切身的观察，可获得大量第一手资料。

---

[1] 王思斌：《社会学教程》，北京大学出版社2009年版，第298页。
[2] 张耀灿、陈万柏：《思想政治教育学原理》，高等教育出版社2006年版，第23页。

实验法。实验法被认为是"在一定的条件下，按照设计程序对研究对象的活动加以观察、记录、分析而直接获取资料，以得出研究结论的方法"[1]。思想政治教育学运用实验法，就是对教育对象所取得的成绩来检验思想政治教育的内容、制度、方法和措施等是否产生了实际效果，同时，也可以用这样的实验法来探索教育对象的某些思想和行为的变化及变化的原因和阻碍变化的制约条件。实验法是思想政治教育学从社会学中借鉴的用来检验自身效果的一个有效方法。

（三）借鉴社会学的访谈法和问卷法

访谈法。访谈法是指"调查员同调查对象接触，通过有目的的谈话收集资料的方法"[2]。访谈法有直接访谈和间接访谈两种：直接访谈即访谈双方面对面的访谈；间接访谈则是要借助某种通信工具来进行，例如，电话访谈。访谈法是社会学常用的社会调查方法，运用到思想政治教育中就是教育工作者对其教育对象的思想现状、价值观念、政治观点等进行面对面的访谈或是电话访谈、网络访谈等形式。思想政治教育运用访谈法可以进一步深化对受教育者的了解，为下一步的教育工作顺利展开打下基础。

问卷法。问卷法就是通过让教育对象填写教育者设计好的问卷或调查表来收集资料的一种方法，它是现代社会调查使用最多的方法。社会学运用问卷的形式来了解调查对象，解决社会中的实际问题，思想政治教育学为了更全面和轻松地得到想要的资料就得使用问卷。只是问卷的使用有一定的要求，首先是问卷的设计要科学，一般不宜太长，提问的语句要简短、不能有带倾向性、胁迫性和过于敏感的问题，不要超出调查对象的知识范围。其次，还要注意问卷的回收率问题。

（四）借鉴社会学的统计分析法

统计分析法是指通过对研究对象收集到的大量信息去做量的分析的方法，对通过调查获取的有关的各种数据及资料进行数理统计和分析，通过这种数量上的分析去揭示社会现象的内部联系，去做质的规定。统计分析方法是目前广泛使用的现代科学方法，是一种比较科学、精确和客观的测评方法。统计分析包括描述性分析和解释性分析两种，都可以通过 SPSS

---

[1] 张耀灿、陈万柏：《思想政治教育学原理》，高等教育出版社 2006 年版，第 23 页。
[2] 王思斌：《社会学教程》，北京大学出版社 2009 年版，第 310 页。

系统来完成。思想政治教育学运用社会学的统计分析法是把对教育对象实施的社会调查包括问卷调查、访谈、观察和实验等得出的量化的结果拿到SPSS 系统中来进行分析，最后通过量化分析进而得出质的规定。在这个过程中，思想政治教育教育工作者一定要确保统计分析过程严谨和科学，以便得出准确的分析结果，进而为我们对受教育者订立教学目标、确定教学内容和设计教学手段和方法提供科学的依据，为我们接下来的思想政治教育的顺利展开打下重要的方法论基础。

第三节　现代思想政治教育学的社会学理论基础建构

思想政治教育学在坚持马克思主义理论基础上，不断地借鉴其他相关学科的理论知识，并在知识的借鉴基础上，建构着自己的理论基础，以指导思想政治教育的实施和学科系统的构建。思想政治教育学在充分借鉴社会学相关理论知识的过程中，要进一步使社会学的相关理论知识思想政治教育学化，推动建构和夯实思想政治教育学的社会学理论基础，并用于指导思想政治教育实践活动的开展。

一　建构现代思想政治教育学关于教育主客体间的互动理论

互动是人们在社会中相互交流和交往的基本形式，社会的发展和变迁，不过是人们互动的结果。正如马克思曾经说过的："社会——不管其形式如何——究竟是什么呢？是人们交互作用的产物。"[1] 社会上所有的人都是互动者，人类社会全部的社会现象都可以从人们的互动中得到解释。所以，互动是所有社会科学都应该研究的内容，它可以促进人们在社会上的正常交往和交流，推动社会向前发展。社会互动是社会学的一个中心概念，是社会行为在社会学中的通称。社会学注重对社会互动的研究，也取得了不少的成果，只是到目前为止，在社会学中还没有一个统一的互动理论。符号互动论、表演互动论、社会交往理论、人际互动理论、社会角色理论和社会交换理论是社会学研究中几种具有代表性的互动理论观点。社会学研究的社会互动，是指行为者对其他行为者行为的回应行动，是从社会整体出发去研究所有的互动形式，并研究这些互动形式与社会的

---

[1] 《马克思恩格斯全集》（第 27 卷），人民出版社 1972 年版，第 477 页。

关系以及它们如何影响社会历史的发展。

　　思想政治教育学以社会互动论为其理论基础，就是在社会学研究的基础上，充分借鉴社会学研究互动理论的成果，来直接指导和影响思想政治教育的过程，即教育主体与教育客体的互动过程。思想政治教育主体和教育客体的有效互动，是思想政治教育这个实践活动取得预期良好效果的前提和保障，是思想政治教育的重要阶段。思想政治教育学是以人们的思想品德形成、发展规律和对人们进行思想政治教育的规律为研究对象，思想政治教育的过程就是受教育者接受教育和教育者实施教育的过程。在这个过程中，教育者若要想顺利地把思想政治教育的内容传授给受教育者并转化为受教育者自己的思想和行为，就必须要有一个和受教育者良好的互动过程。我们的思想政治教育工作者必须充分借鉴和利用社会学中关于社会互动的理论知识和方式方法，结合具体实际去展开与受教育者的互动活动。

　　思想政治教育的过程有一个固有的适应超越规律，即："受教育者的思想品德状况决定教育者在教育活动中所选择的社会思想品德要求的内容层次和相应的教育方法，以及教育者的教育活动对受教育者的思想品德状况具有反作用。"[①] 思想政治教育中的受教育者提高自身的思想品德通过内化和外化两种方式，思想政治教育主体通过与客体良好的互动，就能把想要客体把握的知识传授给他们即经过一个外化的过程，内化则是在这个外化基础上教育客体自己完成的一个重要环节，但这个环节也是建立在教育主客体双方的良好互动基础上的。互动论成为现代思想政治教育学的理论基础是十分必要的，互动理论的很多知识和理论如：社会交往的原则和注意事项、社会角色的认同和扮演、社会冲突理论在互动中的作用和影响以及社会交换理论等，都给思想政治教育主体和客体的互动以很大的指导。其中，在思想政治教育过程中，对互动理论借鉴和运用最多的是从符号互动理论中发展出来的"拟剧论"。根据尔文·戈夫曼（Erving Goffman）倡导和提出的拟剧论，互动的"前台"互动双方呈现的是他人和社会直接看得见和监督得到的地方，所以"前台"的互动要求人们要在一定的规范内进行，对于思想政治教育而言，"前台"的互动包括教室、课堂、食堂、球场等公共场所。思想政治教育工作者要明确自己的社会角

---

①　张耀灿、陈万柏：《思想政治教育学原理》，高等教育出版社2006年版，第96页。

色，按一定的规则给予受教育者相应的教育，可以通过授课、讲座、讨论和交谈等方式将教育内容传给受教育者，并监督他们把正确的思想和观念转化为自己的思想和观念，并通过实践行动转化为自己的日常行为和习惯。互动的"后台"是指家庭、宿舍等私人空间，思想政治教育工作者就要及时转变自己的社会角色，多以朋友的身份和受教育者进行交流互动，并善于运用各种现代的适应教育对象的媒介或交流工具，以一种轻松愉快的方式来完成双方的良好互动。在思想政治教育中，思想政治教育工作者一定要同时利用好这两个与受教育者交流互动的场所，达到相互补充、相互促进的状态，最终使思想政治教育在双方的良好、有效的互动中进行，达到预先设定的教育目标。

二　建构现代思想政治教育学关于教育对象的分层理论

社会学研究的社会分层，主要指社会根据一定的同一标准把社会成员划分为不同等级和层次的过程和现象。这种社会分层现象不仅仅是由于社会劳动分工而引起的，它还是一种建立在国家法律、规范和制度上，稳定、持久的社会不平等。中国的社会分层是从古代就一直存在的，而且主要表现在阶级分层上。而当代中国社会分层主要是伴随着改革开放的推进而出现和发展的，其分层的基础依据也在不断地变化之中，除了一定的阶级分层主要还是非阶级分层。改革开放前主要是以人们在社会上的"身份"划分，全体社会成员主要依据"干部""工人"和"农民"三大身份划分为三大社会身份系列。改革开放初期是依据所有制来划分，后来的划分依据逐渐多元化，有：职业的高低、收入和财产的多少、手中的权力、教育背景和教育程度以及地位和声望的高低等。社会学分析研究社会分层是从社会整体出发研究我们所处的这个社会中的分层现象、分析其背后的原因以及对社会的发展及全部社会成员的影响，给其他研究社会分层的学科以宏观的指导。

社会的分层现象决定了思想政治教育学要坚持分层施教，对社会不同层次的人制定不同的教育目标，设计不同的教育内容和方案，通过不同的途径和方法给他们实施教育。社会成员根据各自的社会地位、职业和收入等被划分为不同层次，这时，思想政治教育的对象也就是这些不同层次的人。其中：有青少年、中年人和老年人；有文盲、初等教育者、中等教育者和高等教育者；有工人、农民和知识分子；还有党员、干部和广大人民群众；更有社会的先进分子、中间分子和落后分子；等等。思想政治教育学只有坚持层次理论为自己的理论基础，借鉴和吸收社会学层次理论的相关知识，才能指导思想政治教育工作者坚持因人而异和展开因材施教，提高思想政治教育的针对性和实效性，培养出顺应及推动社会发展的社会主义新人。在现实生活中的每个人都会因为自己的家庭环境不同、所处的社会地位不同、接受教育的程度不同，以及个人的人生经历、生活阅历、文化程度和个性特点等方面的不同，导致了我们接受教育、吸收教育的能力不同。这样，思想政治教育学坚持层次理论，分层施教势在必行。

分层理论启示我们：对青少年，我们要在注重培养他们良好行为习惯的基础上来塑造他们的理想信念和道德品质。如通过对他们加强中国历史和革命传统教育来加强他们的爱国主义情怀和共产主义的理想信念，如通过加强对他们的思想品德教育，提倡勤奋学习、遵纪守法、助人为乐、勤俭节约、热爱劳动等先进精神。对中年人和老年人，我们要在加强社会主义核心价值观教育的基础上，不断对他们宣传新的思想观念，促进他们学习并适应这个发展着的社会，并积极指导他们把已掌握的理论知识转化为对社会、对国家有用的实际行动。对文盲及文化水平较低的社会成员，我们的教育目标不是让他们学会思想政治教育的相关理论，他们也没能力学好这些理论，我们要做的就是不断地规范他们在社会中的各种行为，并用身边实实在在的例子来教育和示范他们，让他们运用这些例子里面成功的经验并吸取失败的教训。对有初等和中等学历的受教育者，我们要加强对他们的理论教育，善于运用他们感兴趣的方式方法来进行有点儿枯燥的理论教育，并督促他们把学到的理论内化为自己的思想进而转化为自己的行为。对有高等学历的受教育者，我们还是要继续加强重要理论的教育，只是在教育过程中要善于利用网络等媒介与他们进行平等的沟通和交流，使他们真心接受这些理论，最终转化为自己的行为。对工人，我们要对他们进行政治理论和职业道德的教育，提高他们的政治、文化、管理和技术水平，培养他们艰苦奋斗、服从工作需要的调动和安排、爱厂如爱家的光荣传统。对广大知识分子和国家的科技人员，强调在爱国主义的前提下，以革命的精神努力攻克科学堡垒、积极攀登科学的高峰，以加快国家的现代化进程。对共产党员尤其是党的高级干部，要深化他们的理论知识，特别是马克思主义理论。强调其先锋作用，监督他们把理论知识运用到改革开放的实践中，让他们在实践中践行共产主义思想和共产主义道德。

三 建构现代思想政治教育学关于教育原则和方法的社会示范理论

在研究社会的运行和发展中，社会学发现社会中优秀和杰出人才的榜样示范作用发挥了很大的作用，致使社会学加大了对榜样的研究。社会学研究榜样的示范原则主要是从整体研究榜样是如何在社会上发挥作用的，这种作用对社会的良性运行和协调发展有何作用。而在思想政治教育学中，榜样示范作用也提到了相当的高度，根据社会学关于榜样的研究，思想政治教育学提出了言传和身教相结合的教育手段，并相应提出了思想政治教育要坚持示范原则以及榜样教育法。社会学研究的榜样示范原理在不断思想政治教育学化以后，必定要作为思想政治教育学的一个具体的理论基础。思想政治教育学提出，在教育过程中，要坚持言传和身教相结合的原则，只有对教育者及教授的理论知识心服口服，思想政治教育才能达到预想的目标。

一是思想政治教育工作者要在一定的理论水平基础上，给受教育者灌输和传授他们所需要的理论知识；二是思想政治教育工作者在对受教育者进行理论教育的过程中，要以身作则，带头实践自己教授的思想、观念和价值观，以自己的带头行动影响和感染眼前的受教育者，使他们从心底相信学到的这些理论；三是思想政治教育工作者要善于运用社会上优秀人士尤其是优秀共产党和优秀干部来做好模范作用，让社会成员自觉地向他们学习、向他们靠齐。以榜样示范原理为基础，思想政治教育在教育过程中要坚持和善用榜样教育法，通过向教育对象树立典型，以先进或模范人物的先进思想、先进事迹去感染教育对象，使他们在不自觉当中提高自己的思想认识、政治觉悟、法律意识和道德品质。榜样教育法是思想政治教育的一个主要方法，它是利用人们喜欢模仿、易于从众和注重自尊的心理特点，让人们对先进模范产生思想上的共鸣，引导人们去主动学习和模仿。但是，在运用榜样示范原理，发挥榜样的示范作用时，一定要注意榜样的真实性、层次性和代表性，要尽可能让榜样现身说法，要见之于实际活动中。思想政治教育除了要坚持榜样教育法外，还要坚持示范原则，要把坚持示范原则和坚持榜样教育法一同推进，推进思想政治教育对象在学习模范的基础上，用自己的良好行动促进社会的稳定发展。

四 建构现代思想政治教育学关于其实践运行的结构功能理论

思想政治教育学的互动理论、分层理论和示范理论，是借鉴社会学理论形成和建构的思想政治教育学的理论，它们是建构思想政治教育学的社会学基础的重要体现和基础。这也表明，通过建构思想政治教育学的社会学理论基础，是拓展和夯实思想政治教育学理论基础的重要方面。当然，思想政治教育学在借鉴社会学理论和相关知识、成果来建构理论基础时，还需要进一步融合学科、开阔视野、深化建构。比如社会学的"结构功能主义"也可以作为建构思想政治教育学的社会学理论基础的一个重要知识借鉴和理论来源。

根据结构功能主义理论，社会是具有一定结构或组织化手段的系统，社会的各组成部分以有序的方式相互关联，并对社会整体发挥着必要的功能。整体是以平衡的状态存在着，任何部分的变化都会趋于新的平衡。结构功能主义认为，社会是一个由各个行动者相互作用的体系，而对这个体系要从静态和过程两个角度进行研究。从静态角度就是分析社会体系的结构，从过程的角度就是分析社会体系的功能。借鉴结构功能主义理论来建构思想政治教育学的理论基础之所以可能和必要，主要基于两点考虑：一是思想政治教育是社会体系中的一部分，它就得在发挥好自己的功能基础上，协调与社会体系中其他内容的关系，共同建设稳定、有序的和谐社会。二是思想政治教育本身也是一个体系，也有自己的结构，这就要求思想政治教育学要协调好自己内部各体系的关系，共同发挥好思想政治教育这个整体的功能。对思想政治教育理论体系、实践体系、方法体系等进行结构功能分析：对于进一步深化和推动思想政治教育学的理论创新十分必要；对于开展好思想政治教育，提升思想政治教育的实效性和针对性，吸引力和感染力具有重要意义；对于丰富和创新思想政治工作方法，建构起科学合理的方法体系，也极为必要。

总之，社会学研究的"个人与社会"的关系范畴，本身就是思想政治教育学的一个重要理论范畴。社会学强调通过个人的社会行为的研究来研究整个社会，包括个人如何影响、推动社会的发展以及社会如何影响和制约每个人的发展；而思想政治教育学是研究如何做人的思想工作，作为社会中的人，每个人都不能脱离社会而生存和发展，不能摆脱社会的影响或制约。思想政治教育主体在开展思想政治教育实践活动时，一定要在社会这个大背景下来进行，放在社会发展与变迁的大背景下来考虑和设想人的发展问题。因此，推动思想政治教育的理论创新和实践发展，要借鉴社会学的知识、理论和方法，建构起思想政治教育学的社会学理论基础，对于夯实和建构思想政治教育学理论，把握和解答思想政治教育实践面临的诸多社会问题，丰富和创新思想政治工作方法，是十分必要的，也是极为可能的。

第 六 章

现代思想政治教育学的教育学基础

思想政治教育学自形成伊始,与教育学、伦理学、社会学、心理学等学科有着密切的"亲缘关系"。正是在这种关系的互动中,促进了思想政治教育学的深入发展。立足教育学视域,思想政治教育学与教育学存在着天然的学科关联,同时也有着密切的基础理论知识联系。因此,同其他任何一个学科都有一定的理论基础一样,教育学理论基础成为支撑着现代思想政治教育学存在和发展的理论源泉和动力之一。据此,基于学科层面和思想政治教育的视域,来建构现代思想政治教育学的教育学理论基础就成为现实和必要。无疑,这对推动思想政治教育实践和促进思想政治教育学的发展具有重要意义。

第一节 思想政治教育学与教育学的关系

"思想政治教育学"与"教育学"作为研究教育实践活动的不同学科,其联系性是显著的,其相关性是明确的。两者的关系主要表现在学科关系、研究对象的关联性、价值最求共性、历史联系及现实问题观照共通性等方面。

一 思想政治教育学与教育学的学科关系

改革开放以来,思想政治教育的实践为现代思想政治教育学的理论体系完善及学科建设、发展带来了根本性变化。就学科体系而言,思想政治教育学学科体系形成了思想政治教育学基本理论、思想政治教育史及思想政治教育学的分支学科三个层面①。就分支学科而言，思想政治教育与其他相关系统及其对这方面问题的思想政治教育透视和研究，如与心理、管理、教育等的关系，促成了思想政治教育相关分支学科的形成和发展。因此，立足教育学视角，教育学的学科确立史虽然早于思想政治教育学，但这并不能否认思想政治教育的存在和影响。因为，思想政治教育作为政治上层建筑，教育学学科的建设和发展，从来就没有离开过国家意识形态对教育者和受教育者的思想政治教育这一主题和导向。也就是说，即使在没有明确思想政治教育的学科地位之前，思想政治教育就"潜伏于"教育学的学科建设和发展之中。而在现代思想政治学的学科地位得以确立以来，其与教育学系统的联系更加显著，这既体现了思想政治教育学自身理论拓展的需要，也是对现实问题解答的需要。对此，具体可以从以下方面加以认识：

（一）思想政治教育学具有教育学的学科属性

思想政治教育是人类教育实践活动的一种特殊形式。作为一种特殊的教育活动，思想政治教育隶属于教育范畴，具有教育属性，是教育学的一个分支学科。教育学是研究教育现象、揭示教育规律的科学。教育学所揭示的一般规律以及教育的性质、目的、原则、方法等，对教育科学体系中的其他学科具有指导意义。因此，从学科意义上而言，作为教育学分支学科的思想政治教育学，其必然要遵循教育学所揭示的这些基本原理、原则和方法。教育学原理为形成思想政治教育方法、原则提供知识基础和借鉴。当然，其对此并非简单地照搬、套用，而是通过对教育学的这些基本原理、原则和方法的基本遵循和借助，去研究思想政治教育自身所固有的内在规律和特殊性，进而建立思想政治教育学特有的学科体系②。从这个意义上来说，思想政治教育学学科的确立根本上源于对人的特殊教育问题的强调、关注和解决，如人的思想政治问题、政治思想问题、思想道德问题等，这也是思想政治教育学具有自身独特学科特性，成为其独立学科的客观实在性支撑的重要方面。

---

① 陈万柏、张耀灿：《思想政治教育学原理》，高等教育出版社 2007 年第 2 版，第 13—14 页。关于思想政治教育学理论体系有着不同的认识和表述形式，这些理论丰富和发展了思想政治教育学学科理论体系。对此，可参见张耀灿、郑永廷等《现代思想政治教育学》《思想政治教育学原理》，高等教育出版社 2007 年第 2 版，第 29 页。

② 陈万柏、张耀灿：《思想政治教育学原理》，高等教育出版社 2007 年第 2 版，第 45 页。

（二）思想政治教育学理论体系与教育学理论体系相关

任何一门学科，均有一系列的话语、概念、范畴等组成的系统性的理论体系和思想建构基础。作为教育学分支学科的思想政治教育学，鲜明地遵循和体现着教育学的话语、概念、范畴及思想建构基础，同时在实践和理论发展中也形成了具有自身特性的话语、概念、范畴及思想建构基础。

1. 概念语义特性方面的相关性

"思想政治教育"语义学意义上的概念形成，即"思想政治教育"是由"思想""政治""教育"三个概念以及三个词汇的相关组合而形成的概念。这三个概念的使用具有相关性，又独具意义。可以这样来理解，教育是途径和方法，思想是根基和灵魂，政治是统率和方向。"思想政治教育"就是关于"思想政治"的教育，即是"思想政治教育"这一实践活动的展开，是对思想问题中的政治方面和政治问题中的思想方面开展教育实践活动。从思想政治教育实践展开的情况看，思想政治教育的特殊性在于：从阶级、国家角度来讲，它主要进行政治教育，目的在于强化意识形态的影响与控制；从人的角度来讲，它主要是对人的精神引导和道德训练，实现思想的改造和品德的提升，即改造主观世界的同时改造客观世界[1]。由此可见，思想政治教育通过解决人的政治思想问题及与所在阶级、国家、社会主流保持思想一致的问题，从而实现阶级、国家对维护政治统治和社会秩序及人的政治社会化的目的。

诚然，思想政治教育在话语组成特性方面表现出自身的特殊性的一面，但教育学话语体系在关涉国家、社会和个人关系的核心层面上也体现着与其一致的地方。就阶级、国家的层面而言，教育学话语所关注的是教育的目的，即人才培养的社会发展需要，以及与之相适应的教育方针政策制定、教育内容选择、教育载体建构和教育管理的施行及教育战略的调整。就个人层面而言，教育话语所关注的是个人的教育需要及人的自由全面发展，包括德育、智育、体育、美育等学校教育领域。与此相适应的是教育规律、教育艺术的探求。在实践中，虽然存在着不同阶级、国家的教育形态，人们对教育的认识也不尽一致，但对教育理念和目的的理性认识与概括，始终存在于一切阶级和国家的不同教育形态之中。因此，在传播

---

[1] 李合亮、李鹏：《对思想政治教育本质的再认识》，《学校党建与思想教育》2013 年第 1 期。

主导意识形态、实现人的政治社会化、维护政治统治和社会秩序方面，思想政治教育学和教育学话语都在有意或无意地实践和追寻着"随风潜入夜，润物细无声"的境界。

2. 研究范畴方面的相关性

"范畴是反映客观事物本质联系的思维形式，是各个知识领域中的基本概念。""任何一门学科都是由其特有的一系列概念、范畴为骨架而构成的知识体系。"① 范畴体系的建立和发展，是人们对该学科领域问题研究进入理性阶段的重要标志，反映着该学科发展与成熟的程度。

首先，就思想政治教育学来看，目前，我国学术界对现代思想政治教育学基本范畴的研究尚处于不断深化探索的阶段，对思想政治教育学基本范畴的认识也不尽一致。尽管如此，也形成了具有代表性的观点，如徐志远教授认为，现代思想政治教育学基本范畴有以下八对：思想与行为、教育主体与教育客体、疏通与引导、言教与身教、物质鼓励与精神鼓励、教育与管理、内化与外化和个人与社会②。并认为，思想政治教育学基本范畴的理论体系，应当是一个由相互联系、相互作用和从简单到复杂、从抽象到具体的起点范畴、中心范畴、中介范畴、成果范畴和终点范畴构成的逻辑结构。其中，思想与行为是起点范畴，教育主体与教育客体是中心范畴，疏通与引导、言教与身教、物质鼓励与精神鼓励、教育与管理是中介范畴，内化与外化是成果范畴，个人与社会是终点范畴③。应该说，这些范畴体系的梳理，基本上反映了思想政治教育学的研究视域，深化了思想政治教育学的学科建构和发展，具有重要意义。

其次，教育学的基本范畴是由从教育现象和教育存在中抽象得出的范畴，这些基本范畴是教育与自我教育、教育者与受教育者、课程与教学。由此出发，其囊括了一系列层次不同的范畴和具体的概念，从中可推演出教育目的、教育本质、教育原则等主观逻辑范畴。实际上，教育学史上的大家们都是围绕这三对基本范畴来展开他们各自的范畴体系，阐释各自的

---

① 张耀灿、郑永廷等：《现代思想政治教育学》，人民出版社 2006 年第 2 版，第 7 页。
② 徐志远：《论建构现代思想政治教育学基本范畴及其系统的方法论原则》，《思想理论教育导刊》2007 年第 3 期。
③ 徐志远、李友云：《试论思想政治教育学基本范畴的逻辑结构》，《南京政治学院学报》2006 年第 2 期。

教育观的①。随着教育的发展和教育学的研究深入，对教育的哲学关注和思考，即教育哲学也成了教育学的重要范畴内容②，如对教育常识、经验及实践的反思，对教育价值和方向的追问，对教育智慧的探求，对教育民主与教育公平的关注等③。

基于以上分析可知，思想政治教育学及教育学的范畴体系建立呈现为这样一个逻辑过程：即围绕教育主体与教育客体，借助多种教育手段和管理方式，教育活动通过思想影响促进个体的行为变化，由此凝固为内在思想和外在的言行体现，从而推进社会和个人的发展进步。由此可见，起点→中心→中介→成果→终点这一个逻辑展现过程，蕴含于思想政治教育学和教育学研究过程的始终。

3. 思想建构方面的相关性

教育学理论体系是如何建构的呢？毋庸置疑，教育学所关注的是人的教育问题，即人的发展和社会发展问题，围绕这一问题的一系列思索和实践，形成了教育学理论体系的建构基础。而思想政治教育是研究如何做人的思想政治工作的学问，而个人思想层面的"政治"在不同的意义上具有不同的内涵表现形式：在最高意义上，它是指国家政治、政党政治、阶级政治、民族政治；在统治意义上，它体现为在政治体系中的地位，是指统治阶级的政治；在文化意义上，它体现为社会意识形态，是指政治思想，而不是指政治实体④；在活动意义上，它指人们按照一定要求从事一定政治活动，实现自己的政治利益；在关系意义上，它指人与人、人与阶

---

① 郭元祥：《教育学范畴问题探析》，《华东师范大学学报》（教育科学版）1995 年第 3 期。
② 就教育哲学范畴而言，教育哲学的思考和关注点，直接指向三个层面：一是反思教育经验、教育习惯、教育常识。经验和惯习，是习以为常的，人们按照经验来行动，但却很少有人反思行动的适切性，追问"为什么这么做"。二是反思教育实践背后的理念。作为一种有目的的教育活动，会受特定的人性观、价值观、知识观、社会观的支配。反思教育实践，重要的不是面向教育操作中的细枝末节，而是要直指实践背后的理念：这种实践反映出的是什么理念，这种理念的正当性、合理性，及其与当代社会发展、教育改革要求之间的适应性等。三是反思教育的基本理论和教育思想。教育哲学的反思，既要追问和反思教育发展历程中的根本问题，如教育本质、教育目的、教育价值、教学观、德育观等，还要进一步超越教育，直指具有根本性的人性观、价值观、知识观、道德观等。参见冯建军《教师与教育哲学》，《当代教师教育》2011 年第 4 卷第 1 期。
③ 冯建军：《教师与教育哲学》，《当代教师教育》2011 年第 4 卷第 1 期。
④ 孙其昂：《政治性：思想政治教育的内容本质》，《南京社会科学》2006 年第 3 期。

级、人与国家、人与社会之间及其相互间的政治关系①。由此可见，与一般教育相比，尽管思想政治教育的确也实现着对人的知识教育与社会生活引导，关注人的发展问题，但它对人的精神世界与价值引导的关照更为强烈，即人的思想巩固或转换问题，也即人的政治社会化问题。而关于这一系列问题的思考和实践，形成了思想政治教育学理论体系的建构基础。也就是说，在一个稳定的社会中，思想政治教育所发挥的是一种文化性的功能，它着重从思想上把握人心，从而弥补了刚性制度在社会建设方面的不足，以其深入人心的柔性教育与关怀来滋润人的精神世界。这一思想建构，不仅仅是通过教育让人们获取政治知识，认知政治文化，提升思想认识水平，更主要的是在引导人们进行选择与接受的同时，引导人们思考自身、发展自身，促使人们实现思想的内化及社会发展。从这个意义上来说，思想政治教育的这种思想建构，是对教育学思想建构基础的继承和拓展，并由此形成了思想政治教育学自身理论体系的独特性。

二 思想政治教育学与教育学研究对象的关联性

作为一门独立的学科，无论教育学，还是思想政治教育学，都是以人作为研究对象，只不过两者各有侧重点。思想政治教育，从根本上说，"就是研究如何做人的工作的学问"②。在此基础上，思想政治教育学则专门研究关于人的德育和思想政治教育，不仅面向学校而且面向整个社会③。教育学以研究教育现象、揭示教育规律为根本目的，涵盖德育、智育、体育、美育等整个教育，且主要研究学校教育④。因此，从一般意义上而言，思想政治教育学以思想教育、道德教育和政治教育为基本出发点，以统治阶级或阶层所要求的世界观、价值观、人生观和政治观教育为核心内容，以形成统治阶级或阶层所要求的稳固的思想品德、心理素质和政治素质为根本目的。而教育学则以教育本质、功能、原则、规律、艺术及教育目的、教育主体、教育客体、教育管理和教育载体等为基本研究内容，以培养受教育者的终身学习意识、激发学习兴趣和激情、形成自主学

---

① 李合亮、李鹏：《对思想政治教育本质的再认识》，《学校党建与思想教育》2013 年第 1 期。
② 陈万柏、张耀灿：《思想政治教育学原理》，高等教育出版社 2007 年第 2 版，第 6 页。
③ 同上书，第 46 页。
④ 同上书，第 45—46 页。

习习惯为根本目的。

因此,对现实存在的人的关注和思考,共同构成了思想政治教育学和教育学的研究对象。马克思曾深刻地指出:"全部人类历史的第一个前提无疑是有生命的个人的存在。"① 在这个意义上来说,离开了人本身,任何形式的教育活动都将不复存在,也会变得没有意义,甚至只不过是一种动物本能的反应或传递,如猫捉老鼠、鹰击长空、鱼翔浅底等生物本能现象。

三 思想政治教育学与教育学价值追求的关联性

"所谓价值,就是主体在实践活动中建立起来的,以主体的尺度为尺度的一种客观的主客体关系,是客体的存在及其性质是否与主体的本性、目的和需要等相一致、相适应、相接近的关系。"② 因此,终极价值,就是最终的目的、指向、意义和价值。思想政治教育学和教育学的学科地位形成、发展、巩固,都体现着对人的自由全面发展的最终价值的关注和思考。这既是作为一门学科理应具备的学科担当和历史使命,也是其存在的价值所在。

从目的论的视角来看:一方面,思想政治教育最根本的目的在于"帮助和引导人们认识、改造客观世界与主观世界,提高改造客观世界与主观世界的能力"③,其对人的培养目标就是"坚持全面发展观,促进人的自由全面发展"④;另一方面,我国"教育的目的是综合考虑人的发展需要和社会发展需要并依据教育的立场和价值取向来制定的"⑤,即囊括个人德智体美劳等基本要素在内的全面发展的教育。

从功能论的视角来看,思想政治教育具有个体性功能和社会性功能。其中,个体性功能包括个体生存、发展、享用功能,社会性功能包括政治、经济、文化功能⑥。同时,教育也具有人的发展功能和社会发展功能。其中,教育的人的发展功能,即育人功能或促进人的发展是教育的本

---

① 《马克思恩格斯选集》(第1卷),人民出版社1995年版,第67页。
② 项久雨:《思想政治教育价值论》,中国社会科学出版社2003年版,第26页。
③ 张耀灿、郑永廷等:《现代思想政治教育学》,人民出版社2006年第2版,第137页。
④ 同上书,第141页。
⑤ 扈中平:《现代教育学》,高等教育出版社2010年第3版,第109页。
⑥ 陈万柏、张耀灿:《思想政治教育学原理》,高等教育出版社2007年第2版,第57—71页。

体功能，教育的社会发展功能也体现为政治、经济、文化功能①。

从价值论的视角来看，思想政治教育具有个体价值和社会价值两种形态。其中：个体价值层面，包括引导政治方向、激发精神动力、塑造个体人格和调控品德行为。社会价值层面，包括经济、政治、文化、生态等方面价值②。教育学关注的是教师和学生这一特定群体的生命状态，即关于如何促使他人和自我生命成长与发展的智慧。"所有这些，都构成了现代教育学的精神起点。它体现了作为一门学问的责任意识：教育学要为人类的生存与发展负责，要为具体的生命摆脱一切不公正、一切不义、一切苦难负责，要为教育者的教和受教育者的学负责，使教育学充当矫正人类思想和行为偏误的重要力量。"③ 可以说，思想政治教育通过培养国家和社会所需要的人才，其所承担的责任、体现的价值，同教育学在本质上是一致的。

四 思想政治教育学与教育学的历史联系

思想政治教育实践和教育活动作为一种特定的人类活动，其展开的原初动因是什么？其为何能够展开、形成和发展？"任何人如果不同时为了自己的某种需要和为了这种需要的器官做事，他就什么也不能做。"④ 唯物史观告诉我们，研究人类历史活动必须以具体的社会物质生活条件为基本出发点，必须将"需要"作为人类社会生活存在的一切现象的动因和根由⑤。毋庸置疑，无论任何社会活动，它的发生、发展和形成，均根源于社会现实和需要。这种需要基础的交叉或独特性，分别形成了不同意义基础上的教育活动形态及其理论体系。

就教育的起源而言，具有代表性的观点有：生物起源论、心理起源论、劳动起源说、交往起源说、文化活动起源说等⑥。经过对这些观点或理论的考察，可以看到，研究者均涉及了与教育活动起源相关的某一方面，并以此展开了历史和逻辑意义上的考察和论证，具有一定的借鉴和启

---

① 扈中平：《现代教育学》，高等教育出版社 2010 年第 3 版，第 37—57 页。
② 项久雨：《思想政治教育价值论》，中国社会科学出版社 2003 年版，第 135—145 页。
③ 李政涛：《论教育学的智慧》，《教育理论与实践》2006 年第 26 卷第 3 期。
④ 《马克思恩格斯全集》（第 3 卷），人民出版社 1960 年版。
⑤ 李合亮、李鹏：《对思想政治教育本质的再认识》，《学校党建与思想教育》2013 年第 1 期。
⑥ 李醒东：《教育起源研究的方法论问题探析》，《教育评论》2007 年第 3 期。

发意义。同时,从这些研究的话语构成来看,主要涉及的基本词汇是"教育""劳动""创造""语言""文化""需要""交往",以及与之对应使用的如"本能""模仿""适应"等概念。诚如恩格斯所言:"在社会历史领域内进行活动的,是具有意识的、经过思虑和凭激情行动的、追求某种目的的人;任何事情的发生都不是没有自觉的意图,没有预期目的的。"[1] 由是,基于唯物史观的视域可知,需要是教育起源的内在根据,教育是人类需要的充分满足,人的教育需要性就反映了人的教育的必要性。而人的需要具有必然性和多样性。作为人类需要之一的教育需要正是在与生产劳动、社会生活、人的发展互动中,表现为社会实践和生活中的知识、技能、经验、文化、习俗、道德伦理等内容的传递和授予,即对知识的欲求和知识文化的传承,并在此过程中形成自我的事实判断(真理认知)、情感判断(情感认知或体验)、价值判断(价值认知),即知、情、意的结合和统一。

既然教育起源于人的需要,那作为一种特殊的教育形式,思想政治教育必然来源于"需要"。只不过这种"需要"已不再是教育产生之时简单的人类生产、劳动、生活与经验传递的需要,而是深化为一种组成更为复杂、政治性更为凸显的政治需要。它既包括人在社会中生存与发展的政治需要,也内含了阶级、国家维护统治和维系社会秩序及培养所需人才的需要[2]。这就是说,思想政治教育的起源是以国家和阶级的产生为前提,即一个阶级一旦获取政权成为统治阶级之后,它一般会采用"国家机器威慑"与"意识形态教化"两种模式来维护统治,保障利益的实现。同时,也内含着在此条件下的个人生存与发展的需要。因此,思想政治教育首先起源于国家或统治阶级处理利益矛盾、协调利益关系,以追求或实现自身利益最大化的需要。换言之,阶级、国家,在维护自身政治统治、政治管理和维护社会秩序的现实驱动下,需要塑造并形成社会成员的政治认同,体现为人们的政治认知、政治情感和政治态度,由此来巩固自身的政治统治和管理的合法性基础。

与此同时,思想政治教育的起源也获得了社会成员基于自身生存与发

---

[1] 《马克思恩格斯选集》(第4卷),人民出版社1995年版,第247页。
[2] 李合亮、李鹏:《对思想政治教育本质的再认识》,《学校党建与思想教育》2013年第1期。

展的利益需要的回应。人的活动本身是同利益联系在一起的，正如马克思所指出的那样："人们奋斗所争取的一切，都同他们的利益有关。"① 从这个意义来说，基于利益的争取与保护，个人会主动学习并接受一定社会体系下的政治文化，遵守政治行为规范，参与社会的政治活动，履行一定的政治责任。这样，无论是被动遵从，还是主动索求，阶级社会中的每个人都有一个接受主流政治文化的需求，而由国家对民众进行专门的思想政治教育则是满足这一需求的最佳选择。

作为一种客观的教育实践活动，思想政治教育及其他教育活动存在于人类社会发展的不同历史阶段及不同形态的国家，只不过其内容和形式有所差异罢了。在古代，无论中国和西方，思想政治教育常寓于教育活动之中，教育的内容、价值导向和要求均体现出一定的意识形态色彩。如在中国 2000 多年的封建社会中，儒家思想在意识形态领域占据主导地位，其以"三纲五常"为核心的道德学说，既是国家教育的核心内容所在，也是中国封建社会思想道德教育的核心内容、基本规范及价值导向。在中世纪欧洲封建专制和基督教神权统治下，神学经典成为教育活动的主要内容；同时，"这个时期的思想政治教育实际上是在宗教的名义下进行的，其内容集中表现为对全体社会成员推行宗教神权教育"②。教会的教条教规就是政治信条。就思想政治教育社会化视角而言，在我国现行的任何一个学科或专业，都承载着思想政治教育的内容、信息和功能，思想政治教育的元素"潜伏"在这些学科或专业之中。可以说，只要有人和人的教育实践活动，思想政治教育总是或隐或现地存在于各个历史时期的不同国家的教育形式之中，直至形成发展为独立的学科体系、教育形态及专门化的教育机构和管理机构。

五 思想政治教育学与教育学在解答现实问题上相交织

在当代世界和中国语境下，思想政治教育学和教育学都处于共同的时代视域之下，需要对时代发展过程中的各种问题和挑战做出学科层面的理论和实践回应，这是学科担当和使命的必然要求。就世界语境而言，面对西方对我国的分化和渗透，思想政治教育实效性亟待加强；同时，面对西

---

① 《马克思恩格斯全集》（第 1 卷），人民出版社 1956 年版，第 82 页。
② 陈万柏、张耀灿：《思想政治教育学原理》，高等教育出版社 2007 年第 2 版，第 293 页。

方先进的教育学理念和文化，教育学面临如何扬弃，从而形成自身特色和先进性的难题。就中国语境而言，思想政治教育学和教育学的发展均处于改革开放 30 多年以来，我国社会利益结构调整和社会深刻变迁的现实视域下，都需要研究和回应现实生活中存在的信仰缺失、道德失范、心理失衡、社会心态、社会情绪、社会公平、民主发展等问题，从而做出理论层面的思考、解答和引导，这也形成了思想政治教育学和教育学研究内容和关注热点的交叉性，并就据此做出各自学科意义上的解释和引导。

当然，思想政治教育对于阶级、政党、国家、社会的价值与意义，决定了思想政治教育的社会地位与发展的社会支持度，是其存在与发展的外在约束与支撑；思想政治教育对人的需要的满足，是其存在与发展的内在制约与动力[1]。思想政治教育学所涉及的研究内容、研究目的和研究体系，直接体现着统治阶级或阶层对社会成员的道德要求和政治要求，从而直接形成与占统治地位的阶级或阶层要求相契合的思想道德品质和政治素质，其直接指向社会成员的政治认知、政治情感、政治态度等政治心理和政治认同感。虽然教育学所研究和形成的基本原理、理论体系和基本知识，一定程度上体现和维护着在社会政治生活中占统治地位的阶级或阶层的要求和利益，但其处于相对弱势的地位，某种程度上与政治意识形态保持着一定的距离。

第二节　现代思想政治教育学对教育学知识的借鉴

如上所述，思想政治教育学与教育学之间具有紧密的学科关联。教育学所揭示的一般规律以及教育的性质、目的、原则、方法等，对思想政治教育学学科具有指导意义。因此，从学科意义上而言，作为教育学的一个分支学科的思想政治教育学，其必然要遵循教育学所揭示的这些基本原理、原则和方法。教育学原理为形成思想政治教育方法、原则提供知识基础和借鉴[2]。这就是说，思想政治教育学与教育学之间的紧密学科关联，决定了两者之间必然存在着密切的基础理论知识联系。两者之间的这种基

---

[1] 李合亮、李鹏：《对思想政治教育本质的再认识》，《学校党建与思想教育》2013 年第 1 期。

[2] 陈万柏、张耀灿：《思想政治教育学原理》，高等教育出版社 2007 年第 2 版，第 45 页。

础理论知识联系，一方面体现着思想政治教育学对教育学原理的遵循和借鉴；另一方面也体现着通过对教育学的这些基本原理、原则和方法的基本遵循和借鉴，去研究思想政治教育自身所固有的内在规律和特殊性，进而建立思想政治教育学自身特有的学科体系。

一　借鉴教育学原理

（一）教育学原理对思想政治教育个体价值的理论阐释

从政治社会化[①]的视角可知，一方面，阶级、国家、政党基于维护政治统治的需要，要培养、形成社会成员的政治认同及政治事业支持者和接班人；另一方面，基于个人的利益实现、利益发展和利益维护要求，社会成员需要接受思想政治教育的熏陶，并遵循社会政治规则，承担相应的政治责任。因此，教育要培养德、智、体、美、劳全面发展的社会主义事业的建设者和接班人，反映在思想政治教育学上，就是要通过思想教育、道德教育、政治教育，向个体系统地传播社会的道德文化、政治文化，帮助个体形成社会所需要的思想品德素质、心理素质和政治素质，从而实现由自然人向道德人和政治人的转变。

事实上，在任何社会形态和国家形式下，人要在社会中生存、发展，要实现自然人向社会人的转变，必须要遵循一定的社会规范、习得相应的社会角色、内化社会的价值观念，即实现人的社会化。其中，道德社会化、政治社会化是人的社会化的必经过程和重要内容。如果不能顺利地实现道德社会化和政治社会化，个体就不能形成社会所需的道德品质、心理素质和政治行为，不能被他人、社会组织和政治系统所接纳。这正是教育的人的发展功能和社会的发展功能的直接而现实的体现，脱离这一功能的教育在任何社会和国家形态中是不复存在的，也是没有意义的。

（二）教育学原理对思想政治教育社会价值的理论阐释

一般而言，我们从阶级、国家、政党的视角可知，思想政治教育的存在具有深刻的社会价值。这种社会价值体现为对政治统治的维护和对社会秩序的维系，并引导社会成员的政治意识，进而内化或凝固为其积极的政

---

① 政治社会化是指：人们在特定的政治关系中，通过社会政治生活和政治实践，逐步获得政治知识和能力，形成和改变自己的政治心理和政治思想的能动过程。参见王浦劬《政治学基础》，北京大学出版社2006年第2版，第281页。

治认同心理及相应的行为表现。因此，在教育学的意义上，思想政治教育学必然遵循或体现着教育学的客观基础、功能和目的，并以此凸显出了其存在的社会价值和意义。

就教育的客观基础而言，教育的社会制约性和教育对人的制约性，构成了教育的两个客观依据，也构成了教育规律、教育原则和一切教育行为的客观基础[1]。教育的客观基础构成反映到思想政治教育学领域，则形成了关于思想政治教育本源的探索，即：为什么有思想政治教育？它是如何产生的？就教育的功能而言，教育有两个基本功能：一是教育必须促进和适应人的发展，即教育的人的发展功能；二是教育必须适应和促进社会的发展，即教育的社会发展功能[2]。与此相适应的是思想政治教育的个体性功能和社会性功能。其中，思想政治教育的个体性功能表现为个体的生存、发展、享用功能。思想政治教育的社会功能表现为：传导意识形态、实现政治认同、促进政治稳定发展，即思想政治教育的政治功能；保证经济社会发展的性质和方向、形成推动社会生产力发展的精神动力、营造经济建设发展的和谐社会环境的重要手段，即思想政治教育的经济功能；作为文化结构的重要组成部分，它体现出文化传播、文化选择、文化创造等功能，即思想政治教育的文化功能[3]。就教育的目的而言，教育的根本目的是育人。而人的培养着眼于人的全面发展和社会发展需要。与此相对应的思想政治教育的根本目的则是：一是提高认识世界与改造世界的能力，二是在改造客观世界的同时改造主观世界[4]。在思想政治教育的培养目标方面：一是提高人们的思想道德素质，如崇高的理想、优良的品德、强烈的事业心、责任感等，此为思想政治教育的内在目的；二是促进人的自由全面发展，这既是共产主义的理想目标，也是社会主义的本质要求，此为

---

[1] 扈中平主编：《现代教育学》，高等教育出版社2010年第3版，第58页。其中：教育的社会制约性指，教育的变化和发展要以社会的变化和发展为条件和依据，其受制于社会生产力、政治和文化三大要素的制约；教育的人的制约性指，教育的实施和变革要以作为受教育者的人的身心发展规律和特点为依据，体现为人的发展的顺序性、阶段性、不平衡性、互补性、整体性及个别差异性对教育的制约。

[2] 扈中平主编：《现代教育学》，高等教育出版社2010年第3版，第37页。

[3] 陈万柏、张耀灿：《思想政治教育学原理》，高等教育出版社2007年第2版。

[4] 张耀灿、郑永廷等：《现代思想政治教育学》，人民出版社2006年第2版，第136—141页。

思想政治教育的终极目的所在①。在思想政治教育的主要任务方面则表现为：核心是理想信念教育，重点是爱国主义教育，基础是道德教育②。

二 借鉴教育学原则

教育原则，"是人们在总结教育经验的基础上，根据一定的教育目的和对教育规律的认识而制定的指导整个教育的根本性准则"。"结合当今世界教育发展的趋向和我国教育改革的现实需要，现代教育应遵循的一般准则主要有：人道性原则、个性原则、创造性原则、活动性原则、民主性原则等。"③ 在思想政治教育视域，一方面表现为对这些原则的遵循，另一方面则是形成具有自身特殊性的实践准则。

（一）思想政治教育对教育学原则的遵循或借助

就教育的人道性和民主性原则而言，在思想政治教育中则为"体现、尊重人民群众的主人翁地位，保障人民群众的民主权利，尊重教育对象的人格，创造条件让教育对象充分发表自己的意见并加以正确的引导，以培养教育对象的民主精神，为建设社会主义法治国家创造充分的条件。"④ 就教育的活动性和创造性原则而言，体现为在思想政治教育中要坚持渗透原则，把思想政治教育融入经济、文化、管理等各方面工作及人们的日常生活中去。就教育的个性原则而言，在思想政治教育中要求坚持层次性和主体性原则，充分尊重教育对象的主体地位，根据教育对象的不同情况和层次，区别对待，因材施教。

（二）思想政治教育对教育学原则的融合和拓展

思想政治教育原则，正是在遵循教育原则基础上，"人们根据思想政治教育的客观规律，在总结思想政治教育实践经验基础上而制定的思想政治教育活动的准则"。由此发展并形成了方向原则、求实原则、民主原则、渗透原则、层次原则、激励原则、主体原则、示范原则等⑤。其中：方向原则是国家对教育必须为社会主义现代化服务规定的体现。也就是说，在我国，任何形式的教育，在教育过程中都必须坚持社会主义方向，

---

① 陈万柏、张耀灿：《思想政治教育学原理》，高等教育出版社2007年第2版，第73页。
② 张耀灿、郑永廷等：《现代思想政治教育学》（第2版），人民出版社2006年版。
③ 扈中平主编：《现代教育学》，高等教育出版社2010年第3版，第90页。
④ 陈万柏、张耀灿：《思想政治教育学原理》，高等教育出版社2007年第2版，第208页。
⑤ 同上书，第200页。

坚持正确的政治方向不动摇，提高贯彻方向原则的自觉性。求实原则就是坚持从社会生活和人们的思想实际出发进行思想政治教育，坚持理论联系实际，避免盲目性和主观性。体现了教育的个性原则、活动性原则和创造性原则。激励原则和示范原则是教育者在教育活动中加强"引导—反馈"，以身作则的基本准则体现。

三　借鉴教育学范畴内的基本教学方法理论

教学，就其根本性而言是一个实践性问题，它是基于一定的教育情境和条件下，教育者综合应用各种方法、活动、资源作用于受教育者的过程。其关键性问题在于"如何教学""如何进行有效教学"以及"如何教学才是有价值的"等具体操作性层面。由此可见，教育目标的实现、效果的好坏，都离不开科学方法论的指导和对方法的正确运用。

（一）现代思想政治教育学对教育学教学方法的遵循

基于主体层面分析，教育学的教学方法包含：教师的教法，即教师为完成教学任务所采用的方式、手段和程序，主要表现为"讲授—提示型"教学方法；学生的学法，是学生在教师指导下获取知识、形成技能、发展能力和个性过程中使用的方式，主要表现为"自主—探究型"教学方法；教与学的方法，是教师在教学过程中为完成教学任务所采用的教授方式和学生在教室指导下采用的学习方式，主要表现为"合作—任务型"教学方法[①]。应该说，对学校教育而言，这三种教育方法是较为普遍和常用的，贯穿于整个教育体系、教育活动和任何一种教育形态的始终。

（二）现代思想政治教育学对教育学教学方法的发展

思想政治教育的研究对象远远超过教育学的研究对象，它不仅涉及生活于学校中的群体，还包括广大的社会成员。这决定了思想政治教育学的基本方法在遵循和借鉴一般教育方法论的基础上，发展和形成了具有自身

[①] 黄甫全：《现代课程与教学论学程》，人民教育出版社2006年版，第710—716、765—775页，转引自扈中平《现代教育学》，高等教育出版社2010年第3版，第262页。其中，讲授—提示型教学方法的运用主体主要是教师，由教师就某一教学内容向学生作系统的讲述、讲解、讲演，并在此过程中启发诱导、点拨提示学生思维的一种教学方法组合。自主—探究型教学方法的主体是学生，是学生在教师指导和协助下，相对独立地制定学习计划或课题方案，进行自主性探究或研究性学习的一种教学方法组合。合作—任务型教学方法的主体是师生共同体，重点在师生互动，是基于学生分组，借由师生对话、学生间讨论互动，来共同思考、共同探究、共同解决问题，完成任务的一种教学方法组合。

特性的思想政治教育方法论。在我国长期的思想政治教育多样化实践基础上，形成了多样化的思想政治教育方法。其中，常用的基本方法有①：理论灌输法、实践锻炼法、自我教育法、榜样示范法、比较鉴别法和咨询辅导法等。

四　借鉴教育学范畴内的教育艺术思想

教育艺术作为教育学研究的一个重要范畴，贯穿于任何教育形式的始终，是教育方法论的综合体现。教育艺术是"一种达到娴熟、精湛境界，能巧妙地获得创造性教育成效的技艺"②。因此，教育艺术的娴熟和正确运用，对教育目标的实现、教育效果的好坏，具有重要意义。它是教育者在教育活动中"体现出来的具有主观性、创造性、灵活性和感染力的教育智慧、个性、美感和灵性"③。在教育学的研究范畴中，教育艺术体现出如下要旨：一是主观性，即教育风貌在很大程度上体现着教育者的教育理念、价值取向、人生阅历、审美情趣等；二是情感性，即以情感人，以情怡人，使教育影响更具吸引力、感染力、渗透力和穿透力；三是双边性，即师生间的交往、合作和互动；四是创造性，即根据教育情境而随机、智慧、恰当地开展教育活动；五是审美性，即赋予教育一种美感，是学生自身获得一种愉悦和享受，如教育幽默；六是独特性，即自身教育个

---

① 陈万柏、张耀灿：《思想政治教育学原理》，高等教育出版社2007年第2版，第222—229页。其中：理论灌输法，以马克思主义的灌输理论为依据，是其主要、最基本的方法，是教育者有目的、有计划地向受教育者进行马克思主义理论教育，引导受教育者逐步树立科学的世界观、人生观、价值观的方法，主要包括理论讲授、学习、宣传、培训、研讨等具体形式。实践锻炼法，是指教育者组织、引导受教育者积极参加各种实践活动，在改造客观世界的过程中改造主观世界，不断提高思想觉悟和认知能力，形成良好思想品德的方法。自我教育法，是指受教育者按照思想政治教育的目标和要求，通过自我学习、自我修养、自我反思等方式，主动接受科学理论、先进思想观念、社会生活规范，提高自身思想认识和道德水平的方法。榜样示范法，也称典型示范法，是指通过具有典型、榜样意义的人或事（正面的、先进的，抑或反面的、落后的人或事）的示范引导，警示警戒作用，教育人们提高思想认识、规范自身行为的方法。比较鉴别法，就是对两个或两个以上的事物属性和特点进行对比，引出正确结论，从而提高受教育者的思想水平和认知水平的方法。咨询辅导法，是其典型形式，指教育者通过语言、文字等交流媒体，灵活运用相关理论和咨询、指导的专门技术，对教育对象在思想、心理和行为等方面以帮助、启发和引导的方法。
② 顾明远：《教育大辞典》，上海教育出版社1998年版，第791页。
③ 扈中平：《现代教育学》，高等教育出版社2010年第3版，第98页。

性、教育风格、教育艺术境界的独特性①。

思想政治教育为了有效达到教育目的、增强教育效果，同时也由于其教育对象的复杂性，同样提出了对思想政治教育艺术的要求。一般来说，它是教育者"创造性运用的具有感染力的教育技能和技巧的总和。它是思想政治教育者的学识、才能、智慧、品格、经验、胆识和灵感的综合体现"②。一般而言，常用的思想政治教育艺术包括：一是运用语言的艺术，即语言的准确通俗、形象生动及语言风格的多样化和语气语调的运用；二是选择时机的艺术，即对人们的思想政治教育要及时和适时；三是选择突破口的艺术，突破口应侧重于人们思想上的特点、矛盾及认识，如就业等热点问题；四是把握适度的艺术；五是综合运用多种教育方式的艺术③。

第三节　现代思想政治教育学的教育学理论基础建构

如上所述，思想政治教育学与教育学有着紧密的学科联系，这为思想政治教育学的教育学基础建构提供了前提性和可能性。同时，思想政治教育学与教育学有着密切的理论知识关联，这为思想政治教育学的教育学基础建构提供了必然性和必要性。那么，如何建构思想政治教育学的教育学理论基础呢？这个问题直接体现了把思想政治教育学的理论基础建构在教育学理论知识背景基础上的现实性和可操作性。这种建构的核心是解决"教育学理论知识思想政治教育学化"的问题，即在思想政治教育学科框架体系内，着眼于思想政治教育理论和实践的发展要求，夯实和拓展思想政治教育学的理论基础，较为系统和相对完整地建构起思想政治教育学的教育学理论基础，对思想政治教育学的发展具有重大意义。

一　现代思想政治教育学之教育学理论基础建构的含义和意义

（一）现代思想政治教育学的教育学理论基础建构的含义

思想政治教育学的教育学理论基础建构，是指基于思想政治教育的视域，在遵循和借鉴教育学基本原理、原则和方法的基础上，立足于对现实

---

① 扈中平：《现代教育学》，高等教育出版社 2010 年第 3 版，第 99—102 页。
② 陈万柏、张耀灿：《思想政治教育学原理》，高等教育出版社 2007 年第 2 版，第 231 页。
③ 同上书，第 233—238 页。

问题的解答和回应条件下,对教育学进行思想政治教育的改造,实现教育学基本原理、原则、方法思想政治教育化的过程。这一定义包含三层含义:

一是这种理论建构是基于思想政治教育的视域,而不是教育学或其他。

二是这种建构是在遵循和借鉴教育学的基本原理、原则和方法基础上进行的。一方面,思想政治教育学和教育学之间的紧密学科关联和知识联系,指出了这种建构的前提性、必要性;另一方面,回应和解答现实问题,提供了这种建构的可能性和现实操作性。

三是这种建构是在承接、融合教育学基本理论体系基础上,对教育学基本原理、原则和方法的思想政治教育转化和深化。

(二) 现代思想政治教育学的教育学理论基础建构的意义

首先,有利于拓展和深化思想政治教育学的理论基础。思想政治教育学的确立、形成和发展,得益于各种学科理论的支撑。思想政治教育学和教育学之间原本就存在着密切的联系,而对思想政治教育学的教育学基础进行系统考察、研究,有助于拓展和深化思想政治教育学的理论基础。

其次,有利于丰富和完善思想政治教育学的理论体系。思想政治教育学的理论体系的形成,得益于相应学科理论体系的发展。随着社会发展的深入,思想政治教育学的理论体系有待丰富和完善,以更好地适应和服务于人类社会。思想政治教育学理论体系与教育学理论体系本身存在着交融的一面,因此,积极吸收、转化教育学理论体系,有助于进一步丰富和完善思想政治教育学的理论体系。

二 建构现代思想政治教育学之教育学理论基础的原则和方法

(一) 现代思想政治教育学的教育学理论基础建构的原则

思想政治教育学与教育学具有紧密的学科联系和知识关联,在系统进行现代思想政治学的教育学基础建构之时,需把握以下原则:

1. 方向性原则

按照什么样的思想体系和价值取向来进行理论基础的建构,关系到教育学理论知识思想政治教育化的方向问题,如果这种建构出现了方向性错误,就会引起错误的导向。在现代条件下,这种建构必须有鲜明的立场和态度,即以中国特色社会主义理论体系为指导,体现鲜明的党性原则,坚持正确的导向，以正确的理论武装人，以正确的规范引导人、塑造人。同时，这种建构必须以是否有利于社会主义社会的发展进步为标准，是否有利于人的综合素质的提高为标准，是否有利于广大思想政治教育者的积极性和创造性为标准。

2. 全面性原则

思想政治教育不是一个孤立的系统，它与其他系统如经济、政治、文化、生态等有着密切的联系。在进行思想政治教育学的教育学基础建构之时，须紧紧立足于思想政治教育的视域来理解、认识和把握其与教育学的学科联系和理论知识关联，从而对教育学理论知识进行一番符合思想政治教育学学科特点和要求的改造、建构工作。

3. 发展性原则

一般来说，思想政治教育理论大厦的建构，除了实践基础这根支柱外，就是学科理论基础这根支柱。思想政治教育理论基础本身不是固定不变的，需要不断夯实和拓展。随着思想政治教育理论的发展要求，提出了思想政治教育学理论基础建构、夯实、拓展的要求。因此，这种建构不是一种简单的理论知识的重复和堆砌，而是着眼于反映思想政治教育理论发展的要求。

4. 现实性原则

思想政治教育学的教育学理论基础建构，必须立足于对思想政治教育学实际问题解答的需要。因此，探究思想政治教育学的教育学理论基础建构，就要从思想政治教育学和教育学对实际问题解答的理论发展要求及其交叉解答现实问题的交集中来进行理论创新。这种建构是基于对现实问题解答的学科发展的客观实在性反映。

5. 创新性原则

虽然有学者提出了思想政治教育学的教育学理论知识借鉴的问题，但思想政治教育学的教育学理论基础建构，在现代思想政治教育学科发展中还处于薄弱环节。这一工作的完成，既是创新点，也是重点、难点所在。必须以独创性、新颖性、开拓性的现代思维方式，敢于破旧立新、推陈出新。

（二）现代思想政治教育学的教育学理论基础建构的方法

1. 坚持一般和个别、普遍和特殊、共性和个性相统一的方法

从学科理论基础的意义上而言，思想政治教育学与教育学有着密切的

学科关联，思想政治教育系统与教育系统之间存在着一定的联系。从理论知识基础的视角来看，思想政治教育学与教育学基础知识存在一定的知识关联，教育学的原理、原则和方法为思想政治学提供了知识借鉴。因此，在进行现代思想政治学的教育学基础建构时：一方面，要遵循思想政治教育学与教育学之间的学科理论意义和基础知识关联上，两者间具有一般性、普遍性和共性的内容；另一方面，由于各自的研究对象、范畴体系、内容目的等存在一定的差异性，需要凸显思想政治教育学的特殊性。

2. 坚持理论与实践相统一的方法

思想政治教育学的教育学理论基础建构必须注意和体现理论与实践的结合，这既要求我们在进行理论建构时：一方面要注意两者间的学科关联和基础理论知识联系；另一方面要紧扣时代脉搏和社会现实，从丰富的实践中汲取养料和依据。同时，又要求我们不仅要进行思想政治教育学的教育学基础的理论层面的建构，也要注意和体现思想政治教育学的教育学基础的应用层面的建构价值。理论层面的建构为实践提供必要的理论指导和思想支撑，实践层面的研究为理论研究提供现实的资源并能推进理论的创新研究。离开实践的理论无法指导实践因而彰显不出其价值，离开正确理论指导的实践可能偏离正确方向而漂泊放逐。从根本上来说，思想政治教育学的教育学理论基础建构，源于现实的思想政治教育实践和发展的需求和推动，这种建构只有切合指导思想政治教育实践的加强，有助于提高思想政治教育的有效性才能实现其价值。

3. 坚持系统性和综合性相统一的方法

思想政治教育学和教育学作为相互独立的两个学科，在历史发展中分别形成了自身系统的研究范畴体系和研究内容。因此，在进行理论建构时，必须坚持系统性和综合性的统一，在进行系统建构的同时，综合融会和体现各自的理论知识、研究成果，以及对实践、现实的回应。首先，这种建构要系统综合借鉴教育学的理论资源。教育学有着丰富的理论资源，教育史及教育原理、原则、方法等都可以为其提供启发。当然，对这些教育学资源的借鉴必须是基于思想政治教育视域的。换言之，这种系统综合借鉴是某种程度上的"教育学理论知识的思想政治教育学化"。其次，这种建构要系统借鉴思想政治教育的理论资源。思想政治教育学的教育学理论基础建构作为思想政治教育与教育学有机契合的研究，除了系统综合教育学资源外，必然离不开思想政治教育理论的相关资源，思想政治教育的原理、原则、方法，思想政治教育史等都可以为这种建构提供必要的启示。

三　建构现代思想政治教育学之教育学理论基础的基本思路

现代思想政治教育的教育学理论基础建构的基本思路是以马克思主义思想政治教育为理论分析框架，反思和重构思想政治教育学原理、原则、方法和思想政治教育史等基本理论构成和主干分支学科，建立和完善思想政治教育学的教育学基础。

（一）奠定现代思想政治教育学的教育学底蕴和基础

思想政治教育学何以能够进行教育学理论基础的建构？对这个问题的阐述，涉及教育学理论基础建构的前提性、可能性、必要性和现实操作性的探析。如前所述：思想政治教育学与教育学之间的紧密学科关联，奠定了这种理论建构的前提基础；思想政治教育学与教育学之间的密切理论知识联系，确立了这种理论建构的可能性；思想政治教育学与教育学处于共同的时代视域，尤其是对经济社会发展过程中出现的突出社会或时代问题的共同回应和思考，决定了这种理论建构的必要性和现实操作性。

思想政治教育学作为教育学的一个分支学科，它遵循着教育学的基本原理、原则和方法，并实现着对人的思想问题、道德问题、政治问题的专门关注和解答。思想政治教育学理论体系在融合教育学理论知识体系的过程中，拓展并形成了自身具有特殊性的理论知识体系，彰显为对经济社会发展中凸显的社会问题的共同关注和回应，表现出对社会现象和社会问题思考和解释的交叉和交融。

（二）深化现代思想政治教育学本体性问题的研究

首先，对思想政治教育的本质、价值、目的的教育学透视，本身就是对思想政治教育学理论基础的完善和拓展。因此，立足于教育学的视域，回答思想政治教育是什么、思想政治教育对于人的意义何在、思想政治教育活动的根本目的是什么等问题。这些问题的回答涉及对思想政治教育本真的理解，对于从教育学视角探析思想政治教育的其他问题具有关键意义。其次，思想政治教育过程、规律是思想政治教育原理的重要部分，这是进行教育学视角研究和建构不能回避的关键问题，直接地关系到思想政治教育的效果，影响着思想政治教育目的和价值的实现。教育过程和教育规律，是思想政治教育学和教育学的重要研究范畴，内含两者在研究内容和现实效果关注上的交融与交叉。

（三）凸显现代思想政治教育学的教育发展史审视

思想政治教育学的教育学理论基础建构，需要立足于人类教育发展的历史过程中去思考。人类的教育史源远流长，从简单的生产、生存技能和经验的传递，演进为具有专门化的教育机构和管理机构，体现出与人类文明发展共生共进的特性。从人类教育发展演进的视角来看，早期的思想政治教育活动隐藏于人类的各种教育实践中，同时正是出于对人的思想问题、政治问题等特殊问题关注的需要，形成了专门的思想政治教育实践。换言之，思想政治教育孕育并脱胎于教育活动的发展过程中。因此，加强对教育史视角的思考，有利于深刻认识思想政治教育的历史演变、形成发展、得失经验，为新时期思想政治教育提供历史的启迪。其中，重点是依据教育史的发展状况对思想政治教育的发展史重新进行阐释，凸显教育学的本质和发展规律对思想政治教育产生、发展的制约，厘清不同国家、不同时代思想政治教育之所以不同的原因。

四　建构现代思想政治教育学之教育学理论基础的路径探析

如前所述，思想政治教育理论为思想政治教育学的教育学理论基础建构提供根本的指导，教育学资源与思想政治教育学的学科联系和理论知识关联，为这种建构奠定了基础。立足于思想政治教育学视域，如何对教育学的理论资源进行理论改造，形成教育学的思想政治教育化，从而拓展和创新思想政治教育的理论基础，需要在立足于教育发展史的视域、遵循教育学基本原理、凸显教育价值和功能，以及对现实教育现象的特殊问题解答方面进行探析。这种透视和解读的过程也是现代思想政治教育学的教育学理论基础建构的实现过程。

（一）在对接教育发展史的理论反思中来说明思想政治教育的形成和发展史

教育活动伴随人类发展的始终。原始社会时期，人类的教育主要体现为简单的生产、生存技能和经验的学习和传递过程。自阶级和国家产生以来，人类出现了系统化、专门化的教育实践。教育活动成为增进知识、提高素质、培养人才的重要载体，教育需要构成了多样化的具有必然性的人的需要之一。一方面，阶级、国家出于维护自身统治，培养统治人才的目的，积极推动着教育活动的开展；另一方面，个人出于增进知识、提高素质、认识自然、认识自我及自我发展的目的，主动寻求、接受着各种教育机会。在此过程中，思想政治教育主要以教育对人的政治社会化的功能来实现对人们的思想政治教育。早期的思想政治教育潜藏于这种教育过程之中，体现为以各种伦理、道德、政治、宗教、天人关系等为主要内容的教育实践形式。

随着人类社会的发展进步，教育的意识形态日趋凸显，并呈现独立的形态。从阶级、国家产生以来的人类历史来看，作为社会存在基础的观念的上层建筑的意识形态，始终寓于任何历史条件下的任何国家形式的任何教育之中，其强烈地表现出以维护或推翻现存制度为己任。"我国封建社会的思想政治教育实质上就是儒家思想意识形态的教育，而我国社会主义建设时期的思想政治教育归根到底就是马克思主义、社会主义意识形态的教育；西欧封建社会的思想政治教育主要寓于宗教教育之中，而西方资本主义社会的思想政治教育则充满个人主义和自由主义思想意识形态的色彩。"[1] 这样，思想政治教育伴随人类文明的推进，脱胎于教育活动之中，获得了自身独特的社会地位，对人们的政治观、道德观、价值观、人生观发挥着重要影响。

由此可见，整个人类教育史的发展历程，始终内含着思想政治教育的"身影"，直至其获得独立的发展地位。当然，在此过程中的教育体现出自身局限性的一面。基于教育发展史的视域，人类教育在发展过程中存在着教育本质简单化、教育目的工具性、教育方式单一性等特点。就教育本质而言，教育服从、服务于阶级和国家。就教育目的而言，强调教育的国家依附性，以为统治阶级培养人才和形成人们对统治的认同、依附为归一，公私不分，重私德而轻公德，如"修身齐家治国平天下"就是这种思维方式的体现。就教育方式而言，灌输式教育成为主要的教育手段。因此，作为一种特殊教育形式，思想政治教育实践需要立足于教育发展史的视角，反思、规避这种教育弊端，进而建构自身的教育理论体系。

---

[1] 刘梅：《思想政治教育史的研究路径与方法》，《马克思主义与现实（双月刊）》2008年第2期。

(二) 在遵循教育学基本原理的基础上夯实和拓展思想政治教育学的理论基础

思想政治教育学的教育学理论基础建构，必须遵循教育学的基本原理。这一方面取决于两者之间的学科渊源和知识关联，另一方面也是思想政治教育学的教育学基础成立的基本依据和出发点。一是思想政治教育学对教育学基本原理的遵循和承接。作为教育学的一个分支学科，思想政治教育学必须遵循教育学的基本原理、原则，这也是思想政治教育的教育性体现。二是思想政治教育学对教育学原理的融汇和转化。思想政治教育和教育学一样，都是对教育实践活动的抽象和深化。但思想政治教育具有自身特性，即对人的政治观和思想道德的强烈关注。这要求在融合、转化教育学原理基础上，形成思想政治教育的基本原理。

(三) 在凸显教育价值和功能的要求中夯实现代思想政治教育学的价值底蕴

教育的价值和功能体现为对人的发展和社会的发展的关怀，最终以实现人的全面自由发展为终极价值追求。教育价值和功能是思想政治教育学的教育学基础理论建构的根本取向，脱离这一导向无益于思想政治教育的理论拓展和创新。首先，凸显人的发展问题。在这种建构中，要关注并解答现实的人的发展困境，人的发展的目的、意义和价值等问题。其次，凸显社会的发展问题。在这种建构中，需要说明，现实社会发展出现的问题及表现，社会发展的目的、意义和价值等问题。最后，以人的自由全面发展为最终取向。思想政治教育学的教育学基础建构，是对思想政治教育学的理论拓展和创新，这种建构基础上的理论体系应体现人的自由全面发展导向，有助于人的自由全面发展的促进。

(四) 在解答教育现象的特殊问题方面夯实现代思想政治教育学客观实在性

在社会发展视域下，教育现象呈现出多样、多彩的特点，教育发展中存在这样那样的问题。其中，一些问题是思想政治教育学、教育学或其他学科共同面临的教育问题，而一些教育发展中出现的具有特殊性的教育现象，则需要思想政治教育的直接介入和回应。在纷繁复杂的教育现象和各种教育问题中，对人的培养的方向性问题；在通过教育传承和传递各种意识形态的过程中，对主流意识形态的捍卫问题；在以教育为重要渠道传导社会价值观进而确立和培育社会核心价值观的问题；等等。思想政治教育不是一种"主观想象出来的必须",而是有其鲜明的客观实在性内容支撑。在同教育学一起面对各种现实的教育问题时,思想政治教育学是不能缺席的,它始终是在场的。正是这种在解决教育问题中的独特性需要,呈现了思想政治教育学的学科存在和发展的独特性品质。这形成了思想政治教育学的教育学基础建构的现实依据。

第 七 章

现代思想政治教育学的心理学基础

　　思想政治教育学是具有综合性特征的应用学科，它自成为一门独立的学科以来，为了又好又快地建设成中国特色社会主义的思想政治教育学，它不仅以马克思主义基本理论为自己的理论基础，还应借鉴吸收心理学的相关内容。通过研究思想政治教育学与心理学的联系与区别，借鉴心理学的理论知识和方法，推动心理学理论知识和方法的现代思想政治教育学化，才能在符合学科建设和理论知识体系发展的基础上，建构起现代思想政治教育学的心理学基础，并夯实现代思想政治教育学的理论基础。

第一节　思想政治教育学与心理学的关系

　　思想政治教育学与心理学既有着内在的必然联系，又具有明显的区别。它们之间的区别和联系主要表现在两门学科在学科发展史上的联系、研究对象上的交叉和对现实问题研究上的交织。

一　从学科发展史的角度把握思想政治教育学与心理学的关系

　　思想政治教育学建立于20世纪80年代初，从时间上来说，思想政治教育学还是一门"年轻"的学科。心理学的产生比思想政治教育学整整早一个世纪，1879年威廉·冯特在莱比锡创立了世界上第一个心理研究所标志着心理学的诞生。一方面，虽然思想政治教育学是一门"年轻"的学科，但是自从阶级形成和国家产生以来，思想政治教育活动就一直随之客观存在着，而思想政治教育学的研究客体就是思想政治教育，从这个层次上来说，思想政治教育学的根源相当久远，只是自成体系的时间长短问题。另一方面，思想政治教育学虽然在近代才成为一门独立的学科，但是在过去相当长的历史时期里，它早已包含在伦理学、教育学、政治学等学科知识体系里。思想政治教育学在学科建设和发展的过程中，经历了初步探索时期、系统建设时期和全面建设时期，思想政治教育学学科建立的进程就是其学科完善丰富发展的过程。在这一进程中，思想政治教育学始终坚持马克思主义基本理论为指导，同时，作为一门社会学科，思想政治教育学在其学科发展史中与心理学发生了密不可分的联系。

首先，思想政治教育学从确定研究对象是人的思想品德形成和发展规律与人们进行思想政治教育的规律开始，就已经与心理学发生联系，心理学是以人的心理现象及其规律为研究对象的。总的来说，两门学科都是以人为研究对象的，只不过侧重点不一样，人的思想品德形成的规律也属于心理现象和心理过程的范畴，人们进行思想政治教育的过程也受到实施教育的心理规律和接受教育的心理规律的影响。

其次，思想政治教育学的中心概念是思想政治教育，思想政治教育这一概念涉及思想政治教育学的各方各面。从对思想政治教育的简单理解看，思想政治教育是一定的人或组织，为了实现某种特定目标而通过思想政治观点引导或影响人参与既定社会活动的实践形式。这个引导或影响的过程若要取得正向的良好效果，就必须分析人，尤其是分析人通过什么方式可以更正面、更科学的影响他人，人又是怎样可以更加容易地被他人影响和影响他人，要做到这两方面都需要心理学的知识，这就使思想政治教育学与心理学联系起来了。

再次，思想政治教育的内容包括世界观教育、政治观教育、人生观教育、法制观教育、道德观教育。这"五观"教育反映了现实社会发展对人的存在的要求，属于特殊的意识教育范畴。相应的"五观"形成与发展都与人的心理活动有关，正是因为这样，所以思想政治教育在对人进行这五个方面的教育时，遵循了方向原则、求实原则、民主原则、渗透原则、层次原则、激励原则、主体原则和示范原则，而且运用理论灌输法、实践锻炼法、自我教育法、榜样示范法、比较鉴别法、咨询辅导法等思想政治教育的方法。思想政治教育学里的思想政治教育原则和方法中有一部分是结合心理学的相关知识、结合人实施教育的心理规律、结合人受教育的心理规律总结创新的。这就使思想政治教育学实施教育的方法与心理学的知识产生了密不可分的联系。

最后，思想政治教育学要解决的问题是具有社会性的问题，但是要解决社会性的问题的前提是要解决好个体性的问题,因为只有把构成复杂问题的每一简单问题解决了之后,才能最后把复杂的问题解决。与此相对应的是,心理学解决的是个体性的问题,思想政治教育学需要借鉴心理学关于解决个体问题的理论知识和方法,来为解决具有社会普遍性的问题做铺垫,因而思想政治教育学从一开始就与心理学发生着借鉴的关系。

二 从研究对象的角度把握思想政治教育学与心理学的关系

思想政治教育学和心理学都有自己独特的研究对象,这是每门学科存在的内在依据。从人们对思想政治教育学的概括看,即思想政治教育学是把人们思想品德形成发展的规律和对人们进行思想政治教育的规律,作为自己的研究对象的一门科学,我们认识到,思想政治教育学是以人的世界观、人生观、价值观、思想观、政治观、道德观、伦理观等形成发展的规律和思想政治教育过程的规律作为自己的研究对象的。心理学的研究对象是心理现象及其规律。也就是说心理学主要是以人的活动所经常表现出来的各种形式、形态或状态及其形成规律为自己的研究对象的。一方面,人的世界观、人生观、价值观、思想观、道德观和伦理观可以总括为人的思想品德素质。它的形成必然有心理过程的参与,它在人的身上所起的作用也是一种心理现象,因而它们会受到心理学的影响;另一方面,"思想政治教育过程的规律就是指思想政治教育过程各要素之间的本质联系及其矛盾运动的必然趋势",而"思想政治教育过程是一个教育者、受教育者、教育介体等诸多因素相互作用的复杂的运动过程"。从这个意义上来说,思想政治教育规律亦是一个人作用于人或相互影响的过程,这必然也会受到心理学的影响。因此,关于心理现象与规律对人们思想行为的作用与影响,是思想政治教育学与心理学研究对象的交叉点。

(一)心理对人的思想品德形成的影响

人是一种群居型动物。马克思、恩格斯做出了人的本质是"一切社会关系的总和"的科学论断。在马克思看来,人是生活在社会中的动物,离开人类生活的社会就不能理解人,人是处在社会关系中的人。一般来说,人的思想观、道德观和伦理观可以概括为人的思想品德。人的思想品德的形成作为人的一种品质,必须受到社会这一情境的影响,法国哲学家兼小说家萨特曾经指出,我们人类从一开始就是情境中的产物,也正是因为情境塑造了我们,就决定了我们未来的诸多可能性,我们也就不可能独立于它而存在。心理学对人的思想品德的形成主要是通过社会环境以及社会自我的发展、态度、从众、群体影响、智力水平和人格来起作用的。

社会环境对人的思想品德形成的影响主要体现在人类的自然属性和文化的多样性这两方面。人类的基因使人区别于动物有自己的思想与思维，人类的进化导致适者生存，所以人们会有很多的共同偏好；文化的多样性导致生活在不同文化传统中的人有着不同的世界观、人生观、价值观、思想观、道德观和伦理观，例如：生活在东方文化传统下的人考虑问题就更趋向于集体，而生活在西方文化传统下的人考虑问题则更加趋向于个人。社会自我发展对人的思想品德形成的影响，社会自我的发展主要通过人们扮演的社会角色、社会比较和他人的评价等三种形式，对人的思想品德的形成产生影响。首先，人们所扮演的社会角色要求拥有与之相对应的道德操守；其次，人们通过社会比较会让自己意识到自己应该具备怎样的思想品德才是正确的；最后，通过他人的评价认识到具备怎样的思想品德才可以得到别人的认同。总而言之，社会自我发展是通过社会这一大情境潜移默化地影响人的思想品德形成过程的。

态度对人的思想品德形成的影响。态度是个体对事情的反应方式，这种积极或消极的反应是可以进行评价的，它通常体现在个体的信念、感觉或者行为倾向中。也就是说，态度是一种对人和对事的看法观点信念，它能够有效地评价世界；另外，态度还是一种被内化了的感觉事物的反映方式。对良好的思想品德持有积极的态度，自然会培养良好的思想品德；对良好的思想品德持有消极的态度，培养良好的思想品德只会是一纸空文。

从众对人的思想品德形成的影响。从众既不是一个消极的价值判断，也不是一个积极的价值判断。具体来说，从众是指根据他人而做出的行为或改变的一种心理状态和行为取向。导致从众的原因有三个：第一是既定主体真的被他人的行为感染了，所以决定从众；第二是既定主体生性就是一个随波逐流的人，其认为既然大家都这样做，那他也这样做；第三是既定主体认为独树一帜只会付出不必要的代价，所以被迫从众。无论是以上哪种因素导致了从众的产生，从众的后果都是好的结果变得更好，坏的结果变得更坏。从众对于人的思想品德形成是通过社会氛围来起作用的，当社会思想道德氛围很好很浓重的时候，人们的思想品德水平也会越来越崇高；当社会上经常发生道德沦丧的事件时，人们的道德感也会随之变得麻木。

群体对人的思想品德形成的影响。许多人凑在一起是形成群体的基本条件。一般认为，组合成群体的人具有两个特点：一是每一个人个性的消失，二是他们的感情与思想都在关注同一件事。而群体对人的思想品德的形成主要受到三个方面的影响：一是纯粹他人在场。他人在场会强化我们的积极行为，削弱我们的消极行为，他人在场我们会自然而然地表现我们思想道德高尚的一面。二是分散责任。当人们处在群体中的时候，每个人都会情不自禁地分散自己承担的责任。由此导致群体对个体具有道德净化的作用，道德对群体来说简直什么都不是，无恶不作的事情发生在群体身上已是不胜枚举，因为责任的分散就出现道德水平的急剧下降。三是去个体化。个体在群体中会被群体同化，结果是个体变得智力泯灭、只用形象思维来思考问题、丧失逻辑推理能力等。在这样的情况下：一方面，个人在群体中会做出作为个体时绝对不会做的品德高尚的行为；另一方面，个体在群体中也会做出作为个体时绝对想都不敢想的罪大恶极的事情。

智力水平对人的思想品德形成的影响。一般来说，智力包括从经验中学习的能力、解决问题的能力和抽象推理能力。智力对人的思想品德的影响主要体现在智力水平的差异导致人们的思维方式、分析问题的能力、逻辑推理能力、解决问题的能力存在着效率高低和正确与否，这种间接作用会影响人对整体世界、人生问题和价值问题的看法，形成不同的思想观、道德观和伦理观。

人格对人的思想品德形成的影响。人格是指能够导致情感和动机水平上一致的个体差异的相对稳定的内部因素。人格是稳定的、内在的，人格不同导致了个体差异，个体差异导致不同的人具有不同的世界观、人生观和价值观。因此，有些人总是积极乐观，有些人总是压抑沮丧，有些人责任感很强，有些人得过且过，有些人道德高尚、境界高远，而有些人却道德沦丧、十恶不赦。

（二）心理学对思想政治教育规律形成的影响

思想政治教育过程规律，是教育要求与受教育者思想品德发展之间保持适度张力的规律，主要是教育与自我教育相统一的规律、协调与控制各种影响因素使之同向发挥作用的规律。心理学对思想政治教育规律形成的影响渗透在思想政治教育过程中。思想政治教育过程是一个充满一系列心理矛盾的过程，而各种矛盾的运动和发展不是杂乱无章的，不论是教育者和受教育者自身的心理发展方面，还是教育者施教于受教育者以及受教育者自我教育的过程中，都有着众多的心理规律。每个教育者和受教育者都具有个体心理差异、个性特征，教育者在思想政治教育过程中要有自己的角色定位，要有良好的心理品质，要能够认识到受教育者都是有心理差异的，只有这样才能胜任思想政治教育工作者的工作。受教育者的自身心理发展是一个随着时间而慢慢成熟的过程，又是一个随着社会环境变化和影响深入而慢慢成熟的过程。教育者对受教育者实施思想政治教育要注意个体心理差异和个性特征，不仅要遵循受教育者接受教育的心理规律，还要使其施教适合受教育者的接受心理规律。受教育者在教育者的引导下接受教育，受教育者对教育者所施加的教育只是外在的积极强化，而只有通过受教育者自我教育之后，教育者所传授的教育内容才会真正被受教育者认识和接受。而这个自我教育的过程也必须遵循受教育者接受教育的心理规律和适合受教育者的接受心理规律。只有教育者和受教育者都认识到其心理发展和思想政治教育过程中的心理规律，思想政治教育才会起到预期的效果。

三 从现实问题研究的角度把握思想政治教育学与心理学的关系

思想政治教育学对现实问题的研究是通过思想政治教育活动来实现的。思想政治教育是思想政治教育学的中心概念，关于思想政治教育学各个方面的研究都必然涉及思想政治教育这一概念，从内涵上来说，思想政治教育是指社会或社会群体用一定的思想观念、政治观点、道德规范，对其成员施加有目的、有计划、有组织的影响，使他们形成符合一定社会、一定阶级所需要的思想品德的社会实践活动。也就是说，思想政治教育包括思想教育、道德教育、政治教育还有个性心理健康教育等。因此，一切与人的思想观问题、道德观问题、政治观问题、个性心理健康问题等相关的现实问题都属于思想政治教育学所要研究的问题。心理学对现实问题的研究主要是通过心理咨询来进行的。一般认为，心理咨询是指心理学专家通过语言、文字等媒介，给咨询对象以帮助、启发和教育的过程，亦即通过人际关系，运用心理学方法，帮助来访者自立自强的过程。因此，心理学要解决的现实问题是人遇到的一切与心理过程相关的问题。对此，社会心态的研究和个性心理健康的研究都属于两门学科要解决的现实问题。

(一) 对于社会心态的研究

社会心态是一种特殊的社会意识,它是对社会现实的反映。社会心态是具体的历史的社会现实和社会思潮的反映。它是某一时代、某一社会在其特定的国际、国内的经济、政治、文化等现实因素的作用下,由已有组织的或无组织的社会群体为主的社会成员之间的相互作用而形成并且不断发展、变化的,包括各种情绪、感受、认识、态度、观点等多方面的内容,带有一定社会普遍性的共同性的心理状态和发展态势。这种心理状态和发展态势:既是一段时间内弥散在整个社会或社会群体中的宏观社会心境状态,又是整个社会的情绪基调;既是社会共识和社会价值的总和,又是对社会生活有广泛影响的思想趋势或倾向;既是特定环境中人们的某种利益或要求的反映,又是特定社会中人们的心理状态的揭示。

社会心态包括健康包容的心态,也包括消极不良的心态。我国当前正处于经济体制变革的转折时期,在这样一个特殊时期,诸多不良社会心态产生虽无可厚非,但为了社会更加健康、全面的发展,培养理性、平和的社会心态已属当务之急。社会心态的形成和发展属于一个心理过程,这需要用到心理学的相关知识来解决社会心态问题;从调整不良社会心态的层面上来说,这需要用到思想政治教育学的相关知识。心理学对社会心态的研究主要包括以下方面:通过社会心理学和大众心理学来分析时代背景和情境模式对社会心态形成的决定作用;通过分析不同的社会群体找出不同的社会心态及其表现;通过实验法和观察法找出影响社会心态变化的因素;通过心理学的心理咨询和心理健康教育来解决社会心态问题。显然,心理学这种对社会心态的研究模式在很多方面也适用于思想政治教育学对社会心态的研究。

(二) 对于个性心理健康教育的研究

社会是由各种形形色色的个体构成的,存在于社会中的人的心理健康状态必定也是多种多样的。众所周知,人民群众是历史的创造者,人民群众对于社会发展与进步的作用是决定性的,而社会要全面、健康、包容的发展就必须让社会人们拥有良好的心理素质。心理健康是指生活在一定社会环境中的个体,在高级神经功能和智力正常的情况下,情绪稳定,行为适度,且有协调关系和适应环境的能力,以及在本身及环境条件许可的范围内所能达到的心理最佳功能状态。在当今这个经济全球化、政治多极化、文化多元化、价值取向多样化的时代,人们的生活节奏越来越快,来自各方面的压力随之增加,不可避免地会出现一些心理问题。当社会发展进程中个体出现心理问题时,有可能是心理疾病导致,也有可能是思想问题导致,在这个时候既需要心理学方法来调整,更需要思想政治教育学来进行思想政治教育。

(三) 对道德问题的研究

思想政治教育学的研究对象之一是人的思想品德形成发展的规律,而思想品德属于道德的一个方面。道德问题在很早以前就是心理学所关注的一个热点问题,心理学家皮亚杰通过研究小孩发现道德的形成受到年龄和外部环境的影响。另一位心理学家柯尔伯格发现尽管各个地区文化传承、社会规范、种族等诸多情况不一致,但是人的道德随着年龄的不同而形成三种水平、六个阶段。三种水平分别是前习俗水平、习俗水平、后习俗水平。前习俗水平对应第一阶段和第二阶段,分别是服从惩罚的道德定向阶段和相对论者的快乐主义定向阶段;习俗水平对应的是第三阶段和第四阶段,分别是好孩子定向阶段和维护权威与社会秩序的定向阶段;后习俗水平对应的是第五阶段和第六阶段,分别是社会契约定向阶段和普遍道德原则的定向阶段。心理学对于道德问题的研究是因为道德的形成与发展是一种心理现象和心理过程,心理学对于道德形成与发展的研究对于解决社会上存在的道德沦丧的现象起到追本溯源的作用。思想政治教育学对于道德问题的研究则是为维护社会秩序和构建和谐的社会环境服务。

(四) 对信仰问题的研究

信仰问题是当今时代的一个热点问题,也是一个敏感性问题。信仰是什么?可以这样说,信仰是由于对某种主张、主义或对神的极度信服和尊敬,从而在意识中建立起一套人生价值体系,把它奉为自己的活动指南和行为准则。信仰是一套指导人们行为实践的价值标准。也就是说,信仰是人所特有的对世界观、人生观、价值观等的遵循和信奉,是统摄其他意识形式的最高意识形态。目前,我国正处于社会转型的关键时期,各种各样的矛盾都集中暴露,其中信仰危机尤为明显。思想政治教育的阶级性决定了作为其理论学科的思想政治教育学是一门为统治阶级服务的学科,在当下这个被认为出现了信仰危机的时代背景下,思想政治教育学的实践价值之一就是要通过思想政治教育的对应实践,来使人们坚定马克思主义信仰。而在信仰形成和确立的过程中,必然要表现出作为一种特殊的心理品质的形成和心理因素的变化,这自然也要成为心理学研究的现实问题。

第二节 现代思想政治教育学对心理学知识的借鉴

任何一门学科都不是独立于整个学科界而独立存在的，每门学科都必须依赖于其他相关学科而发展和完善。思想政治教育学作为一门综合性的应用科学，需要通过借鉴心理学的理论知识、心理学的研究内容和研究成果以及心理学的研究方法使它的知识结构和体系更加完善和科学。

一 借鉴心理学理论知识

思想政治教育学对心理学的理论知识借鉴并不是照搬照抄，而是在思想政治教育的视野下，对符合思想政治教育学丰富和发展要求的心理学理论知识才予以借鉴。思想政治教育学可以通过借鉴心理学的认知心理的理论知识、情绪心理的理论知识、动机心理的理论知识、群体心理的理论知识、意志和行为的理论知识、学习基本过程的理论知识等，来拓展自身的知识背景，实现理论知识借鉴过程中的理论创新和理论基础构建。

（一）思想政治教育学对认知心理的理论知识借鉴

认知是一种心理活动，认知包括感觉、知觉、注意、记忆、表象、想象、思维等过程。感觉、知觉、注意、表象等属于感性认识，而思维、想象等属于理性认识。认知过程并不是一个杂乱无章、毫无规律可循的过程。关于认知心理的理论知识，皮亚杰通过对人从小到大的观察与实验，把认知发展分为感知运动阶段、前运算阶段、具体运算阶段和形式运算阶段。他认为，不同的年龄阶段有着不同的认知发展水平，因而对人的教育也必须与人的认知发展相一致，在不同的阶段就需要实施不同的教育，以达到教育的最佳效果。思想政治教育学对于认知理论知识的借鉴主要包括以下两个方面：一是思想政治教育要重视认知过程的研究，以认知过程为基础来设计思想政治教育过程；二是思想政治教育学要通过对认知心理的理论知识的研究来充分调动认知心理因素，通过运用注意规律、重视感性认识的积累、培养思维能力等方式来提高思想政治教育的实效性；三是思想政治教育既要重视认知图式的建构和改造，又要重视认知策略的学习和训练。

（二）思想政治教育学对动机心理的理论知识借鉴

心理学家认为，动机是一种内在条件，使有机体开始目的明确的运动,也就是说,使有机体时间或长或短地开始行动。也就是说,动机是有目的的行动。动机分为内在动机和外在动机,动机受到内在驱力和外在刺激的影响。思想政治教育学对动机心理的理论知识的借鉴主要包括以下两个方面:一是思想政治教育学重视对动机心理的研究,不仅关注动机分为内在动机和外在动机,还要重视动机受到内在驱力和外在刺激的影响。二是思想政治教育学重视利用内在动机、辅助利用外在动机来实施动机激励法以达到思想政治教育的预期效果,寻找激发学生学习动机和需要的教学切入点,利用需要途径激发学生的学习动机,利用诱因激活学生已有的学习动机,对学生需要和动机进行预测和引导。

(三)思想政治教育学对群体心理的理论知识借鉴

人是群居动物,人不可能离开社会而单独存在。个体心理和群体心理是存在很大区别的。群体心理是社会心理学研究的内容,社会心理学被看成是一门就人们如何看待他人、如何影响他人、如何互相关联的种种问题进行科学研究的学科。一般认为,社会心理学通过对群体心理的研究发现,人在群体中特别容易受到群体影响从而产生从众心理和服从心理。在这方面,社会学家戴维·迈尔斯就指出,受害者的情感距离、权威的接近性与合法性、权威的机构性和群体影响的释放效应都会引起从众和服从。这些认识和看法,对于支持思想政治教育学对群体从众心理和服从心理的理论知识的借鉴极为有益和必要。这就是思想政治教育学在对主体的研究中:一是要研究群体中个体产生的一般心理的特点和原因;二是要分析群体的一般心理特征与其发展趋势;三是要对前面两者的分析之后再来把握住群体的动力规律,通过正确引导从众心理和服从心理、增强群体凝聚力和促进群体规范建设来开展思想政治教育工作。

(四)思想政治教育学对意志和行为的理论知识借鉴

意志可以指引和支撑行为,可以这样说,很多行为是某种特殊的意志的体现。意志被认识是作为个体自觉地确定目的,并根据目的来支配、调节自己的行动,克服各种困难,从而实现预定目的的心理过程。与此相对应的是行为被理解为是在环境的影响和刺激下内在胜利心理变化的外在表现。这就是说,良好的意志具有自觉性、果断性、坚韧性和自制性,而人类不同于动物,人类的行为是有意识的行为,良好的意志与高尚的行为之间存在着内在的必然联系,只有意志坚定的人才会在革命年代有慷慨赴难、舍生取义的行为,才会在和平年代有舍己为公、舍己为人的行为。思想政治教育学借鉴心理学的理论知识,对意志和行为理论知识的借鉴主要是意志锻炼法和行为训练法,思想政治教育通过意志锻炼法和行为训练法,来培养优良的意志品质、塑造良好的行为、矫正不良的行为。

(五) 思想政治教育学对学习基本过程的理论知识借鉴

学习是一个不断观察的过程,它是行为变化的过程。从心理学的视野看,学习就是作为经验的结果比较持久地发生行为变化的心理活动过程。这对于思想政治教育学对教育对象的学习接受问题的考察,颇具借鉴意义。一是思想政治教育学可借鉴条件反射理论的思想和方法。经典的"条件反射论"专家伊万·巴甫洛夫发现:条件反射是需要反复外部诱因的刺激才会形成的。思想政治教育学通过寻找可以取得良好的思想政治教育的刺激以提高思想政治教育的实效性。二是思想政治教育学可借鉴鼓励提高学习效率的理论知识和思想方法。鼓励可以提高行为方式的出现频率,在学习方面,要取得好的学习效果,需要更多的鼓励而不是惩罚。思想政治教育学应该认识到鼓励与学习效果的正相关的关系,从而把它运用到思想政治教育的过程中。三是思想政治教育学可借鉴在观察中学习的理论知识。对于在观察中学习的理论尤其需要注意的是榜样作用,思想政治教育要取得良好的效果,既需要思想政治工作者自身以身作则树立良好的榜样作用,还需要社会上广泛的先进典型。

二 借鉴心理学的研究内容和研究成果

(一) 思想政治教育学对心理学研究内容的借鉴

心理学研究的是人的心理现象及其规律的科学。它的研究内容都是围绕人来进行的,主要包括行为、学习和记忆、感觉、知觉和注意、语言、思维和推理、认知发展、社会性发展、智力、人格、情绪、动机等。思想政治教育学对心理学理论知识的借鉴并不是把所有内容全都生吞活剥,而是有针对性地借鉴那些可以使思想政治教育学内容更丰富的方面。思想政治教育学可以借鉴心理学以下四个方面的研究内容:个体意志行为、认知心理、情绪情感心理、群体心理。

一是思想政治教育学对个体意志行为相关内容的借鉴。思想政治教育的过程既是教育者对受教育者实施教育的过程,又是受教育者通过自我教育把外化认识内化为个体行为的过程。从这个意义上来说,思想政治教育学需要借鉴心理学研究的意志与行为的内容,一方面通过思想政治教育来锤炼受教育者的意志；另一方面通过思想政治教育来塑造受教育者的良好行为，从而达到肩负起矫正病态社会心理与不良行为的重任。

二是思想政治教育学对认知心理的相关内容的借鉴。认知是包括感觉、知觉、注意、记忆、表象、想象思维等人对客观世界的认识过程。思想政治教育学借鉴认知心理的相关知识，可以了解思想政治教育中人的认知心理，从而可以更加有效地开展思想政治教育工作。

三是思想政治教育学对情绪情感心理的相关知识的借鉴。情绪情感是人类对客观现实的一种反映形式，它对认识可能有催化作用也可能有阻碍作用。思想政治教育学就是要通过借鉴情绪情感理论，研究思想政治教育过程中的情绪情感心理，充分发挥情绪情感在思想政治教育过程中的作用，从而提高思想政治教育的时效性。

四是思想政治教育学对群体心理的相关知识的借鉴。由于群体心理的影响，个体在群体中的心理状态是不一样的。思想政治教育要取得良好的效果，就必须借鉴群体心理的相关知识以研究思想政治教育对象群体的心理规律。

（二）思想政治教育学对心理学研究成果的借鉴

心理学因其研究内容而有其研究成果，所以思想政治教育学对心理学研究成果的借鉴是与借鉴心理学研究内容相对应的。思想政治教育学对心理学研究成果的借鉴主要包括：意志行为心理学方法、认知心理学方法、情绪情感心理学方法、群体人际互动理论。

意志行为心理学方法、认知心理学方法、情绪情感心理学方法和群体人际互动理论，分别是心理学研究意志行为、认知心理、情绪情感和群体心理的研究成果。

一是思想政治教育学对意志行为心理学方法的借鉴。因为良好的意志不是天生的，思想政治教育需要借鉴意志行为心理学的方法，通过意志锤炼法、良好行为训练法、不良行为矫正法和社会实践法以提高思想政治教育的时效性。

二是思想政治教育学对认知心理学方法的借鉴。认知是人脑对客观事物的现象和本质的反映过程，受教育者学习思想政治教育理论也是一种认知过程，为了使这一过程更加科学、高效，思想政治教育学急需借鉴动机激励法、注意规律法、问题解决思维训练法等认知心理方法。

三是思想政治教育学对情绪情感心理学方法的借鉴。人是有情绪情感的动物，情绪情感在思想政治教育的认知功能中可能起到积极的推动作用，也可能起到消极的阻碍作用，所以思想政治教育学需要融入与情绪情感相关的以境生情法、以情生情法、寓教于乐法和以需以理动情法来推动思想政治教育进程。

四是思想政治教育对群体人际互动理论的借鉴。人都是社会的人，是不可能离开群体的，但处在集体中的人又与个体的人在言行举止上是不一样的，思想政治教育学就是需要借鉴群体互动理论来建立良性互动秩序、创新群体互动教学方法、运用人际关系规律优化与教育者的关系，从而高效地进行思想政治教育。

三 借鉴心理学研究方法

每门学科都会有自己的研究方法。思想政治教育学的研究方法主要包括文献法、观察法、实验法、社会调查法和总结经验法。虽然每门学科的研究方法大体是相同的，但是每一门独立的学科还是有自己不同于其他学科的研究方法，所以才需要学科间研究方法的借鉴。思想政治教育学对心理学研究方法的借鉴主要有四种：横向研究法、纵向研究法、心理测验法和心理咨询法。

（一）思想政治教育学对横向研究法的借鉴

在心理学的领域中，横向研究是运用的比较广泛的一种方法。横向研究法，被认为是对某一个特定点上的几个不同组（通常是不同的年龄组）进行比较，而其目的是为了了解不同年龄阶段在发展和成熟方面的差异的研究方法。虽然横向研究法也存在一些不足，比如说其他变量的影响作用会混淆到年龄因素的作用中，但是每种研究方法都存在着利弊。思想政治教育学对心理学研究方法的借鉴就是取其精华、去其糟粕。思想政治教育学可以借鉴横向研究法来研究不同年龄段的人的世界观、人生观、价值观、思想观、道德观和伦理观以及影响他们形成的因素，从而提高思想政治教育的针对性。

（二）思想政治教育学对纵向研究法的借鉴

纵向研究法是与横向研究法相对应的一种方法。也就是说，纵向研究就是对某一年龄组的被试者进行持续多年的研究。纵向研究可以避免横向研究的弊端，但是也有自己的弊端，比如说耗时长。思想政治教育借鉴纵向研究来研究同组年龄的人在不同的年龄段的人生观、世界观、价值观、思想观、道德观和伦理观以及影响他们发生变化的因素，从而做到有的放矢，有效地提高思想政治教育的科学性。

（三）思想政治教育学对心理测验法的借鉴

心理测验法主要包括智力测验、个性测验、态度测验、人际关系测验、特殊能力测验等。从概念上来说，心理测验法是用一套预先经过标准化处理的量表来测量被试者的某种心理素质的方法。思想政治教育研究的是人的思想品德形成的规律和思想政治教育过程的规律，而这两个规律都与人的心理现象和心理过程有关。思想政治教育学对心理学的心理测验法主要体现在以下两个方面：一方面是通过对人们的心理测验从整体上了解人的思想品德的形成和发展；另一方面是通过心理测验法来了解个体以使思想政治教育过程更加具有科学性和有效性。

（四）思想政治教育学对心理咨询法的借鉴

思想政治教育是思想政治教育学最中心的概念，思想政治教育学是通过思想政治教育来起作用的。思想政治教育就是教育者通过施教使受教育者达到一定社会和阶级所需要的思想品德的过程。心理学研究的是人的心理现象及其规律，而人的心理现象及其规律是难以从外部表象看出来的，所以需要用心理咨询法来达到这一目的。心理咨询是心理学专家实施影响于咨询对象与咨询对象自我影响自我调节相统一的一个过程。思想政治教育学借鉴心理咨询法主要应体现在：思想政治教育与心理咨询都是人作用于人的过程，思想政治教育具有强烈的社会性和阶级性，相对于思想政治教育来说，心理咨询具有强烈的个体性，它更加强调人与人的心灵交流从而产生的影响也会更加深远。思想政治教育应当借鉴心理咨询的这种心灵交流的方式，通过由内到外、循序渐进的方法来达到思想政治教育的预期效果。

第三节　现代思想政治教育学的心理学理论基础建构

从前面阐述看，心理学对思想政治教育学理论基础的奠定是可能的，也是必须的。思想政治教育学可以借鉴思想政治教育学的理论知识、研究成果和研究方法，在这种借鉴中进行吸收转化和创新运用，是夯实思想政治教育学理论基础和建构现代思想政治教育学的心理学理论基础的重要途径。

一 心理学对现代思想政治教育学理论基础的奠定

思想政治教育理论不是固定不变的，它需要不断夯实和拓展才能满足学科不断发展、完善的需要，才能适应来自现实的挑战。心理学对于思想政治教育理论基础的奠定主要体现在思想政治教育过程、思想政治教育目的、思想政治教育环境、思想政治教育方法等几方面。

（一）心理学对思想政治教育规律理论基础的奠定

思想政治教育过程是教育者力图达到一定目的而施教于受教育者的过程，这个过程是一个充满矛盾且具有规律的过程。若要使思想政治教育取得良好的效果：一方面是必须协调好在这个过程中出现的矛盾，主要是协调好教育者、受教育者以及教育中介者三者之间互相影响互相作用的矛盾；另一方面是要遵循思想政治教育过程的规律。心理学对于思想政治教育过程的理论基础奠定主要体现在三个方面：一是体现在对人的发展的生理和心理规律的把握和运用上；二是体现在对教育者实施教育的心理规律的把握和运用上；三是体现在受教育者接受教育的心理规律的把握和运用上。

（二）心理学对思想政治教育目的理论基础的奠定

思想政治教育的目的：主要是提高人类认识世界和改造世界的能力以及使人在改造客观世界的同时改造主观世界。心理学对思想政治教育目的理论基础的奠定主要体现在：首先是认知过程规律；其次是动机需要理论；再次是认知学习理论；最后是内省法的运用。

（三）心理学对思想政治教育环境理论基础的奠定

思想政治教育环境是人的思想品德形成于发展的外在的客观的基础，具体来说，思想政治教育环境是指影响人的思想品德形成和发展，影响思想政治教育活动运行的一切外部因素的总和。心理学对思想政治教育环境理论基础的奠定主要体现在：首先是情绪的认知理论；其次是群体影响理论；再次是从众心理；最后是社会关系理论。

（四）心理学对思想政治教育方法理论基础的奠定

好的方法在很大程度上决定好的结果，思想政治教育方法是取得思想政治教育良好效果的重要手段。心理学对思想政治教育方法理论基础的奠定主要体现在：首先是心理咨询法；其次是情绪情感心理学方法；最后是性别角色发展理论。

二 建构现代思想政治教育学的心理学基础理论

思想政治教育学通过思想政治教育达到育人的根本目的，心理学以人的心理现象及其规律作为自己的研究对象，两门学科的中心任务都是人。人是一个复杂的多面体，虽然思想政治教育学与心理学关于人的研究的侧重点是不一样的，但是人作为思想政治教育的对象，作为一个具有自我意识和自我能动性的活生生的对象，他会受到诸多心理因素的影响。思想政治教育学围绕人的思想品德形成与发展规律和思想政治教育规律展开研究，无论是人的思想品德的形成还是思想政治教育过程都会受到人的心理规律的影响，所以思想政治教育学要更好地对人进行思想政治教育，就需要把适应思想政治教育学的心理学理论知识内化为思想政治教育学的理论知识，从而创造性地与思想政治教育学的发展结合起来。在借鉴心理学理论知识并融合心理学发展的理论创新过程中，思想政治教育学从群体认知和个体心理形成两方面建构自身的基础理论是十分必要的。

（一）建构现代思想政治教育学的群体认知论

群体心理是普遍存在于每个群体成员大脑中的反映群体社会关系的共同心理状态与心理倾向。群体心理存在于每个个体身上，但它并不是每个群体成员心理状态的简单相加。群体心理的典型表现形式就是从众心理和服从心理，群体很容易被暗示和感染。群体心理理论内化为思想政治教育学知识，主要表现在思想政治教育过程中的引导群体心理的方法：正确引导从众心理、不断增强群体凝聚力、有力促进群体规范建设、建立群体良性互动秩序、创新群体互动教学。

建构思想政治教育学的群体认知理论，就要看到思想政治教育对群体的思想观念引导和社会认知塑造，必须把握群体心理形成的各方面和各要素，积极借鉴从众心理形成的思想和方法，在主流思想的传播和宣教中，树立符合社会所需要的思想观念、价值观念和道德品质。思想政治教育学的群体认知理论的建构，要坚持和体现以正面引导为主的思想政治教育原则，使群体心理和从众心态的塑造有效克服消极方面和负面影响。建构思想政治教育学的群体认知理论，是为了把心理学的群体认知理论进行思想政治教育所需要的内容改造和方法借鉴，从而指导思想政治教育实践活动树立和坚持这样一种理念：在思想政治教育中要充分认识到群体心理对人们思想观念形成的影响，要在充分把握群体心理的基础上，认识到从众心理在形成积极群体心理上的作用，进而采取针对性的和积极的心理干预措施来开展思想政治教育活动。

（二）建构思想政治教育学的个体心理形成论

心理学从对人的生理发展和心理发展的研究认为，人的心理发展是以生理发展为前提的，人的心理是世界上最为复杂的一种现象，人与人之间的心理表现不一样，每个人自身的心理也在不断变化，而且同一个人在不同的年龄阶段也会表现出不同的心理特点，每个人都会逐渐政治社会化。但是，每个人心理的发生、发展、变化和衰退，同其他很多事物一样，并不是杂乱无章的，而是有规律可循的，是可以被人类所认识的。思想政治教育学就是通过借鉴心理学关于人的心理形成与发展相关知识，认识到思想政治品德的心理结构以及形成发展规律，从而把心理学方面的道德发展阶段论、道德价值观辩析论以及社会学习理论内化为思想政治教育学的知识，以更好地研究思想政治教育学的研究对象。

三 拓展现代思想政治教育学的心理学基础方法

心理学方法对于推动现代思想政治教育学的理论创新和实践发展，具有多方面的借鉴价值和完善功能，甚至人们在谈论心理学对于思想政治教育学的借鉴和意义时，总是从心理学方法的启示和运用，来说明思想政治教育发展对心理学的借重或心理学对于发展思想政治教育的不可或缺。从这个意义上来说，建构思想政治教育学的心理学基础方法，有着充分的理由和充实的内容支撑。

（一）建构思想政治教育的认知心理学方法

认知心理学的理论认为，认知过程是人们接受、储存、加工和理解各式各样信息的过程，也就是人的大脑对客观事物的现象和本质的反映过程，它具体包括感觉、直觉、记忆、思维以及想象。认知的具体过程包括：感觉和直觉让人们产生好奇心，好奇心产生兴趣以及注意，这是认知的起点；认知并不是漫无目的地对外界事物做出反应，而是目标与动机的统一体；通过思维进行分析问题和解决问题的加工过程，可以检验认知是否科学正确。认知心理学的理论内化为思想政治教育学的知识，主要表现在思想政治教育过程中的认知心理学方法：动机需要激励法、利用注意规律法以及问题解决思维训练法。

（二）探索思想政治教育学的情绪情感心理学方法

情绪情感是以特殊方式表现出的对客观事物的反映形式，它反映的是客观事物与人主观需要之间的关系，它是一种主观感受或态度体验。情绪情感具有认知功能、组织动员心理活动功能以及协调人际关系的功能。思想政治教育要取得更好的时效性，就应当把情绪情感理论运用在思想政治教育过程中，根据情绪情感的激活因素努力营造思想政治教育的情绪情感氛围，遵循情绪情感的变化规律以更好地进行思想政治教育。情绪情感心理学理论知识内化为思想政治教育学知识，主要表现在思想政治教育过程中的情绪情感心理学方法：以境生情法、以情生情法、寓教于乐法、以需以理动情法。

（三）探索思想政治教育的意志行为心理学方法

意志是人自觉确定目的，并根据目的来支配、调节自己的行动，克服各种困难，来达到预定目标的心理过程。行为是在外界环境影响和刺激之下内在心理变化的外在表现。意志与行为都属于心理现象的范畴，它们都受到思想和心理的影响。思想政治教育既能培养良好的意志品质，又能塑造良好的行为和矫正不良行为。意志行为心理学理论知识内化为思想政治教育学知识，主要表现在思想政治教育过程中的意志行为心理学方法：意志锤炼法、良好行为训练法、不良行为矫正法以及社会实践法。

四 夯实现代思想政治教育学解答现实问题的心理学支撑

如前所述，思想政治教育学与心理学在解决现实问题的领域内有很多交叉，在解决现实问题上，社会心态问题、个性心理健康问题、道德教育问题和信仰问题都是思想政治教育学和心理学共同研究的问题。要解决好这些现实问题，不仅需要思想政治教育学的理论知识和方法，还需要心理学的理论知识和方法，更加需要心理学与思想政治教育学融合后的理论创新和方法创新。

一方面，思想政治教育学作为一门以思想政治教育为研究客体的综合应用型科学，而思想政治教育是统治阶级为了维护社会道德、思想秩序而进行的社会实践活动，社会心态问题、个性心理健康问题、道德问题、信仰问题都是作为社会思想弊端的体现，需要思想政治教育学来发挥思想政治教育的功能；另一方面，社会心态问题、个性心理健康问题、道德问题、信仰问题的产生都是属于心理活动和心理过程的范畴，它们的产生和发展都受到心理因素的影响，而心理学作为一门研究人的心理现象及其规律的学科，对解决这些现实问题是具有很大作用的。总而言之，要解决这些现实问题，需要思想政治教育学和心理学两门学科一起形成合力来实现这一目标。但是，要更好、更有效、更科学地解决社会心态这一现实问题，不仅是两门学科的理论知识分别简单地套用在其中，而是需要把两门学科融合在一起，形成理论创新。

（一）在解决社会心态问题上夯实思想政治教育学的心理学基础

社会心态是时代的"折射镜"，它的产生和发展都是与社会现实同步进行的。目前，我国正处于经济体制转型的关键时期，诸多不良的社会心态随之而来，解决不良社会心态的问题同时需要思想政治教育学和心理学的理论知识和方法。对于社会心态问题的解决，需要在思想政治教育学的理论基础上融合心理学知识进行理论创新，这种理论创新主要有：首先是用权威正确引导从众和服从心态；其次是利用心理暗示不断增强群体凝聚力；最后是有力促进群体规范建设。

（二）在解决个性心理健康问题上夯实思想政治教育学的心理学基础

个性心理健康可能是由思想问题引起的，也可能是由心理问题引起的，也有可能是由思想问题和心理问题共同引起的。思想政治教育学侧重解决的是由思想问题引起的个性心理健康问题，而心理学侧重于解决的是由心理问题引起的个性心理健康问题，但往往引起心理健康问题的因素是如此之多、如此复杂，所以需要思想政治教育学与心理学结合起来进行理论创新才能够更好地解决个性心理健康问题，这种理论创新主要有：把思想政治教育的方法和原则与心理咨询的方法和原则相结合，形成交友性原则、尊重信任与细心询问原则、一般与特殊相结合原则、明确与委婉相结合的原则、保密性原则、预防性原则等。

（三）在解决道德问题上夯实思想政治教育学的心理学基础

道德问题不仅是思想政治教育学关注的问题，也是心理学研究的问题。一方面，道德的形成、发展可以通过心理学的研究进行追溯；另一方面，道德的形成与发展属于思想政治教育学研究对象的领域。因而要解决道德问题，不仅需要思想政治教育学的知识，还需要心理学的知识，更需要在思想政治教育学基础上融合心理学知识的理论创新。这种理论创新主要有：通过借鉴皮亚杰和柯尔伯格关于道德发展的理论和知识形成通过社会进行道德教育理论、通过自我能动性进行道德教育理论。

（四）在解决信仰问题上夯实思想政治教育学的心理学基础

当今这个多元化的时代信仰也呈现着多元化的趋势，思想政治教育学主张信仰马克思主义，而心理学对有信仰人群的研究结果显示有信仰的人更健康。马克思主义信仰是人类历史以来最伟大的信仰，思想政治教育学要通过思想政治教育进行信仰教育，必须借鉴心理学关于信仰问题的相关理论知识，在理论知识借鉴的基础上进行理论创新才能够解决目前信仰混乱的严峻形势。这种理论创新主要有：通过心理学的引导、调节、暗示、期待、渲染、激活、治疗等方法形成信仰引导理论。

第 八 章

现代思想政治教育学的人学基础

人的自然性存在与社会性存在、人的本质和价值、人的需要和利益、人的解放和发展、人的塑造和培育等问题,关乎思想政治教育的根本问题。离开了人,就不会有思想政治教育的现实存在;离开了对人的研究,思想政治教育学就会失去自己的研究领域;离开了人学的支撑,思想政治教育的理论基础就不会完整。因此,研究思想政治教育的理论和实践问题,必须研究人的问题。人学是研究人的存在性、本质性、发展性、价值性等方面的基本问题,对这些问题研究形成的科学理论,是建构现代思想政治教育学理论基础不可或缺的部分。

第一节 思想政治教育学与人学的关系

思想政治教育学与人学具有多方面的关系。一般而言,思想政治教育学与人学都研究人的问题,人学为现代思想政治教育学提供了重要的理论资源,这是考察思想政治教育学与人学基本关系的两个重要方面。

一 思想政治教育学与人学在研究"人"上的相关性

人学是关于人的哲学,是"从整体上研究人的存在、人性和人的本质、人的活动和发展的一般规律,以及人生价值、目的、道路等基本原则的学问"[1]。思想政治教育学是"研究人们思想品德形成、发展规律和对人们进行思想政治教育的规律的科学"[2]。从对两种学科的概念界定上我

---

[1] 陈志尚:《人学原理》,北京出版社2004年版,第5页。
[2] 张耀灿、陈万柏:《思想政治教育学原理》,高等教育出版社2001年版,第5页。

们不难发现，这两种学科存在的主要的相似点即都关注"人"，都研究的是与人相关的问题。

（一）在把"人"作为研究对象上的相关性

人学研究的对象是"人的问题，是完整的个人及其存在、本质和历史的发展规律"①。对人的科学研究是马克思哲学的一个重要组成部分，马克思、恩格斯在《德意志意识形态》中明确把"现实的人"作为唯物史观的逻辑前提和理论出发点，把人的解放、自由全面发展作为唯物史观的理论归宿。所以人学以"现实的完整的个人"为对象来探究人的本性，人的本质，人的现实存在状况，人的历史发展规律，人的需要，人的活动特点，人的性格、能力，人的主体性，人的素质，人在当下遇到的各种困惑与危机等，探究人为什么而存在，人存在的意义和特点有什么，在现实生活中人的存在受到了哪些挑战；人的本性、本质是怎么样的，不同个体具有什么样的个性特点，在当下，人的需求又发生了什么样的变化；人的理想信念、人的价值追求在新时期又有什么新要求，人应该如何发展。通过对这些问题的研究以此为人与自然、人与社会、人与自身和谐相处提供必要的理论指导，为开启人最终解放自身，实现人的自由全面发展提供一把金钥匙。

思想政治教育是"社会或社会群体用一定的思想观念、政治观念、道德规范，对其成员施加有目的、有计划、有组织的影响，使他们形成符合一定社会或一定阶级所需要的思想品德的社会实践活动"②。这种实践活动的对象是人，通过这种实践教育使教育对象养成正确的世界观、人生观、价值观。这种活动不论是教育者还是教育对象都是现实生活中活生生的人，如果没有人的存在和参与这项活动就无法开展，也就毫无意义可言。故而，思想政治教育要想达到预期的目的，就必须做足"人"的工作。首先，人参与思想政治教育的始终，思想政治教育的主体是"人"，所以必须了解人的本性特点，掌握人的本质属性，观察人的个性特点；思想政治教育内容以"人"为基础，以"人"制定，对"人"展开；思想政治教育方法和原则因人而异，因材施教，体现人性关怀。其次，思想政治教育的成果要"人"来评定，教育是否收到了预期的效果，要看教育

---

① 韩庆祥：《人学——人的问题的当代阐释》，云南人民出版社2001年版，第126页。
② 张耀灿、陈万柏：《思想政治教育学原理》，高等教育出版社2001年版，第4页。

对象是否达到预期的目标，是否形成符合一定社会或一定阶级所需要的思想品德，世界观、价值观、人生观是否沿着正确的方向改变或养成，最简单的是看其素质是否提高。因而，不管我们是以何种标准去衡量思想政治教育的实效性，它始终都离不开对现实中活生生的人的评价。最后，思想政治教育关注"人"的问题。当前在经济全球化、文化多元化的背景下，出现了诸多现实问题，全球变暖、自然灾害的频频发生、人口的膨胀、道德的滑坡、信仰的缺失等，使人们遇到了前所未有的困惑。因而，思想政治教育更加关注人的内心世界，注重心理疏导和人文关怀，进行生态观教育，教育人与自然、人与社会、人与人和谐相处，追求真、善、美。

（二）在以人的自由全面发展为最高价值追求上的相关性

马克思对社会形态的最高设想为共产主义社会，共产主义社会最显著的两个标志是：社会物质财富与精神财富的极大丰富；人类得到了自由而全面的发展。由此马克思主义人学思想中将人的自由、全面发展作为其研究的最高价值追求。在中国传统的人学思想中"圣人"一直作为人们心中追求的最高理想形态。这种"圣人"即是摆脱了自然与物的种种束缚，实现了人与自然、人与社会、人与自身的和谐，自身得到了自由全面的发展。所以，不论是马克思主义人学还是中国传统文化中的人学思想，都将人的自由全面发展作为其最高价值追求。

思想政治教育以马克思主义思想体系为理论基础，所以马克思主义发展观中的最高价值追求——人的自由全面发展也必然成为我国思想政治教育的最终价值追求。正如张耀灿先生所言："思想政治教育最本原的目的是促进人类更好的生存发展；其终极价值追求是人的自由全面发展，是使人从动物性存在提升到人性存在。"思想政治教育学与人学的根本价值追求，都致力于促进人的自由而全面的发展。

二　人学为现代思想政治教育学提供了必要的理论资源

学术界普遍认为：马克思列宁主义、毛泽东思想、邓小平理论、科学发展观是思想政治教育学的根本指导思想和理论基础。张耀灿教授又指出马克思"关于人的本质学说"和"关于个人的全面发展的学说"是思想政治教育学的直接理论依据。这就指出了人学研究对充实思想政治教育学理论基础的必要性。张耀灿认为："马克思主义关于人和社会的关系、人和人的关系、人的本质、人的主体性、人的需要、人的价值以及人与人的权利和义务、人的自由和平等、人的理想和信念等理论，为思想政治教育学理论研究拓展了一个崭新的视野。只有以此为指导，以社会历史发展和人的全面发展的一致性为出发点，开展思想政治教育学科理论研究，才能在当今众多学科体系发展取向中，扬各家之长，避各家之短，融合提炼，自成一家，建立起有中国特色的、有相对稳定性和坚实理论内容、并为社会认同的现代思想政治教育学。"[①] 显然，马克思主义人学的理论视域和理论知识，对于开阔思想政治教育学的学科视野和夯实思想政治教育学的理论基础，具有显而易见的价值。从思想政治教育的实践属性看，思想政治教育是以人为基础的一项教育实践活动，这项活动的展开以人为出发点，以人的参与为基本要求，最终实现对人的提升。所以要提高思想政治教育的实效性，我们必须以人学中的相关理论作为思想政治教育实践展开的理论指导。毫无疑问，无论是在理论方面还是实践方面，人学都为现代思想政治教育学的发展提供了必要的知识背景和理论资源。

（一）人的本质理论是思想政治教育理论的出发点

马克思从历史唯物主义出发研究认为，人不是抽象的、孤立的人，是"现实的、活生生的"人，是生活在一定社会关系中，受一定社会关系制约的"活生生的""现实的"人。"人的本质不是单个人所固有的抽象物，在其现实性上，它是一切社会关系的总和。"这句话是马克思关于人的本质的经典论述，也是对人的本质的科学认识。因而，作为思想政治教育，我们首先肯定的是教育活动参与者是"现实的、活生生的"人，要从这一最基本的理论认识出发，不论是教育内容、教育方式、教育活动的开展我们都必须明确这一点。第一，人的本质是"一切社会关系的总和"，是思想政治教育最基本的理论出发点，这也是我们能坚持正确的理论来指导思想政治教育活动的最大前提。第二，人的本质属性是社会性，教育中应体现人的现实性。第三，人的本质具有实践性，注重在实践中提高思想政治教育的实效性。思想政治教育本就是一项实践活动，而人的主体性的生成也依赖于实践活动，人在实践中由必然走向自由。第四，人的本质是历史的，启发教育者应具有发展眼光。第五，人的本质具有具体性。"世上没有完全相同的两片叶子"，同理，也不会有千篇一律的人，个体具有人这一"类"的共性，但人区别于他人就在于他自己的特性，即所谓的个

---

① 张耀灿、徐志远：《现代思想政治教育学科论》，人民出版社2003年版，第96页。

性，尤其是在当今经济多元化的社会大背景下，利益主体诉求花样繁多，个人的主体性也越发凸显，人们更多地去追逐个性的体现，因此我们的思想政治教育就要在尊重教育对象个性的前提下，做到因材施教，提高思想政治教育的灵活性。

(二) 人的主体性理论是思想政治教育的主题与核心内容

人的主体性概念，从根本上来说，是一个哲学概念。学术界从主体与客体的相互关系中界定主体和主体性。通过讨论得出："人的主体性是人作为活动主体的质的规定性，是在与客体相互作用中得到发展的人的自觉、自主、能动和创造的特性。"[①] 思想政治教育的目的就是在了解教育对象的主体性特点的前提下，遵循教育主体自身发展规律结合思想政治教育的目标，重点在教育实践中促使教育对象形成合力的主体性，并使人自身由必然走向自由，实现"人的全面发展"的终极目标。思想政治教育的主体具有自主性、创造性、目的性、选择性、预见性等特性。

思想政治教育的对象是"现实的、活生生的"人，教育的参与者是人，每个人都具有自己的主观能动性。思想政治教育是做人的工作，因此，要提高思想政治教育的实效性就必须研究人、了解人、尊重人，充分发挥人的主体性，并以发挥人的主体性作为思想政治教育开展的前提，此外，还应充分发挥思想政治教育对人主体性生成的导向和调节作用，使人的主体性具有趋利避害、趋善避恶，在发挥主体性时能正确处理人与自然、人与社会、人与人之间的关系。

(三) 人的自由全面发展理论是思想政治教育的最终目的

"每个人的自由而全面的发展"是共产主义社会的本质特征和无产阶级政党的最终目标，是马克思主义的最高命题。所以，以马克思主义理论体系为基础的思想政治教育它的最终目的也必然是实现"人的自由全面发展"。

共产主义是以"每个人的全面而自由的发展为基本原则的社会形式"这一总的本质特征包括如下要素：个人之个性的自由发展；个人的社会关系的和谐发展；人之类特性的应有发展。这三要素的有机统一，便是个人的全面发展[②]。"人"作为思想政治教育学和人学的关联点。思想政治教

[①] 郭湛：《主体性哲学——人的存在及其意义》，云南人民出版社2001年版，第31页。
[②] 韩庆祥：《人学——人的问题的当代阐释》，云南人民出版社2001年版，第248页。

育是建构在"人"的基础上的社会实践活动，其具体活动的展开也是以人为出发点，通过人来实施，又以人为归宿，其终极价值是追求人的自由而全面的发展。

"人的本质理论""人的主体性生成""人的全面发展"只是人学对于思想政治教育学而言比较关键的三个理论基础，诸如"人的需要""人的个性"和"人的理想信念"等理论对思想政治教育学而言也至关重要，在下节的理论借鉴中我们将做出具体的论述。

第二节 现代思想政治教育学对人学知识的借鉴

思想政治教育学在把人的培育作为根本任务时，就必然要关注人的生存和发展问题，就必然要深究人的本质规定性问题，就不能漠视人的主体性因素和个体性特质，就必然要把握和认识人们的多种需求和精神追求问题，而对这些问题的解决，是需要从人学视野和人学的知识背景和理论资源中来获得新的活力的。这也是思想政治教育学可以从人学那里借来"思想利器"和"内容大器"的重要方面。

一 借鉴人学基本理论

（一）借鉴人学关于人的存在理论

马克思认为，人是"现实的存在物"，不是处在某种虚幻的离群索居和固定不变状态中的人，而是处在现实的、可以通过经验观察到的、在一定条件下进行的发展过程中的人[1]。它的前提是"现实的个人，是他们的活动和他们的物质生活条件"[2]。人的存在是生成性的，因而成为一种"实实在在的""活生生的"、历史的、"现实性"的存在，"在实践活动中，'人的存在'决不是摆在那里的'现成存在者'，而是显示为一种'生存过程'，显示为一个矛盾的否定性统一体，显示为一个不断生成的开放流动过程。"[3]

人的存在具有绝对性即人首先是自然的存在物，是他肉体需要的存

---

[1] 《马克思恩格斯选集》（第1卷），人民出版社1972年版，第11页。
[2] 同上书，第24页。
[3] 《马克思恩格斯选集》（第4卷），人民出版社1995年版，第225页。

在；人的存在具有历史性，从个性上说人从出生到老年身体的消亡，历史长河中看，人是不断的进化和发展的；人的存在具有现实性和社会性，人生活在一定的社会关系当中，通过生产劳动来满足自身的各种需要，在实践过程中发挥自身的主观能动性，摆脱社会现实的种种束缚，实现自身的更好更高发展。

实践是人存在的根本方式，在实践过程中，有意识地参与生产劳动和创造，将自身与动物区别开来，并自动地生成"人"本身，人通过实践生产出社会物质财富、精神财富来满足自身的物质需要和精神需要，并在实践中，不断地改善自身的生存条件，改变世界的存在方式。

（二）借鉴人学关于人的本质理论

马克思主义人学的研究过程中，关于人的本质的研究占据重要部分。马克思关于人的本质的界定最主要的是阐明了"人的本质是社会关系的总和""人的本质属性为社会性"。马克思首先肯定了人的自然属性，认为"任何人类历史的第一个前提无疑是有生命的个人的存在，因此第一个需要确定的具体事实就是这些个人的肉体组织，以及受肉体组织制约的他们与自然界的关系"[①]。由此可见，马克思和恩格斯在考察人的时候，把人的"肉体""自然性""动物性"等已纳入研究之中，并且肯定了人的自然属性。虽然这些因素是构成人的必不可少的要素，但只有社会性才能纳入人的本质范畴。对此，马克思做了深刻的论述与说明："人们用以生产自己必需的生活资料的方式，首先取决于他们得到的现成的和需要再生产本身的特性"，"个人是什么样的，这取决于生产的物质条件"[②]。而在物质生产活动中，"以一定的方式进行生产活动的一定的个人，发生一定的社会关系和政治关系"[③]。由此可见，马克思和古代先哲们一样也看到了人的自然属性，但又超越了他们的思想，明确提出人的本质属性是其社会性。

马克思把人的本质理论植根于实践的基础之上，揭示了人的本质的实践性，人只有通过实践在改造客观世界的同时改造自己，在实践发展中获得自身的发展。

---

① 《马克思恩格斯选集》（第1卷），人民出版社1972年版，第25页。
② 同上书，第29页。
③ 同上书，第30页。

（三）借鉴人学关于人的主体性理论

一般来说，主体是活动的发动者、推动者和承担者，而只有"现实的、活生生的"人的能动的、自由自觉的活动才有可能对客体产生主体性，思想政治教育作为必须有人参与的教育实践活动也无疑具有主体和客体之分。目前就学术界来说，主要有单一主体说、双主体说、多主体说、主体间说和相对主体说。对于人的主体性，学术界大多认为，有以下四种具体的含义或规定：为我目的性、主观应当性，实践活动的自由自觉的创造性、超越性、自主性和选择性，其中，人的主体性的本质规定应为实践活动的自由自觉的创造性，其他几种特性都可在其中体现。

马克思把"自由自觉的活动"理解为人的本质时说：人类的本质即人的一般本性，指的是人和动物的本质区别，因为人不同于动物，动物的活动是与其生命活动直接同一的，然而人既是一个"自然的生命体"，又是一个"超生命的生命体"，他的生命活动是有意识的，他具有不断超越既定的规定，追求价值生命的"乌托邦精神"。所以，马克思把自由自觉的活动作为人的类特性，人通过实践由必然走向自由，这正是人所追求的类本质不断实现的最高价值目标。因此，对于思想政治教育来说，教育者在教育过程中要注意教育对象这一主体的特点，也要在实践活动中充分启发教育对象的创造性，实现教育者与教育对象的双向互动，重视与教育对象的心灵沟通，使教育内容内化为教育对象的行为习惯，使人由必然走向自由。

（四）借鉴人学关于人的个性理论

谈起个性，人往往指的是一个人在社会生活当中表现出来的独特性，而对于人的个性的分析，是马克思主义人学价值观一个重要的内容，人的个性是人价值最直白的表现。马克思从三个不同的角度来规定了对人的个性理解：一是作为个人对外部世界的独特的主体倾向性的个性，它主要包括个人心理倾向性、社会倾向性和个人对这种倾向性的追求，以及由此出发对个人行为和态度的评价。其主要内容有：个人能力、独立自主性、自由自觉性和能动积极的创造性。二是作为特定社会群体成员的个人所具有的某种特殊社会特征的个人，大致包括个人特殊的社会心理特征、社会关系特征和道德精神面貌特征。这种规定：一方面，它不仅体现个人的社会制约性，而且表明群体间个人与个人在社会特征上的区别；另一方面，它把个人划分为不同的社会类型，并揭示出个人间不同的社会特征，以此来

第八章　现代思想政治教育学的人学基础　223

进一步探讨个人的社会解放和社会发展的规律问题。三是作为个人在外部世界的个别存在形式的个性，具有唯一性、不可重复性、独特性和不可取代性等自我性特征。综合马克思对人的个性的具体规定，我们不难看出，个性并不只是单个个体的独特性，它还具有社会倾向性，受社会条件的制约，因此我们倡导思想政治教育对象应具有个性，在尊重其个性的前提下，我们也要提醒教育对象个性不只是随便地张扬，还应具有社会倾向，应受社会的制约。

（五）借鉴人学关于人的需要理论

人的需要是人的渴求和欲望，是对自身生存和发展的客观条件的依赖和要求，表现为人的一种匮乏状态，是人从事社会实践活动的内驱力[①]。了解人的需要，才能预测动机，引导行为，调动人的积极性。

马克思认为，人最基本的需要是自然需要，人饿了想吃，渴了想喝……人要生活，首先要有一定的生活资源来满足自身的生活需要，当生产力不断发展，经济不断富足时，人的需要也就更加丰富，更具多样化。因此，人的需要既是与个人自然需要相联系的客观要求，又是与人的实践活动、社会现实相联系的能动的追求外部条件满足自身需要的本质力量。所以"人的需要一方面使人赋有自然力和生命力，这些力量作为禀赋和能力，作为欲望或情欲在他身上存在着，而欲望和情欲是引起人的生产实践活动和强烈地追求自己对象的本质力量，它使人们必然引起改造外部世界从而表现自己内在本质力量的生产活动"[②]。

因此，如果我们承认思想政治教育的对象是人，那么对人的深刻理解与把握就必然成为增强思想政治教育实效性、有效性的一个阿基米德点。而"无视人发展自身的各种需要，无视人的个性的丰富和发展，企图单纯按某种社会需要去塑造出某种标准件来"的思想政治教育，就"只能培养出缺乏理智和情感，没有兴趣和爱好，生活态度冷漠，精神生活贫乏，不能得到生动活泼发展的对象来"[③]。

思想政治教育是做人的工作，其对象是活生生的人，无论是作为阶级统治的工具，还是作为社会发展的推动力，思想政治教育都必须把人的需

---

① 童彭庆：《思想政治教育心理学》，高等教育出版社1996年版，第223页。
② 《马克思恩格斯全集》（第42卷），人民出版社1979年版，第167—168页。
③ 王建华：《思想政治教育的理论与实践》，中央文献出版社2002年版，第174页。

要作为第一前提来研究。因此,思想政治教育要长足发展,就必须有坚实而强大的理论作为后盾。所以,在思想政治教育过程中运用需要理论:了解教育对象的需要,提高个体积极性;辩证地对待教育对象的物质需要;丰富教育对象的精神需要;注重在实践活动中满足教育者的合理需要以此提高思想政治教育的实效性。

(六) 借鉴人学关于人的理想信念理论

理想信念教育是思想政治教育的核心内容,理想信念推动人不断向前,没有理想信念的人将失去精神支柱,人生也将变得暗淡无味。邓小平同志说:"我们一定要经常教育我们的人民,尤其是我们的青年,要有理想,为什么我们过去能在非常困难的情况下奋斗出来,战胜千难万险使革命胜利呢?就是因为我们有理想,有马克思主义信念,有共产主义信念。"① 同时,他还指出:"一定要让我们的人民,包括我们的孩子们知道,我们是坚持社会主义和共产主义的,我们采取的各方面的政策,都是为了发展社会主义,为了将来实现共产主义。"② 江泽民同志也认为:"要对少年儿童进行共产主义信念、社会主义思想、爱国主义精神的教育,对他们进行革命传统、民族传统教育,只有这样,才能使他们对资产阶级思想的腐蚀具有较强的免疫力,成为国家未来的栋梁之材。"③ 胡锦涛总书记指出:"理想信念,是一个政党治国理政的旗帜,是一个民族奋力前行的向导,也是有志青年奋发向上的动力。开展大学生思想政治教育,必须紧紧抓住理想信念教育这个核心,通过持之以恒的思想政治教育,切实促进大学生树立正确的世界观、人生观、价值观。"④ 可以看出党的历代领导人都高度重视理想信念教育。同时,我们应该清醒地认识到理想信念教育作为思想政治教育的核心内容也是现实的需要。当前社会科技、信息技术发展迅速,人们愈发的迷茫、理想信念的缺失使人对未来生活感到无助,此时思想政治教育就担负起重新树立人的正确的理想信念的重要任务。

---

① 《邓小平文选》(第3卷),人民出版社1994年版,第110页。
② 同上书,第112页。
③ 《江泽民论社会主义精神文明建设》,中央文献出版社1999年版,第295页。
④ 刘翠玉:《人学视域中的思想政治教育》,《经济研究导刊》2010年第26期。

二 借鉴人学研究方法及其运用策略

人学的研究方法大致有：历史唯物主义的方法、辩证法的分析与理解方法、现象学的方法、系统综合的方法。其中历史唯物主义的研究方法是人学研究的基本价值取向和应坚持的思想方法；辩证法是在人学研究过程得到充分应用的方法。那么对于思想政治教育来说，我们应该充分借鉴人学研究的历史唯物主义方法、辩证法以及系统综合的方法。

（一）借鉴人学的历史唯物主义方法及其运用策略

人是历史的活动创造物，历史唯物主义能使人们正确地理解和研究人及其人的实践活动的最重要的研究方法。因而，对于人学来说，历史唯物主义的研究方法是最具体、最彻底地研究了人及其人的活动发展的方法，它相对于其他的研究方法处于一种优先地位。马克思、恩格斯在批判费尔巴哈时指出："历史什么事情也没有做，它并不具有任何的丰富性，它并没有在任何战斗中作战！创造这一切、拥有这一切并为这一切而斗争的，不是历史，而正是人，现实的、活生生的人。历史并不是把人当作自己目的的工具来利用的某种特殊的人格。历史不过是追求着自己目的的人的活动而已。"① 在这里，马克思着重强调了人在历史中的作用，历史是人的活动的一个过程，历史记载了人类活动的轨迹，现实的人、人的实践、历史这三者构成了历史唯物主义对人的历史解读，此乃其一。其二，马克思还认为：历史分为自然史和人类史，两者相互联系，只要有人在，自然史和人类史就彼此制约。因此，人是历史活动的主体，历史唯物主义作为人学的内在研究方法，就是旨在寻求关于人的活动及其整个属人世界的历史性理解，寻求关于人类认识、改造世界并创造历史的活动规律。其三，在对人的研究过程当中，马克思提出了著名的"三形态说"：前资本主义，"人的依赖"；资本主义社会，"物的依赖"关系；共产主义社会，"能力依赖"。从目前人类总的状况来看，我们处于第二种状态"物的依赖"，从人的发展状况看，是"以物的依赖性为基础的人的独立性"②；从生产力状况看，是大工业及普遍的社会物质交换与需求；从经济结构形式看，属于典型的市场经济模式。

---

① 《马克思恩格斯全集》（第2卷），人民出版社1957年版，第118—119页。
② 《马克思恩格斯全集》（第46卷），人民出版社1957年版，第108页。

历史唯物主义的研究方法对思想政治教育学的研究借鉴意义有三：一是启示我们要承认人是历史活动的产物，是历史的活动创造物，历史是人的历史不是某个抽象的物体所创造，因此，我们要充分肯定人的作用，科学地看待教育对象，尊重教育对象的创造性。二是启示我们要重视实践活动，正是由于人的实践活动才创造了丰富灿烂的历史文化。三是启示我们要明确我们今天所处的状态，我们仍然处于"物的依赖"，只不过人能够凭借自身的能力创造使这种依赖关系更为和谐和丰富，人能具有相对的独立性。所以，我们要辩证地看待教育者和教育对象的物质要求，正如马克思所说，利益是人的物质动因，正是由于我们还处于这种状态中，所以，追求自身的利益价值这无疑也具有其合理性。总之，我们要用历史唯物主义的研究方法来审视我们当前的思想政治教育，注重从历史的角度来分析思想政治教育的起源、本质、特性和功能等。

（二）借鉴人学研究的辩证法及其运用策略

人作为一个矛盾的综合体，人自身、人的活动等都具有矛盾的复杂性。同时，人是理性的存在物，而人也正是通过辩证分析的方法显示出理性之存在意义的，辩证法是一种高级的理性，它能理性地揭示出人自身，人的活动等的内在矛盾性。因此，不了解辩证法，也就不可能真正地理解人本身。作为人学研究方法的辩证法乃是人自身生存与生活活动的矛盾的内在形式。这种研究方法着力解决两方面的问题：一是辩证法不仅是自在世界的客观逻辑也是人的活动理性分析，着重运用辩证法来分析看待人的活动的矛盾性，引导人们正确地看待自身以及自身活动中出现的问题，引导人们的活动趋于合理性，引导人自身走向更好更高的发展。二是运用辩证法来研究人学问题是使人学更具批判性。马克思主义人学之所以具有科学性就是因为它是一个不断自我批判、自我超越的哲学体系。辩证法方法作为解释事物和人的发展变化的根本理论，最适用于表达马克思主义人学这种不断实现自我超越的理论品格。

同样，我们应该充分借鉴人学的辩证研究法，将辩证法运用于思想政治教育的理论和实践当中。首先，应辩证地看待思想政治教育的现有理论和实践活动中教育对象的行为活动。思想政治教育的理论是我们开展思想政治教育活动的重要支柱，然而理论具有时间性和创新性，有些理论的提出在当时的时代背景下具有合理性和科学性，然而随着时间和经济的发展，理论就应做出相应的创新和添加，如果只是一味地用一成不变的理论去教育所有的教育对象，这只会让教育者感到陈旧、索然寡味，进而影响思想政治教育的实效性。此外，当在实践具体中遇到特殊问题时，应做到具体问题具体分析，不应一棍子打死所有的教育对象，做到不乱扣帽子，不乱定性问题。其次，充分发挥批判精神，思想政治教育要得到长足的发展，我们必须坚持批判原则，对理论、对实践都坚持批判，适时地对我们的教育方针、教育目标和教育手段做出调整，推动思想政治教育的有效发展。

（三）借鉴人学的系统综合方法及其运用策略

人学和思想政治教育学都是一门综合性的学科，而人学之所以成为当代的一门显学，其实与这一时代人类思维方式的多样化、系统化，以及科学技术的迅猛发展及其所凸显出来的人的问题严峻复杂性有着直接的关系。人学和思想政治教育学都需要从整体上思考人及其问题，但这并不意味着人学和思想政治教育学对人的研究可以撇开其他学科关于人的认识。在几乎每一门科学知识都取得长足发展，并且与此同时还涌现出了无数新兴或交叉学科的背景下，对人的研究必须做到兼收并蓄，博采众长。如果说，关于人的诸多学科都关涉着某种具体的人的生存境遇，那么，人学和思想政治教育学特别需要从诸多学科中汲取养料。各种人文社会学科，乃至于自然学科都对人的问题提出了许多新的方法，不管是人学还是思想政治教育学都没有理由或是不应该简单地将这些看法指责为非本学科的问题。另外，由于研究者本人知识视野的局限和研究者思维方式的模式化都会使人对同一问题的研究陷入狭隘，而只要是与人相关的问题都具有复杂性，因此为了避免对问题的看法陷入偏执和静止，我们必须综合多种方法力求对某种问题得到全面正确的认识和理解。

三 借鉴人学研究成果

自人学在中国兴起以来，经过几十年来的长足发展，取得了重大的理论成果。陈志尚教授总结出人学的重要成果主要有以下九个方面：一是发掘、整理和研究了中外人学文化遗产；二是系统发掘、整理、研究了马克思主义经典作家关于人学的基本观点和精神实质，取得了重要成果；三是明确了人学研究的对象和方法；四是坚持从实际出发、实事求是的思想路线；五是积极贯彻"以人为本"的原则；六是全面深刻地认识人性和人的本质；七是深入探讨人的发展问题；八是中国特色社会主义人权理论取得了重大进展；九是联系全球化和生态环境问题推动人学建设①。在这诸多的研究成果中，最值得思想政治教育学借鉴的有以下几方面：

一是人学的研究方法，历史唯物主义的研究方法、辩证法的研究方法、系统综合的方法，这些方法已在前面的方法借鉴中做出论述，这里不做独立陈述。

二是深化对人的阶级性研究。我国的基本国情是生产力不发达，我国将长期处于社会主义初级阶段，我国的基本经济制度是公有制为主体、多种所有制经济并存，因而，在我国存在着多种经济成分，那么也就当然存在多种利益主体和社会阶层，因此我们不能回避这一事实。在社会关系体系中，经济关系是最基础的、起决定性作用，加上每个人的生存条件和经历不同更促成了人在社会生活中地位的不同。在阶级社会中，正如经济关系决定着人的阶级地位一样，经济关系也决定着人的本质的阶级性。对此问题，马克思指出："某一阶级的个人所结成的、受他们反对另一阶级的那种共同利益所制约的社会关系，总是构成这样一种集体，而个人只是作为普通的个人隶属于这个集体，只是由于他们还处在本阶级的生存条件下才隶属于这个集体；他们不是作为个人而是作为阶级的成员处于这种社会关系中的。"② 因此，我们承认社会中人的阶层关系，但更应该看到人的共性，在教育过程中，我们应做到因材施教，但也要树立教育者作为人应具有的共同的价值观和世界观。

三是正确地认识生态文明，实现思想政治教育的生态价值。生态文明是指以人和环境之间的良性循环为主导和标志，包含经济、政治、文化、社会、福利等各方面文明成果在内的，使发展成为全面协调可持续的新的文明形态③。思想政治教育生态价值，就是建基于"生态的价值"之上，通过改变人的思想和行为，调节人与生态的关系而体现出的思想政治教育活动对于生态的意义关系④。要实现思想政治教育的生态价值，我们必须做好以下几个方面的工作：第一，通过宣传教育培养社会公众的生态意识，使社会大众明确自身的生态责任，正确处理人与自然的关系和眼前利益与长远利益、整体利益与局部利益的关系，做到爱护大自然，坚持科学

---

① 陈志尚：《人学研究的回顾与展望》，《毛泽东邓小平理论研究》2010 年第 6 期。
② 《马克思恩格斯选集》（第 1 卷），人民出版社 1972 年版，第 83 页。
③ 陈志尚：《人学研究的回顾与展望》，《毛泽东邓小平理论研究》2010 年第 6 期。
④ 万光侠：《思想政治教育的人学基础》，人民出版社 2006 年版，第 87 页。

发展和可持续发展。第二，从思想政治教育的教育内容、教育目标上体现生态教育，丰富生态教育的理论。充分发挥思想政治教育在生态教育中的导向作用。

第三节 现代思想政治教育学的人学基础建构

通过对思想政治教育人学基础的探讨，我们认为，思想政治教育学的人学建构应该是以人的本质理论为出发点，以人的主体生成为核心，以人的全面发展为目的，即体现人既是出发点又是目的这一建构模式。

一 厘清现代思想政治教育学的人学基础建构的出发点

马克思从历史唯物主义出发研究认为，人不是抽象的、孤立的人，是"现实的、活生生的人"，是生活在一定社会关系中，受一定社会关系制约的"活生生的人""现实的人"。"人的本质不是单个人所固有的抽象物，在其现实性上，它是一切社会关系的总和。"这句话是马克思关于人的本质的经典论述，也是对人的本质的科学认识。因而，建构现代思想政治教育学的人学基础，我们首先必须确认的是教育活动参与者是"现实的活生生的人"，要从这一最基本的理论认识出发，来厘清现代思想政治教育学的人学基础建构的出发点。

（一）建构现代思想政治教育学的人学基础要丰蕴人的本质性

马克思在《关于费尔巴哈的提纲》中指出："人的本质并不是单个人所固有的抽象物，在其现实性上，它是一切社会关系的总和。"[1] 从整体上讲，社会关系包括物质性关系与精神性关系两大类。涉及经济、政治、文化、艺术、宗教、道德等多方面。所以说，人的本质是一切社会关系的总和，而不是单一孤立的。社会生活中的每一个个人都生活在一定的关系当中，获取自己的本质规定。

（二）建构现代思想政治教育学的人学基础要突出人的社会性

人具有自然属性和社会属性，"肉体""自然性""动物性"等这些自然属性是人存在的前提和基础，是构成人必不可少的因素。然而人之所以为人，区别于其他的一切事物，区别于动物还在于他的社会性。因此，

---

[1] 《马克思恩格斯全集》（第42卷），人民出版社1979年版，第96页。

马克思在批判黑格尔时明确指出:"他忘记了特殊人格的本质不是人的胡子、血液、抽象的肉体的本性,而是人的社会特质。"① 思想政治教育的开展离不开人的参与,正是由于一个个"现实的、活生生的"人的存在才使思想政治教育的开展成为可能,因而,在这一实践活动中我们必须关注社会现实中的个人,从人的现实需要出发,结合社会现实,在教育方式上、教育内容上、教育资源的选取上切切实实地关注人,不做"高、大、空",不图形式,在出现问题时,能综合多方面因素,不片面,不武断,努力提高思想政治教育的实效性。

(三)建构现代思想政治教育学的人学基础要注重人的实践性

马克思在《1844年经济学哲学手稿》中指出:"一个种的全部特性,种的类特性就在于生命活动的性质,而人的类特性恰恰就是自由自觉的活动。"② 这种自由自觉的活动就是人的实践。人通过实践生产自己的物质生活资料,并在此基础上建立起人与人、人与社会的各种关系。人通过实践不断地丰富自己的生活,发展自身,实现自己的价值。实践性是马克思主义哲学的一个重要特征,也是近年来人学研究的一个重要内容,思想政治教育本就是一项实践活动,因而在教育过程中,我们要重视理论与实践相结合,用理论指导实践,在实践中丰富理论,通过开展积极有效的实践活动来实现思想政治教育的目标。

(四)建构现代思想政治教学的人学基础要审视人的历史性

马克思强调人的本质是"一切社会关系的总和",而社会关系不是固定不变的,因此,人的本质也不是永恒的,马克思指出:"各个人借以进行生产的社会关系,即社会生产关系,是随着物质生产资料、生产力的变化和发展而变化和改变的,生产关系总合起来就构成所谓社会关系,构成为所谓社会,并且是构成一个处于一定历史发展阶段上的社会,具有独特的特征的社会。"③ 所以说,马克思主义一直把人的本质与一定社会历史条件具体地联系起来,强调人的本质的阶段性、变动性。正所谓事物都是发展变化的,没有一成不变的事,也没有一成不变的人,人的发展、社会的发展推动人类的进步,因而在教育中我们必须用发展的眼光来看待问

---

① 《马克思恩格斯全集》(第1卷),人民出版社1979年版,第270页。
② 《马克思恩格斯全集》(第42卷),人民出版社1979年版,第96页。
③ 《马克思恩格斯全集》(第1卷),人民出版社1979年版,第263页。

题，不仅在教育内容上、教育方式上推陈出新，与时俱进，还应当重视教育者的发展变化，及时地对教育方针、教育方式、教育内容做出调整，推动思想政治教育的发展。

二 把握现代思想政治教育学的人学基础建构的核心内容

人的主体性是人作为活动主体的质的规定性，是在与客体相互作用中得到发展的人的自觉、自主、能动和创造的特性[①]。思想政治教育主体性的生成是关键，只有主体性生成后我们才可以谈及他的各种特性。综合马克思主义人学中对主体性的论述，我们认为，主体性的生成最重要的是归结于生产实践活动，人在实践中生成了自己的主体性。因此，把握人的主体性是建构现代思想政治教育学的人学基础的核心所在。

（一）从社会联系中规定人的主体性

马克思在读穆勒的《政治经济学原理》时感悟到："因为人的本质是人的真正的社会联系，所以人在积极实现自己本质的过程中创造、生产人的社会联系、社会本质，而社会本质不是一种同单个人相对立的抽象的一般力量，而是每一个单个人的本质，是他自己的活动，他自己的生活，他自己的享受，他自己的财富。"[②] 这种"社会联系"是"个人在积极实现其存在时的直接产物"。人是创造的主体，"按照人的样子来组织世界"[③]。在这里，人的本质和人的主体性是一致的，人的本质的实现即人的主体性的实现。这种主体性表现为人创造真正的社会联系，凭借这种社会的主体性，人才能以自己的活动作用于自然界，实现主体应有的生活、享受和财富。

（二）人在实践活动中实现自身的主体性

人作为主体，只有在能动的活动中用理论的和实践的方式把握客体，主动地、有选择地、创造性地改造客体，在主体的对象化活动中自觉实现人的目的，在客体改变了的形态中确证主体的本质力量，同时也使主体本身得到全面、自由的发展，才算真正证明了自己的主体性。马克思认为，人的主体身份和主体性不是天生的、先验的存在，而是在人的实践和活动

---

① 郭湛：《主体性哲学——人的存在及其意义》，云南人民出版社2001年版，第31页。
② 《马克思恩格斯全集》（第42卷），人民出版社1979年版，第24页。
③ 同上。

中生成的本质，是后天获得的人的本质力量。我们不仅要在观念中，而且要在现实中关注人的存在及其本质的状况，这样才能真正理解人的主体性，真正实现人的主体性[①]。

（三）人的需要丰富人的主体性

需要是人活动的内驱力，利益是人追求更高目标的物质动因，人在追求自身需要的满足过程中，能够意识到自己对客体的作用是能动的、主动的，并且能够在这种作用实际发生之前，首先在观念中模拟这种作用及其结果。因此，需要能使人的主体性走向自由自觉。

（四）人的主体性的最大特点是具有能动性和受动性

马克思在《1844年经济学哲学手稿》中写道："人作为自然存在物，而且作为有生命的自然存在物，一方面具有自然力、生命力，是能动的自然存在物；这些力量作为天赋和才能、作为欲望存在于人身上；另一方面，人作为自然的肉体的、感性的、对象性的存在物，和动植物一样，是受动的、受制约的和受限制的存在物，也就说，他的欲望的对象是作为不因爱与他的对象而存在于他之外的；但这些对象是他的需要的对象；是表现和确证他的本质力量所不可缺少的、重要的对象。"[②] 并且"人作为对象性的、感性的存在物，是一个受动的存在物；因为它感到自己是受动的，所以是一个有激情的存在物。激情、热情是人强烈追求自己的对象的本质力量"[③]。所以，人的感性的本能使人在受动中激起了追求自己的感性对象的强烈的情感，从而才有人作为主体的能动性的发挥，可以说人的能动性的前提、基础和源泉在于其受动性。

（五）在处理好三种关系中注重发挥人的主体性

一是在处理人与自然的关系上注重发挥主体性。在人与自然的关系问题上，人们的主体性存在诸多困境。近代以来，由于社会生产力和科学技术的飞速发展，使人类获得了"征服"自然的巨大能力。但是对于每一次的征服，大自然都给予了人类无情的报复，印度尼西亚的海啸，日本的大地震都是最好的例子。因此，人类凭借自己"理性的技巧"在征服自然"实现自己的目的"的同时，应认识到人本身作为一个生物物种就是

[①] 郭湛：《主体性哲学——人的存在及其意义》，云南人民出版社2001年版，第38页。
[②] 《马克思恩格斯全集》（第42卷），人民出版社1979年版，第497页。
[③] 同上书，第169页。

自然界的一部分，改造自然的时候，要遵循事物本身的本性，符合自然本身的规律，给予自然界足够的尊重，在与自然界的关系追求中实现自己的主体性。

二是在处理人与人的关系问题上注重发挥主体性。主客体关系是相对的，在当前利益主体多元化的背景下，个人主体性的要求更为凸显，现实生活中，别人和我们一样都是主体，不能只把自己作为主体，别人作为客体，凌驾于别人之上，承认人与人之间平等。

三是在处理人与社会的关系问题上注重发挥主体性。维护社会的稳定和国家的统一，增进国家的强盛和繁荣，是每一个公民应尽的义务。国家实力的增强应当更有利于保障公民的合法权益，提高人民的生活水平，使人的个性得到尽可能全面的发展，实现其应有的主体性。黑格尔说："一个民族的国家制度必须体现这一民族对自己权利和地位的感情。"如果国家不以人民为目的，而使国家本身成为目的，把人民变成实现这种目的的纯粹的手段或工具，就会窒息人的个性和主体性，成为对于人来说异化了的存在。

三 体现现代思想政治教育学的人学基础建构的终极追求

人的全面发展在马克思主义的理论体系中居于核心地位，是马克思主义理论追求的价值目标。党的十八大明确提出"推进人的全面发展"的要求，这是我党第一次在党的重要文献中将"人的全面发展"作为我们党重要的奋斗目标加以论述。建构现代思想政治教育学的人学基础，必须运用和体现人的全面发展理论，体现现代思想政治教育学理论创新的终极追求。

（一） 充实人的全面发展的理论内涵

马克思主义认为，人的全面发展主要是指人的各种需要、素质、能力、活动和关系的整体发展，包括物质和精神方面的全面性，以及使每个人都能得到平等、完整、和谐、自由的发展，核心是人的能力的全面发展，其基本内容包括如下方面：一是人的全面发展是自由个性实现的基本前提与核心内容。而自由个性的实现，也就是"使每一个社会成员都能够完全自由地发展和发挥他的全部力量和才能"。可以说，人的全面发展，既是自由个性实现的基本前提，同时也是其核心内容。二是自由全面的发展，就是要把人作为目的的发展。马克思说：在共产主义社会中，个人的独创的和自由的发展不再是一句空话。"在共产主义社会里，任何人都没有特定的活动范围，每个人都可以在任何部门内发展，社会调节着整个生产，因而使我有可能随我自己的心愿今天干这事，明天干那事，上午打猎，下午捕鱼，傍晚从事畜牧，晚饭后从事批判，但并不因此就使我成为一个猎人、渔夫、牧人或批判者。"① 三是充分发展，是指发展的程度问题。在资本主义条件下，人的发展是有限度的，仅仅停留在充当机器的附件、生产的手段的范围之内。而在共产主义社会，"人的一切天赋得到充分发展"，体力和智力得到"自由而充分的发展"。四是和谐发展，是指人与人、人与社会、人与他人以及包括个人自身在内各方面的关系的协调和优化。人类社会自私有制出现之后，人的各种关系就处于不和谐状态，只有到了共产主义社会，人才能从自然与社会的束缚中摆脱出来，实现协调和谐发展。

（二）把握人的全面发展的现实条件

马克思提出并实际探讨了人的全面发展的现实条件。其一，马克思认为，人的全面发展首先必须以"发达的生产力为基础"。因为只有生产力的高度发展，才能保证"人的体力和智力获得充分的自由发展和运用"；只有通过生产力的发展才能促进生产关系的调整和变革，实现社会制度、社会形态的完善和更替，使人的社会关系全面生成和高度丰富起来；也只有生产力的高度发展，才能消灭旧社会的生存条件，消灭阶级、消灭旧的分工，实现"自由个性"的发展。其二，人的全面发展还取决于高度发展的生产关系。只有改变旧有不合适的生产关系对人的束缚才能促进人的全面发展。其三，个体的活动是实现自身全面发展必不可少的条件。

（三）运用和实践人的全面发展理论

对于思想政治教育来说，首先，我们必须把"人的全面发展"作为教育的最高目标加以制定，在制度和教育内容上全面体现这一教育目标，使其切实成为思想政治教育最高的价值追求。马克思在《资本论》中曾说："未来教育对所有已满一定年龄的儿童来说，就是生产劳动同智育和体育相结合，它不仅是提高社会生产的一种方式，而且是造就全面发展的人的唯一方法。"② 其次，思想政治教育要充分利用现有的生产力和生产

---

① 《马克思恩格斯全集》（第3卷），人民出版社1979年版，第38页。
② 《马克思恩格斯全集》（第23卷），人民出版社1979年版，第530页。

关系，由于各个时代、各个地区的生产力水平都有差异，因此，我们的教育也要体现出层次性和灵活性。在构建思想政治教育的教育目标时一定要紧紧联系当时当地及不同层次学生的要求，不能超越当地生产力水平和教育对象的身心发展规律。贫困地区、欠发达地区以及发达地区的目标要求就要有所区别，既要有同一性，又要有不平衡性，不要千篇一律。要研究不同层次、不同类别教育对象的素质教育，形成一个教育社会、一个追求人的全面发展和适应社会要求的学习化社会。同时，生产关系影响着人的全面发展，对学校来说，主要体现在软件建设和教育教学的管理和方法上。人的发展受到前一代人的影响，同时也受到同时代人之间的交往和各种关系的影响。因此我们要大力提倡家庭教育、学校教育、社会教育一体化，要大力发展社区教育。最后，我们要将生产劳动和教育相结合，实现"劳教结合"，让教育对象多参与教育实践。在劳教结合中使自身的身心健康、交往能力、处理问题的能力得到提升。

第九章

现代思想政治教育学的文化学基础

我国思想政治教育的产生与发展，一直寓于文化之中，又以文化作为传播载体；同时，思想政治教育活动本身也是一种特殊的文化，这是两者的交织关系。如果回溯历史，以时间先后顺序看待思想政治教育学与文化学，在学科建设上，思想政治教育学晚于文化学；在内容上，思想政治教育更晚于文化。另外，以思想政治教育学发展的视角来看，思想政治教育活动需要借助文化理论加以论证、借助文化内容作为内容、借助文化传播展开实践、借助文化实体作为传承。因此，思想政治教育学必然离不开文化学的奠基作用，思想政治教育实践也离不开文化这一载体。然而，思想政治教育学本身的发展，不能简单地依赖和借用文化学的内容，而是需要将其符合本学科建设和实践需要的内容，转化为有鲜明思想政治教育特点的内容，构建出思想政治教育学的文化学理论基础，并以自身独特的方式运行和发展。

第一节 思想政治教育学与文化学的关系

思想政治教育首先是一项教育实践活动，其主体和客体都是作为社会存在的人。马克思指出，人的本质不是单个人所固有的抽象物，在其现实性上，它是一切社会关系的总和[①]。人生活在一定的社会关系之中，这种社会关系离不开社会环境，如政治环境、经济环境、文化环境等。就教育人而言，文化环境具有其独到的作用和更为本质的意义。思想政治教育学与文化学并不是相对立的两极，两者之间有着深刻的内在的联系。

[①] 《马克思恩格斯选集》（第1卷），人民出版社1995年版，第56页。

一 思想政治教育学从文化学中汲取丰富的营养

如果说文化是"人类存在过程中为了维护人类有序的生存和持续的发展所创造出来的关于人与自然、人与人之间各种关系的有形无形的成果"①，那么，从维护人类发展和社会稳定的角度来看，思想政治教育与文化之间并不存在不可逾越的鸿沟，思想政治教育一直寓于文化之中，尤其根植在传统文化之中。中国传统文化是指"中华民族在长期的历史发展过程中，由于特殊的自然地理环境、经济形势、政治结构、意识形态的作用而形成积累和流传下来，并且至今仍在生生不息地影响着当代中国社会的'活着'的古代文化"②。经过几千年的社会实践，其已经内化为中华民族的文化心理和性格，并对人们的社会政治、经济，特别是精神生活产生了巨大的影响。中国传统文化是一种伦理型的文化，以儒家思想为核心，崇尚道德，注重教化以及人们的道德操守。要求人们讲究礼智仁义信，爱国爱家，并影响着一代又一代的中华儿女，塑造了中华民族的独特性格。

封建社会统治阶级以"纲常伦理"观念来控制人们的思想，保证自己本阶级的利益。思想政治教育概念出现以后，中国共产党则批判地吸收中国传统文化中的优秀成分，用来服务于社会主义精神文明建设，并通过思想政治教育引导人们树立正确的观念，毛泽东曾经说过："学习我们的历史遗产，用马克思主义的方法给以批判地总结，是我们学习的另一任务。"③

1978年以后，中国迎来了改革开放，其间刚刚经历了"文化大革命"反传统浪潮，对中国传统文化进行了一次大批判，尤其是儒家学说，更是遭到了严厉的批判。正如鲁迅先生所说："从二十世纪开始以来，孔夫子的运气是很坏的。"④ 在这样的一个大背景下，对于刚刚打开国门的社会主义新中国来说，在面对中国和西方发达国家之间经济、技术等领域巨大差距的情况下，汹涌而来的西方文化必然会对人们的思想造成巨大的冲击。20世纪80年代初，西方十八、十九世纪的启蒙主义思潮著作开始大

---

① 陈华文：《文化学概论新编》，首都经济贸易大学出版社2009年版，第12页。
② 顾友仁：《中国传统文化与思想政治教育的创新》，安徽大学出版社2011年版，第2页。
③ 《毛泽东选集》（第2卷），人民出版社1991年版，第533页。
④ 《鲁迅全集》（第6卷），人民文学出版社1981年版，第317页。

规模的译介进入中国，文化艺术思潮也进入一个新阶段，整个文化界存在着一种全盘西化的趋势，中国传统文化与西方文化出现了水火不容的局面，但是我们仍然不可否认的是，当时西方的文化对我国思想层面的影响是深刻的，它让我们反思中国传统文化的优秀之所在，促进中国传统文化的运用。

　　以邓小平为核心的党中央领导集体十分重视文化的作用，在中国共产党第十二次全国代表大会开幕词中，邓小平强调："中国人民有自己的民族自尊心和自豪感，以热爱祖国、贡献全部力量建设社会主义祖国为最大光荣，以损害社会主义祖国利益、尊严和荣誉为最大耻辱。"① 这正是中国传统文化中集体主义道德的集中体现。胡耀邦也充分肯定了中国传统文化中优秀成分的价值，他在 1980 年 2 月的《在剧本创作座谈会上的讲话》中指出："我国的古代文化有非常宝贵而又值得继承的部分。……我国幅员辽阔，人口又那么多，民族有几十个，各个民族都有自己独特的文化。生活是这么的丰富多彩，历史是这么的灿烂辉煌，反映我们历史和现实生活的题材当然是无穷无尽的、用之不竭的。"② 江泽民认为，中国传统文化是维系全体中国人的精神纽带，是实现和平统一的重要基础，两岸同胞要继承和发扬中华文化的优良传统，他在 1997 年应邀访美时曾说道："重视人的尊严和价值，是中华民族的传统美德。我国古代先哲提出的'天地之间，莫贵于人'、'仁者莫大于爱人'的思想，在社会中有着深厚的影响。"③ 充分肯定了中国传统文化对人类文明所做出的历史性的贡献。2005 年春，胡锦涛在中央党校发表的讲话中指出："一个社会是否和谐，一个国家能否实现长治久安，很大程度上取决于全体社会成员的思想道德素质。没有共同的理想信念，没有良好的道德规范，是无法实现社会和谐的。"④ 而和谐思想，正是来源于中国传统文化，如儒家思想中的"和为贵"，墨家思想中的"兼相爱"。

　　思想政治教育学作为一门以思想政治教育为研究客体的综合性应用科

---

　　① 《邓小平文选》（第 2 卷），人民出版社 1993 年版，第 3 页。
　　② 中共中央书记处研究室文化组：《党和国家领导人论文艺》，文化艺术出版社 1982 年版，第 242 页。
　　③ 《江泽民文选》（第 2 卷），人民出版社 2006 年版，第 52 页。
　　④ 胡锦涛：《在省部级主要领导干部提高构建社会主义和谐社会能力专题研讨班上的讲话》，《人民日报》2005 年 6 月 27 日第 1 版。

学，在其自身的建设过程中，并不是单一的运转进行的，而是与文化学相互联系、相互渗透，并且不断地从文化学中汲取营养，以用来辅助思想政治教育学科自身的主体建构。

二 思想政治教育学和文化学相辅相成

思想政治教育学归根结底是研究人的学问，它不仅研究单个人的整体内容，而且研究如何引导人去做人。这里所指的人是指作为社会存在的人，强调的是社会这个大范畴视野下的人，即创造社会财富推动社会发展的主体的人。当然，应当清楚：思想政治教育学不是万能的，不可能研究人的一切，只是从本学科特定的角度研究人的社会属性的某一方面。即人的思想观念、政治观点、道德品质的形成、变化和发展，目的是为了有针对性地进行思想政治教育，使人们的思想符合社会发展的要求，促进人的全面发展。

文化学也有着自己特有的研究对象，"具体而言，文化学以一切文化现象、文化行为、文化本质、文化体系以及文化产生和发展演变的规律为自己的研究对象"[①]。文化学的研究对象是文化，而作为社会的人是文化创造的主体。一言以蔽之，整个世界自从有了人以后才有文化，人类社会尚未诞生之前，是不存在文化的，人类社会灭亡以后，文化也就不复存在了。文化是人在社会实践劳动中产生的一切物质文明和精神文明的成果，人们在进行物质资料生产的过程中，不但改造着客观条件，而且"通过生产而发展和改造着自身，造成新的力量和新的观念，造成新的交往方式，新的需要和新的语言"[②]。可见，人虽然不是文化学的研究对象，但是文化学在其本身特殊的领域里，也必然研究人以及人的社会实践活动。

文化因其特有的教化熏陶功能，一定程度上成为思想政治教育的手段。陈文华在《文化学概论新编》一书中把文化的功能总结为以下几类：一是满足需要的功能；二是认知功能；三是规范功能；四是凝聚功能；五是调控功能。这五项功能无疑与思想政治教育的保证功能、导向功能、凝聚功能、激励功能、调节功能和转化功能有着极大的相通之处。文化学要实现以上的五项功能，一定程度上需要从对人的思想引导开始，只有打开

---

① 陈华文：《文化学概论新编》，首都经济贸易大学出版社2009年版，第14页。
② 《马克思恩格斯全集》（第3卷），人民出版社1995年版，第487页。

了人们对于文化接纳的思想大门，才可能接纳文化的形式，进而学习文化内容。同样地，思想政治教育也需要文化的功能来展开实践。思想政治教育者在利用文化满足人们需要，引导人们认知之后，可以将思想政治教育的内容进一步融入文化的规范功能之中，进而以文化为载体实现凝聚人心、调控思想行为的目的。

三 文化建设利于优化思想政治教育环境

文化是人创造的，所以它是属于人的。在人类社会发展的历史过程中，人的思想品德的形成，潜移默化地受着文化背景的影响，不知不觉地打上文化背景的烙印。一个从小受资本主义文化教育和熏陶的人，是不会支持和拥护社会主义，并且必然会站在社会主义对立面的。思想政治教育与文化不是分割的对立面，而是相互联系的。一方面，一个社会、一个国家、一个民族的成员所能达到思想政治素质以及思想政治教育的理论和内容，是社会文化的重要组成部分；另一方面，特定的文化环境是思想政治教育的载体，并为思想政治教育的发展创造条件和提供动力。

思想政治教育研究人的品德的形成，引导人们树立正确的观念，最终的目的是为了促进人的全面发展。文化的目的不仅是为了向人们展示人类社会实践活动所创造的成果，更为重要的是如何用这些成果去教育人，影响人，从一定的程度上说，其目的最终与思想政治教育"殊途同归"。因此，加强对文化环境的优化，对与思想政治教育来说，具有不可忽视的意义。优化思想政治教育的文化环境，就需要加强社会主义文化建设，以先进的文化来促进思想政治教育。思想政治教育要想取得好的成果，必须要坚持先进文化的发展方向；坚持先进文化的发展方向，是发展思想政治教育的客观要求。

先进文化，"就其基本内涵而言，指的是人类的社会实践所取得的先进的精神成果，与落后文化相对立"[1]。先进文化是按一定的方向发展着的文化，与时俱进是其重要内涵，清晰地把握住先进文化与落后文化之间的界限，是当代中国进行文化建设的重要标尺。先进文化是人类认识世界、改造世界的实践过程中所产生的积极成果，不仅能极大地丰富人的精神生活，更能够促进人的全面发展。先进文化以其丰富的、积极的内容，

---

[1] 沈壮海：《思想政治教育的文化视野》，人民出版社2005年版，第15页。

通过教育作用改造人的内心世界，约束人们的行为，使得人们的思想和行为自觉地符合社会的发展要求。物质基础决定着人们的精神生活，但并不是所有的精神生活都是积极的，也有消极的一面，精神生活反作用于物质基础，只有积极健康的精神生活才会促进世界的发展。思想政治教育最终是为了人的全面发展，包括了人的精神生活的全面发展，"个人的全面性不是想象的或设想的全面性，而是他的现实关系和观念关系的全面性"①。缺乏人的精神生活的全面发展，只是一种无聊的空谈罢了。在当前的社会主义文化建设中，只有全面地把握住先进文化的内涵，才能推动社会主义文化建设的进程，发展面向现代化、面向世界、面向未来的、民族的、科学的、大众的社会主义文化，不断丰富人们的精神世界，促进人的全面发展，正如恩格斯所说："文化上的每一个进步，都是迈向自由的一步。"②

在社会主义的文化建设过程中，不仅要把握住先进文化的深刻内涵，同时也不能忽略文化的安全性；文化的安全性，是针对社会主义市场经济条件下，西方的文化入侵而言的。"在当前，我国的文化安全问题，最为集中地表现为我国社会主义文化的独立性、方向性和主导性，都面临着不同程度的挑战。"③ 在国际竞争与国际斗争更加激烈和复杂的今天，西方发达国家企图"西化"和"分化"中国的图谋并没有消除也没有变得温和，反而更为明显和加剧。

意识形态是文化的核心和灵魂，是维护文化安全和提升国民素质的重中之重，决定着文化的性质和方向，西方资本主义国家在推行"文化殖民主义"的过程中，必然会以意识形态的侵蚀为主要的战略定位，并通过科技、电影等各种文化产业形式表现出来。因此，在社会主义文化建设的进程中，"要坚持以维护意识形态的安全为关键，以确保文化产业的安全为基础，以全面提升国民素质为根本，以弘扬和培育民族精神为动力，实施全方位的文化安全战略"④。"我们要深入研究新形势下我国文化建设面临的新情况新问题，善于在更加开放的环境中建设中国特色社会中……要始终高举社会主义文化旗帜，在文化观念上绝不照抄照搬，在发展模式上绝不简单模仿，坚决防范和抵御各种腐朽落后的文化观念侵蚀干部群众

---

① 《马克思恩格斯全集》（第46卷），人民出版社1980年版，第36页。
② 《马克思恩格斯选集》（第3卷），人民出版社1995年版，第456页。
③ 沈壮海：《思想政治教育的文化视野》，人民出版社1995年版，第3页。
④ 同上书，第11页。

的思想,确保国家的文化安全和社会稳定。"①

维护国家文化安全,全面推进社会主义文化建设以思想政治教育为手段,思想政治教育则把自身的内容寓于先进文化的建设之中,这两者并不冲突,而是相互促进,共同为人的全面发展服务。

第二节 现代思想政治教育学对文化学知识的借鉴

思想政治教育学是一门综合性的学科,其综合性的特征决定了思想政治教育学与其他学科之间内在的、客观的、必然的联系,思想政治教育学如果要取得长足的发展,必须在自身理论基础的指导下,借鉴其他学科相关的理论知识,内容以及研究方法等充实自身。"现代思想政治教育学既要坚持以马克思主义基本理论为自己的理论基础,又要借鉴吸取许多相关学科的知识和方法,才能建设成有中国特色的社会主义思想政治教育学。"②

一 借鉴文化学理论知识

(一)借鉴文化学的文化环境论

文化学的产生、发展和延续并不是独立的,而是与环境有着深刻的联系。人是社会的存在物,与客观的自然界相互联系,不仅受自然界的支配,同时为了生存与发展又与自然界相对立,人类在社会实践活动中所创造的成果必然受到环境的影响。"文化本来就是人群的生活方式,在什么环境里得到的生活,就会形成什么方式,决定了这一群人的文化性质。"③思想政治教育过程中,教育者在对受教育者施教的时候,不能一味地灌输自己的理念,来自不同环境的受教育者,所受的文化熏陶是有区别的,其文化知识、受教育程度都有可能因为环境的不同,程度也不一样,同样的观点,对不同文化知识背景的人来说,理解完全不一样。要注意不同的受教育者受不同的环境影响,其文化观念不同等要素进行有甄别的教育,才能取得预期的效果。

---

① 胡锦涛:《始终坚持先进文化的前进方向,大力发展文化事业和文化产业》,《人民日报》2003 年 8 月 13 日第 1 版。
② 张耀灿、陈万柏:《思想政治教育学原理》,高等教育出版社 2001 年版,第 45 页。
③ 费孝通:《土地里长出来的文化》,群言出版社 2000 年版,第 46 页。

(二) 借鉴文化学的文化时间与空间理论

人类文化的产生与发展，离不开一定的时间和空间，时间与空间特性是文化的特性之一。"文化中的时间并不是均质的，人们认为不同的年、月、日的文化价值与意义并不是完全相似的。"[①] 例如中国人现在不仅过着自己的传统节日，同时还过着以国际历法规定的各种节假日，年轻人还过着国外传入的"情人节""愚人节"等。人们生活在不同的地域，由于受到地理环境的限制，在社会实践活动中，所采用的方式和工具也不一样，所产生的文化也不尽相同，这就是文化的空间理念的内涵，同样的中国文化，我们可以区分为"中原文化""西北文化""西南文化"等。

文化的时间空间观念对于思想政治教育的升华具有巨大的作用，思想政治教育过程中，同样一个问题，不同地区的人的理解截然相反。文化的时间和空间观念，为解答思想政治教育这一问题上给出了明确的答案，同样一种理念在不同的文化背景下的人们，有不同的理解。思想政治教育要研究人的品德形成规律，就必然研究人以及影响人的品德形成的因素，对于文化的时空观念，以及在时空观念下所产生的文化变迁与冲突，都需要深刻地把握，才能够了解人的品德形成规律，采取合适的文化来辅助思想政治教育。

(三) 借鉴文化学的文化与教育思想

教育是文化的存在形式，文化必须通过教育才能得以传承，同时，文化又具有巨大的教育作用。不管是资本主义国家还是社会主义国家，教育都受着文化的制约和影响，教育不仅能够促进文化的保存与延续，更能促进文化的传播与创新，不通过教育，就不会有人清晰地了解中国传统文化中哪些优秀的成分是我们应该加以弘扬的。同时，不同的民族性文化，对教育有不同的影响，这取决于不同民族的主流意识形态。

作为思想政治教育主体的教育者，不仅要把握住文化的教育特征、民族性特征，对受教育者进行教育，同时也要对自己进行教育，这是一个互动的过程。受教育者必须不断地学习先进的文化成果，以各种不同文化符号形式的文化成果充实自身，才能更好地对受教育者进行影响，同时也易于被受教育者接受，正如马克思所说的："如果你想感化别人，那你就必

---

① 陈华文：《文化学概论新编》，首都经济贸易大学出版社2009年版，第177页。

须是一个实际上能鼓舞和推动别人前进的人。"① 这就要求思想政治教育的主体具有一定的主体性，只有具有充分主体性的思想政治教育主体，才是思想政治教育的有效性主体。

（四）借鉴文化学的文化产业论

文化产业化是时代发展的必然要求，随着社会的发展，人们通过各种产业形式满足自己的物质需求，但是人不仅要满足物质需求，更要满足自身的精神需求，文化产业化应运而生，人们日常生活中的商品打上了文化的印记，以市场手段促文化传播和流通，以商品形式销售文化的内容和形式，使得文化的传播更加丰富和精彩。

思想政治教育必然从文化中汲取营养，丰富自己的形式和内容。在全球化的今天，各种文化产业形式丰富多彩，思想政治教育不仅要能够对其进行甄别处理，选择合理有效的资源进行利用，也要对文化的这种发展趋势进行借鉴。思想政治教育具有创造功能，既能取材于文化，同时也就能够创造出具有思想政治教育本身特色的文化，以一种更加丰富的形式加强思想政治教育的过程，力求达到思想政治教育文化自觉②的目标。而思想政治教育对文化产业方式的借鉴，具有一定的可行性，其所能起到的作用也是不可估量的。

二 借鉴文化学内容

思想政治教育需要文化的内容来不断充实，促进自身的发展，但绝不是单纯地笼统地吸收，而是要有选择性地继承与吸收。文化学对文化的分类有很多种，如狩猎文化、游牧文化、农耕文化、工业文化、全球化文化等种类。基于思想政治教育学的视野，把文化分成了两种类型，即中国传统文化与外国文化。列宁曾说："一个马克思主义者，如果一味，被这个现代社会至于愚昧无知和囿于偏见这种境地的亿万人民群众（特别是农民和手工业者）只有通过纯粹的马克思主义的教育这条直路，才能摆脱

---

① 《马克思恩格斯全集》（第42卷），人民出版社1979年版，第155页。
② "文化自觉，意思是生活在既定文化中的人对其文化有'自知之明'，明白它的来历、形成的过程，所具有的特色和它的发展方向。自知之明是为了加强对文化转型的自主能力，取得决定适应新环境、新时代文化选择的自主地位。"参见费孝通《论文化与文化自觉》，群言出版社2007年版，"前言"第2页。

愚昧状态，那就是最大的而且是最坏的错误。"① 思想政治教育不仅要吸收中国传统文化和外国文化中的优秀成分，还要对当今文化学所关注的文化主权与安全等重大课题给予关注，才能保证思想政治教育的方向性、先进性。

（一）充分借鉴中国传统文化中包含的丰富思想政治教育资源

任何一个民族现实的社会实践活动都是基于本民族既有的历史成果的基础之上，并以本民族的既有历史成果为前提和条件。"历史的每一个阶段都遇到一定的物质结果，一定的生产力综合，人对自然以及个人之间历史地形成的关系，都遇到前一代传给后一代的大量生产力，资金和环境，尽管一方面这些生产力，资金和环境为新的一代所改变，但另一方面，他们也预先规定新的一代本身的生活条件，使它得到一定的发展和具有特殊的性质。"② 中华民族数千年积淀下来的悠久的文化传统，有些成分在当今时代仍然具有鲜明的作用。从根本属性上说，中国传统文化是一种崇德型的文化，注重道德的形成和发展，在几千年的历史过程中积累了丰富的思想政治教育资源。

第一，注重人格的培养。在中国传统文化中，人格主要的评判标准是道德素质。并且根据这个评判标准，把人分为圣人、君子、士或成人三个层次。圣人是"太上有立德，其次有立功，其次有立言"③，这种人可望而不可求；君子则成为理想人格，成为社会的普遍楷模，孔子认为，君子应该是德才兼备的人，能够摆脱物质利益的束缚，具有崇高得道的气节，"无求生以害仁，有杀身以成仁"④，"舍生而取义者也。"⑤ 士或成人则是中国传统文化中人格的优秀标准。"客观地说，在中国长期的社会发展中，尽管成为圣贤的人格理想没有也不可能完全实现，但这种理想却鼓舞了一代又一代的知识群体，造就了不少令后人由衷钦佩的仁人志士。"⑥

第二，注重集体利益。孟子曾说："人恒有言，皆曰：'天下国家'。

---

① 《列宁选集》（第4卷），人民出版社1995年版，第648—649页。
② 《马克思恩格斯选集》（第2卷），人民出版社1995年版，第92—93页。
③ 《左传·襄公二十四年》
④ 《论语·卫灵公》
⑤ 《孟子·告子上》
⑥ 顾友仁：《中国传统文化与思想政治教育的创新》，安徽大学出版社2011年版，第37页。

天下之本在国，国之本在家，家之本在身。"① 强调个人利益应该以国家和集体利益为重，正所谓"国而忘家，公而忘私""以公灭私，民允其怀"②，这种整体利益意识不仅为国家的统一提供了强有力的精神依托和民族心理支撑，而且孕育了中华民族伟大的爱国主义传统。

第三，注重教育方式。身正为范是教育者必须遵守的原则，正所谓"其身正，不令而行；其身不正，虽令不从"③。并且教育者在对受教育者施教的过程中，要注意"因材施教"，对应不同的受教育者不同的特点采取不同的方法进行教育，才能收到良好的效果。教育者在教育过程中还应该遵循"循序渐进"的原则，针对受教育者不同的年龄阶段和心理特点，根据发展的要求循序渐进地实施教育。

第四，注重知行合一。空洞的理论说教的形式必然不会是思想政治教育的最好方式，要理论与实践相结合才能够升华思想政治教育的效果，要做到引导受教育者"内外兼修，知行合一"。

（二）正确借鉴外国文化中的思想政治教育资源

中国传统文化是中华民族智慧的结晶，我们应该遵循"扬弃"的原则对其进行批判性的吸收，同时也要注意吸收一切进步的、优秀的外域文化。中华民族是一个开放性的、敢于接受优秀外域文化的民族。思想政治教育正是要在继承和弘扬中华民族优秀传统的基础上，不断地汲取优秀的外国文化的养分，促进自身的发展。"我们必须树立一个明确的认识，不管是那种社会制度下创造的文明成果，只要是进步的优秀的东西，都应该积极学习和运用。"④ 对于外国文化，只要是有利于我国社会主义事业健康发展的，都应该吸收利用。"我们要坚持从我国国情出发，坚持以我为主、为我所用，辨证取舍、择善而从，积极吸收借鉴国外文化发展的有益成果，更好地推动我国文化的发展繁荣。一切有利于加强我国社会主义文化建设的有益经验，一切有利于提高我国人民精神境界的文化成果，一切有利于发展我国社会主义文化事业和文化产业的管理方式，都要积极研究借鉴。要始终高举社会主义文化旗帜，在文化观念上绝不照抄照搬，在发展模式上绝不简单模仿，坚决防范和抵御各种腐朽落后的文化观念侵蚀干

---

① 《孟子·离娄上》
② 《尚书·周官》
③ 《论语·子路》
④ 《毛泽东邓小平江泽民论社会主义道德建设》，学习出版社 2001 年版，第 426 页。

部群众的思想，确保国家的文化安全和社会稳定。"①

在全球化发展的今天，文化主权与文化安全日益成为了焦点问题，凸显在人们面前。文化主权与政治主权、经济主权、领土主权共同构成了一个国家的主权整体，一个主权国家应该在文化领域内拥有最高的权力。但是随着世界的发展，一些发达国家妄图利用在经济领域的优势，向其他国家进行文化渗透与扩张，凭借自身的文化强势地位，施行文化霸权主义，迫使别的国家接受自己的价值观念和意识形态。

一个国家和民族要独立于世界，必须先保证国家和民族的生存安全。文化安全是国家安全的重要内容，在全球化的进程中，应该时刻警惕西方资本主义国家"文化殖民主义"的渗透，切实维护好本国的文化安全，不给西方资本主义国家"西化"和"分化"中国以可乘之机。要时刻警惕西方资本主义国家以各种不同的文化产业形式向我国输出其与社会主义相对立、不利于人身心健康和全面发展的价值观念和意识形态，要时刻警惕西方资本主义国家的文化渗透，增强学习和甄别的意识，自觉抵制落后的腐朽的文化观念。文化主权和文化安全是文化学领域研究的重大课题，思想政治教育也应借鉴文化学的研究成果，时刻保持思想政治教育学的方向性、时代性和先进性，以真正的优秀文化引导人们积极健康的发展。

三　借鉴文化学研究方法

一般认为，文化学的研究方法主要分为四种：一是田野调查法，即实地考察法，是到研究对象所在的社区，通过参与观察的方式进行文化研究的方法。二是文献法，就是通过查阅书籍、报刊、档案文书、手稿以及其他记载中的相关文献资料进行文化学研究的方法。三是比较法，简言之就是将一个民族或国家及以上区域的文化素材、文化现象，在不同层次上、不同范围内进行比较、概括、分类的研究方法。四是其他方法，包括口述法、影像技术法、问卷法、座谈会等。文化学的这些研究方法与思想政治教育学有诸多相同之处。结合思想政治教育现实需求，通过甄别比较，发现尤以"比较法"和"影响技术法"对思想政治教育学的作用更明显，且具有较大的操作性和发展性。

---

① 胡锦涛：《始终坚持先进文化的前进方向，大力发展文化事业和文化产业》，《人民日报》，2003年8月13日第1版。

第一，比较法。文化学中的比较法，是为了对人类社会实践中所创造的不同成果进行比较，区别不同主体不同民族以及不同国家的特征，以保证研究文化学的时候不流于一般形式。比较的目的不是单纯地为了对各种已有成果进行比较梳理，而是要在比较的过程中发现各种不同的文化成果之间的联系，以及它们产生和发展的条件和因素，深入地了解各种文化成果的本质以及发展的规律。不同的民族不同国家由于地理环境的差异，在人类社会历史中所创造的各种成果各有特色。在思想政治教育过程中，受教育者应该持有公正的比较原则，鉴别出各种不同的文化成果对同一受教育者的作用，更应该把握住统一文化成果对不同的受教育者的作用，才能采取正确合理的方法，以达到教育者和受教育者之间良好的双向互动，完成思想政治教育的任务。

第二，影像技术法。文化学中所谓的影像技术法，是指利用照相机、摄像机和录像设备等可以记录和保存资料的方式，来辅助资料的收集与保存。思想政治教育也可以借鉴这样的方式，首先，可以借鉴这样的方式来保存思想政治教育学建设过程中所取得的成果，可为以后思想政治教育学的发展提供丰富的资料；其次，思想政治教育过程中，采用影像技术会起到更加直观、生动的效果。以往的思想政治教育，大都被死板的理论和一成不变的说教和灌输方式充斥着，这使得受教育者在接受教育的过程中，不能主动地接受教育者所传递的信息，达不到思想政治教育的预期效果。把影像技术法引入思想政治教育过程，可以使得思想政治教育形式更加丰富，比如在必须向受教育者灌输理论的时候，就可以避开死板的方式，而是以影像技术的直观方式，让受教育者更加直观地感受到并且自发地接受所要灌输的理论。

第三节　现代思想政治教育学的文化学理论基础建构

深化思想政治教育学的发展，推进思想政治教育理论的建设，并不仅仅只是对文化学进行简单的借鉴，还需要在思想政治教育的视域下对文化学进行选择和改造，以保证思想政治教育的方向性，在对文化学理论知识进行思想政治教育改造的基础上，打造思想政治教育的特色，同时积极回应思想政治教育学所面对的文化建设问题。

一 树立现代思想政治教育学的文化选择理念

思想政治教育的文化选择,是基于文化学理论知识的客观存在的基础之上进行的,思想政治教育和文化学是相互联系而又相互区别的学科,思想政治教育有着自己独特的品性,要在文化学的基础上对思想政治教育进行理论构建,必然要用思想政治教育的原则选择性地吸收相关文化学的知识。

(一) 把握现代思想政治教育学文化选择的基本理论尺度

思想政治教育学的发展必须以马克思主义统率全局,坚持无产阶级的政治立场,这是思想政治教育学发展的方向性所在,也是思想政治教育推进社会主义建设,促进人的全面发展的客观要求。"学生把坚定正确的政治方向放在第一位,这不仅不排斥学习科学文化,相反,政治觉悟提高,为革命学习科学文化就应该越加自觉,越加刻苦。"[1] 因为"培养社会主义新人就是政治"[2]。这实际上就是现代思想政治教育学文化选择的基本尺度——坚持马克思主义理论的根本指导地位。

将运用文化选择理论渗透和融入思想政治教育的理论与实践中去,为社会主义培养新人的过程中,必须坚持马克思主义的科学指导,遵循理论联系实际的原则,且符合以下几个具体尺度的要求:一是尊重民族性。各个民族在不同的地理环境的影响下,所创造的文明成果具有各自不同的特点,在本民族发展的历史进程中,由于文化背景不同,在此基础之上所形成的民族心理也截然不同。因此,在结合各民族实际需要的情况下,选择本民族易于接受的文化成果,思想政治教育的有效性才能得到体现。比如中华民族传统文化中的自强不息的进取精神、艰苦奋斗的时代精神、厚德载物的道德精神、和而不同的包容精神等都是思想政治教育的优秀素材,在不同民族的文化中都有相应的内容,要结合和运用民族文化来推进思想政治教育。二是尊重科学与社会发展的要求。每一种文化都有自己的价值,而这种价值也有精华和糟粕之分,即使同一种文化,在不同的发展时代所存在的价值也不一样,总是受着社会发展的制约和影响。在教育过程中,文化的接受度也是不一样的,符合受教育者的身心发展规律的文化体

---

[1] 《邓小平文选》(第 2 卷),人民出版社 1994 年版,第 104 页。

[2] 同上书,第 256 页。

现的价值更大，被接受度也更高。在文化选择的过程中，应该坚持科学的方法，去伪存真，选择适合教育过程的文化，选择符合社会政治、经济和文化传统的文化成果来促进思想政治教育学的构建。

（二）拓展现代思想政治教育学的文化选择方式

思想政治教育的文化选择方式是以思想政治教育的方向和教育过程为基础的，正确地对文化进行选择，才能使思想政治教育对文化学的借鉴达到以我为主、为我所用的自主建设，从而真正能够集中力量进行思想政治教育的理论研究和学科建设。

思想政治教育的文化选择必须以思想政治教育目的为基础，倡导符合社会发展的主流文化是思想政治教育进行文化选择的原则，思想政治教育的目的与马克思主义教育的目的是一致的，最终都是为了推动社会的发展和人的全面发展。在对文化选择的过程中，应当坚持这一目的对文化进行选择。随着改革开放的深入和发展，中国的经济建设取得了巨大的成就，与世界的联系进一步加强，西方的各种思想、价值、道德观念的涌入，必然会引起人们价值观念的多元化。思想政治教育需要对各种文化进行甄别，在选择与甄别中始终坚持主流文化，即中国特色社会主义先进文化对人们思想的引领和道德的涵养，始终坚持人们思想道德素质发展的正确方向，用先进文化引领"四有"新人的培养。

教育者与受教育者对文化进行正确的选择是思想政治教育文化选择的重要手段，思想政治教育是一个改造的过程，不仅改造受教育者，同时教育者也在此过程中改造着自身。对思想政治教育进行正确的文化选择，要求教育者不断提高自身的修养，强化自身对文化的选择，同时要引导受教育者自主地对文化进行选择，以达到引导受教育者自觉地按照思想政治教育文化选择的原则进行文化选择的目的。

二 厘清现代思想政治教育学发展中面临的主要文化问题

思想政治教育学的文化学理论基础建构，必须抓住时代发展的命脉，符合社会发展的要求，不脱离实际，不搞形式主义和不具价值的简单的理论移植，而是要以思想政治教育面对的实际问题作为基准线，以理论联系实际为原则，着力于解决思想政治教育面对的大问题。"坚持扣住当代中国思想政治教育的崭新实践，勇于研究思想政治教育中的'新'问题、'真'问题、'大'问题，在鲜明的问题意识和主体责任意识中，谋求思想政治教育理论建设的新发展。这或许是我们深化思想政治教育理论建设应该明确的基本思路。"①

思想政治教育在发展过程中,在时代背景急剧变革的局势下,必然会遇到新的问题,要深化思想政治教育研究,我们必须要面对这样一个问题:以什么样的态度去对待思想政治教育发展过程中所遇到的新问题。理论联系实际不仅是马克思主义方法论的精髓,更是我们解决问题应该坚持的真理性原则。思想政治教育学在借鉴文化学理论知识时,不应该片面地攫取空洞的概念,而是要把思想政治教育放在实践中动态来吸收,要把文化学的理论知识放在实践中来检验其是否符合思想政治教育的发展要求。比如文化安全问题、人们的价值观念问题、文化观念问题、意识形态问题、如何发挥思想政治教育力问题等,是思想政治教育需要面对的新问题。这些问题能否从文化学层面找出解决之路,能否对文化学知识进行思想政治教育学的改造得以解决,是我们进行借鉴的前提条件,这就要求我们求真务实,把握住思想政治教育的发展规律,联系当前的实际,而不是为了表明这种可行性,不以客观存在的问题为基础,人为地捏造问题,使得思想政治教育文化学的借鉴失去原本的意义,变成生硬的形式主义的范本。理论联系实际,就要求我们立足中国发展的实际,厘清思想政治教育与文化之间内在联系的脉络,具体问题具体分析。

世界政治经济环境的变化,让思想政治教育的环境也发生了极大的变化,中国与世界的联系在全球化的进程中越来越密切,社会环境的深刻变革必然会给人们的精神世界带来极大的震荡。随着中国经济的飞速发展,物质财富极大丰富,人们所接受的各种文化相互交织,在经济浪潮的推动下,这些相互交织的文化使得人们传统的观念受到了极大的挑战:人们的价值观念多元化,意识形态复杂化,道德观念经济化,这使得人们在社会发展过程中不知所措。于是人们嘲笑真理,拒绝崇高,责任感缺失,理想信念被贬低,真善美、假恶丑的界限日渐模糊,经济成就很快就成了人们衡量价值的最高标准,并为了追求经济利益而不择手段,人们的信仰体系完全被打乱并处于无序的混乱状态。面对如此形势,如何在全社会形成一种共同的社会理念以及向上的社会心理,如何引导人们自发的用符合社会发展要求的思想道德来约束自己的行为,自觉抵制西方资本主义"西化"

---

① 沈壮海:《思想政治教育的文化视野》,人民出版社2005年版,第307页。

和"分化"中国的图谋,如何凝聚中华民族的伟大力量,共同为社会主义建设和中华民族的伟大复兴服务,已经成为不可回避的重要课题。"而应当适应各个时期的历史任务,以及党和国家工作重心的转移,进行思想政治教育内容的转变,让思想政治教育服务于各个历史时期中心工作的需要,如此,才能最大限度地发挥思想政治教育的作用和价值。"①思想政治教育学要面对文化遭遇的现实问题,才能夯实自身的文化学理论基础。

三 打造现代思想政治教育学的文化力

(一)思想政治教育文化力的内涵

思想政治教育文化力,是指"思想政治教育作为一种文化品类所具有既发挥的作用力,是思想政治教育立足于人的本质与整体在教育者与受教育者之间双向互动过程中所表现出来的主观能动之力,它是教育者借助人性通悟而启发受教育者对生活意义追问与反思所形成的精神生产之力,它是思想政治教育整合文化场力对人们的影响而激发出来的意志创造之力"②。思想政治教育文化力是对思想政治教育和文化功能进行整合,创新的发展起来的概念,是在对文化进行思想政治教育角度的选择以后,以符合思想政治教育发展需要的文化成果引导受教育者,并激发受教育者的创造力,创造更丰富的成果的一种精神力量,文化是人类创造的文明成果,反过来又对人具有塑造作用,思想政治教育文化力就是要促进文化力的释放,促进人的全面发展。

就人的品德塑造方面来说,人们的品德要符合社会发展的需要,需要教育者加以引导,但一味单纯地引导让受教育者处在一种被动态势。思想政治教育文化力是一种主观的能动力量,强调从人的本性出发,兼顾人的生理属性和社会属性,力求达到教育者与受教育者的和谐统一,激发受教育者的创造力量,使其自觉地以符合思想政治教育内涵的文化成果规范自身品德。正如马克思说的:"就单个人来说,他的行动的一切动力,都一定要通过他的头脑,一定要转变为他的意志的动机,才能使他行动

---

① 胡国义:《思想政治教育价值论》,浙江人民出版社2009年版,第58页。
② 李焕明:《论思想政治教育文化力》,《山东师范大学学报(人文社会科学版)》2005年第5期。

起来。"①

(二) 思想政治教育文化力的特点及作用

思想政治教育文化力具有自身的特点。首先，思想政治教育文化力是置身于文化大环境之中的，对文化力起着统率作用。思想政治教育是一种有目的、有计划、有组织的活动，以文化力量作为自己的手段，需要达到一定的目的，必然要以自身的原则统率着文化力的释放。其次，思想政治教育文化力以塑造人的主体性为目的。思想政治教育文化力以其统率力量，运用先进文化成果对受教育者进行引导，同时激发受教育者的主观创造力量，塑造受教育者的主体性。

与此相对应，思想政治教育文化力的作用主要有两个方面：一是思想政治教育文化力是凝聚中华民族力量的有效途径，在全球化大发展的背景下，要实现中华民族的伟大复兴，需要充分发挥思想政治教育文化力的统率作用，以符合社会主义发展的文化，内化成为中华民族的共同信念，为社会主义建设服务。二是思想政治教育文化力是促进人全面发展的重要手段，思想政治教育的最终目的是为了促进人的全面发展，人的全面发展离不开文化的引领作用和人的主观能动性的发挥，只有人充分发挥主观能动性，才能体现出人之所以作为人的价值，其主体性的塑造才能充分发挥出来。

(三) 拓宽打造现代思想政治教育学文化力的途径

思想政治教育文化力具有极其强大的作用，而这种作用如何得来，需要从以下几个方面着手。第一，加强先进文化的建设。要发挥思想政治教育文化力的作用，就必须调动符合时代发展要求的先进文化的活跃性，在文化建设的进程中，以先进文化为核心，把握住文化建设的先进性和方向性，以正确的舆论引导人，以先进的作品鼓舞人。选准思想政治教育文化力的作用点，加强文化产业的建设，引导人们自觉抵制腐朽的文化；同时，加强各种大众媒体的管理，把先进文化融于媒体的传播之中，引导人们接受先进文化。第二，以科学发展观贯穿思想政治教育的始末。马克思主义人本论是立足于现实的人的，在思想政治教育过程中，要以人为本，注重人的主体性的塑造，不仅教育者是主体，受教育者也要在教育者的引导下自发地成为主体，思想政治教育力的作用就能得到充分的体现。同

---

① 《马克思恩格斯选集》（第 4 卷），人民出版社 1995 年版，第 251 页。

时，思想政治教育不是孤立的，而是与社会生活的各个方面相互联系的，正确地处理好思想政治教育与社会生活各个方面的关系，把思想政治教育的发展与社会生活各个方面的发展统一协调起来，是思想政治教育能够促进先进文化力量活跃，形成思想政治教育文化力的客观要求。思想政治教育里的形成集中地表现为全社会形成一种统一向上的社会心理，因此，如何构建社会的信仰体系和价值观念也制约着思想政治教育文化力的形成，在社会主义社会，则集中地表现为马克思主义和共产主义信仰的坚定，进一步加强马克思主义中国化和大众化，也是思想政治教育文化力形成不可缺少的推动力量。

四 确立现代思想政治教育学的文化发展导向责任

党的十七届六中全会提出了建设社会主义文化强国的战略任务。建设社会主义文化强国是一项长期的系统工程，必须始终坚持正确的文化发展导向。认清和明确文化发展的导向，是推动文化大发展、大繁荣的首要课题。在当代中国，现代思想政治教育学的文化学理论基础的建构，必须把思想理论建设的核心任务与文化发展的导向统一起来。所谓思想理论建设的文化发展导向责任，就是说，思想理论建设不仅是文化建设的重要内容，而且要为文化发展承担方向引领的责任，引导文化发展。思想理论建设不仅要坚持这样的方向，而且应当引领文化发展向这样的方向推进。在当代中国，思想理论建设的核心任务是不断推进马克思主义中国化、时代化、大众化，坚持马克思主义在意识形态领域的主导地位，推进社会主义核心价值体系建设，回答建设社会主义文化强国的思想理论问题，引导文化发展与综合国力发展、与经济社会发展、与人民精神文化需求相适应。可以说，思想理论建设的核心任务，与当代中国文化发展的导向是基本一致的。从这个意义上来说，思想理论建设的核心任务，或是承担文化发展的导向责任，即从思想理论建设对文化发展所承担的传承创新导向、政治导向、利益导向和价值导向责任看，建构现代思想政治教育学的文化学理论基础，要着眼于体现和确立现代思想政治教育学在思想理论建设上的文化发展导向责任。

（一）确立现代思想政治教育学对文化发展传承创新的导向责任

所谓现代思想政治教育学的文化发展传承创新导向责任，就是要通过思想理论建设，明确文化传承创新的方向和任务，引导文化的传承创新活动，促进文化在传承中创新，在创新中发展。文化的生命力不仅在于其对现实政治、经济、社会生活的反映能力，还在于其本身的传承创新能力。文化发展的一个重要体现，就是通过保留、传承和弘扬优秀文化，推动其以价值观为核心的精神生产活动的展开和延续。从这个意义上来说，文化的传承创新过程，其实质是文化内容和形式所承载的思想观念、价值取向、精神气质、信仰体系的传承和再生产过程。这一过程与思想理论建设的核心任务是一致的。思想理论建设对文化传承创新的导向责任，一方面通过思想理论自身的传承创新过程来体现，另一方面通过思想理论的文化育人活动来实现。

在文化的传承创新过程中，作为文化形态的思想理论，自身也处于传承创新过程中。在这样的过程中，思想理论建设承担文化传承创新的导向责任成为可能。任何文化的传承都是一种精神的传承，任何文化的创新，都是一种精神的生产和再生产过程。思想理论属于文化构成中的精神形态，其自身的传承创新，实质上是文化精神的传承创新。因此，思想理论传承创新的方向和任务，代表着文化传承创新的方向和任务。在我国思想理论的传承创新中，从以传统的儒家思想占主导地位的思想文化到以马克思主义占主导地位的思想文化的传承创新过程，体现了中华文化的传承和演进。正是深植于中国优秀传统文化之中，承继了中国的优秀传统文化，又结合中国历史发展的现实需要进行了时代性创新，马克思主义融入了中华民族的民族精神、转化为了体现民族形式的思想文化，马克思主义才在文化的传承创新中，成为主导其他思想文化的理论成果。以马克思主义为主导的思想文化的建设过程，代表了近现代以来我国文化传承创新的方向。作为中华优秀传统文化的忠实传承者和弘扬者的中国共产党，自成立之日起就是中国先进文化的积极倡导者和发展者，历来高度重视运用思想理论引领文化前进方向，不断以思想文化新觉醒、理论创造新成果、文化建设新成就推动党和人民事业向前发展。在这个过程中，思想理论建设无疑承担和体现了文化发展的传承创新导向责任。

思想理论建设对文化发展的传承、创新、导向责任，还体现在思想理论教育在人才培养中的导向责任上。文化育人的过程，本身就是文化传承和创新的过程。在中国历史传统中，儒家知识分子或"士"历来是中国社会的思想精神文化代表，他们传承、延续着中华文化的血脉和中华民族文化的魂魄，这其中体现了人才培养的鲜明导向和根本任务。随着现代教育的产生和发展,教育,特别是高等教育越来越成为文化传承创新的重要载体。通过文化育人来体现对文化的传承和创新,成了高等教育的重要使命。在文化育人中,不仅要加强思想理论教育,思想理论教育还应发挥导向作用。对人的培养无疑是一项系统工程,涉及各方面的教育,但无论开展怎样的教育,归根结底都是对人本身的培养。因此,任何价值取向的教育无不涉及"培养什么样的人、如何培养人"这一根本问题,文化育人也不例外。思想理论教育在解答"用什么文化育人""培育具有怎样的道德情操、精神信仰、文化内涵的人"等问题上,负有重要的导向责任。如果说文化发展的过程,就是文化不断人化的过程,就是文化育人的过程,那么体现在一代代人培养过程中的文化传承和创新活动,就是对文化传承创新主体的建设过程。在这一过程中,文化育人的过程与文化传承创新的过程是高度统一的。在这里,思想理论教育对文化育人方向和任务的主导,也体现为对文化发展的传承创新方向和任务的主导。

(二) 确立现代思想政治教育学对文化发展的政治导向责任

所谓现代思想政治教育学文化发展的政治导向责任,就是要通过思想理论的建设,明确文化发展的政治方向。在文化发展的政治导向里,意识形态的导向最具有代表性。从狭义理解看,社会意识形态特指一定社会中占统治地位的思想体系,这种思想体系反映和代表了统治阶级的利益、需求和意志。是统治阶级巩固和改变一定的社会关系、聚合社会成员的思想认识与行为方向、巩固其统治地位的重要工具。任何社会的文化发展,同任何社会的各种发展一样,它必须符合统治阶级进行政治统治的要求,而只有体现统治阶级政治统治要求的文化,也才能获得发展的动力,呈现出发展的态势。

历史的经验一再表明,任何阶级一旦争得统治权力、上升到统治阶级,就总是竭力把反映和代表本阶级的思想上升为占统治地位的思想。诚如马克思和恩格斯指出的那样,统治阶级还作为社会的思想生产者进行着社会统治,调节着自己时代的思想的生产和分配[1]。而这就意味着他们的思想是一个时代的占统治地位的思想。正是通过反映和代表本阶级利益的思想、理念、观点的不断生产,统治阶级才得以借助思想统治来规范和引导整个社会的发展走向,建立思想传递的路径,形成思想统治的体系。这

---

[1] 《马克思恩格斯选集》(第1卷),人民出版社1995年版,第99页。

就是思想理论建设的重要过程。显然，思想理论政治导向的形成，同思想观念一样，是在精神产品的生产中形成的，不是自动获得的。思想理论的建设，是与一定的物质关系、政治系统、思想文化条件、社会与人的发展需要等要素相互联系的。一般而论，思想理论建设的现实图景是：统治阶级利用其所控制的政治系统和思想文化系统，生产、供给、传递符合他们利益的思想观念、道德准则、价值标准，形成有利于统治阶级的思想文化观念生产、分配和供给体系，造成对全社会思想关系的动态掌控态势。思想理论建设正是在这样的生产活动中，被纳入了社会关系生产体系的思想关系生产活动。

毋庸讳言，一个社会中占统治地位的意识形态，往往也就是那个社会中占统治地位的阶级的意识形态。由于实践的发展、社会的变化，使主导意识的形成经常处于变化中。这样一来，任何社会主导意识的建设，就成为社会意识生态中的经常性活动，思想理论建设在这个经常性活动中扮演了并非无足轻重的角色。正是通过或显在的或潜隐的思想理论建设活动，社会的主导意识才能在不断反映社会发展、真正引领时代进步中充满活力。

在当代中国，文化发展要始终坚持马克思主义在意识形态领域的主导地位，坚持马克思主义中国化时代化大众化的方向。这是文化发展的政治导向所在。思想理论建设要始终坚持文化建设的社会主义方向，坚持中国特色社会主义先进文化的发展方向。承担文化建设和发展的政治导向责任，就要巩固马克思主义的主导地位，努力开拓马克思主义中国化时代化大众化的发展道路，深入研究中国特色社会主义理论体系；深入研究"建设什么样的社会主义和怎样建设社会主义""建设什么样的党和怎样建设党""实现什么样的发展和怎样发展"等重大理论问题；科学而深刻地回答"马克思主义还灵不灵""社会主义道路还通不通""共产党执政还行不行"等重大时代课题。如果思想理论建设不能承担这样的政治导向，那么文化建设的其他领域就将难以体现社会主义文化繁荣发展的政治方向。

实践的经验表明，在思想理论建设领域，不是马克思主义占据主导地位，就是各种非马克思主义或反马克思主义占据主导地位。加强思想理论建设，就是要牢牢把握文化建设的政治方向，明确文化建设的根本政治立场和政治态度。如果迷失了文化发展繁荣的政治方向，那么文化建设无论取得什么样的成果，都必将远离建设和发展中国特色社会主义这个根本的方向。因此，不仅要在思想理论建设领域坚守文化建设的政治方向，还要通过思想理论的建设，为思想文化领域的繁荣发展指明政治方向。

(三) 确立现代思想政治教育学对文化发展的利益导向责任

所谓思想理论建设要承担文化发展的利益导向责任，就是要通过思想理论的建设，明确文化发展的利益方向。思想理论建设要把握思想文化的发展趋势，为文化利益的实现、维护和发展承担导向责任。在当代中国，思想文化的发展大致呈现出如下三股趋势：一是马克思主义思想文化的主动应变，二是西方先进思想文化的引进学习，三是民族文化和民族精神的发掘与弘扬。思想文化的如上趋势和流变极大地推动了社会意识的变革，激进的或保守的思想意识、社会心理或理论主张，日益受到社会总体意识的制约。社会心态尽管纷呈杂现，但"去狂热与落后"而实事求是、"去激进与保守"而"与时俱进"，逐步成为主流趋向。同时，多元化文化的交流交锋在所难免，但交融仍然存在困难。总体而言，不能体现文化发展利益的马克思主义思想文化、西方思想文化、中华传统文化，都将被文化的现代化发展趋势所拒斥。

面对思想文化的上述变化，思想理论建设不应仅仅局限于只是在文化建设中展现一下政治说教面孔，而应在展现文化导向中明确自己的利益代表性。众所周知，文化利益是同经济利益、政治利益相互联系在一起的，文化软实力是一个国家实现、维护和发展自身利益的战略性力量。因此，在全球化的今天，对文化利益的捍卫、发展和享有，实际上是对政治利益的维护、实现和发展。因此，在思想理论建设的文化功能理解上，不能简单地将思想理论建设等同于一种文化熏陶或人文体验过程，或将思想理论建设定位于文化熏陶展开的政治保障。在思想文化变动以及思想文化变动所引起的社会意识变动中，思想理论建设不应流于灌输政治口号或进行所谓渗透政治立场的形式主义活动，而是应在各种思想文化利益观念的确立、思想文化利益取向的选定、思想文化利益理论的建构方面发挥引导作用，即不是满足于对涵盖于思想文化中的社会意识进行所谓政治的、道德的或意识形态的渗透或检审，它应当直接引导和推动思想文化利益品格的塑造，即从对思想文化利益代表性、利益取向和利益立场的捍卫上来体现自己的功能属性和价值定在。从这个意义来说，思想理论建设在社会主义文化的大发展大繁荣中，需要形成新的文化利益观，它在这方面具有不可推卸的责任,从思想理论建设的政治本性看,它又具有极大的优越性。但这种责任的担当和优越性的体现要首先对思想理论建设进行调整,即思想理论建设要改变"蜻蜓点水式"地对各种思想文化的"布点"活动,而应立足于人们对文化生活的新需要,专司文化利益导向和文化利益观的培养和凝聚,以文化利益观的培育和凝聚来引导各种思想文化活动[①]。

随着改革开放以来文化的繁荣发展,思想文化逐渐挣脱了对统一性的要求与万众归一的文化价值体系的内在规定性,挣脱了思想理论建设的"当然藩篱",过去那种思想单纯、判断简单、思维绝对、意识形态控制的单一文化价值观,被国家、社会、个体丰富而生动的实践生活所彻底改写。与此同时,转型期带来的个体精神困惑、矛盾和冲突凸显了出来,对思想理论建设提出了新的强烈需要。因此,重塑文化利益观和建构个体的文化精神,成为思想理论建设的新功能。在传统思想理论建设那里,文化观念发展的内在依据是政治性准则,社会成员思想的统一,主要靠的是思想理论建设的政治性内容和手段。而改革开放后,以功利主义为主要特征的经济性文化和以消费主义为特征的世俗主义文化环境则迅速生成。[②] 这一方面是对物质利益追求和世俗生活欲望的价值取向的肯定,另一方面也给人们的文化生活带来了不可避免的冲击。随着文化多元格局的形成,思想理论建设不仅要重塑人们的思想观念,而且要引导人们在多元文化生活中摆脱现代社会困境,诸如物欲陷阱、价值迷茫、精神困惑等,才能形塑现代文化利益观。从这个意义上来说,思想理论建设要承担起文化发展的利益导向责任。

(四) 确立现代思想政治教育学对文化发展的价值导向责任

所谓现代思想政治教育学文化发展的价值导向责任,就是要通过思想理论建设,明确文化发展的价值方向,推动社会主导价值观的建设,并以社会主导价值观的建设引领和推动文化的发展繁荣。所谓社会主导价值观,就是指在所有价值观及各种价值取向中,对实践过程的所有参与者而

---

① 李维昌:《当代中国思想政治教育主导性建设的利益分析》,中国社会科学出版社 2011 年版,第 253 页。

② 孟伟、张岩鸿、王连喜:《转型期思想政治工作问题研究》,人民出版社 2004 年版,第 134 页。

言,居于主导地位的价值取向,起价值主导作用的价值观①。如果说,一个社会不能存在两个或两个以上的发展方向和目标,那么占主导地位的社会价值观,就不应该是多元的而是一元的。因为一个社会不可能朝着两个或多个价值理想目标推进,它只能朝着一个共同的价值目标奔走,这是一个社会全体成员价值选择的结果②。因此,尽管社会成员的价值取向是多样化的,但思想理论建设要致力于建设的,是占主导地位的社会价值观,即主导性社会价值观。这种主导性价值观,它必须是一元化的,否则就无法起到主导作用。在新的历史条件下,思想理论建设承担着建设社会主导价值观的重任,这也是思想理论建设的本质体现和发展的内在要求使然。

当代中国价值观的多元化是不争的事实。这一事实表明,社会主导价值观建设,只能在同各种各样的价值观相互交流、交锋、交融中来进行。因此,主导性价值观,既不是天然超越于个体价值观之上的神圣物件,也不是毫无主导能力的"价值观之一"。建设社会主导价值观,就是要立足于最大限度地符合和满足社会成员的利益要求,通过思想理论建设的运作系统,建设体现时代进步要求、反映社会发展规律的社会主导性价值观,并推动社会主导性价值观的社会化,使这种价值观为不同的利益主体所共享,使其主导地位在相当长的时期内具有不可替代性;进而通过思想理论建设,将主导性的价值观逐次推进到不同社会成员中去,扩大主导价值观的社会共享范围,逐步提升社会成员对主导性价值观的共享程度,并使社会主导价值观产生持久的影响力。

随着我国经济社会在市场经济体制下的利益多元化发展,思想理论建设和文化发展的刚性体制被打破了,思想理论的价值主导性,遇到了社会成员价值取向多元化的碰撞、比较、竞争和鉴别。经济社会多样化发展呈现了不同利益主体在理想信念、思想文化、道德水准上的层次性、多样性,甚至是差异性和矛盾性。在新的历史条件下,社会主导价值观的一元化建设,不再是通过强制性的政治或体制力量,而是要在尊重利益主体价值取向多样化的基础上来重建。经济社会生活的多变引起了思想活动的动态多变。但与此同时,思想活动的多变又带来了思想认识的复杂化,人们

---

① 李维昌:《当代中国思想政治教育主导性建设的利益分析》,中国社会科学出版社2011年版,第320页。

② 孟伟、张岩鸿、王连喜:《转型期思想政治工作问题研究》,人民出版社2004年版,第147页。

思想活动的反复性、多向性日益突出，主体利益的多变性导致思想认识的多变性。面对这些情况，思想理论建设不仅要为思想活动的多样性发挥引领性、主导性作用，而且要为多样化的思想活动和文化需求提供一个价值基础，这就是要建设一元化的社会主导价值观。通过承担文化需求的价值导向责任和文化发展的价值导向责任，思想理论建设才能在价值观的多样化态势下找准自己的位置，进而为促进社会主义文化的大发展大繁荣体现出应有的担当。

第十章

现代思想政治教育学的美学基础

中共中央国务院《关于进一步加强和改进大学生思想教育的意见》（中发〔2014〕16号文件）指出："在继承党的思想政治教育优秀传统的基础上，积极探索新形势下大学生思想政治教育的新途径、新办法，努力体现时代性、把握规律性、富于创造性，增强实效性。"为了适应时代的发展需要，思想政治教育必须与时俱进，勇于创新，不断探索，开拓新的研究视角。而美学渗透于思想政治教育，其内容和形式丰富、独特而又鲜活，是改善思想政治教育的内容和形式的重要参考，有利于思想政治教育从单纯的外在规范性转化为受教育者的内在需求。因而，思想政治教育学有必要吸纳其内容，并将其内化到本学科体系之中，建构起思想政治教育学的美学理论基础。

第一节 思想政治教育学与美学的关系

思想政治教育学是研究形成人的思想、观点、立场的诸要素，人的思想形成、变化和发展的规律性，以及如何根据这一规律性有效地进行思想政治教育的一门科学。因此，它是综合许多相关学科发展起来的一门学科，与许多学科都有着密切的联系。思想政治教学作为一门触及人们心灵的学科，影响和改变着人们的思维观念、价值取向和行为模式，与美学的关系尤为密切。为此，我们有必要考察思想政治教育学与美学的关系。

一 思想政治教育学与美学的相关性

虽然思想政治教育学这门学科产生于近代，但思想政治教育活动古已有之，中国古代的思想政治教育活动主要以政治、信念、道德及政治哲学为内容，当时被称为"教化"。其中人类社会最初的教化方式之一的崇拜就是个人追求美的一种方式。

西周时期，随着奴隶制的产生和宗法制度的完备，政治上开始摆脱神学的控制，这一时期教化的形式不再是崇拜和宗教而主要通过礼乐教育实现，这可以被看作是思想政治教育最初的美学教育方法。到了春秋战国时期，学校教育便逐步确立，以品德的培养为主要目的，这一时期也是我国古代思想政治教育学说体系的形成时期。在春秋战国时期的学校教育中，礼与乐是必备的科目。值得注意的是，古代所谓乐并非单纯指音乐，而是包括音乐、舞蹈、诗词在内的三位一体的综合性艺术形式。这一时期，我国大教育家孔子教授弟子主要是道德和思想教育，提出了"兴于《诗》，立于礼，成于乐"的看法，意思就是诗使人从伦理上受到感发，礼是这种感发变成一种行为的规范、制度，而乐是陶冶人的性情、德行。在诗、礼、乐的关系中，以礼为中心，因为它和政治有着直接的关系，礼作为一种行为规范，它是直接维护一定的政治制度；而乐却是通过陶冶情趣的方式使人们从感情上自觉去做，实现道德境界和审美境界的统一，因此产生了"诗言志""文以载道""乐以教化"等一系列艺术命题。

到了汉代，思想政治教育受到统治者的重视，被当作重要的治国理念提出来。董仲舒提出了"罢黜百家，独尊儒术"的思想，极力独尊儒学。他认为："春秋大一统，天地之常经，古今之通谊"，"诸不在六艺之科孔子之术者，皆绝其道，勿使并进。"汉武帝十分赞同董仲舒的思想，使儒家礼乐的思想不断发扬光大。到了宋明时期不再是独尊儒术，理学思想成为统治阶级的政治思想，理学主张知行统一、循序渐进、涵养心性、学思结合，注重从知情意行的结合进行审美教化。到了近代，中国美育的开创者是王国维，在《论教育之宗旨》一书中，他把人的精神分为知、情、意三个方面，指出把整个教育由"心育"和"体育"构成，"心育"又分为智育、德育和美育，指出"美育者，一面使人之感情发达，以臻完美之域，一面又为德育和智育之手段，此又教育者所不可不留意也"。就是说，美育一方面具有自己独特的性质和目的，但另一方面它与德育、智育又不是截然相分或相互外在的。王国维之后，著名的教育家蔡元培提出了"以美育代宗教的思想"的著名主张。他在《美育与人生》中说："人人都有感情，而并非都有伟大而高尚的行为，这由于感情推动力的薄弱，要转弱而为强，转薄为厚，有待于陶养。陶养的工具，为美的对象；陶养的作用，叫做美育。"同时，他指出"美育者，因用美学之理论于教育"。这里的教育当然包括思想政治教育。显然，我国古代乃至现在，美学和思想政治教育都有着密切的关系。

二 思想政治教育根本任务的完成需要遵循美学规律

新时期我国思想政治教育的根本目的和任务，是以马克思列宁主义、毛泽东思想和中国特色社会主义理论体系为指导，开展马克思主义立场、观点和方法的教育：帮助受教育者树立起正确的世界观、人生观、价值观，形成正确的道德观与法制观；通过开展党的基本理论路线纲领方针政策以及国情和形势与政策的教育；教育党员和干部、广大群众、整个工人阶级以至全体人民，启发和提高其社会主义和共产主义觉悟，提高人们认识和改造世界的能力。一句话，即培养"有理想、有道德、有文化、有纪律"的社会主义合格建设者和可靠接班人，以提高整个民族的思想道德素质和科学文化素质。党的思想政治教育的目的和任务，它以求真为精髓，以求善为血肉，以求美为仪态，集真善美为一体。

思想政治教育首要的根本目的和任务，就是用学习马克思主义基本的立场、观点和方法，并通过反复的实践，启发和提高人们的共产主义思想觉悟，并使之掌握科学的思想方法和工作方法，不断地探索客观世界及其自身变化发展的规律，提高人们认识和改造世界的能力，这就是思想政治教育的"真"。这是因为马克思主义是关于自然、社会和思维发展的普遍规律学说，是认识世界和改造世界的科学总结，是人类智慧和正确思想的结晶，是科学的世界观和方法论，它正确地揭示了人类社会发展的客观规律。因此，我们必须学习马克思主义基本立场、观点和方法，但是，马克思主义不是一个封闭的体系，随着实践的不断深入，我们需要在实践的基础上，不断深化人类社会发展规律及其社会主义建设规律和共产党执政规律，这就需要我们运用马克思主义这个"真"理，不断去探索中国特色社会主义革命、建设改革的"真"规律。进行马克思列宁主义、毛泽东思想和中国特色社会主义理论体系的宣传教育，就是要帮助人们掌握马克思主义基本的立场、观点和方法，科学地认识世界，并激发人的改造客观世界的决心、热情、毅力和斗志，去夺取革命、建设、改革的胜利。

"善"是事物或实践活动符合人的目的性的社会功利性质，即有益、有用、有利，是主体意志活动的对象，简言之，就是指人类在实践活动中所追求的有用的或有益于人类的功利价值。列宁说："世界不会满足人，人决心以自己的行动来改造世界。"在此基础上，列宁对善的实质做了这样的概括，他认为："'善'是'对外造世界现实性的要求'，这就是说，'善'被理解为人的实践要求和外部现实性"①，当人的意志和要求在客观事物中获得了"外部现实性"，善也就变成了完成形态的善。

思想政治教育的"善"，就是指在思想政治教育的过程中，人们在分析和处理各种思想问题时，要从根源上去分析思想问题，跳出纯粹的思想框架，遵循物质利益决定人们思想动机的规律，把马克思主义的利益原则转化为思想政治教育的分析方法、工作方法和工作内容。这就要求我们在思想政治教育中，要把"利"和"义"原则有机统一起来，正确认识和处理个人、集体与国家三者的利益关系，树立正确的世界观、人生观、价值观和幸福观，为实现中国特色社会主义共同理想和最高理想而奋斗。因此，我们可以说思想政教育就是一个坚持善的原则、实现善的目的、张扬善的品格的过程。

"美"是合乎规律的真和合乎目的的善与完善形式之间的和谐统一，是真和善在实践中所展现的生动形象。同时，美也是人的本质力量的感性显现。"马克思主义美学揭示了人类彻底脱离动物界所经历的'物种关系'和'社会关系'方面的两次'提升'，在社会实践中改造自然、改造社会，历史地表现出人类的本质力量的发展。因此，符合客观规律性（真）和实现主体目的性而有益于社会（善）这两者相结合，就是美的规律的基本内容和实质所在。"② 由此我们可以看出，思想政治工作的"美"，就是不仅要传播历史上积累起来的审美经验和优秀成果，还要培养人们先进的审美理想，并按照这种理想来要求自己和下一代，从而在继承的基础上认识人类社会，创造美的生活。用一句话概括就是培养人、提高人，为人类的社会实践服务。众所周知，思想政治教育是一个发展的过程，随着社会的发展，在不同的历史时期，根据当时当地的实践实际情况，思想政治教育的内容和要求不同，采取不同的形式和方法，这就要求我们要借鉴审美教育的方法，晓之以理、动之以情、以情感人。在现实生活中，人们往往总是以美激情、以美悦情。这就是情系，所谓情系指人对

---

① 《列宁全集》（第38卷），人民出版社1995年版，第229页。
② 张家驹、刘芳：《美学与思想政治工作》，解放军出版社1992年版，第43页。

客观事物的一种态度，它反映着客观事物与人的需要之间的关系并在社会客观条件可能的范围内能满足或符合人们需要的事物，就会引起人的积极态度，产生一种肯定的情感，如愉快、满意、喜爱等；反之，不能满足人的需要，或与人的需要相抵触的事物，就会引起人们的消极态度，使人产生一种否定的情感，如嫌恶、愤怒、憎恨等。因为美是具体的形象的，凭着欣赏者的感官直接感受到的事物，具有形象性、直观性的特点。美总是显示人的本质力量。它像一面镜子，使人从中看到自己的形象和力量，引起人的联想和回味，产生感情上的共鸣，以情感人，具有感染性的特点。而美又总是依赖于社会，服务于社会，不仅有实用价值，更重要的是能满足人们的精神需要，具有社会性的特点。这些特点，决定了它有感人、育人和化人的力量，具有特殊的社会作用。它能丰富人的生活，陶冶人的心情，启发人的思想，使人们视野开阔、品德高尚、精神振奋，自觉愉快地从事美的创造活动。综上可见，思想政治教育，就是按照美的规律的要求，实现真善美，改造假恶丑，提高人们认识和创造美的生活的能力。

三 思想政治教育学和美学的任务与目的相通

通过上述内容，我们可以看出美学与思想政治教育虽然在研究对象和范围上有所不同，但是，运用美学原理进行审美教育和开展思想政治教育，两者在基本任务和目的归宿上，又具有必然的内在联系。

第一，美学教育与思想政治教育在培养人的觉悟和美好心灵，提高民族精神素质上具有一致性。思想政治教育是做人的工作的。它要用先进思想、革命精神，来教育人、说服人，提高人们的思想觉悟和认识世界、改造世界的能力。同样，学习美学知识，进行审美教育的最终目的，也是实现人自身的美化，塑造人的心灵美，提高民族精神素质，进行美的生活的创造。事实上，一个人的成长，一个民族的兴旺，都离不开美育的教化和熏陶。在这方面，美学教育和思想政治工作是相辅相成、互相促进的。

第二，美学教育与思想政治工作在培养和造就全面发展的一代新人的任务上具有一致性。现阶段思想政治教育的根本任务之一，是要培养千千万万有理想、有道德、有文化、有纪律的社会主义现代化建设的人才。这同美学教育要造就德、智、体、美全面发展的社会主义和共产主义一代新人的任务是完全一致的。人类是按照美学的规律塑造自己的。思想政治教育要培育"四有"新人，时时离不开美育。"四有"就包含了美的内容，融合了美的成分。拿"有理想"来说，实现共产主义是人类最崇高的理想，也是人类最崇高的审美理想。审美理想以强烈的情感色彩表现出人类对美好的现实和未来的向往与追求，鼓舞人们合规律、合目的地为实现崇高的理想而奋斗不懈。理想教育和审美理想相结合，更具有吸引力和凝聚力。事实上，人们在改造现实世界的实践活动中，总是把自己的意志、道德和审美理想以及对事物规律性的认识统一在一起进行的，总是包含着对有价值的、善的、美好的生活的追求，总是希望把美带到自己的全部生活中去。因此，我们要实现人类最崇高的理想——为实现共产主义而奋斗，要培养自觉地建设社会主义的新人，就不能不发展美学，不能不开展审美教育。

第三，美学教育和思想政治教育在促进社会主义物质文明和精神文明建设上，也具有一致性。在社会主义现代化建设的新的历史时期，思想政治教育要发挥"生命线"的作用，促进社会主义物质文明和精神文明建设。而美学教育，不仅对社会主义物质文明和精神文明建设起到巨大的促进作用，而且它本身就是社会主义精神文明建设的一个重要内容。社会主义精神文明的两个方面，无论是教育科学文化建设，还是思想道德建设，美学教育都在其中发挥着独特的促进作用和导向作用。

第二节　现代思想政治教育学对美学知识的借鉴

现代思想政治教育学对美学理论知识的借鉴，是在思想政治教育理论创新和实践运用中，体现和发挥美的作用而展开的。体现为形式美理论在思想政治教育中的运用、现实美理论在思想政治教育中的运用、艺术美理论在思想政治教育中的运用等方面的借鉴上。

一　借鉴和运用形式美理论

形式美的审美意味的产生，是在长期的社会实践中，内容向形式积淀的过程。这个过程包括心理、观念、情绪向形式的积淀，如某种色彩包含着某种观念，某种线条包含着某种情绪，但归根到底不是来自心理积淀，而是来自社会实践的历史积淀。就形式美的形成来说，心理积淀不过是实践积淀的一个中间环节。与形式美产生的过程相一致，在人类实践的历史发展中，在人的主观方面也相应地产生了感受形式美的形式感。当客观事物的自然形式与一定的社会生活相联系，在实践过程中反映到人的头脑中来，经过千百次的反复，在头脑中进行了一种深刻的概括，逐渐地把握其普遍的必然联系，并在主体的心理、生理活动中肯定下来，于是便形成了各种带独立性的形式感。

我们可以看到，人们在欣赏美的对象时，美的外在形式和形式美起着一种诱发性的"导游"作用。真正具有美的形象的事物，它的外部形态必然放射着能够吸引人、感动人和耐人寻味的美的光辉。事物的外在形式的美，总是诱发着人们去欣赏它，去追求它所显示的内在精神美。之所以如此，原因就在于前面讲的人们的审美活动往往是由形式向内容过渡的。一件艺术作品成功的要素除了必须有健康高尚的内容外，还必须有完美的艺术形式，它能够有较强的吸引性引诱欣赏者对主题产生兴趣，达到共鸣的效果。对艺术作品的欣赏是如此，对物质产品的消费也是这样。现代社会的物质文明生产突出地反映着人们新时代的美的观念。当代各种形体简洁的金属结构的大厦、流线型的交通巴士、色彩和款式新颖的服装、漂亮实用的生活用品等，也都有一个造型设计和色彩设计的美学问题。产品或商品当然首先要注意实用功能，但同时也要注意审美功能，当产品一旦满足人们实用功能的需要之后，它们的审美价值、审美功能就马上会在消费者心目中上升到第一位。我们经常可以看到，在同类产品中，式样新颖、外形美观的产品往往更能赢得广大消费者的欢迎。现代许多产品，如服装、家具、电器产品等，在质量相当的条件下，它们的价格及市场上的销路，往往就取决于产品的审美功能。在生活中的其他方面，同样存在运用形式美诱导作用的美学问题。

如果我们以一种发散思维来对待美学这一原理，那么就可以发现它对我们做好思想政治教育也有一定的启迪。这就是在思想政治教育中，要十分重视形式美的诱导作用，要善于引导人们特别是青年通过事物的外在形式美去追求它的内在的精神美，以取得更好的教育效果。比如，在教育青年正确对待恋爱、婚姻问题上。如何通过形体美去追求心灵美就很重要。柏拉图认为，人们对个人的感受：第一步总是"从只爱某一个美的形体开始"的；第二步才接触他的美的心灵；"再进一步，他应该学会把心灵的美看得比形体的美更可珍贵。"但是，在思想政治教育中，又要提醒人们对形式美的诱导作用必须进行具体的分析。我们知道，在社会领域中，美和真、善之间是既有联系又有区别的，因此，我们既要看到外在的形式美能够诱发人们去追求内在的精神美，更要认识到内在的精神美是高于和重于外在形式美的。其所以如此，是因为精神美比形式美具有更重大、更深刻、更有持久的意义和审美价值，更能充分展示在改造自然和社会活动中人的本质力量。例如，就一个人的美来说，应该是心灵美和形体美的高度统一。但在现实生活。两者常常表现出复杂的情况，在许多情况下：两者是一致的，而在有些情况下两者又互相矛盾。所以，在形体美和心灵美之间存在不一致和矛盾时，正确的态度就是应该把心灵美放在第一位，而不能片面强调外表的形体美。"以貌取人"，是不懂得美学的肤浅、片面的看法，也是缺乏正确的审美观念的表现。

总之，在思想政治工作中，既要重视和善于发挥形式美的诱导作用，又要引导大家认识和处理好形式美与精神美的关系，这是建设社会主义精神文明中一个不应忽视的问题。

二　借鉴和运用现实美理论

现实美作为存在于自然界和人类社会中的美，是美的最基本的领域，是日常生活中人们接触最多的美。它在人类整个审美活动中，居于首要的地位。这是因为从审美活动的实际情况看，艺术美固然是现实生活的更典型、更集中的反映形态，它具有强烈的震撼人心的审美力量和高度的审美价值。可是，在人们的实际审美活动中，艺术美尽管有着非常广泛的群众性，但与现实美相比，它的欣赏和创造要受到的限制就要多得多。如人们：要读小说，首先必须识字；要看戏剧、电影，就必须上剧场、影院；要欣赏交响乐，不仅依赖于演奏家的演奏，自己还要有较高的文化素养和欣赏水平。而现实生活的美，蕴含在人们生活的各个方面，时时处处都在熏陶着人们的心灵，愉悦着人们的精神。因此，在思想政治教育中，现实美既是我们进行思想政治教育的重要内容，又是思想政治教育的重要形式。运用现实美进行思想政治教育，对于提高思想政治工作的效率、力度都具有重要意义。

现实美包括自然美和社会美，人的正确的世界观、人生观的树立，是受周围的各种环境影响和制约的。社会美作为社会生活的美，它是人类为进步的社会理想而斗争的生活及理想的实现形态。而在社会美中，心灵美，即内在世界的美，又居于决定地位，而思想政治教育的重要任务就是要塑造人们的心灵美，铸造其灵魂。正是在这个意义上，斯大林把思想政治教育者誉为"人类灵魂的工程师"。因此，在思想政治教育中，就要把塑造人的心灵美作为重要内容，并置于首要地位。然而人作为社会的动物，其生活环境主要是社会环境，但同样离不开自然环境。自然美不仅能陶冶人的性情还能激发人们的爱国主义热情。自然界的山山水水、一草一木，虽然不会说话，但却对我们能起一种潜移默化的启迪和教化作用。古人说："近山者仁，近水者智。"纯净的空气，灿烂的太阳和晶莹、清澈的泉水，不仅有益于人们的健康，而且能影响人的气质与性格。山，是静的，那坚实稳定的形体，清新的气氛，能够陶冶人朴素忠诚的情操；水，是动的，那千变万化的姿态，能启发、活跃人的智慧；松树枝繁叶茂，躯干粗壮结实，不怕风吹雨打，看到它不仅能产生愉快之感，也会觉得它高风亮节、坚韧不拔，产生崇敬之情；幽景有深不可测之奥秘，它常常使人想起复杂的、千变万化的生活，鼓舞人们在生活的道路上勇敢进取。总之，自然环境对人的性格、气质、性情的影响是明显的。除此之外，我们伟大的祖国，幅员辽阔，地大物博，历史悠久，文物丰富，异彩纷呈。我们要领略祖国的风光之美，欣赏自然的山水之美，激发对祖国的眷恋之情，仅靠书本上的讲解、课堂上的教育，是远远不够的，还要通过旅游观光来悦情怡性，陶冶爱国主义情操。英国的唯物主义鼻祖培根说过："旅行，在年幼者，是教育的一部分；在年长者，是经验的一部分。"旅游好比一面镜子，可以使我们从中反观祖国的山河奇貌、风土人情，从而产生一种对祖国的眷恋与爱慕，激发出振兴中华，保卫祖国的炽热之情。既然自然界对人的思想道德素质的形成有如此大的造化、教育作用，有如此之大的魅力，那么，在思想政治教育中，我们就可以充分利用所处的环境优势，利用自然美进行直观的思想政治教育，特别是爱国主义、道德情操教育。这样，可以收到"此处无声胜有声"的教育效果。

总之，研究现实美和运用现实美的功能和价值，进行思想教育，对于实现思想教育功能颇有催化作用。也只有这样，我们的思想政治教育才能适应新形势、新情况的需要，使之更加具有吸引力、说服力和战斗力。

三 借鉴和运用艺术美理论

因为艺术美高于现实美，所以艺术美在某些方面具有更为普遍的品格，因而它具有一种现实美不能代替的特殊作用或特殊价值。这就是人们不满足于现实美，而在享受现实美的同时，还要热烈地追求艺术美的一个原因。

艺术美主要是通过能动地影响人的精神世界来进行的，艺术美不仅能给人以审美的感受，提高人们的审美能力，而且能够潜移默化地影响着整个人格的塑造。读一部好的小说，看一部优秀的电影，听一支优美的乐曲，欣赏一幅精美的绘画，我们从中得到启发和教育，受到感染和鼓舞，于是激起创造美好生活的热情。这样，通过艺术美的欣赏，它能反作用于社会实践，于是又会转化为现实美。从这点看，艺术美和现实美又是相辅相成的。现实美是艺术美的基础，由于有了现实中的美和文艺家的创造，才有了感人至深的艺术美；反过来，艺术美又促进了现实美的创造，它通过广大的欣赏者，转化为强大的物质力量，进而创造出更多的现实美。艺术美和现实美就是这样无止境地循环往复，相互促进、相互发展。艺术美的特殊作用和价值是多方面的，但是从思想政治教育的角度来看，它具有重要的教化功能。艺术美具有社会认识的作用。艺术是通过具体、生动、可感的艺术形象，再现现实生活，反映现实生活的某些本质的。通过中外优秀的文艺作品，人们可以了解到各个时代社会和自然的真景实情，获得丰富、生动、形象的社会历史和生活知识，以及生活在那个时代的鲜明多样的人物形象，他们的思想感情和精神面貌，从而开阔视野，扩展知识范围，提高人们认识生活、洞察社会的能力。艺术美对人的情感的陶冶，即净化灵魂，启迪心智的作用则更为广泛、普遍。艺术是通过表现感情来唤起感情的。表现创造主体的感情，正是为了唤起欣赏主体的同样的感情。艺术美唤起欣赏者美好感情的过程，就是欣赏者的感情和灵魂受到陶冶的过程，也即是受到教育的过程。由于长期的艺术美的熏陶，潜移默化，就会使一个人的精神境界得到升华，心灵得到净化。

总之，艺术美可以帮助人们认识社会、认识人生，也能够征服人心、鼓舞人心，在人们心头燃起为实现美的理想生活而斗争的火焰，以达到推动社会前进的目的。因此，思想政治教育除了坚持马克思列宁主义、毛泽东思想和中国特色社会主义理论体系的正面教育外，还应该充分重视艺术美的特殊的教化功能，利用中外一切优秀的文艺作品，帮助人们进行伟大的现实斗争。

当然，我们重视艺术美的教化作用，是和重视文艺家的社会责任问题紧密地联系在一起的，1985年9月23日，邓小平在中国共产党全国代表会议上的讲话中指出，检验精神产品的唯一准则是社会效益，作为精神产品之一的艺术作品自然也不例外，而艺术作品的社会效益主要是指给人以真的启示、善的追求、美的享受，使广大读者观众在审美的艺术鉴赏中，潜移默化地接受健康积极的思想情操的熏陶与感染，把自己的灵魂塑造得更加美好，使自己的人性发展得更加健全完满，让自己的精神世界升华到一个更加高尚的境界。严肃的文艺家应该充分估计自己的作品的社会效果，要把最美的文艺作品作为精神食粮贡献给人民。一部好的作品，能产生振奋人心的鼓舞力量；而一部坏作品，也会产生危害社会正常生活的破坏力量。思想政治教育者也应该高度重视和充分估计文学艺术的这种影响和作用，既要加强评价和引导，运用好的文艺作品，通过优美生动的艺术形象对人们进行共产主义思想教育，培养人民的高尚情操和艺术趣味，满足人们多方面的审美要求，也要坚决抵制和批判一切反动腐朽的、黄色低级的作品的影响，使艺术在建设社会主义精神文明中发挥更大的作用。

第三节　现代思想政治教育学的美学理论基础建构

众多研究思想政治教育的学者在论述思想政治教育与美的问题时，侧重于思想政治教育对美的工具性借鉴或美的精神的吸收。通过前两节的论述，这里我们从思想政治教育内部系统去进一步研究。思想政治教育是一项系统工程，思想政治教育的要素主要由思想政治教育主体、客体、环境和形式等要素构成；同时，思想政治教育也是一项动态运行过程，需要推动思想政治教育各要素协调发展，揭示和研究思想政治教育运行机制及规律。

一　建构现代思想政治教育学的主体美理论

要探讨思想政治教育主体美的构建，必然要先揭示思想政治素质教育主体和思想政治教育主体素质的内涵。思想政治教育主体，不仅是指思想品德规范的传授者，即对受教育者施加有目的、有计划和有组织地教育影响的个人或群体，还指受教育者——这一自我教育和发展的主体，它包括个人和机构两类：一类指生活在一定社会关系中，从事思想政治教育实践活动的具有主观能动性的现实的人，即思想政治教育工作者；另一类指思想政治教育工作者组成的进行思想政治教育的组织机构。我们这里探讨的思想政治教育主体是指思想政治教育工作者。思想政治教育主体的素质，是指思想政治教育工作者把从外部获得的知识、技能内化于自己的身心，并升华而成的长期起作用的稳定的品质和素养。一般应包括：政治理论素质、思想道德素质、科学文化素质、工作能力素质和身心素质等。思想政治教育者在思想政治教育过程中处于主导地位，发挥主导作用，是受教育者的楷模和榜样，是人格美的示范者。实际也就是说，思想政治教育主体将自己的本质力量对象化，并能在思想政治教育对象身上得到显现，达到促进社会和个人发展的目的。人格美从理论角度分析其包含外在与内在两个方面。外在方面指教育主体外在形象，主要包括言谈举止等方面。孔子在解释"克己复礼为仁"时就明确地说过："非礼勿视，非礼勿听，非礼勿言，非礼勿动。"礼是外在的行为规范，仁者的视、听、言、动都表现为礼的法度的遵守，这成为中国传统教育中教育者的自身要求。"师者，人之模范也。"为人师，一举手、一投足都要注意形象。诸如着装要质朴大方，言谈举止要优雅得体、潇洒大方，甚至眼神、表情都要自然亲切等等。马卡连柯曾说："从口袋里掏出揉皱的脏手帕的教师，已经失去当教师的资格了。"虽然此话有些夸张，但教育主体的形象美对受教育者的影响可见一斑。内在方面指教育主体内在素质，就思想政治教育者来说，包括思想政治素质、道德素质、知识能力素质和心理素质等综合性因素。教育主体：只有具备了较高的马克思主义理论水平、坚定的政治立场才能把握思想政治教育的科学性；只有具备了崇高的道德人格才能感染受教育者，为受教育者实现道德人格奠定基础；只有具备了丰富的专业知识和较强的分析应变能力才能广泛借鉴各类学科知识，灵活运用各种教育手段；只有具备了较好的心理素质才能帮助受教育者克服心理问题，使其成为一个身心健康的人。以上是思想政治教育主体美的这两个方面都必不可少，是实现教育活动美和教育客体美的重要前提。

二　建构现代思想政治学的客体美理论

思想政治教育是由施教者与受教者相互作用、相互依存而构成的活动。思想政治教育客体就是思想政治教育主体认识和施加可控性影响的对象。思想政治教育客体是思想政治教育活动的参与者，离开了客体的积极参与，思想政治教育活动就无法进行，达不到预期效果。受教育者在思想政治教育过程中，接受教育者的教育和其他各种因素的影响，并将其内化为自主践行主体的个人或群体。也就是说，思想政治教育客体遵循思想发展的规律，充分发挥其主动性、能动性，积极配合、参与思想政治教育活动，使思想政治教育的目标能内化成客体主动追求的意愿，自觉自由地进行求真、向善和获美。因此，离开了受教育者，思想政治教育过程也不可能存在。当受教育者作为审美主体关照到自己学习过程表现出来的自由、从容，并从自我的变化中充分确证自身自由意志的实现，这时他就会在自己身上看到了实现了的人格美，这就是思想政治教育客体美。然后思想政治教育客体又会带着这种审美性质的欣慰、愉悦之情，为提升自身修养提供内在动力。就像苏联大教育家苏霍姆林斯基说过的一个例子："一个十二岁的孩子看到用自己的双手培植的鲜花盛开的花园，他会感到无比的自豪；他会用他为人们创造了多少物质财富来衡量自己走过的路。这种感受愈深刻，他就愈能自觉地产生对人们所负的公民责任心。"[①] 对思想政治教育客体美的塑造包括以下两个方面：

（一）开发、培养教育对象的主体性

思想政治教育的根本目标是培养符合时代要求的、具有创新精神和民族意识的社会生活主体。传统的思想政治教育存在一些片面性，突出表现为重教育者主体作用，轻受教育者甚至否认受教育对象的主体地位。这种观点是错误的。否认了教育对象的主体地位，也就不可避免地削弱了教育对象的主观能动性。马克思主义认为，人是生产力要素中最积极最活跃的因素，也是人间最宝贵的资源。在社会历史各个阶段，在社会领域各个层次，无不看到人的活动，无不看到人的作用。思想政治工作的巨大作用在于培养高素质的、符合时代要求的"新人"。在思想政治教育的实践中，只有重视教育对象的主体性地位，激发教育对象的主观能动性，才能培养出既具有丰富个性、又具有时代要求的能动性的人。

（二）发展客体个性

现代社会给人的发展提供了广阔的空间，人们不再习惯于盲从，而逐渐以自己的视角和眼光来审视社会现实，开始注重自我意识，注重把自我作为价值的主体。个性在某种程度上，反映出人们的主体意识和主体精神。因而思想政治工作活动中，教育者（主体）必须重视发展受教育者（客体）的个性，充分发掘客体的内在潜能，全面提高客体的素质，使客体的主体性得到充分展示，这样客体才能在处理人与社会、人与自然及自

---

① 苏霍姆林斯基：《让少年一代健康成长》，黄汪瑞译，教育科学出版社1984年版，第190页。

身的关系时具有更强的能动性、自主性和创造性。这无疑体现了人本思想,与此同时,个体的自主性、竞争性的发展呈现出多样化的发展趋势,价值观念多元化,理想信念多元化。这种多样化的发展态势不可避免地冲击或破坏了社会整体的有序性和共同的价值规范,并产生了一些负面效应:国家和集体观念淡化,主张个人主义、崇尚个人利益、鼓励个人本位;只看到相互之间的竞争,而忽视了双方的合作:只顾发挥自身的主体性,而看不到自然和社会对其的制约。为此,在强调客体的自主性、主体性的同时,要注意处理好客体的自主性与社会化的关系以及社会竞争与社会合作的关系。

三 建构现代思想政治教育学的环境美理论

思想政治教育环境美是指思想政治教育工作者依据一定的思想政治工作目标和教育对象的思想品德形成规律,有目的、有计划地凭借美学规律对思想政治教育环境进行改造和创建,以期获得良好积极的环境影响和教育效果,进而利于思想政治教育工作的开展。这就要求思想政治教育者要抛弃传统观念,运用审美艺术的眼光,创设优良的教育环境,充分利用环境中的积极因素,并将环境中的消极因素转化为积极因素,使各种环境因素形成合力,并随时根据受教育者的特点灵活地改变某些可利用的环境条件,有目的、有计划地创造新的育人环境,给受教育者以美的享受和感情的愉悦,在"润物细无声"中起着"春风化雨、点滴入土"的作用。因此思想政治教育环境美化应着重从以下几个方面进行:

(一) 美化家庭环境

家庭环境对人的思想形成和发展至关重要。家庭环境美化不仅包括硬的(居室)环境美,更包括软的(家庭亲情)环境美。关注家庭环境对人的思想影响,营造美好宜人的家庭环境给受教育者以美的享受,使其身体上和精神上受到美的陶冶、净化。家庭环境美化的途径:一是营造温馨宜人的家庭居室环境。家庭居住环境的美化能够使个体在学习劳作之余得以全身心地放松和休息,这对个体的身体和心理健康都有着重大意义。因此营造宜人的家居环境是个体健康成长和发展的关键。二是创建和睦平等的家庭氛围,这是家庭精神环境美的首要因素。只有在亲情融融的家庭环境中,个体的心理和人格才能得到健康发展,潜能才可以在最大程度上得以发掘。同时，创建一种积极向上的家庭氛围也是家庭环境美的另一重要因素。因为积极向上的美能够激发人的热情，提升个体的情操。相反，无目的、无方向的美只能增加环境受体的迷茫，导致消极的后果。

（二）美化学校环境

绝大多数受教育者都要经过学校教育，而正是在这一过程中受教育者的思想才能更好更快地渐趋成熟。因此学校环境的美化对于思想政治教育工作者来说是环境美化的另一重要方面。学校环境美化同样也包括物质环境美化和精神环境美化两个方面。物质环境的美化要求校园在空间布局上要尽量讲求整齐划一，校园建筑要庄重、高雅，道路干净整洁，从整体上给人以宁静和雅致之感；在色彩上校园环境要强调清新、爽目，在教室内宜以天蓝的色调为主，以利于人的情绪稳定，精力集中，在音响环境美化上，学校要使用适宜的音响给师生以听觉美的享受，以利于调节他们的情绪，培养和增强愉悦的心情。校园精神环境美化主要是创建积极向上的校风、学风和师生们健康的精神面貌。和谐美好的精神环境能够使师生之间互相尊重，彼此竭诚相处，从而形成积极奋进的力量，促使受教育者身心朝健康方向发展。

（三）美化社会环境

个体的思想形成和发展同其所处的社会环境是分不开的。通过运用自然美、社会美、艺术美的综合布局来实施的一种全方位的社会环境美，能使受教育者随时随地受到美的感染和熏陶，从而在不知不觉中实施思想政治教育。物质环境美方面，主要是建设优美宜人的社会生活环境，对道路、小区和街道环境，进行美化、绿化，使自然环境符合人的生活，让生活在其中的人感受到美，从美的环境中受到启迪。在精神环境美方面，主要是丰富广大受教育者的文化活动，用丰富而精美的精神食粮来满足人们的多层次需要，从而在享受丰富多彩的文化大餐时，思想境界得以提高，认识得以深化，以利于培养人们高尚的革命情操和健康的生活情趣。另外，创建良好的社会风气，以美化社会精神生活，也是思想政治教育社会环境美化的另一重要方面。社会精神环境美所追求的最高境界就是人与人之间关系的融洽、和谐，而良好的社会风气则能增进人们之间的相互理解和信赖，使人们心情舒畅地生活、学习、工作，从而促进社会的发展。

四　建构现代思想政治教育学的形式美理论

思想政治教育形式美，是指思想政治教育的内容和方法，是教育者用来对受教育者进行教育的中介，它是联系教育者与受教育者的重要因素。思想政治教育形式美包括教育内容美和教育方法美两个层面。思想政治教育内容是思想政治教育目的和任务的具体化，直接关系到思想政治教育目的和任务的实现。思想政治教育内容的确定，既要依据思想政治教育的目的和任务，又要根据受教育者的思想品德状况，是一个复杂的、动态的系统。而思想政治教育内容之美，首先体现在思想政治教育内容之真上，即符合人的思想品德形成发展规律和思想政治教育规律这两大规律。所以，在内容的选择方面，要围绕教育目的，符合教育对象个性和身心发展规律，用科学的理论武装人，用高尚的思想启迪人，用真挚的感情打动人，能使受教育者身临其境，受到熏陶和同化。思想政治教育方法，是指在思想政治教育过程中，为实现教育目标，传授教育内容，教育者对受教育者所采取的思想方法和工作方法。在其他因素确定的情况下，方式、方法的灵活有效运用有时会成为实现思想政治教育有效性的决定性因素。思想政治教育方法美，指思想政治教育方式方法的艺术化之路，即以疏导为方针，以激励为契机，以实现人的自我教育为目标。"疏导"意味着平等、民主和信任，"激励"意味着引导、启发。这样才能引起受教育者的共鸣与体验，激发受教育者的情感，实现教育效果。

除此之外，思想政治教育要得以实施还需要载体，思想政治教育载体是指对思想政治教育产生影响的环境因素，是思想政治教育加以运用或者有意创设的一切自然的和社会的条件。教育载体对受教育者的自发影响与教育者对受教育者的自觉影响同时并存于思想政治教育过程之中，无时不有，无处不在，它是影响思想政治教育的一个基本要素。它是思想政治教育过程的综合组织形式，是各要素相互联系的枢纽，是各要素相互作用实现的形式。当前思想政治教育载体在继续运用会议、集中学习、个别辅导、办研讨班、演讲报告、党团活动等载体形式的基础上，努力创造着符合新时代特点的新的载体。现在已被人们普遍认可的思想政治教育载体主要有管理载体、文化载体、活动载体和大众传媒载体。思想政治教育载体美，指思想政治教育者应鉴于当前开放的社会环境和人们多样化的思想观念，思想政治教育载体应该覆盖面更宽，包容性更高，吸引力和渗透力更强，比如利用文化载体时，把思想政治教育内容寓于文化建设之中，这就需要充分发掘文化具有的形象性、生动性和感染性，来提高思想政治教育的审美性和吸引力。

第十一章

现代思想政治教育学的人才学基础

思想政治教育学研究对象主要是人们进行思想政治教育的规律和人们的思想品德的形成规律，培养目标是坚持和促进人的自由而全面的发展。人才学是一门研究人才产生过程、发展及其形成规律的科学，它主要是研究人的德、智、体诸方面素质的形成和发展，主要培养目标是全面提升人的各方面素质，促进人的全面发展。从现代思想政治教育学和人才学的范畴界定、研究对象和培养目标看，两者都要对人的素质提高以及人的全面发展方面的相关问题进行理论探究。因此，现代思想政治教育学与人才学有着密不可分的关系。探究现代思想政治教育学的人才学基础，我们要重点把握思想政治教育与人才学的关系，进而深入探讨现代思想政治教育的人才学知识借鉴，从而为构建现代思想政治教育的人才学理论做好准备，让人才学成为思想政治教育发展的重要视角，推动思想政治教育的纵深发展。

第一节 思想政治教育学与人才学的关系

思想政治教育学是20世纪80年代初开始形成发展起来的一门应用性学科，伴随着我国社会的不断发展，思想政治教育学科在实践中也不断地发展和完善，为我国培养了大量的思想工作的专门人才，在促进我国社会主义建设中发挥了重要的作用。思想政治教育学是以马克思主义基本原理作为自己的理论基础，同时又通过借鉴其他的学科知识来丰富自己的学科内容。人才学是20世纪70年代创建起来的，人才学的发展为思想政治教育学提供了大量的理论知识借鉴，丰富了思想政治教育学的内容，促进了思想政治教育学的发展。

思想政治教育学在学科发展中研究的一个重要内容就是思想道德的形成和发展规律，这就会涉及如何提高和发展人的思想道德品质，而人才学是一门研究人才产生过程、发展及其形成规律的科学，它主要是研究人的德、智、体诸方面素质的形成和发展。从某种意义上来讲，提高人的思想道德水平，也是培养人才的一个过程，所以思想政治教育学与人才学有着密切的联系，我们只有把握好思想政治教育学与人才学的关系，才能更好地推动思想政治教育学的发展。

一　思想政治教育学与人才学的学科发展联系

随着我国经济社会的发展，特别是在新中国成立以后，我国进入了社会主义的建设和发展时期，出现了很多的新情况和新问题。为了更加有效地应对出现的新情况，解决一些新的问题，党中央加强了对思想政治教育的理论科学体系的研究。经过了几十年的发展的实践经验的积累，初步形成了思想政治教育学的思想知识结构体系。在 20 世纪 80 年代以前，思想政治教育学还没有形成一门独立的学科，随着中共十一届三中全会以后，党中央强调在新的形势和历史条件下我们要加强思想政治教育工作的科学研究，同时也鼓励广大的思想政治教育工作者不断地加强理论体系的研究。经过了近 30 年的理论探索和研究，思想政治教育学作为一门独立的学科成长发展起来了。思想政治教育学学科建设和发展主要分为三个阶段：第一阶段是初步探索阶段（1978—1984 年），在这一阶段形成了很多的设想和理论指导。比如，1980 年 5 月，第一机械工业部和全国机械工会联合召开了思想政治工作座谈会，在这次座谈会中，有很多的讨论结果都收录到了《论思想政治工作科学化》一书中，该书代表了那一时期的思想政治教育理论研究水平。之后在 1983 年由张蔚萍和张俊楠主编的《思想政治工作概论》也相继出版，该书使思想政治工作系统化和理论化。这一阶段，在党中央和广大思想工作者的努力下，提出和研究了很多新的思路和想法，为思想政治教育学的学科创立和发展奠定了基础。第二阶段是系统建设时期（1984—1999 年），在这一阶段思想政治教育学走出了一条科学化、规范化的发展道路阶段。《全国职工思想政治工作纲要（试行）》提出，有条件的高等院校应创立政工专业，要在全国逐步建立起初级、中级、高级政工人才正规化培训网络。为了落实这一精神，教育部召开了政工专业论证会，确定学科名称为"思想政治教育学"，专业名称为"思想政治教育专业",初步议定了专业的课程设置,并决定1984年开始招生。经教育部审批,第一批开办思想政治教育专业的高校有12所。思想政治教育专业的设立,标志着思想政治教育学作为一门学科正式形成。第三阶段是全面建设时期(1999年至今),从1999年以来,党中央进一步加强了对思想政治教育的领导,加大了对思想政治教育指导的力度。1999年9月,中共中央颁发了《关于加强和改进思想政治教育的若干意见》,这是党中央有关全国思想政治工作的一个文件,给全国思想政治工作和思想政治教育的研究以巨大的推动。2004年8月,《中共中央国务院关于进一步加强和改进大学生思想政治教育的意见》颁发,这一文件成为21世纪大学生思想政治教育的纲领性文件。在这些文件精神的指导下,思想政治教育学科进入了全面建设的新阶段[①]。

  人才是一个国家综合国力的重要标志,它是一个国家的前途和未来。当今的国际竞争主要是综合国力的竞争,而综合国力的竞争关键是人才的竞争。一个国家能够重视人才培养和发展,那么这个国家就能在世界民族之林中立于不败之地。人才学是20世纪70年代创建起来的,随着经济社会的不断发展,对人才的需求不断增加,由此而出现了人才学这一门学科。人才学的发展主要分为四个阶段:第一阶段是萌芽阶段(1979—1982年),在这一阶段是人才学刚刚起步的阶段,很多的学者对人才学都是处于一种探索阶段,没有形成很多的科学理论体系,但是这一阶段的探索为人才学理论体系的建立奠定了一个基础。第二阶段是形成阶段(1983—1990年),在这一阶段开始形成了一些理论体系,主要有王通讯的《人才学通论》、叶海忠的《人才学概论》。第三阶段是丰富和完善阶段(1990—2003年),随着人才学的不断深入研究,人才学理论体系不断丰富和完善,尤其是以叶海忠和罗洪铁为代表。1990年叶海忠编写的《普通人才学》,2003年罗洪铁编写的《人才学基础理论研究》使得人才学这门学科更加科学和成熟,对人才学的发展起到了重大的作用。第四阶段是深入发展阶段(2004年至今),这一阶段是人才学深入发展阶段,这一个阶段的重要标志就是2003年12月19日至20日的中央人才工作会议的召开,并且在这次会议后颁布了具有重要意义的决定《中共中央、国

---

  ① 陈万柏、张耀灿:《思想政治教育学原理》,高等教育出版社2007年版,第15—17页。

务院关于进一步加强人才工作的决定》，这个"决定"开创了中国特色社会主义的人才观和人才理论体系，这也是人才学发展的一个纲领性文件，使人才学获得了长足的发展。

思想政治教育学和人才学都是在20世纪70年代末80年代初开始探索和建立的，思想政治教育学科的建立和发展为我国社会的发展提供思想政治教育的专业人才，为社会主义现代化建设提供思想保证。思想政治教育学建立的初期，人才学也正在兴起，人才学的建立和发展为思想政治教育学科的建立提供了重要的理论知识借鉴。思想政治教育学的建立和发展与人才学的建立和发展有着紧密联系。主要分为三阶段：第一阶段是理论探索阶段的联系（1978—1984年），改革开放后为了加快社会主义现代化的建设，防止在思想政治工作中出现严重的偏差和一些不良的思想，同时也为了加快建立社会主义人才队伍建设，党中央开始培养社会主义人才，不断加大教育投入的力度，这就为建立思想政治教育学的建立和发展提供了客观条件。第二阶段是学科初步联系阶段（1984—1990年），在这一阶段思想政治教育学走上了一条科学化、规范化的发展道路，并在全国有条件的高校开始培养各种人才。同时，人才学的发展也处于理论建设和发展的阶段，相关的著作也随着出现了。人才学的理论的建设和发展为思想政治教育学的发展提供了理论基础，为高校提供了大量的人才学教材，培养了大量的高素质人才。第三阶段是学科深入联系阶段（1990年至今），在这一阶段思想政治教育学与人才学处于相互联系、密不可分的阶段。特别是2003年12月19日至20日中央人才工作会议的召开，并且颁布了《中共中央、国务院关于进一步加强人才工作的决定》，这个"决定"表明了党中央对加强人才培养工作的重视。人才的培养主要是在大学，因此要加强人才队伍的建设和培养，我们必须要加强对大学生的培养，使大学生成为社会主义的建设者和接班人。而对大学生的教育和培养的主要目标是要使其树立正确的思想观念，不断加强其思想道德修养，成为全面发展的社会主义人才。为了加强大学生的思想品德修养，2004年8月，党中央、国务院颁发了《关于进一步加强和改进大学生思想政治教育的意见》，这一文件成为21世纪大学生思想政治教育的纲领性文件。重视人才的培养，加强人才学学科的建立，为思想政治教育学学科建立提供了知识借鉴和理论发展的空间。因此，思想政治教育学学科的建立和发展离不开人才学学科的建立和发展，要借助人才学学科知识加快推进思想政治教育学纵深发展。

二 思想政治教育学与人才学的内在逻辑联系

思想政治教育学是研究思想政治教育一般规律的科学，它主要是研究人们的思想道德形成和发展的规律及对人们思想政治教育的规律，它与人才学有着密切的关系。

首先，思想政治教育学和人才学的目标都是相同的，它们两者都是围绕着对人的全面发展做出相关规定和相关指导。人才学研究的是人才现象的特殊矛盾性，研究人才发生、发展的全过程，研究人成其才、人尽其才、才尽其用的有关因素。具体说，要进行研究的内容有："人才内涵及特征的研究；人才思想及来源的研究；人才本质、地位、价值、作用的研究；人才学与相关学科关系的研究；人才运动规律和成才规律的研究；人才成长的途径、阶段、环节的研究；人才成长环境与相关因素互促效应的研究；人才组合与优化研究；人才管理与效益的研究；人才政策、保护及战略研究，人才系统工程研究；人才科学体系的研究等。"① 这些都是人才学旨在培养合格的和高素质的人才，实现人的全面发展。思想政治教育学主要是以思想政治教育为研究客体的一门独立的综合性应用学科，它有利于加强思想政治教育，使得思想政治教育科学化，并且思想政治教育学对于人的思想品德的形成和发展规律的研究丰富了我们对人的自身认识。同时，思想政治教育学能使我们更好地掌握人的思想品德形成规律以及思想政治教育规律，这样我们在开展思想政治教育工作的时候就能够取得更好的效果，为培养优秀的人才创造条件。

其次，"思想政治教育学与人才学是相互支撑，共同与社会的发展相协调。思想政治教育是通过对个体的思想道德素质的教育和塑造以及其他行为的引导，为社会培养出大量的人才，体现出了强大的人才塑造和开发功能，促进和完善了人才学学科体系"②。人才的培养和开发，打造了高素质的人才队伍，为思想政治教育学的发展奠定了重要的理论和实践基础。思想政治教育学与人才学是内在地紧密地联系在一起的，江泽民在党的十六大报告中明确指出了思想政治教育和人才之间的关系："全面

---

① 赵恒平、雷卫平：《人才学概论》，武汉理工大学出版社2009年版，第11页。
② 张耀灿、郑永廷、吴潜涛、骆郁廷：《现代思想政治教育学》，人民出版社2006年版，第81页。

推进素质教育，造就数以亿计的高素质劳动者、数以千万计的专门人才和一大批拔尖创新人才。"[①] 由此可见，思想政治教育学发展的一个重要客观要求，同加强社会主义人才队伍建设和人才资源开发的要求是紧密相关的。

最后，思想政治教育学对创新人才培养具有重要的作用。思想政治教育学通过思想政治教育这个方式和途径来实现自己的目的。思想政治教育的根本目的就是培养出优秀的具有科学的世界观、人生观和价值观的个体，这"三观"是创新个体素质的灵魂和核心，它指导着个体在实践中做出正确的选择，明确自己的目标。思想道德素质是培养创新人才的核心素质，我们只有牢牢地抓住这个核心素质才能在实践中把握正确的方向，为创新人才培养做好思想政治保证。思想政治教育通过一系列的措施帮助创新个体在社会实践中树立正确的科学的世界观、人生观和价值观，使个体不断加强自我内心世界的修养，养成优秀的思想道德素质，培养出21世纪的人才，使其成为社会主义的合格建设者和可靠接班人。

三 思想政治教育学与人才学在实践基础上的联系

在社会实践过程中，思想政治教育学和人才学的共同目标都是为了促进人的全面发展，为社会培养各类人才服务。"思想政治教育是指一定的阶级、政党、社会群体遵循人们思想品德形成发展规律，用一定的思想观念、政治观念、道德规范，对其成员施加有目的、有计划、有组织的影响，使他们形成符合一定社会、一定阶级所需要的思想品德的社会实践活动。"[②] 思想政治教育学作为一门独立的学科，它具有很强的实践性和科学性。随着我国经济社会的不断发展，思想政治教育学也在社会实践中不断地发展。思想政治教育是用马克思主义科学理论武装人，用高尚的道德来规范人，通过这些途径来不断地改造客观世界和人的主观世界，从而在社会实践中使主体更好地提高自己的能力和素质。实践性是人的本质属性之一。人的生存和发展都离不开社会实践活动，离开了社会实践活动我们便无法生存和发展了。在实践中才能更好地激发人的潜能，开发人的智

---

① 《江泽民文选》（第3卷），人民出版社2006年版，第560页。
② 张耀灿、郑永廷、吴潜涛、骆郁廷：《现代思想政治教育学》，人民教育出版社2006年版，第5页。

力，使人的各方面能力得到全面提升。

　　人才学是一门以人才现象作为自己研究对象的学科，是一门实践性非常强的学科。人才学学科为我国培养了大量的社会主义的人才，为我国培养了大量的人才资源。江泽民指出："在社会的各种资源中，人才是最宝贵最重要的资源。"① 人才资源的开发，加强人才队伍的建设直接关系到我国经济社会的发展和中华民族的伟大复兴。同时江泽民还指出："要更新人才工作的思想观念，做好人才工作，首先要确立人才资源是第一资源的思想。"② 因此，要大力加强人才队伍建设，实施科教兴国战略。实施科教兴国战略，教育是基础，关键是人才，而人才的培养又是教育。所以我们要加大教育的基础设施投入，不断提高人们的素质，为社会主义现代化提供更多人才，人才学正是基于这样的一种背景形式下建立和发展起来的。人才学主要目标是为促进人的全面发展，创新人才培养，提高人的思想道德水平、政治素质、能力素质、知识素质、心理素质和创新素质。我们在全面培养人才的综合素质的同时，关键是要提高其创新素质，这样才真正地为我国造就和培养大量的创新型人才。同时我们还要着重提高成才主体的思想道德素质和政治素质，思想道德素质是一个人才的核心素质，而政治素质是一个人才所必须具备的首要素质。我们是人民当家做主的社会主义国家，我们的领导阶级是工人阶级，中国共产党是我国的执政党，因此，我们的教育必须要为我们的政党和广大的人民群众服务，我们所培养的人才必须要坚持为人民服务，拥护中国共产党的领导和坚持走中国特色的社会主义道路。所以，人才培养必须要坚持德育为先的原则，要使我们培养的人才都是德才兼备的。在实践过程中我们要正确地处理好各种关系，其中包括：自己、社会和他人的关系，这就需要我们要有正确的世界观、人生观和价值观作为一个保证；只有树立正确的世界观、人生观和价值观，在人才培养中才能使成才主体将优秀的思想道德素质内化为自身的优秀人格。因此，我们在培养人才队伍过程中必须要把思想道德素质和政治素质放在首位，为社会主义培养出优秀的人才。

---

① 江泽民：《论科学技术》，中央文献出版社2001年版，第77页。
② 江泽民：《论有中国特色社会主义（专题摘编）》，中央文献出版社2002年版，第259页。

第二节　现代思想政治教育学对人才学知识的借鉴

现代思想政治教育学是作为一门独立的学科,它坚持以马克思主义基本理论作为自己的理论基础,同时也借鉴和吸收了很多其他学科的知识和方法。现代思想政治教育学的发展离不开对人才学知识的借鉴,人才学学科的建立和发展为现代思想政治教学的发展提供了理论知识借鉴、研究内容、研究成果和研究方法的借鉴。人才学的建立和发展为现代思想政治教育学的建立和发展做出了突出的贡献。

一　借鉴人才学理论知识

从人类社会的历史发展进程来看,任何新的理论、新的思维、新的思想的产生,都是需要具备一定的条件和基础的,正如恩格斯说的:"同任何新的学说一样,它必须首先从已有的思想材料出发,虽然它的根子深深地扎在经济的事实当中。"[①] 马克思主义人才论是人才学研究的理论基础,马克思主义哲学为人才学的研究提供了科学的世界观和方法论。在19世纪,马克思主义人才论对人才学的发展提供了直接的理论指导作用,它是伴随着无产阶级斗争的需要,并随着革命和社会实践不断发展。人才思想是马克思理论的重要组成部分,它主要包括以下几个内容:人才本质论、人才成长论、人才价值论、人才开发论等。马克思主义人才论是人才学发展的理论基础,为人才学确立了科学的指导思想。随着社会的发展,各国主要的人才理论研究也随之出现了,包括列宁、毛泽东、邓小平、江泽民、胡锦涛等人的人才学思想。人力资本论也是人才学研究的理论基础,该理论是在17世纪下半叶产生的,在经历将近300年的发展后,也就是20世纪的50—60年代,该理论达到了鼎盛时期。其代表人物有美国芝加哥教授西奥多·舒尔茨(Theodore W. Schultz)和另一位美国芝加哥教授加里·贝克尔(Gary S. becker),舒尔茨的理论主要说明人力资本是通过对劳动者的投入,使其不断地提高自身的能力和素质,从而形成劳动的活动能力。也就是说,只有通过对劳动者的大量投入,才能使劳动者成为提高生产力的人力资本。

[①] 《马克思恩格斯选集》(第3卷),人民出版社1995年版,第355页。

现代思想政治教育最根本的目的就是为了促进人的全面发展，人才学学科的建立，对如何培养人才、创新人才、全面发展人才的思想提供了借鉴。因此，我们必须要借鉴人才学的理论知识来促进现代思想政治教育学的建立、发展和完善。无论是从思想政治教育的培养目标、理论基础构建方面，人才学的理论知识为现代思想政治教育学的借鉴都提供了可能。马克思主义经典作家的人才思想以及国外的人力资本论都可以为现代思想政治教育学提供理论知识借鉴。我们要善于从人才学的角度出发，从人才的本质、成长、开发、价值等一系列的过程中汲取相关知识和经验，为现代思想政治教育学创建一系列的教育培养机制和教育理念。

二 借鉴人才学研究内容和研究成果

现代思想政治教育学作为一门独立的学科建立和发展，无论是研究内容还是研究成果，思想政治教育学都从其他学科中取得了很多的借鉴，这种借鉴为思想政治教育学的发展提供了巨大的帮助和理论基础构建。其中对人才学的借鉴尤为重要，人才学的研究内容、方法和成果的借鉴对思想政治教育学的发展具有重要的作用。人才学研究的是人才现象的特殊矛盾性，研究的主要是人才的成长和培育过程以及与人才培育和成长相关的因素。人才学研究的主要内容是：人才的含义，人才的特征，人才思想及其来源，人才的作用、价值、地位、本质的研究，人才的成才规律及其人才运动规律，人才学和相关学科的关系研究，人才的成长环境，人才的成才途径、环节、阶段的相关研究，人才组合和优化的研究，人才的管理和效益的研究，人才系统工程的研究，人才的保护政策和相关的战略研究，人才的学科体系研究，等等。人才学的相关研究内容及其相关成果对发展现代思想政治教育学颇具借鉴意义。

（一）对"人才本质属性论"的借鉴

本质属性是事物的一个根本性质，事物的本质属性是关于该事物的一个内在规定性。人才的本质属性是什么呢？一般认为，人才的本质属性主要有以下三点：创造性、进步性、社会历史性。这三个方面概括出来的也是人才最根本的属性。

创造性是人才的本质属性之一。人才和一般人的区别就是人才是具有较强的知识能力和有专门知识能力的人，特别是具有创造能力的人。但是有些人是这样认为的："人之所以区别于动物就是在于能够进行生产劳动和进行抽象思维,而生产劳动和抽象思维本质上是创造性的",所以就认为创造性这个属性是属于整个人类所固有的特征,是每一个人都具有的属性,而不是人才的本质属性。这个问题的出现可能就是在创造性这个问题的理解上了,对于创造性我们可以从以下的两个方面进行理解。首先是从广义上进行理解,创造性是人和动物的区别,动物只是本能地生活在这个世界上,没有任何的创造性活动,而人类正是有创造性这一个本质属性,才能在社会实践中不断进步,不断向前发展。其次就是从狭义上来理解创造性这个概念,也就是说创造心理学、创造学中的概念,即是指提出新颖的、非常独特的、并且有社会价值成果的一种活动和实践形式。这是人才所具备的一种属性,而不是每个人都有的。思想政治教育学是中国共产党在社会实践中不断探索所建立起来的一门学科,这个学科就有很强的阶级性、实践性和综合性。思想政治教育学主要是从事研究人的思想品德的形成和发展的规律以及对人们进行思想政治教育的规律。正是因为思想政治教育所从事的关键点是对人,所以我们必须从人这个角度出发,把人作为研究对象的一个主体,建立科学合理的学科体系。从创造性这个属性出发,建立和完善思想政治教育学,针对不同的主体进行系统的教学培养和教育研究,提高主体的思想道德水平和创造性思维。

进步性也是人才的本质属性之一。历史上存在两种人:一种人是促进社会的进步和发展的,另外一种人阻碍社会的发展。人才是作为促进社会进步和发展的一种力量。虽然在历史上也出现过具有创造性和有某一方面特长的人,但是他们阻碍社会的进步,这样的人不能算是人才。否定了人才的进步性,也就是否定了人才和发动任务的区别,否定了对人才的正确认识,否定了人群中进步的力量和先进部分,否定了人才的研究和存在的意义。进步性,为研究人才学提供了前提和意义,思想政治教育学也要从这个角度出发,用马克思主义的科学理论和教育理念,学会用科学的方式和方法,为我国培养出各种符合社会进步和发展的人才,这样才能达到思想政治教育学应有的目的。

社会历史性同样是人的本质属性。人都是社会上的人,社会也是由人所组成的,人才也是生活在这个社会之中,总是以一定的方式存在这个社会上的,他还是受到一定社会历史条件的制约,不同的历史时期、不同的社会形态总会出现不同的人才特质。否定了人才的社会历史性,就不能正确地认识人才的本质属性。思想政治教育学从学科建立到目前为止,也是不断地发展和完善的，我们要在历史的条件下来审视来看待科学的发展进程。思想政治教育学在不同的历史阶段针对的主要任务也是不一样的，我们一定要根据不同阶段来实施思想政治教育。

（二）对"人才成才规律论"的借鉴

世界上的任何事物都是有自己的发展规律的，无论是自然界还是人类社会，其发生、发展和灭亡都有自己的一个过程，都是有规律可以循的。同样，人才的成长也是有其规律可循的，成才规律就是指人才创造成功的规律，这就是人才创造过程中各种内在因素和外在因素所必要产生的一种内在的、本质的、必然的、稳定的联系。按照个体成才的一般规律，其规律有如下五个方面：一是立志成才者要顺应历史潮流，适应社会经济发展的需要的规律；二是要善于把握时机，抓住运用已经"成熟"的时机实现成长的规律；三是要创造活动，力争与自身最佳年龄同步成长的规律；四是要善于居于群众之中，与周围集体协调一致进步发展的规律；五是要对准目标，反复实践，不断缩小自身素质与创造活动所需素质的距离的规律。

这些人才成长规律表明，人才的创造活动，不仅是要明确创造目标，确定创造内容，拟定创造计划，协调创造中人们之间的关系，而且还得考虑完成创造必需的人才素质[1]。这五个规律是个体成才一般规律的内容，我们要善于把握其中的关键点，这样我们才能在人才的培养中找到适合人才成长的方式和方法。思想政治教育学研究的要旨，是探索人的培养规律问题，这就要学会借鉴人才学中的人才成长规律，在学科的建立和发展的过程中顺应历史发展的特点，不断提高人们的思想政治素质，培养出适合经济社会发展的各类人才资源。同时，思想政治教育学要把握其自身的发展规律，对于不同的受教育者，要制订出不同的教育计划，要结合人民群众的特点和培养对象的素质特征进行思想政治教育。最后，对于思想政治教育的培养主体，要促使其在社会实践中加强自身素质的修养。思想政治教育学是一门在实践中发展的学科，我们要学会借鉴人才学在人才培养中涉及的内容，丰富思想政治教育学的学科发展体系，从而更好地促进学科建设。思想政治教育也是人才创造过程，因此，在思想政治教育的过程中我们从创造主体的各方面出发，探索出思想政治教育学的教学规律和教育

---

[1] 赵恒平、雷卫平：《人才学概论》，武汉理工大学出版社2009年版，第5—54页。

理念。

（三）对"管理人才培养论"的借鉴

随着经济社会的发展和现代科学技术的发展，科学管理在企业管理中越来越受到人们的重视。在发达国家，已经把管理看作和科学、技术同等重要。管理人才在现代化的社会中具有重要的作用，因此我们要大力培养符合现代社会发展的管理人才，在实践中总结管理人才的成长经验，把握好管理人才的结构体系，探索管理人才的成长规律，这对于培养和发掘人才具有重要的作用。管理人才培养需要遵循一定的原则，主要包括以下原则：管理人才的培养离不开思想政治教育的开展，管理要与科学文化相结合，管理要与实际相联系。管理人才的培养有很多的途径和方式：在工作的岗位和实践中培养、锻炼，自身的进修和锻炼。

管理人才的培养原则对于思想政治教育具有重要作用，思想政治教育学必须要结合时代的特点，必须要结合思想政治教育的规律，通过教育和研究相结合才能更好地发挥思想政治教育在社会实践中的作用。同时，也要借鉴管理人才的培养途径和方法，来创新思想政治教育的教育方式和方法，除了在课堂上传授思想政治教育的相关知识，还需要通过全民的共同努力来创建一个良好的思想道德环境，促进人才的培养。比如：鼓励企业和相关的培训部门加大思想政治教育的投入力度；加大城市文化建设；积极开展各种相关的教育活动；等等。从而为社会营造一个良好的思想道德教育氛围。

（四）对"人才开发和素质测评论"的借鉴

一般认为，人才开发是指开发者通过学习、教育、培养、管理、文化建设等有效方式为实现一定的管理目标和发展战略，对既定的人才进行利用、塑造、改造与发展的活动[①]。人才开发基于对人潜质的判断，为了挖掘人的潜力，从而提高人的素质，人才开发是将人的潜能转化为现实人力资源的关键。人才开发涉及对个体的人的潜质或潜能的理解、发现、判断和发掘等多项内容，其基本内容主要是提高人的素质，挖掘人的潜能，合理配置和使用人才，通过人才管理使人才具备有效地参与国民经济发展所必需的体力、智力、技能，形成正确的价值观念和劳动态度[②]。人才开发

---

① 萧鸣政：《中国政府人力资源开发概论》，北京大学出版社2004年版，第23页。
② 潘金云：《中国第一资源：人才开发利用理论与实践》，机械工业出版社1991年版，第1页。

是一个系统工程,我们必须要遵循其规律,否则,人才开发就失去应有的效果。人才开发必须要遵循以下的基本规律:人才供求规律、劳动价值规律、劳动力竞争规律、人才终身开发规律、职业实践与开发互动规律。人才开发使得现实中人才的德、智、体、美等各个方面的潜能,转化为实际的品德、智力、体力、美德和劳动能力。

思想政治教育学要借鉴人才学中的人才开发这个过程,学会挖掘思想政治教育中的关键教育理念,对受教育者进行塑造和改造,开发其真正的潜能,使其形成正确的世界观、人生观和价值观,在处理问题的时候能够在正确的世界观的指导下妥善处理。激发和开发出受教育者的潜能,促进人才全面发展,这是思想政治教育学在人才培养中的一个根本任务,也是人才培养的一个根本目标。人才素质测评是指测评者运用一些科学、合理的方法,对被测评者的知识水平、思想道德、能力结构、职业选择、发展潜力等多角度和多因素进行测评。人才测评可以帮助用人单位对人才进行选拔、开发、配置、使用。同时,也可以帮助人才对自身的了解。人才素质测评理论对现代思想政治教育学的理论创新和实践发展、对推动思想政治教育学科的建立和发展,有着重要意义和作用。现代思想政治教育学在反思对受教育者进行灌输式理论教育的同时,要逐步认识到通过对受教育者思想道德水平进行测评来调适人才培养的重要性。我们在现代思想政治教育的学科建立过程中,要学会利用测评这个手段来发现教育过程中出现的问题,从而加强思想政治教育的有效性。

三 借鉴人才学研究方法

人才学有很多的研究方法,其研究方法对于开发、塑造、管理和保护人才具有重要的作用。人才学的研究方法有很多种,主要包括以下几个研究方法:一是调查研究法,包括文献调查研究和实际调查研究;二是实验法;三是案例研究法;四是统计归纳法;五是归纳研究法;六是跟踪追溯法;七是测验研究法。这些都是人才学的研究方法,思想政治教育学也有很多的研究方法,它是思想政治教育的客观规律的具体表现,同时也是思想政治教育的实践过程中的经验的总结,它对思想政治教育的过程起到了借鉴作用。

思想政治教育有很强的阶级性和独立性,任何国家在任何时候都不会放弃对社会成员开展符合统治阶级所需要的思想政治教育活动。但从人类社会发展进程看，思想政治教育还是具有包容性和普遍性的。因此，对其他国家、其他领域或者说是其他学科的研究方法进行借鉴，可以为现代思想政治教育学提供很重要的借鉴作用。这样，思想政治教育学才能适应激烈竞争的社会环境，才能在学科发展中取得不断进步。人才学和思想政治教育学在研究方法中具有诸多共同点。对于发展现代思想政治教育学，有必要从人才学研究方法获得启示和借鉴，如调查研究法在思想政治教育学中具有很重要的作用，它能为思想政治教育学发展提供很重要的数据支撑，为实现数据化论证提供依据，从而提高思想政治教育的效益和准确性。案例研究法的运用能为思想政治教育学提供更加准确的案例分析，提高思想政治教育的针对性和实效性。跟踪追溯法在思想政治教育学中的应用可以很准确地为思想政治教育学的研究提供一种追溯和警示作用，避免走弯路。测验研究法在思想政治教育学中的实施可以检测受教育者的思想道德水平和对思想政治教育的重视程度，通过这样的测验，可以为思想政治教育者提供教学改进的方式和方法。思想政治教育学借鉴人才学的方式和方法补充了思想政治教育学的不足，创新了思想政治教育理念，丰富了教学内容，促进了思想政治教育学的发展。

第三节　现代思想政治教育学的人才学理论基础建构

现代思想政治教育学要培养满足现代化建设需要的人才，不仅要借鉴人才学的有关理论、内容和方法，而且要在此基础上从人才培养和人才开发的角度，建构思想政治教育学的人才培养理论内容和体系。要实现这一目标，必须要厘清以下三个问题：一是人才学理论知识思想政治教育学化的问题；二是建构现代思想政治教育学的人才资源开发论的问题；三是建构应对现实问题的现代思想政治教育学的人才学理论基础问题。

一　推动人才学理论知识思想政治教育学化

现代思想政治教育学作为一门独立的学科，随着实践的发展，其学科体系建设和理论基础构建也在不断完善。但是随着社会的发展，在我们的社会生活中出现了新情况、新问题，现代思想政治教育学还有很多问题没有解决，这就需要我们不断推进现代思想政治教育学发展，主要包括夯实、创新、拓展理论基础知识。人才学是主要研究人才现象的特殊矛盾性，是研究人才运动规律和人才发展规律的一门学科。人才学为我国培养了大量的社会主义建设型人才，随着现代化、科技大发展时期的到来，人才在推动社会的发展过程中将起到重要的作用。人才的社会作用主要表现在以下几个方面："人才推动社会主义的物质文明发展；人才推动社会主义的精神文明的发展；人才推动社会政治文明的发展；人才推动社会的变革。"[①] 人才学学科的巨大发展为现代思想政治教育学提供了借鉴。因此，我们必须要在思想政治教育学科范畴内通过一系列的改造和构建，把人才学的科学理论知识内化为思想政治教育学的科学理论知识，这样才能更好地为思想政治教育学构建和创新理论知识。

在马克思主义思想体系中，马克思主义的人才观，是人才学的理论基础，人才思想是马克思理论的重要组成部分，它主要包括以下几个内容：人才本质论、人才成长论、人才价值论、人才开发论等。马克思主义的人才学思想最终目标就是为社会培养更多的人才，促进社会的进步和发展。人才本质论说明了人才的本质属性是创造性、进步性和社会历史性。现代思想政治教育学是关于对人的思想品德和思想道德修养的培养和教育，从而促进人的全面发展。创造性是一个社会进步和发展的必要条件，如果社会缺乏创造性，那么社会就会停止不前。现代思想政治教育学在实施教学过程中也是培养各类创造性人才的过程，创造性培养需要开发人的潜能，而只有科学的、合理的培养人才方式才能开发出人才潜能。由于社会分工的存在，需要大量的、不同专业的人才。因此，在培养人才的过程中要根据培养主体的特点和优势，充分发挥不同的培养主体的创造性，为社会培养不同的人才。现代思想政治教育还要根据不同的受教育者采取不同的方式进行培养，思想政治教育的对象主要有在校大学生、干部、群众等不同群体，这就要求以不同的手段和方式进行思想政治教育，培养不同的社会人才。

同时，人才价值论的提出，为现代思想政治教育价值论的发展提供了借鉴。人才价值论主要是包括人才的社会价值和人才的自我价值。人才的社会价值就是人才个体对社会的满足；人才的自我价值就是人才个体对自己需要的满足。人才价值论在这两方面是对立统一的关系，我们要从这两个方面入手，在社会实践的活动过程中建立客观的人才价值体系，利用这

---

① 赵恒平、雷卫平：《人才学概论》，武汉理工大学出版社2009年版，第22页。

个体系转化为现实生活中的教育理念和人才培养体系。这才完成了从哲学的"价值"到"人才价值",再到"思想政治教育价值"和"现代思想政治教育价值"的转化。

人才资源开发论是我国实施科教兴国战略和实施可持续发展战略的关键因素,同时,也是提高国家竞争力的核心。人才开发的主要目的就是为了更好地提高和开发人的智力,增强人的活动能力和激发人的热情。现代社会的竞争越来越激烈,迫切需要培养人们的创新能力和创造精神。但是,这种培养人的创造精神并不是思想政治教育的一般方法所能够承担的,这就需要思想政治教育去研究人的智力开发和人的潜能开发。

随着社会的发展,各国主要的人才理论研究也随之出现了,包括列宁的人才思想,毛泽东、邓小平、江泽民、胡锦涛等人才学思想,这些都是思想政治教育学的人才学理论基础,都继承和发展了马克思和恩格斯的人才思想。他们的共同特点都是强调要坚持德才兼备的原则,要正确地处理好"德"和"才"之间的关系。思想政治教育既是提高人的思想道德素质的过程,同时也是培养人才的一个过程。要将人才培养的一个过程作为德才兼备的一个过程,将人才的知识转化为对德的领悟和遵守。

二 建构现代思想政治教育学的人才资源开发论

人才资源开发论,是建设中国特色社会主义理论的一个重要方面,它主要是指通过人才的个体开发和社会上的开发全面提高人的各方面能力和素质,从而为社会主义社会的发展提供智力支持和精神动力。从人才资源开发的角度来探讨和审视思想政治教育的发展,不仅在于思想政治教育和人才资源开发都旨在促进人的全面发展,同时也在于拓展思想政治教育发展的领域和视角,推动现代思想政治教育学和其他社会科学的融合发展,促进思想政治教育学在理论拓展上更上一层楼。

人才资源开发与思想政治教育发展存在着内在的逻辑关系。在现代化、科技化和全球化经济迅速发展的社会进程中,人才对社会发展的作用越来越重要,人才对社会发展的贡献比重越来越大。人才资源的开发是我国实施人才强国战略和科教兴国战略的重大举措,大力开发人力资源,加强人才体系建设,是关系到我国经济社会发展的重大问题。江泽民曾指出:"在社会的各种资源中,人才是最宝贵最重要的资源"①,而要发掘好人才资源,则"要更新人才工作的思想观念,做好人才工作,首先要确立人才资源是第一资源的思想"②。

思想政治教育作为一种教育的实践活动,它与人力资源的开发有着紧密的联系,表现为:"一方面,人才资源开发的目标与思想政治教育的目标一致,它们都指向人的自由全面发展。人才资源开发旨在培养高素质的人才,而思想素质、智能素质、身体素质和心理素质的塑造正是人的全面发展的内在要求。思想政治教育也是以思想素质塑造为导向,促使人思想道德素质和科学文化素质的协调发展。另一方面,人才资源开发与思想政治教育相互支撑,共同与社会的发展相协调。这在于:思想政治教育通过个体的思想素质塑造及其对其他素质的导向,表现出其强大的人才资源开发功能;而思想政治教育作为人才资源开发的重要途径,理应对人才资源开发、对个体素质的优化及需要予以回应。"③ 因此,人力资源开发作为思想政治教育学理论发展的实践维度,它是与社会发展形式相互协调,以人才学理论作为自己的依托,从中汲取人才学方面的理论知识,使得思想政治教育学理论在实践基础上不断创新,完善自身体系的建设。

三 建构现代思想政治教育学的人才培养理念和模式

尽管对思想政治教育还有诸多不同认识,但一般认为:"思想政治教育学是研究思想政治教育一般规律的科学,它主要是研究人们的思想道德形成和发展的规律及对人们思想政治教育的规律,是一门具有鲜明的党性和较强的实践性的科学。"④ 思想政治教育的主要任务,就是在培养人的过程中,促进人的自由全面发展。在思想政治教育实践展开中,"以一种全面的方式,也就是说明作为一个完整的人,占有自己的全面的本质"⑤。坚持人的全面发展的观念,就是要按照人的属性实现人的全面发展,主要包括在以下几个方面的发展:政治素质与道德、物质条件和精神条件、科

---

① 江泽民:《论科学技术》,中央文献出版社2001年版,第77页。
② 江泽民:《论有中国特色社会主义(专题摘编)》,中央文献出版社2002年版,第259页。
③ 张耀灿、郑永廷、吴潜涛、骆郁廷:《现代思想政治教育学》,人民出版社2006年版,第81页。
④ 胡凯:《现代思想政治教育心理研究》,湖南人民出版社2009年版,第25页。
⑤ 《马克思恩格斯全集》(第42卷),人民出版社1960年版,第123页。

学技术和人文关怀、生理素质和心理素质、知识能力和实践能力等方面的全面发展。因此，现代思想政治教育学的人才学理论基础建构，还必须从现实人的发展和对实际问题解答的角度进行。

(一) 坚持和发展以人为本的理念

以往思想政治教育往往只关注人的社会性，忽视人的个体存在性；总是强调精神性而忽视物质性，这在一定程度上也导致了人们追求物质财富的积极性不高，社会生产力的提高缺乏动力，最终又阻碍科技教育等精神活动的发展。这是精神与物质观念转化为现实矛盾的一方面，而另一方面，当人们一味地追求物质，忽视精神提升，又致使精神匮乏和物欲横流的现象。这两种看似左右为难的困境，实则是对人的本质存在片面看法。我们国家还处在社会主义的初级阶段，由于各方面的原因，人片面发展的趋势依然存在。在发展市场经济的过程中，受到各种物质利益的诱惑，市场经济的缺陷显现出来，例如：自发性、盲目性、滞后性等。因此，利益主体的价值观念必然会发生变化。例如，有些人只是满足物质上的需求，理想信念淡薄或者缺失，在工作中不注重效益而一味地追求物质上的利益，从而忽视自身的人生价值和人生追求。从社会角度来看，在我国有很多的地方都只是一味地追求经济发展，而忽视精神文明方面的建设，致使很多地方的发展都是畸形的，如以破坏环境为代价来获得经济的暂时性发展就是一例。从政治层面上来看，现在很多人在政治生活上都打上了经济学的口号，并不重视政治的作用和意义，在政治中为了个人的私利搞权钱交易，助长了享乐主义和功利主义，道德败坏的现象频频出现。这些现象的产生都是很多人在价值取向上出了问题，没有完全理解人的本质属性以及人的自由全面发展的实质，没有真正地坚持和发展以人为本的理念。

在社会主义市场经济条件下和现代化的社会建设的进程中，要全面加强道德建设、促进社会和谐，就必须在经济、政治等各个方面把人作为发展的根本前提，把提高人作为发展的一个根本的途径和方式，把尊重人作为发展的一个根本性的准则，从而确立人的主体性地位。思想政治教育工作者要学会在把握人的本质及其规律的基础上，坚持以人为本的理念，教育人们形成正确的世界观、人生观和价值观。同时，也要积极引导其学会自我教育和自我发展，这样才能在成长、成才的过程中实现全面发展。只有坚持和发展以人为本的理念，这样才能实现人的全面发展，才能更好地推进现代思想政治教育学的发展，不断丰富和完善其思想理论体系的构建。

(二) 树立和发展科学的"三观"意识，创新人才培养理念

"三观"是指世界观、人生观和价值观，这也是思想政治教育的根本任务。创新人才培养理念首先要培养人的创新素质，创新素质是指人们在创造活动过程中表现出来的创造能力、创造精神等各方面的有机统一体。马克思认为，实践活动是在意识的指导下进行的，人类的实践活动表明，人的创新素质的形成和发展不可避免地受到"三观"直接或间接的影响。爱因斯坦曾指出，一个人智力上的成就，在很大程度上依赖于性格的伟大。这往往超过人们通常的认识。显然，没有科学而正确的"三观"指导，人格的形塑就会失去正确方向而难以健全。同样，没有科学而正确的"三观"指导，人的创新意识和创新精神就难以产生，人的创新素质就无法培养，人的创新能力也就无从获得。因此，重视思想政治理论素质的提高就必须要坚持和发展科学的马克思主义的"三观"教育，这也是创新素质的灵魂和核心要素。在人才的培养和发展的实际工作中，提高培养主体的思想道德素质，保证其正确的人生态度和政治方向，并使创新的活动成果服务大众、造福人类、推动社会不断向前发展。

(三) 创新教学模式，提高教学实效性

人才的培养过程，也是一个教学过程，思想政治教育也是人才培养的一方面。创新教学模式，是理论问题，更是重大的实践问题，这需要教育者在教学过程中进一步思考和探索。教学模式的创新，离不开教学手段的创新，除了强调在课堂上要运用网络新媒体、多媒体等新的教学工具外，还要改变单一的教学模式，要尽可能地调动学生的学习兴趣，使得师生之间产生良性互动，这样就可以改变单一的灌输模式，改变枯燥、乏味的教学课堂气氛。与此同时，书本上的知识总是有限的，教育者要学会开拓网络教学平台，大量利用网上资源，即增加教学内容，提高教学效率，同时也节省了教师教学过程中的教学时间，提高了学生的学习效率。

第十二章

现代思想政治教育学的管理学基础

从思想政治教育实践活动的运行特点和实际效果来看，它与管理学有相通之处：其主体与主要客体都是人，揭示和遵循的都是人的思想活动的客观规律。管理学是一门系统研究管理过程的基本原理和一般方法的普遍规律的科学，对于思想政治教育学有着重要的借鉴意义和启示作用。从提高思想政治教育实效性的角度来说，思想政治教育实效性的提高不仅要靠教育教学方式的改变，而且还要靠管理方式方法的创新。因此，创新现代思想政治教育学的理论和方法，必须借鉴管理学的理论、方法和实践，来建构和夯实思想政治教育学的理论基础。

第一节 现代思想政治教育学与管理学的实践联系

现代思想政治教育活动和过程，其本质都是实践，其追求都是增强实效，其指向都是实现本身价值和应然目标。现代思想政治教育涉及的内容多而复杂，要适应其复杂性、科学化的要求，必须加强对思想政治教育活动和过程的管理。这为从实践基础上来审视思想政治教育学与管理学的关系，提供了重要的客观实在性支撑。

一 思想政治教育实践活动实质是一种管理活动

现代思想政治教育作为一种复杂的社会活动，不可避免地要在一定的社会关系中进行，必然要采取一定的组织形式、制度、法规等来承担、执行管理的职能。思想政治教育是一个多因素相互作用的过程。这一过程由许多要素组成，有教育者、受教育者、思想政治教育任务及其内容和方法。教育者和受教育者都是多方面的，思想政治教育又有相应的组织机构。如学校有思想政治教育领导小组、党支部、政教处、共青团、少先队等，还有家长委员会、社区教育委员会等。可见，思想政治教育要素具有复合性、多样性的特点。必然要加强对思想政治教育的管理。否则，思想政治教育质量和效果就难以保证。而作为思想政治教育实践活动的思想政治工作，本身体现了管理活动的特征和要素。

（一）思想政治工作过程及其内容具有管理性

现代管理包含组织、决策、协调、激励、沟通等职能属性，思想政治工作也具有这些属性。其中内容包括四个组成部分：教育工作、宣传工作、思想工作、政治工作。从工作过程及其环节看，思想工作和政治工作都是管理行为。如思想工作，主要是用革命理论启发群众，用正确道理说服群众，用真诚感情关心群众，用物质和精神鼓励群众，用英雄模范引导群众，用民主和公仆作风联系群众，等等。这些既是我们党团结、组织、领导群众的具体内容，又是我们党历来倡导的工作方法。毛泽东同志曾指出：不反对官僚主义的工作方法而采取实际的具体的工作方法，不抛弃命令主义的工作方法而采取耐心说服的工作方法，那么，什么任务也是不能实现的。"工作方法"是一个历史和民族范畴。毛泽东同志所称的"工作方法"，实质上就是"管理方法"。这一概念在不同历史时期有不同的称谓和用法。又如政治工作，主要是协调各组织各部门之间利益和社会关系，制定党的路线、方针、政策，按德才兼备的原则和干部"四化"要求做好组织工作，做好整党建党、纪律检查、统一战线、少数民族工作，领导好各群众团体工作等。这些内容都体现了我们党自身建设和实施一元化领导的一种管理活动或管理行为，它与现代管理中的组织、协调、决策、沟通等职能十分相近。至于教育工作、宣传工作虽不是一种管理行为，但有的与管理工作不无联系，有的是服务于管理工作，并充当管理的前奏曲。思想政治工作以上四位一体的内容，充分体现了教育、管理二重性。其教育是管理的基础和手段，管理是教育的归集点，这是思想政治工作区别于其他管理学的最重要的特征和优势之所在。

（二）思想政治工作方法体现管理的艺术性

现代行政和经济管理主要是采用命令、章程、法规、监督、协调、计划、指标、激励等方式和手段实施管理，这是一种借助于权力的管理形式，具有"刚性"特征；思想政治工作主要是采用平等说理、真情感化、典型示范、精神鼓励、"传统"引导、"原则"导向、"作风"培养、思想宣传等方式及纪律约束、民主评议等手段实施管理,这是一种"人格化"的管理形式,具有"弹性"特征。这两种不同的管理形式体现出各自不同的管理艺术和技巧。美国学者 M. 麦科比认为:"管理方法是随人的个性和工作要求而改变的。"① 其实也不完全如此。一种管理方法的选择,一是随管理对象的不同而改变,二是随管理者的管理哲学、管理价值观、管理信念及传统文化不同而改变。由于管理工作要解决的是人如何工作、资源如何配置的问题,思想政治工作主要是解决人的工作信念问题,即"为什么要这样工作问题"。因此两者方法的不同也是必然的。

(三) 思想政治工作原则体现管理的原则精神

思想政治工作经过长期实践经验积累,形成了一系列原则,这些原则现已成为思想政治工作科学理论的核心内容和思想精华。它们是:理论与实际相结合的原则;发扬民主与正确指导相结合的原则;思想政治工作结合经济、业务工作一道做的原则;物质鼓励与精神鼓励相结合,以精神鼓励为主的原则;解决思想问题与解决实际问题相结合的原则;身教同言教相结合,以身教为主的原则;表扬与批评相结合,以表扬为主的原则;耐心说服教育与严守组织纪律的原则;等等。这些原则是我们在各项工作过程中正确处理教育与管理、政治与经济、思想与实际、精神与物质等各种关系,解决人与事、人与人、事与事之间矛盾的重要依据。这些原则充分体现了以马列主义和马克思主义中国化理论成果为指导的中国共产党人的管理哲学,它们不仅对做好思想教育工作具有重要意义,而且对做好现代管理工作也具有深远的指导意义。

(四) 思想政治工作体现现代管理功能

一是桥梁中介功能。毛泽东同志曾说:"我们的任务是过河,但是没有桥或没有船就不能过。不解决桥和船的问题,过河就是一句空话。不解决方法问题,任务也只是瞎说一顿。"② 在历史上,我们党所领导的革命斗争能够得到广大人民群众的支持,党的纲领和各项路线、方针、政策等能够得到贯彻实施,马克思主义基本理论能够被人民群众所接受和掌握,等等,都是因为思想政治工作起到了"桥"和"船"的作用。

---

① 贺强等主编:《西方管理思想宝库》,中国广播电视出版社,第 31 页。
② 《毛泽东选集》(第 1 卷),人民出版社 1991 年版,第 139 页。

二是推动社会生产力发展功能。思想政治工作的重要任务，在提高人民群众认识世界和改造世界的能力，在于通过无产阶级人生观、价值观，和共产主义理想、道德、信念教育，重塑人民群众的思想灵魂，从而激发人们在生产、工作中的主观能动性、创造性和积极性。

三是沟通协调功能。思想政治工作一个重要方式就是通过开展经常性的同志之间、领导与群众之间谈心活动，沟通思想，交换意见、相互批评与自我批评等，达到认识共鸣、感受同化，化解矛盾，增进团结，实现和谐的人际环境；通过协调个人与组织、下级与上级、少数与多数、局部与整体、地方与中央之间的关系，营造良好政治生态环境。

四是是非评判功能。主要是通过正面宣传与反面批判来引导和纠正人民群众的思想行为。发挥思想政治工作的是非评判作用，有助于使党和政府在人民群众中赢得威信，密切党和政府与人民群众的血肉联系，增强领导与群众之间的亲密关系。

五是动员组织功能。通过在人民群众中开展思想政治工作，来宣传马克思主义理论和党的理论、路线、纲领、方针、政策，提高人民群众的思想认识和政治觉悟，增强对党的领导支持，对社会主义制度拥护，从而保证广泛地动员和组织人民群众，积极投身于建设和发展中国特色社会主义伟大实践活动之中。

六是感召凝聚功能。思想政治工作，一方面用先进理论进步思想教育、启发人民群众，另一方面也教育和约束领导者和思想政治工作者自己。通过领导者和思想政治工作者对自己严格要求、身体力行、率先垂范来取信于民，通过自己的良好思想作风、工作作风和生活作风来感化群众，从而达到团结一切可以团结的力量，积极投身党领导的无产阶级革命社会主义建设伟大事业之中。

总之，思想政治教育学和管理学在思想政治教育实践中的共通之处在于：一是都以"人"为本，注重人的作用；二是都注重人的心理需要；三是都注重改善人际关系。思想政治工作任务之一就是创造平等、团结、尊重、互助的同志式关系环境，提倡理论联系实际、密切联系群众，互相学习，同心同德共同构建社会主义和谐社会[①]。从两者的相关性看，加强思想政治教育管理，就是根据思想政治教育的性质和任务，在一定的环境

[①] 司有来：《关于思想政治工作也是一门管理学的探讨》，《学术界》1995年第5期。

条件下,通过预测、决策、计划、组织、指挥、协调、控制、评价,有效地组织、调动和利用各种思想政治教育力量和相关要素,形成思想政治教育合力和整体优势,提高思想政治教育效果,实现思想政治教育目标的过程。显然,这一过程同增强思想政治教育实效性的过程,是紧密结合在一起的。

二 现代思想政治教育的构成要素与管理的要素相交织

思想政治教育活动的构成要素包括思想政治教育主体、客体、目的、环境、信息,这同管理活动的构成要素是相互交织的。因此,在思想政治教育管理学中,可以称之为思想政治教育管理的构成要素。因此,思想政治教育管理作为动态过程,它包括思想政治教育管理环境、管理目的、管理主体、管理客体和管理信息五个要素,离开任何一个要素,思想政治教育管理行为便无法产生。这五个要素决定思想政治教育活动与管理行为的发生,统一于思想政治教育过程及其管理实践中。

(一)思想政治教育主体与思想政治教育活动的组织管理主体相交织

思想政治教育主体在思想政治教育管理要素中起主导作用。思想政治教育管理主体的作用表现为对思想政治教育管理客体的领导、组织、控制和协调,使思想政治教育管理客体能够按照思想政治教育管理主体的要求和目标进行工作,思想政治教育管理客体工作成绩的好坏,在很大程度上取决于思想政治教育管理主体的领导水平及素质。思想政治教育管理主体包括思想政治教育管理组织及管理者,他们是思想政治教育管理活动的主体,是实施思想政治教育管理行为的人。在各系统(部门、单位)思想政治教育管理组织和管理活动中,管理主体处于主导地位,起主导作用。无论是思想政治教育管理目标的确定、思想政治教育计划的制订和执行,还是思想政治教育内容、方法和途径的选择,管理主体都起着领导和组织的作用。可以说,没有脱离思想政治教育实践活动的思想政治教育管理主体,也没有不发挥思想政治教育组织管理职能的思想政治教育者,在作为思想政治教育实践活动的施加者和组织者方面,思想政治教育的主体和思想政治教育管理的主体是统一的。

(二)思想政治教育客体与思想政治教育管理客体相交织

思想政治教育管理客体是思想政治教育管理的特定对象。各系统(部门、单位)思想政治教育的管理客体,包括一切思想政治教育资源,如思想政治教育人力资源、思想政治教育课程资源、思想政治教育活动资源、思想政治教育财力资源、思想政治教育时空资源等。其中主要的思想政治教育管理客体是根据思想政治教育管理主体的指令，按照思想政治教育管理主体的意图，为达成思想政治教育目标服务的各级下属思想政治教育工作者。在思想政治教育管理要素中，思想政治教育管理主体和思想政治教育管理客体的划分并非是绝对的，在一定的条件是可以转化的。在思想政治教育管理过程中，思想政治教育工作者不仅是思想政治教育的管理主体，而且也是思想政治教育的管理客体。在一定的时间、场合下相对于一定的对象，一个人是思想政治教育的管理主体；在另一个条件和场合下，他又可能变成了思想政治教育的管理客体。思想政治教育管理组织中没有绝对的思想政治教育管理主体，也没有绝对的思想政治教育管理客体，只能根据一定的条件相对而言。

（三）思想政治教育目的与思想政治教育管理目的具有一致性

任何管理行为都具有一定的目的性，都是一种有意识、有目的的活动。所有的思想政治教育管理活动都围绕着思想政治教育管理目的进行。思想政治教育管理目的是思想政治教育管理主体的努力方向，是思想政治教育管理活动要达成的效果，贯穿于思想政治教育管理活动全过程，渗透于各项具体思想政治教育活动之中，也是衡量思想政治教育管理活动是否合理、有效的标志和尺度。因此，思想政治教育管理目的在思想政治教育管理行为中处于核心地位。同时，我们要看到，思想政治教育的管理不是为管理而管理，而是为了更好地实现思想政治教育的目的。可以说，一切思想政治教育管理活动都从属于思想政治教育目的，服从和服务于思想政治教育管理目的，各项思想政治教育管理工作都是为了实现思想政治教育目的而有组织、有意识地展开的，同时也就体现了思想政治教育管理的根本目的。

（四）思想政治教育环境与思想政治教育管理环境相交织

思想政治教育管理环境包括自然环境和社会环境，大到国际政治、经济形势，小到学校、班集体环境变化，都对思想政治教育管理行为产生影响。思想政治教育管理是一个动态过程，是一个对环境的动态适应过程。思想政治教育管理环境直接或间接地影响着思想政治教育管理行为和思想政治教育环境。思想政治教育环境可能是思想政治教育管理的宏观环境或大环境，也可能是思想政治教育环境的微观环境或小环境。思想政治教育环境可能是思想政治教育管理环境的一部分,也可能是思想政治教育管理环境的基本环境或总体环境。从思想政治教育实践看,思想政治教育环境是思想政治教育活动的必要条件,思想政治教育环境制约思想政治教育管理系统构成形式。

(五)思想政治教育管理信息是思想政治教育管理的有效资源

从信息论的角度来看,思想政治教育管理过程实质是一个信息传递或信息交流的过程,类似于人的神经系统,人体的运动离不开神经脉络,而思想政治教育管理则离不开信息的传递与沟通。由此可见,思想政治教育管理信息是思想政治教育管理的重要因素。首先,信息传递是思想政治教育管理的基础。各系统(部门、单位)思想政治教育管理职能是多方面、多样化的,思想政治教育管理活动的内容和形式也是多种多样的,要有效发挥思想政治教育管理的基本职能,如计划、组织、调控、协调、控制、教育等职能,离不开管理信息的支持。尤其是在网络化、信息化、开放式的教育环境下,管理对象的思想异常活跃,思想政治教育内容、方法不断更新,对大量的信息,如果不能准确地收集、分析,并迅速、有效地提供给各级思想政治教育管理者,思想政治教育管理职能就无法有效地发挥,各系统(部门、单位)的思想政治教育管理就无法实施。

三 管理的导入推进了思想政治教育的科学化

(一)在思想政治教育实践过程中导入管理活动由来已久

中国古代君王将思想政治教育管理纳入治国之道的主要内容,为了加强思想政治教育管理、提高思想政治教育效果采取了许多有效措施。

一是通过设立学校,开辟思想政治教育渠道。尧、舜、禹、汤、周文王等均主张以德治天下,并通过办学校,以教育德。"设为庠序学校以教之。庠者,养也;校者,教也;序者,射也。夏曰校,殷曰序,周曰庠;学则三代共之,皆所以明人伦也。人伦明于上,小民亲于下。"[①] "立大学,设庠序,修六礼,明十教,所以道之也。《诗》曰:'饮之食制之,教之诲之。'王事具矣。"[②]

---

① 杨伯峻:《孟子译注》,中华书局1960年版,第118页。
② 王先谦:《荀子集解》,中华书局1988年版,第498—499页。

二是通过确定教材，控制思想政治教育内容。建立完善的思想政治教育教材体系是加强思想政治教育管理、实现思想政治教育目标的重要手段。中国自汉代以来的中央官学、地方官学、书院、乡学，以及各类私塾、家塾的思想政治教育教材都以儒家经典为主体，除《四书》《五经》等经典范本外，各种蒙学教材如《孝经》《三字经》《千字文》《童蒙须知》《名贤集》《龙文鞭影》《女儿经》《小儿语》《弟子规》等书以及各种家训和文学作品，都以不同的方式讲授道德规范和处世准则。

三是通过确定思想政治教育目标，把握思想政治教育方向。《大学》为学生提出了八条成长目标："格物、致知、诚意、正心、修身、齐家、治国、平天下。"并规定了大学的办学宗旨："大学之道，在明明德，在亲民，在止于至善。"孔子要求"弟子入则孝，出则悌，谨而信，泛爱众，而亲仁，行有余力，然则学文"。

(二) 管理的导入促进了思想政治教育从经验走向科学

中国共产党成立之初，就十分重视思想政治工作。1921年7月，党的一大通过了《关于当前实际工作的决议》，确定党成立后的中心任务是通过建立工人学校、成立工会来提高工人觉悟，组织工人阶级，明确提出"党应以阶级斗争的精神灌输各工会"。1923年11月，中共三届一中全会通过了《教育宣传问题决议案》。在宣传方针上，强调要为反对帝国主义和军阀的政治任务服务；在宣传内容上，强调要宣传"健全的唯物主义的宇宙观和社会观及集体主义的人生观"；在宣传方法上，提出了"政治讨论""政治讲演""原理讲演""劳动生活讨论"和设立"社会科学研究会"等形式。毛泽东在《湖南农民运动考察报告》等著作中，深刻阐述了通过思想政治工作发动和组织农民对中国革命的极端重要性，提出要在农村"普及政治宣传"和"普及政治教育"，认为这是发动和组织农民革命的必要条件。1927年9月，毛泽东主持的三湾改编，是中国共产党建设新型人民军队最早的一次成功探索和实践，标志着毛泽东建设人民军队的思想开始形成。三湾改编初步解决了党对军队的绝对领导问题，奠定了政治建军的基础。三湾改编实行军队内民主，建立士兵委员会，加强思想政治工作，对团结士兵、增强战斗力、瓦解敌军起到了巨大作用。1933年，毛泽东在《必须注意经济工作》一文中又指出："用文化教育工作提高群众的政治和文化水平，这对于发展国民经济同样有极大的重要性。"

在土地革命、抗日战争、解放战争中不断加强人民军队的思想政治工作，增强了人民军队的战斗力，为取得社会主义革命的胜利奠定了坚实的基础。

新中国成立后，党和国家将思想政治工作作为各项工作的"生命线"，高度重视此项工作。由于思想政治工作的有效开展，为社会主义改造的顺利完成奠定了坚实的思想基础。然而，对思想政治教育进行科学有效的管理也只是20世纪80年代才开始的。从新中国成立到20世纪60年代中期，思想政治教育取得了一定成绩和经验。十年动乱期间，思想政治教育成为"阶级斗争的工具"。1978年经过拨乱反正，思想政治教育走上正轨，思想政治教育理论研究逐步正常开展，思想政治教育实践中也出现了许多新经验，形成一些符合时代要求的新思想、新理论，为思想政治教育学科的现代化建设，提供了丰富的实践基础。

从20世纪80年代初开始，高等师范院校在总结以往学校思想政治教育和教学的基础上，根据当时需要开设了"德育原理"课程。这是把"德育原理"作为独立学科来建设的重要开端，对于推动思想政治教育理论研究具有重要意义。1983年开始编写、1985年正式出版了新中国成立后的第一本《德育原理》教材。该教材由北京师范大学、华东师范大学、南京师范学院（现南京师范大学）等校协作编写，由北京师范大学出版社出版。在该书的"实施篇"中设第十三章，专门讨论德育管理问题。从此，思想政治教育管理问题开始进入科学研究的范畴，加快了思想政治教育管理从经验走向科学的进程。

运用政策法规加强思想政治教育管理，使思想政治教育管理走向规范化和法制化轨道。改革开放以来，党中央、国务院以及教育部相继颁发了一系列关于加强思想政治教育管理的文件。以教育系统为例，1984年，中共中央宣传部、教育部发出《关于加强高等学校思想政治工作队伍建设的意见》；1986年，中共中央、国务院批转的《国家教委关于加强高等学校思想政治工作的决定》；1993年，国家教委正式颁布《小学德育纲要》；1995年，又正式颁布《中学德育大纲》和《中国普通高等学校德育大纲（试行）》；1994年，中共中央颁发《关于进一步加强和改进学校德育工作的若干意见》，同年又向全国人民发出《爱国主义实施纲要》；2004年2月，中共中央、国务院提出了《关于进一步加强和改进未成年人思想道德建设的若干意见》，10月，中共中央、国务院发出了《关于进一步加强和改进大学生思想政治教育的意见》。这些文件不仅使学校思想政治教育得到政策上的保障，而且也为加强思想政治教育管理和改进思想政治教育工作提供了法规依据。

实施正规化培养，大力加强思想政治教育队伍建设。加强思想政治教育队伍建设是思想政治教育管理的主要任务。为此，国家采取了一系列措施。1984年4月，教育部批准南开大学等12所院校首批开设思想政治教育专业，并从当年开始招收360名本科生，他们毕业后主要从事高等学校思想政治工作和思想政治教育的教学、科研工作。为了达到培养目标，教育部还同时下发了专业必修课程参考目录，共计五类28门课程；1984年6月，为培养高等学校思想政治工作和思想政治教育专业骨干，教育部又批准清华大学等6所高校开办思想政治教育专业第二学士学位班，并决定当年招生191名；1984年6月，教育部又向各省、市、自治区高教厅（局）发出《关于在高等学校举办思想教育本科班的意见》；1986年12月，国家教育委员会又发出《关于试办思想政治教育专业在职第二学士学位班的意见》；1987年6月，国家教委、国家计委、财政部又发出《关于高等学校培养第二学士学位生的试行办法》；1987年9月，国家教育委员会发出《关于思想政治教育专业培养硕士研究生实施意见的通知》。这一系列措施，推进了思想政治教育专业日臻完善，推进了思想政治教育学科的建设。1993年10月，国家教委在《关于思想政治教育专业办学的意见》中，又明确规定了该专业培养本科生、第二学士学位生、硕士研究生和博士研究生的办法，并先后批准了华中师范大学、清华大学、中山大学等博士授予点，在队伍建设上形成了梯队式、有计划、规范化培养格局。2005年，国务院学位委员会设置马克思主义理论学科，将思想政治教育学科纳入该学科进行管理，同时加强了对高校思想政治理论课的教材和教学内容管理，各级教育行政部门还加大了对思想政治教育教学活动的监管。

思想政治教育走过了从"政治工作"到科学思想政治教育的发展历程。伴随着这个历程，思想政治教育领域成长起来一大批学识渊博、卓有成就的专家、教授、知名学者，更可贵的是还成长起一批博士生导师、学科带头人。

总之，在我们党历史上，思想政治工作与各项管理工作是相互渗透、相辅相成的各级组织和领导者行为。两者载体虽有职责定位，但却未截然分家。毛泽东同志曾说得十分清楚："思想政治工作，各个部门都要负责任。共产党应该管，青年团应该管，政府主管部门应该管，学校的校长教师更应该管。"① 任何时候，将思想政治教育理解成一种单纯的思想教育工作，一种纯是党组织、政工干部的工作，只会导致思想政治教育从理论到实践的党政分家，进而造成全社会思想政治教育影响力的下降、实效性的降低。

第二节　现代思想政治教育学对管理学知识的借鉴

在把握思想政治教育实践与管理活动两者关系的基础上，推进现代思想政治教育学的发展，非常有必要借鉴管理学的科学理论和知识体系。从思想政治教育学发展的要求看，借鉴管理学知识，就是要通过借鉴管理学的有关原理、理论和方法，通过科学组织、合理配置和协调运用思想政治教育资源（思想政治教育要素），使思想政治教育的整体效能达到最大化，进而有效地实现思想政治教育目标的过程。

一　借鉴管理学理论知识的必要性

借鉴管理学理论知识，有助于提高思想政治教育研究的科学性和系统性、突破思想政治教育学的研究内容、把握和探索思想政治教育的规律。

第一，有助于提高思想政治教育研究的科学性，避免盲目性。借鉴管理学方法系统性原理，进行思想政治教育，可将思想政治教育视为一个大系统，视思想政治教育为各要素的有机集合体，从而运用该原理对思想政治教育进行系统研究。首先，基于思想政治教育系统的整体性，从主体着眼，局部着手，统筹兼顾，以达到整体上的最优化。其次，基于思想政治教育系统的动态性特征，把握思想政治教育系统稳定与变化的关系，并尽可能地预见思想政治教育系统的发展趋势，使思想政治教育具有前瞻性。最后，基于思想政治教育系统的开放性特征，充分估计到外部环境条件对思想政治教育的诸多影响，从而对其研究具有完整性、开放性和科学性，而避免盲目性。

第二，有利于突破思想政治教育学的研究内容。从分类学意义上看，

---

① 《毛泽东著作选读》，人民出版社1986年版，第780页。

虽然思想政治教育学分为理论性和应用性两方面的内容，但管理学方法的应用对两者均有重要意义。其一，在理论思想政治教育学上，管理学方法的应用，对思想政治教育中的一些传统理论问题，如思想政治教育的实质、思想政治教育的标准、思想政治教育体系的研究，都将会带来一些新的启示。面对一些新的理论问题，如思想政治教育的价值、依法治国和以德治国等问题，也会带来新的发现。其二，在应用思想政治教育学上，管理学方法的应用，其价值也非常大。思想政治教育学应用研究主要从其内部系统和外部系统两个方面来进行。思想政治教育学内部系统的研究，主要是对于思想政治教育的过程及主要要素的研究，它旨在弄清思想政治教育过程各个组成要素及思想政治教育行为结果的因果关联程度，了解影响思想政治教育过程的各种个别差异、主客观因素和发展规律，把握思想政治教育预测、调整和控制的原理与方法等内容。思想政治教育学外部系统的研究，主要对于与思想政治教育有关的、并对其产生影响的、外部因素的研究。它旨在研究把握影响思想政治教育的外部因素以及如何充分发挥和利用各种外部因素的优势作用，以使其促进思想政治教育发展等问题。这对于搞好思想政治教育，建立有效的思想政治教育体系，具有直接的和重大的价值。

　　第三，有利于把握思想政治教育的基本规律，并迅速找到加强它的途径和手段。管理工作虽然错综复杂，变化多端，但万变不离其宗，各类工作都有其共同的基本规律。管理者只要掌握了这些基本规律，就会泰然自若地面对纷繁杂乱的局面，将管理工作做得井井有条。思想政治教育的研究也是如此。实践中，人的思想及行为有各种表现形式。为了有效地研究思想和行为对实践的指导作用，可以借鉴管理学方法中的系统性原理、人本原理、责任原理和效益原理。在现实生活中，许多管理者是通过自己的管理实践，经过长期的积累过程才逐渐领悟到管理的基本规律。管理学方法是在前人实践的基础上经过系统地、深入地研究才上升为理性的认识。因此，管理学方法的运用能加速人们掌握思想政治教育基本规律的过程，使人们更快地形成自己的思想政治教育哲学。同时，在管理学上，依据组织的实际情况，建立科学合理的管理制度方式与方法，使管理行为制度化、规范化，使管理的许多常规性工作有章可循，有规可依。这样，领导就能从事务中摆脱出来，集中精力进行科学管理，即使领导者更换，系统仍可以照常顺利运行①。

二 借鉴管理学理论知识的实质

借鉴管理学理论和知识体系，是要把管理学的原理、理论和方法运用到思想政治教育学中来，从而在实践中通过加强思想政治教育管理，提高思想政治教育的有效性。借鉴管理学的知识，是要使思想政治教育通过管理环节，更有效地处理好思想政治教育资源的有限性与思想政治教育任务的艰巨性之间的矛盾关系。从这个意义上来说，没有这一特殊矛盾的存在，就没有借鉴的必要性。

从管理的二重性原理来看，思想政治教育管理的自然属性体现于教育活动及其管理的一般规律或共性职能方面，是提高效能的管理活动。思想政治教育管理的社会属性则表现在思想政治教育管理是与一定阶级的利益、政党的意志和一定社会制度的需要联系在一起的特殊过程。把握思想政治教育管理的二重性，要求人们自觉地坚持思想政治教育管理的政治方向和效能原则。因此，借鉴管理学的知识体系，形成思想政治教育管理的体系和形态，其实质体现了如下方面：

一是思想政治教育管理是组织和协调思想政治教育要素的一种特殊的人类实践活动。二是思想政治教育管理是为解决思想政治教育资源的有限性与思想政治教育任务的艰巨性之间特殊矛盾而存在的。三是思想政治教育管理是通过有效配置思想政治教育资源，提高思想政治教育效能、实现思想政治教育目标的过程。四是思想政治教育管理总是与一定阶级的利益、政党的意志和一定社会制度的需要联系在一起的。五是思想政治教育管理既是一门科学，又是一门艺术。六是思想政治教育管理的日益加强是思想政治教育事业走向成熟的标志。

三 借鉴管理学的原理与方法

管理学原理与方法在思想政治工作中的应用，就是引进管理学原理研究思想政治教育，引进管理学方法促进思想政治工作，这主要体现在以下十个方面：

第一，系统性原理在思想政治教育中的应用。借鉴管理学系统性原

---

① 周三多：《管理学原理与方法》，复旦大学出版社1997年版，第102页。

理，将思想政治教育视为由主体、客体、介体和环体等组成的、有机的开放大系统。研究各种不同组合方式所产生的不同效果，采用系统分析的方法解决整体协调性、结构合理性、运行稳定性、环境适应性及技术先进性的问题，优化整合各种社会教育力量，不断完善和加强思想政治教育工作。

第二，"以人为本"柔性管理方法在思想政治教育中的应用。借鉴柔性管理方法，思想政治工作者在研究大学生心理和行为规律的基础上，采用教育、激励、引导、暗示等非硬性的工作方式，充分调动学生的自我管理、自我约束的积极性，使其自觉地接受外部规范化的约束管理，以达到预期管理目标。

第三，动力学原理在思想政治教育中的应用。借鉴管理学动力原理，新形势下的思想政治教育更多地关注人的需要，尊重人、关心人、开发人，坚持以人为本。研究满足人们利益需求的动力机制，促使被教育者主动性的充分发挥，从而增强思想政治教育工作的实效性。

第四，人性假设理论在思想政治教育中的应用。借鉴"经济人"假设、"社会人"假设、"自我实现人"及"复杂人"假设，采取以关注受教育者的物质需求为实践起点，注重教育环境的协调与统一，注重将教育目的同受教育者自身需求结合，因势利导，因材施教，有针对性的思想政治教育模式。

第五，项目化管理思想与绩效评估方法在思想政治教育中的应用。从项目化管理角度将受教育群体分类化，实施专项教育，通过确定目标、实施教育、实现目标、考核反馈四个环节的往复执行与有机结合，形成不同群体被教育的全过程。同样，对思想政治教育的效率和效益进行绩效评估和绩效管理，也成为进一步推动思想政治教育工作的改革与发展的一种好方法。

第六，道格拉斯·麦格雷戈"人性假设理论"、约翰·莫尔和杰伊·洛希"超Y理论"在思想政治教育中的应用。强制是管理学中X理论在思想政治教育实践中的应用，是通过组织或者管理者的权力，用强制性的手段规范大学生行为的方法，引导是管理学中Y理论在思想政治教育工作实践中的应用，是一种建立在相信大学生能够独立思考、判断、选择的基础之上的工作方法。X理论强调外部控制，Y理论强调发动内因，两者皆有利有弊，根据不同情况，有选择地或交替地使用X，Y理论，以便获得最佳的教育效果，即为 Z 理论的采用。

第七，权变理论在思想政治教育中的应用。借鉴权变管理理论的观点，对不同的学生采用不同的管理模式。根据学生、课程、学习环境和场所的不同，采取不同的管理原则和方法或根据学生状况的分布情况，建立几类管理模型，并配合建立学生管理综合信息系统，逐渐将学生管理工作细致化、标准化、科学化。

第八，管理心理学在思想政治教育中的应用。管理心理学是把心理学的知识应用于分析、说明、指导管理活动中的个体和群体行为的心理学分支，有助于调动人的积极性、改善组织结构和领导绩效，达到提高管理水平和发展生产的目的。管理心理学在高校思想政治教育中的应用成为尊重学生、关心学生、管好学生的基础。

第九，激励理论在思想政治教育中的应用。现代思想政治教育就是要通过创设人所需要的条件、激发人的动机，从而产生实现目标的特定行为。物质奖励和精神激励两种机制已被广泛地应用于高校思想政治教育的工作实践中。

第十，期望理论在思想政治教育中的应用。大学生个体在不同的阶段"需要"的侧重点不同，有着不同的主导需要，而制度不会去分辨，所以，正确运用期望理论取决于我们对学生的真正了解。只有真正了解了才可以切合实际地发挥期望理论的作用，才可以在工作实践中对期望理论加以灵活运用，引导大学生向着良好的目标付出更大的努力。

第三节　现代思想政治教育学的管理学理论基础建构

作为社会实践活动的管理和作为一门科学的管理学，对任何企事业单位乃至政府机构都有着极其重要的意义。自 20 世纪初泰罗开始提出科学管理以来，研究管理的学者们大量涌现，而且形成许多流派。管理作为一门学科已举世公认。管理学是以各种管理工作普遍适用的原理和方法为研究对象的一门学科或科学[1]。管理学方法即研究管理工作普遍适用的基本方法，它在管理学中被抽象为管理原理。管理原理是不同行业、不同部门、不同性质的各种管理工作所运用的共同性原理，是管理工作的实质及

---

[1] 周三多：《管理学原理与方法》，复旦大学出版社 1997 年版，第 6 页。

其基本规律，是对管理工作的科学分析与总结，是一切管理活动具有普遍指导意义的基本方法。它主要包括系统原理、人本原理、责任原理、效益原理等四个方面的内容。

一　建构现代思想政治教育学的管理学理论基础的基本要求

建构思想政治教育学的管理学理论基础，就是要在理论上形成思想政治教育管理学，在实践中体现为思想政治教育管理活动，把管理学的原理和原则、方法和实践，内化到思想政治教育的理论与实践中。建构思想政治教学的管理学原理或应体现和遵循如下要求：

（一）体现思想政治教育管理的价值

思想政治教育管理价值是价值的特殊表现，其基本含义是以思想政治教育管理在多大程度上、以怎样的方式满足人们的需要为核心的，作为主体的人们与作为客体的思想政治教育管理之间的一种特殊关系。建构现代思想政治教育学的管理学基础，必须体现思想政治教育管理的价值。如何体现思想政治教育管理的价值呢？

1. 体现思想政治教育管理的物质价值

思想政治教育管理的物质价值主要是指思想政治教育管理活动能够给学校在物质利益等方面带来效率和效益。思想政治教育管理的物质价值产生于对思想政治教育资源的合理配置，进而提高了思想政治教育物质手段的利用率，降低了物资消耗。思想政治教育活动离不开物质条件，更需要投入人力资源。通过科学的思想政治教育管理可以充分发挥现有物质条件、时间、空间和人员的最大效能，效能的扩大意味着单位思想政治教育效果所投入的物质资源量的降低和节约，等同于创造了物质财富。思想政治教育管理的物质价值是构成思想政治教育管理价值体系的基础，没有思想政治教育管理物质价值，思想政治教育管理的其他方面的价值也无法实现。毕竟投入到思想政治教育中的物质资源是有限的。提高思想政治教育物质资源利用率成为思想政治教育管理物质价值的核心。不同的思想政治教育管理对人们的物质价值是不同的。这种情况，在不同的社会历史条件下和不同方式的思想政治教育管理中，尤其显得复杂。

2. 体现思想政治教育管理的精神价值

思想政治教育管理的精神价值是构成思想政治教育管理价值体系的重要内容。思想政治教育管理的精神价值主要是指思想政治教育管理活动给思想政治教育活动中的所有人带来的精神财富，包括给人们在精神生产、精神生活、精神利益等方面带来的产品和状态的改善，给人们创造的精神境界，提供的精神享受。科学有效的思想政治教育管理可以提出切实的思想政治教育目标、改善思想政治教育环境、调动思想政治教育工作者的积极性，进而带来成功的喜悦及和谐的人际氛围，产生良好的精神状态和有用的精神产品，满足人们一定的精神需要。人们通过参与思想政治教育管理，体察或研究思想政治教育管理活动，所产生相应的管理情绪、管理意识、管理思想、管理理论、管理艺术、管理哲学等，都可视为思想政治教育管理价值在精神方面的体现。作为一种精神关系的体现，思想政治教育管理价值体现为人们的一种精神需要，也充实和推动了人的政治思想和科学文化的发展。

3. 体现思想政治教育管理的人性价值

人是思想政治教育管理活动中具有能动性的主体和客体。思想政治教育管理的人性价值是指思想政治教育管理的物质价值和精神价值在人的本质和特性方面的综合体现。一切思想政治教育管理活动只有靠人来进行，也只有通过对人的管理才能得到实现和展开。因此，思想政治教育管理的人性价值实际上是思想政治教育管理价值的最高体现。人的本质属性是一切社会关系的总和，这也是人所特有的区别于其他事物的根本属性。社会关系指的是什么？它的含义是指许多个人的联系与合作。因此，我们可以把人们在思想政治教育管理活动中对"合作"的需要看作是思想政治教育管理的人性价值的重要表现。因为这种价值关系集中体现了思想政治教育管理的物质价值关系和精神价值关系，所以，实际上成为思想政治教育管理价值体系的综合表现。人们在这种"合作"中形成并表现出来的本质属性存在着极大差异，不同的人们对待思想政治教育管理的人性价值也就必然会有不同的观点和态度。如有的提出了"社会人""复杂人""综合人"等不同的观念，这实际上反映了人们在管理活动中对待人性价值的不同观点和态度。

（二）反映思想政治教育管理的作用

思想政治教育管理的作用主要表现在两个方面：一方面是它作为思想政治教育工作的重要组成部分所体现出的作用，如育人作用、促进精神文明建设、维护学校和社会稳定等；另一方面是从它对思想政治教育的管理角度所具有的作用。主要有以下五点：

1. 把握思想政治教育方向

思想政治教育管理具有预测、决策、计划、控制等功能，同时还有检查监督、目标管理等方法，这些功能和方法对于把握思想政治教育方向具有很好的作用。作为思想政治教育管理的最高层次，党和国家通过制定法规、提出意见来明确思想政治教育方向和大政方针；系统（部门、单位）通过思想政治教育管理使之贯彻到具体的思想政治教育实践中。从组织领导的角度而言，思想政治教育管理对于保证思想政治教育方向具有最直接、最有效的作用。我们不仅要看到、更要重视并善于发挥思想政治教育管理对思想政治教育方向的控制和保证作用。

2. 完善思想政治教育功能

思想政治教育具有灌输、塑造、矫正、激励、引导、关怀、服务、保证等功能。这些功能的发挥，必须靠理论来指导，靠制度来规范，靠组织来协调，靠监督来制约。这些管理职能如果被忽视，难免会出现重灌输轻引导、重矫正轻关怀、重激励轻服务等倾向。通过强化管理，不仅可以使广大思想政治教育工作者明确思想政治教育的功能，而且可以不断完善思想政治教育功能，全面、充分地发挥思想政治教育多样性作用。

3. 发挥思想政治教育整体优势

思想政治教育管理通过组织、协调、指挥等职能，把本系统（部门、单位）内外的所有可调动的思想政治教育因素科学、合理地组织起来，按着统一的目标和计划相互协调地发挥作用，这个作用可以大于各个部分功能之和。目前，我们所倡导的全员育人、全方位育人、全过程育人、环境育人等思想政治教育思路和格局，是靠思想政治教育管理来实现的。特别是在思想政治教育环境、思想政治教育对象发生某些变化时，对思想政治教育全局性的调整只能靠管理来实现，形成统一意志、统一行动，使思想政治教育的整体优势得到充分发挥。

4. 激发思想政治教育活力

思想政治教育管理通过制定相应的政策、制度，对广大思想政治教育工作者予以引导，并通过教育、关怀和尊重调动他们开展思想政治教育工作的积极性和创造性，激发全体职工做好思想政治教育工作的责任感和主动精神，从而增强思想政治教育的内在活力。诸如制定和实施《思想政治教育工作责任制》，以及对思想政治教育工作者在政治待遇、生活待遇、评职称、晋级、出国、住房等方面实行鼓励政策，都可以激励广大思想政治教育工作者重视思想政治教育、热心参与思想政治教育，在各自的岗位上，心情舒畅、精神饱满地做好思想政治教育工作，进而为思想政治教育增添活力。

5. 提高思想政治教育质量

思想政治教育管理的重要目的就是提高思想政治教育工作质量和实现育人目标。通过建立思想政治教育质量保证体系、完善思想政治教育工作控制系统和健全思想政治教育约束机制，思想政治教育管理可以紧紧围绕思想政治教育目标和思想政治教育质量标准，实施一系列保证和提高思想政治教育质量的管理举措，并通过科学、合理地发挥思想政治教育各要素的作用，达到预期目的。事实也是如此，是否强化思想政治教育管理，对思想政治教育的质量的确带来了不同结果。在同样的环境、人员、工作等条件下，加强思想政治教育管理，思想政治教育的质量就有保障；反之，思想政治教育质量就失去了控制。因此，我们要重视并充分发挥思想政治教育管理对于提高思想政治教育质量的有效作用。

二 建构现代思想政治教育学的管理学理论基础的主要内容

建构现代思想政治教育学的管理学基础，必须着眼于夯实和奠定思想政治教育管理的基本原理。原理是指某一领域内具有普遍意义的基本规律，反映某一事物的实质。思想政治教育管理原理是对思想政治教育管理实践经过长期理论总结后形成的、带有一定规律性的认识，是思想政治教育管理实践的理论抽象，是对各种成功的思想政治教育管理经验和方法的高度综合与概括，因而对于人们做好思想政治教育管理工作具有普遍的指导意义。

思想政治教育管理的基本原理则是思想政治教育管理原理中最重要的原理。作为指导思想政治教育管理实践的思想政治教育管理基本原理，必然要高于思想政治教育管理实践，但又源于思想政治教育管理实践，具有客观性，而不是人们凭空想象和捏造的。尽管思想政治教育管理原理对思想政治教育实践具有普遍指导意义，但往往又需要一定的条件，对思想政治教育管理原理的概括必须对其相关的条件与联系进行描述和说明。思想政治教育管理的各个原理都不是孤立存在的，它们在管理实践中各有侧重，同时又相互联系、相互制约、相互影响。因此，建构思想政治教育学的管理学理论基础，必须基于思想政治教育管理的基本原理之上，体现和夯实思想政治教育管理的基本原理。这些基本原理主要是指思想政治教育管理的思想先导原理、系统原理、人本原理和效益原理。

（一）建构现代思想政治教育学管理理论的思想先导原理

思想政治教育管理的思想先导原理是指思想政治教育管理思想在思想政治教育管理实践中居于统领地位、具有先导作用的原理。要改进思想政治教育管理实践、提高思想政治教育管理的有效性，必须从端正思想政治教育管理思想入手，使思想政治教育管理思想更加科学、更加先进。这一原理，体现了思想政治教育管理思想与思想政治教育管理实践的关系，反映了思想政治教育管理思想的作用，揭示了改进思想政治教育管理的关键所在，符合思想政治教育管理活动的客观实际，同马克思主义哲学关于思维与存在的关系的基本原理相一致。思想政治教育管理的思想先导原理主要体现在如下几个方面：

1. 思想创新是思想政治教育管理创新的先导

改进思想政治教育管理，提高思想政治教育的有效性，必须推进思想政治教育管理创新。思想政治教育管理创新包括思想政治教育管理思想创新、思想政治教育管理体制创新、思想政治教育管理制度创新、思想政治教育管理方法创新、思想政治教育管理手段创新等诸多方面。其中居于统领地位、具有先导作用的是思想政治教育管理思想创新。有了先进的管理思想，才能指导思想政治教育管理的各个方面、各个环节不断改进和加强。事实也是如此，党和政府在各个时期围绕思想政治教育管理采取的各项措施，首先是从调整和端正思想政治教育管理工作的指导思想入手，提出适应时代要求的思想政治教育工作新思路，并在新的指导思想要求下调整和改进思想政治教育的各项工作。

2. 先进的思想是推动思想政治教育管理科学发展的力量源泉

先进的思想是人类文明的优秀成果，在人类发展中起着导向、动员和武装人的头脑的作用，思想政治教育管理离不开先进思想的指导，特别是先进的管理思想。思想政治教育管理作为管理的一种特殊类型，同样受管理科学规律的支配。管理科学的发展积累了丰富的管理思想财富，先进的管理思想是各个行业管理可以吸收和借鉴的宝贵资源。思想政治教育管理科学的发展：一方面要在思想政治教育管理实践中不断探索新规律、积累新经验；另一方面要积极引进现代管理科学的先进思想，并结合思想政治教育管理自身实际，创造性地加以运用。

3. 思想先导是思想政治教育管理者发挥引领作用的首要方式

思想政治教育管理者在思想政治教育管理实践中的作用表现为多种形式，如动员、制订计划、提出目标、组织协调、检查指导、教育服务等。这些作用发挥得如何，均与思想政治教育管理者的管理思想、领导艺术、工作作风有关。其中，最重要的是思想政治教育管理者的管理思想。管理者的管理思想对其管理下的思想政治教育管理工作具有先导作用。其管理思想先进与否直接决定着管理作用的方向性。先进的管理思想可以发挥正效应；相反，落后的管理思想则可以起到副作用。

（二）建构现代思想政治教育学管理理论的系统原理

根据系统论的观点，任何管理主体、管理对象、管理活动本身，都是一个特定系统。因此，思想政治教育管理同样要求运用系统理论和方法，对思想政治教育进行系统分析，构建思想政治教育管理系统，实施系统管理，以实现思想政治教育的整体目标，这就是思想政治教育管理系统原理的基本思想。思想政治教育管理的系统原理，充分体现了系统论的系统整体性思想、动态相关性思想、层次等级性思想和系统有序性思想，又表现了管理活动的特点与要求，思想政治教育管理的系统原理包含如下要点：

1. 思想政治教育管理系统的目的性

每个管理系统都应该有明确的目的。不同系统的目的互不相同。目的不明确，势必导致管理混乱。思想政治教育管理系统的目的性，主要表现为对自身的目标优化。要达到目标优化，一要把思想政治教育管理系统作为一个整体进行分析，确定系统内的共同目标，通过共同目标使各要素有机地结合起来。二要使思想政治教育管理系统只能确定一个总体目标，如果在一定时期内有两个以上的主要目标并存，就会削弱其系统功能的有效发挥。三要根据思想政治教育管理系统的目的性要求，在建立组织结构时，必须服从其系统的目的，使系统内的各要素紧紧围绕本系统的目的来确定自身的目的及职能。

2. 思想政治教育管理系统的整体性

整体性是指系统的整体性能。思想政治教育管理系统的整体性表现在系统内部诸要素之间与外部环境之间保持有机的联系。没有这种联系，就不能保证系统、要素、环境的统一，系统就不能形成一定的结构和功能，就不能保证其整体性。思想政治教育管理系统的整体性要求通过对系统内各要素进行合理组合，从而把局部的性能转化为系统的性能。思想政治教育管理系统的整体性在于它具有自我调节的能力和对外部环境的适应性。

3. 思想政治教育管理系统的层次性

系统的层次性是指任何系统都有一定的层次结构。这种层次结构表现在如下两个方面：一是表现在本系统内部各个要素的关系上；二是表现在本系统与所属更大系统的关系上。不同层次的系统均有自己的特定功能，它们不应该相互干扰、相互取代。思想政治教育管理系统也是如此。思想政治教育管理系统分各级党委、政府和企事业单位、军队、医院等内部多个层次，每一层次都应有各自的功能，并明确规定其任务、职责和权力范围。如果出现任何层次上的混乱，都将影响整个系统的管理效能。思想政治教育管理系统还是一个由众多部门和要素（人、物、事、时间）等为共同目标而组织起来的有机整体。这个系统从属于各系统（部门、单位）整个大系统。因此，在思想政治教育管理过程中必须做到明确目标、面向全局、立足本职。抓住了这三条才能使思想政治教育管理系统的管理效能得到有效发挥。

4. 思想政治教育管理系统的开放性

系统的有序性思想认为，任何系统都有其特定结构。系统的有序性，是表示系统结构实现系统功能的程度。结构合理，系统的有序性就高，功能就好；反之，结构不合理，系统的有序性就低，功能就差。系统由低级结构转变为较高级结构，是系统趋向有序性；反之，则是趋向无序。而任何系统只有保持开放性，才能使系统产生并保持有序结构。任何一个系统如果处于封闭状态，不与外界交流并发生联系与作用，就必然出现相对静止和功能衰退现象，最后成为"死结构"。思想政治教育管理系统作为各系统（部门、单位）的管理系统和社会大系统的子系统，必须保持开放性，及时了解外部信息，根据环境变化和大系统的要求调整自己，以适应新的变化和新的要求。每个思想政治教育管理者都应掌握系统有序思想，使组织对外保持开放性；同时要使组织有活力，就应使组织系统内保持非平衡态，提高组织的有序度，科学地安排系统内各要素之间的秩序，使之协调匹配，从而增强系统的整体功效。

（三）建构现代思想政治教育学管理理论的人本原理

思想政治教育管理的人本原理反映了思想政治教育管理与人的关系。揭示了人在思想政治教育管理中的特殊作用和地位。思想政治教育管理的根本任务是充分发挥人的能动性，建立人与其他思想政治教育管理要素之间的有机联系，最大限度地提高思想政治教育的整体功效。思想政治教育管理人本原理包含如下要点：

1. 以人为本的价值观

以人为本的价值观包含了两层含义：一是人是思想政治教育管理的出发点和落脚点，人的发展成为思想政治教育和事业发展的标志和目的。一个系统（部门、单位）能否给其员工提供适合于人全面发展的良好环境，是否为员工的全面发展创造了一切可能的条件，是衡量该系统（部门、单位）先进性的重要标志。二是以人为本，意味着人的发展是思想政治教育管理的基本动力。作为思想政治教育管理诸要素中最重要、最活跃因素的人，应是各系统（部门、单位）思想政治教育管理的主体，促进思想政治教育管理发展的基本动力来自系统（部门、单位）的员工，思想政治教育管理的发展最终取决于员工的创造性活动。

2. 员工参与思想政治教育管理的自觉意识

参与是认同的基础。海尔的成功关键在于海尔文化得到了员工的普遍认同和主动参与。随着各系统（部门、单位）思想政治教育管理因素的日趋复杂，思想政治教育管理的成效越来越依靠广大员工的参与。广大员工的参与既是自我管理的主要形式，也是增强思想政治教育管理实力的有力措施，把广大员工真正作为各系统（部门、单位）思想政治教育管理及其事业的主人，员工参与思想政治教育管理的积极性、主动性增强，则思想政治教育管理的效果将明显增强。因此，要努力探讨员工参与思想政治教育管理的各种具体途径和形式，使员工参与思想政治教育管理制度化、法制化，增强广大员工参与管理的自觉意识，将在思想政治教育管理中真正发挥作用。

3. 使人性得到完美发展的思想政治教育管理宗旨

人性是指在一定社会制度和历史条件下形成的人的本性，是人所具有的正常感情和理性。由于人性是受后天环境的影响而形成的，所以社会的人性都不可避免地打上历史和社会环境的烙印，思想政治教育管理的宗旨最终是使人性得到完美的发展。思想政治教育管理者的人性境界则直接影响着整个系统（部门、单位）员工人性的发展。只有思想政治教育管理者的人性境界达到比较完美的境界，才有可能带动管理对象和思想政治教育对象的人性得到完美的发展。强化各系统（部门、单位）员工人性的塑造，促进职工队伍精神状态的健康向上，是人本原理在思想政治教育管理中的重要基点。

4. 服务人的管理宗旨

管理就是服务，是人本原理的基本体现，表明了管理者与被管理者之间相互依存的关系。服务于人的管理宗旨要求思想政治教育管理坚持以服务于人的发展为基点，以构建和谐的人文环境为基础，以关心人、尊重人、理解人、凝聚人、激励人、引导人为准则，在发展人本文化中建立共同愿景，在个人与集体、局部与全局、当前与长远、精神与物资、工作与生活等对立统一的诸多关系中达成共识，增强思想政治教育合力，在和谐的氛围中工作，在工作中实现身心的健康发展，进而实现思想政治教育管理目标。

(四) 建构现代思想政治教育学管理理论的效益原理

所谓效益原理，就是在某系统的管理中，注意讲求实效，为创造出更好、更多的系统效益和社会效益管理好系统的各个部位。也就是说，要通过各种管理活动，使投入的人力资源、物力资源、信息资源、时间资源等得到最充分、最有效的利用，从而产生最大的成果。思想政治教育管理的效益原理是指在思想政治教育管理系统中，管理者要通过科学合理地配置各个思想政治教育要素和资源，力求以最高的效率、尽可能少的消耗实现思想政治教育目标，培养合格人才，取得思想政治教育管理的最佳效果。管理的效益原理表明，一切管理都在于求实效，在于追求效能、效率和效益。思想政治教育管理效益原理的基本要点包含如下三个方面：

1. 把提高效益摆在思想政治教育管理工作的中心地位

思想政治教育管理作为一种特殊的社会实践，其最终目的就是在正确方向的指引下追求管理的高效益，高效率地实现思想政治教育管理目标。而要提高管理效益，就是要通过合理的计划、恰当的组织、有效的指挥和及时的调控等方式，提高思想政治教育工作的整体效率。管理必须有效益。否则，管理的价值就不存在了。思想政治教育管理也必须把提高效益摆在中心地位。

2. 正确处理思想政治教育管理效益的内在矛盾

效益是多层次、多方面、多角度的，因此，管理效益具有内在的矛盾性。思想政治教育管理效益中的各方面是对立统一的，它包括宏观效益与微观效益、长远效益与眼前效益、直接效益和间接效益，是对立统一体。在它们之间存在不一致，甚至会发生矛盾与冲突，但它们之间又是密切联系、相互影响与作用的，必须正确处理思想政治教育管理效益的这些内在矛盾。思想政治教育管理要追求最佳效益，追求最佳管理效益的常用手段，就是价值分析，它利用系统分析方法，以对思想政治教育功能分析为基点，力求用最低的思想政治教育资源消耗，可靠地实现其必要的功能，从而提高其价值。这样，思想政治教育管理工作就可以围绕思想政治教育工作整体价值的提高，不断完善思想政治教育组织结构与活动过程，有效地利用各方面的资源，追求整体最佳效益。

3. 把有利于人的完善和发展作为思想政治教育管理的根本效益

管理的最终目的是为了人，管理是否有效益，最终还要看是否有利于人的完善和发展。马克思主义认为，包括管理在内的一切实践活动，都是发展和完善人类自身的手段，人是一切活动的最终目的。因此，凡是有利于人的全面发展的管理就具有最大的效益。反之，一切压制人、摧残人，不利于人的发展的管理，尽管它具有别的功能价值或政治效益，却不具有最高的社会价值或人道效益。因此，衡量思想政治教育管理效益的根本标准是有利于思想政治教育管理对象和思想政治教育对象的人格完善和全面发展。

主要参考文献

1. 《马克思恩格斯全集》（第1卷），人民出版社1956年版。
2. 《马克思恩格斯选集》（1—4卷），人民出版社1995年版。
3. 《列宁选集》（1—4卷），人民出版社1995年版。
4. 《列宁全集》（第2卷），人民出版社1995年版。
5. 《毛泽东选集》（1—4卷），人民出版社1991年版。
6. 《毛泽东文集》（第2卷），人民出版社1993年版。
7. 《毛泽东著作选读》（下册），人民出版社1986年版。
8. 《邓小平文选》（第2卷），人民出版社1994年版。
9. 《邓小平文选》（第3卷），人民出版社1993年版。
10. 《江泽民文选》（1—3卷），人民出版社2006年版。
11. 《江泽民论社会主义精神文明建设》，中央文献出版社1999年版。
12. 江泽民：《论科学技术》，中央文献出版社2001年版。
13. 江泽民：《论有中国特色社会主义（专题摘编）》，中央文献出版社2002年版。
14. 《毛泽东邓小平江泽民论社会主义道德建设》，学习出版社2001年版。
15. 中共中央政策研究室编：《社会主义精神文明建设文献选编》，人民出版社1996年版。
16. 中共中央书记处研究室文化组：《党和国家领导人论文艺》，文化艺术出版社1982年版。
17. 马克思：《1844年经济学哲学手稿》，人民出版社2000年版。
18. 赵志军、于广河、李晓元：《思想政治教育管理学》，中国社会科学出版社2009年版。

19. 班华：《现代德育论》，安徽人民出版社 2001 年版。
20. 周中之、石书臣等：《现代思想政治教育理论与实践探微》，人民出版社 2009 年版。
21. 徐志远：《现代思想政治教育学范畴学研究》，湖北人民出版社 2005 年版。
22. 陆庆壬：《思想政治教育学原理》，复旦大学出版社 1986 年版。
23. 胡国义：《思想政治教育价值论》，浙江人民出版社 2009 年版。
24. 王建华：《思想政治教育的理论与实践》，中央文献出版社 2002 年版。
25. 陈秉公：《21 世纪思想政治教育工作创新理论体系》，吉林教育出版社 2000 年版。
26. 陈万柏、张耀灿：《思想政治教育学原理》，高等教育出版社 2007 年版。
27. 张耀灿、徐志远：《现代思想政治教育学科论》，湖北人民出版社 2003 年版。
28. 张耀灿：《思想政治教育学前沿》，人民出版社 2006 年版。
29. 张耀灿、郑永廷、吴潜涛、骆郁廷：《现代思想政治教育学》，人民出版社 2006 年版。
30. 王礼湛：《思想政治教育学》，浙江大学出版社 1989 年版。
31. 王瑞荪：《思想政治教育学》，北京师范学院出版社 1989 年版。
32. 陈百君：《思想政治教育学》，大连理工大学出版社 1988 年版。
33. 骆郁廷主编：《思想政治教育原理与方法》，高等教育出版社 2010 年版。
34. 余亚平：《思想政治教育学新探》，上海人民出版社 2004 年版。
35. ［德］卡尔·考茨基：《爱尔福特纲领解说》，陈东野译，生活·读书·新知三联书店 1963 年版。
36. 郑永廷：《现代思想道德教育理论与方法》，广东高等教育出版社 2000 年版。
37. ［德］马克斯·韦伯：《经济与社会》上册，林荣远译，商务印书馆 1997 年版。
38. 卢卡奇：《关于社会存在的本体论》（上册），重庆出版社 1993 年版。
39. 杨威：《思想政治教育发生论》，中国社会科学出版社 2009 年版。

40. 教育部社会科学研究与思想政治工作司组编，邱伟光、张耀灿主编：《思想政治教育学原理》，高等教育出版社 1999 年版。
41. 教育部社会科学研究与思想政治工作司组编，林泰主编：《唯物史观通论》，高等教育出版社 2001 年版。
42. 仓道来主编：《思想政治教育学》，北京大学出版社 2004 年版。
43. 陈秉公：《思想政治教育学原理》，高等教育出版社 2006 年版。
44. 顾明远：《教育大辞典》（第 1 卷），上海教育出版社 1990 年版。
45. 罗洪铁、董娅：《思想政治教育原理与方法——基础理论研究》，人民出版社 2005 年版。
46. 余仰涛：《思想关系——思想政治工作原理》，武汉测绘科技大学出版社 2000 年版。
47. 高清海：《高清海哲学文存》（第 2 卷），吉林人民出版社 1997 年版。
48. 王浦劬：《政治学基础》，北京大学出版社 2006 年版。
49. 迈克尔·罗斯金：《政治科学》，林震等译，华夏出版社 2001 年版。
50. ［英］哈耶克：《立法、法律与自由》（第 3 卷），邓正来、张守东译，中国大百科全书出版社 2000 年版。
51. 李德顺：《价值论》，中国人民大学出版社 2007 年版。
52. ［美］莱斯利·里普森：《政治学的重大问题——政治学导论》，刘晓等译，华夏出版社 2001 年版。
53. 熊晓红、王国银：《价值自觉与人的价值》，人民出版社 2007 年版。
54. ［美］L. 斯特劳斯、J. 克罗波西：《政治哲学史》（下册），李天然等译，河北人民出版社 1993 年版。
55. ［英］安德鲁·甘布尔：《政治和命运》，胡晓进、罗珊珍等译，江苏人民出版社 2007 年版。
56. ［美］约翰·罗尔斯：《正义论》，何怀宏、何包钢、廖申白译，中国社会科学出版社 1988 年版。
57. ［美］莱斯利·里普森：《政治学的重大问题——政治学导论》，刘晓等译，华夏出版社 2001 年版。
58. ［英］罗杰·斯克拉顿：《保守主义的含义》，王皖强译，中央编译出版社 2005 年版。
59. ［英］帕特兰·罗素：《伦理学和政治学中的人类社会》，肖巍译，中国社会科学出版社 1992 年版。
60. 范庆华：《现代汉语辞海》（第 1 卷），黑龙江人民出版社 2002 年版。
61. ［加］威尔·金里卡：《当代政治哲学》，刘莘译，上海三联书店 2004 年版。
62. ［英］埃德蒙·柏克：《法国革命论》，何兆武等译，商务印书馆 1999 年版。
63. ［美］约翰·凯克斯：《为保守主义辩护》，应奇、葛水林译，江苏人民出版社 2003 年版。
64. 王先谦：《荀子集解》，中华书局 1988 年版。
65. 贺强等主编：《西方管理思想宝库》，中国广播电视出版社 1993 年版。
66. 周三多：《管理学原理与方法》，复旦大学出版社 1997 年版。
67. 赵志军：《德育管理论》，中国社会科学出版社 2008 年版。
68. ［美］冯·贝塔朗菲：《一般系统论基础、发展和应用》，林康义、魏宏森等译，清华大学出版社 1987 年版。
69. 蒋孔阳：《美的规律——蒋孔阳自选集》，山东教育出版社 1998 年版。
70. ［美］赫伯特·马尔库塞：《审美之维》，李小兵译，广西师范大学出版社 2001 年版。
71. 罗国杰：《中国伦理思想史》，中国人民大学出版社 2008 年版。
72. 罗国杰：《伦理学》，人民出版社 1989 年版。
73. 苗相甫：《伦理学教程》，南京大学出版社 2005 年版。
74. 章海山、张建如：《伦理学引论》，高等教育出版社 2007 年版。
75. 肖祥：《伦理学教程》，电子科技大学出版社 2009 年版。
76. 周中之：《伦理学概论》，人民出版社 2004 年版。
77. 教育部社会科学司：《普通高校思想政治理论课文献选编（1949—2008）》，中国人民大学出版社 2008 年版。
78. 安启念：《马克思恩格斯伦理思想研究》，武汉大学出版社 2010 年版。
79. 李维昌：《当代中国思想政治教育主导性建设的利益分析》，中国社会科学出版社 2011 年版。
80. 刘杰、徐祥运：《社会学概论》，东北财经大学出版社 2005 年版。
81. ［英］休谟：《人性论》，关文运、郑之骧译，商务印书馆 2004 年版。
82. ［美］戴维·波普诺：《社会学（上）》，李强等译，中国人民大学出版社 2003 年版。

83. 朱力：《社会学原理》，社会科学文献出版社 2003 年版。
84. 王思斌：《社会学教程》，北京大学出版社 2009 年版。
85. 郑杭生：《社会学概论新修》，中国人民大学出版社 2003 年版。
86. 项久雨：《思想政治教育价值论》，中国社会科学出版社 2003 年版。
87. 扈中平：《现代教育学》，高等教育出版社 2010 年第 3 版。
88. 黄甫全：《现代课程与教学论学程》，人民教育出版社 2006 年版。
89. 顾明远：《教育大辞典》，上海教育出版社 1998 年版。
90. 陈志尚：《人学原理》，北京出版社 2004 年版。
91. 韩庆祥：《人学——人的问题的当代阐释》，云南人民出版社 2001 年版。
92. 郭湛：《主体性哲学——人的存在及其意义》，云南人民出版社 2001 年版。
93. 童彭庆：《思想政治教育心理学》，高等教育出版社 1996 年版。
94. 万光侠：《思想政治教育的人学基础》，人民出版社 2006 年版。
95. 胡凯：《现代思想政治教育心理研究》，湖南人民出版社 2009 年版。
96. 陈华文：《文化学概论新编》，首都经济贸易大学出版社 2009 年版。
97. 顾友仁：《中国传统文化与思想政治教育的创新》，安徽大学出版社 2011 年版。
98. 《鲁迅全集》（第 6 卷），人民文学出版社 1981 年版。
99. 沈壮海：《思想政治教育的文化视野》，人民出版社 2005 年版。
100. 费孝通：《土地里长出来的文化》，群言出版社 2000 年版。
101. 费孝通：《论文化与文化自觉》，群言出版社 2007 年版。
102. 顾友仁：《中国传统文化与思想政治教育的创新》，安徽大学出版社 2011 年版。
103. 杨伯峻：《孟子译注》，中华书局 1960 年版。
104. 李泽厚：《中国古代思想史论》，安徽文艺出版社 1994 年版。
105. 朱立元：《天人合———中华审美文化之魂》，上海文艺出版社 1998 年版。
106. ［苏］霍姆林斯基：《让少年一代健康成长》，黄之瑞等译，教育科学出版社 1984 年版。
107. 张骏生：《人才学》，中国劳动社会保障出版社 2006 年版。

108. 萧鸣政：《中国政府人才开发论》，北京大学出版社 1991 年版。
109. 潘金云：《中国第一资源：人才开发利用理论与实践》，机械工业出版社 1991 年版。
110. 赵恒平、雷卫平：《人才学概论》，武汉理工大学出版社 2009 年版。
111. ［苏］霍姆林斯基：《给教师的建议》（上册），杜殿坤译，教育科学出版社 1980 年版。
112. 周芳：《思想政治教育审美研究》，人民出版社 2012 年版。
113. 谭好哲，刘彦顺：《美育的意义——中国现代美育思想发展史论》，首都师范大学出版社 2006 年版。
114. 楼焕甲、刘芳、张家驹：《美学与思想政治工作》，解放军出版社 1992 年版。
115. ［苏］斯托洛维奇：《现实中和艺术中的审美》，凌继尧、金亚娜译，生活·读书·新知三联书店 1985 年版。
116. 冯宪史：《"西方马克思主义"美学研究》，重庆出版社 1997 年版。
117. 陆海林：《唯物史观与美学》，光明日报出版社、广西师范大学出版社 1991 年版。
118. 朱志荣：《中国审美理论》，北京大学出版社 2005 年版。
119. 靳绍彤：《美学新论》，湖南人民出版社 2003 年版。
120. 李泽厚：《美学四讲》，生活·读书·新知三联书店 1989 年版。
121. 赵铮郧：《主体美学》，浙江大学出版社 2004 年版。
122. 颜翔林：《当代审美教程》，高等教育出版社 2008 年版。
123. 朱光潜：《谈美书简》，人民文学出版社 2003 年版。
124. ［德］黑格尔：《美学》（第 1 卷），朱光潜译，商务印书馆 1997 年版。
125. 张世欣：《思想政治教育接受规律论》，上海三联书店 2005 年版。
126. 沈壮海：《思想政治教育有效性研究》，武汉大学出版社 2001 年版。
127. 李焕明：《思想政治教育要论》，内蒙古大学出版社 2003 年版。
128. 檀传宝：《德育美学观》，教育科学出版社 2006 年版。
129. 李醒尘：《西方美学史教程》，北京大学出版社 2006 年版。
130. 北京大学哲学系美学教研室：《中国美学史资料选编》（下），中华书局 1981 年版。

131. 赵志军、于广河、李晓元：《思想政治教育管理学》，中国社会科学出版社 2009 年版。

132. Leo Strauss, "What is Political Philosophy?", The Journal of Politics, Vol. 19, No. 13 (Aug. 1957).

后　记

本书是对思想政治教育学理论基础进行学科交叉探索的一次尝试，意在从建立思想政治教育学与其他相关学科的联系切入，在探究思想政治教育学的知识背景和知识借鉴中，寻找建构或夯实现代思想政治教育学理论基础的学术路径。这一选题，是在给云南大学马克思主义学院思想政治教育专业硕士生开设相关课程的教学研究过程中提出和形成的，经系统规划设计后作为云南大学研究生优秀教材建设项目获云南大学研究生院立项支持。

全书由李维昌提出研究选题、进行构思、设计框架、确定写作提纲和章节目。初稿各部分写作及书稿完成情况如下：导论，李维昌；第一章，赵飞、李维昌；第二章，陈娜；第三章，邓玉函；第四章，周伟、李维昌；第五章，李静、李维昌；第六章，夏文贵；第七章，余琪琦、李维昌；第八章，庞媛、李维昌；第九章，许猛、李维昌；第十章，段妍智；第十一章，梁细微、李维昌；第十二章，盛美真。张文娟参与了初稿部分内容的资料查阅和整理工作。书作初稿写出后，由李维昌、盛美真进行了第一次统稿、结构性和内容性调整。调整后交由各章作者又进行了一次修改，李维昌进行了第二次统稿和整体性修改。之后，周伟、陈新芝参与了部分文稿校改编辑工作，何贵林对参考文献进行了整理。最后由李维昌、盛美真进行了全书稿的再次修订、统稿和定稿。书作是集体完成的。

本书的出版，获得云南省哲学社会科学著作出版基金专项经费的支持和云南大学研究生优秀教材建设项目经费的支持。在此衷心感谢云南省哲学社会科学出版资助委员会的各位专家、领导！衷心感谢云南大学研究生院的各位领导和支持项目建设及结项的各位专家！本书编写过程中，参阅了大量相关文献和前期成果，借鉴了诸多前辈和专家们的学术思想和研究所得，在此一并表示衷心感谢！在此还要感谢中国社会科学出版社为本书编辑付出辛劳的张林同志！

由于我们才疏学浅，书作仍有诸多不足之处，我们将在进一步的研究中加以改进和完善，为文乃求教方家，抛砖是为引玉，敬请各位专家和同人提出宝贵意见。

编者

2014 年 12 月 31 日